CARL-ORFF-GYMNASIUM UNTERSCHLEISSHEIM

Name	Klasse	Schulj.	Zustand
Elke Grund	10 E	07/08	1

Das Buch bleibt Eigentum der Schule.
Bei Beschädigung oder Verlust ist Ersatz zu leisten.

D1653749

Wege durch die Geschichte

Geschichtsbuch Gymnasium Bayern

Band 5

Herausgegeben von Franz Hofmeier

Erarbeitet von
Rudolf Berg, Franz Hofmeier
und Dr. Robert Sigel

Cornelsen

Bearbeiter des gesamten Unterrichtswerkes:
Rudolf Berg, München
Dr. Roland Bettger, Würzburg
Heinrich Fels, Augsburg
Franz Hofmeier, Ingolstadt
Wolfgang Lang, München
Prof. Dr. Heinrich Pleticha, Würzburg
Dr. Robert Sigel, München
Christian Roedig, Würzburg

Verlagsredaktion: Gerhard Weber
Erarbeitet unter Verwendung von „Geschichtsbuch – Die Menschen und ihre Geschichte in Darstellungen und Dokumenten, Band 4." Cornelsen Verlag, Berlin 1988.

1. Auflage   Druck 5 4 3 2   Jahr 99 98 97 96

Alle Drucke dieser Auflage können im Unterricht nebeneinander verwendet werden.

© 1992 Cornelsen Verlag, Berlin
Das Werk und seine Teile sind urheberrechtlich geschützt.
Jede Verwertung in anderen als den gesetzlich zugelassenen Fällen bedarf deshalb der vorherigen schriftlichen Einwilligung des Verlages.

Druck: Cornelsen Druck, Berlin

ISBN 3-464-64275-5

Bestellnummer 642755

gedruckt auf säurefreiem Papier, umweltschonend hergestellt aus chlorfrei gebleichten Faserstoffen

Hinweise zur Benutzung

Wie das Buch aufgebaut ist

Auftaktseiten

Dieser Band von **Wege durch die Geschichte** hat fünf große Kapitel. Jedes Kapitel beginnt mit einer Doppelseite, die auf grünem Farbton gedruckt ist. Diese **Auftaktseiten** mit Bild und Einleitungstext sollen Ihnen eine erste Vorstellung von den Menschen und von der Zeit vermitteln, um die es im jeweiligen Kapitel geht.

Darstellende Teile

Wichtige Bestandteile der Kapitel sind Texte, die von den Verfassern dieses Schulbuchs geschrieben wurden. Diesen Teil des jeweiligen Abschnitts nennen wir **darstellenden Teil**. Die Seiten mit darstellenden Teilen können Sie leicht an den gelben Farbstreifen am oberen Rand erkennen.

Arbeitsteile

Dem darstellenden Teil eines jeden Abschnitts folgt ein Teil mit Quellen (durch **Q** gekennzeichnet), Karten, Schaubildern, Tabellen und Abbildungen. Wir nennen diesen Teil eines Abschnitts **Arbeitsteil**. Mit **D** gekennzeichnete Texte sind Autorentexte im Arbeitsteil. Arbeitsaufträge sollen Ihnen helfen, Texte und Bilder zu untersuchen und zu verstehen. Die Arbeitsteile erkennen Sie an den blauen Farbstreifen.

Wichtiges zusammengefaßt

Am Ende eines Großkapitels sind wichtige Ereignisse und Entwicklungen zusammengefaßt. Sie können mit Hilfe dieser Seite überprüfen, ob Sie im Grundwissen sicher sind, oder ob Sie einzelne Unterkapitel noch einmal nachlesen sollten. Diese Seiten können Sie an einem grünen Farbstreifen erkennen.

Zum Weiterlesen

Zu vielen geschichtlichen Themen gibt es hervorragende literarische Darstellungen. Die am Ende der Kapitel abgedruckten Auszüge verweisen auf lesenswerte Beispiele.

Was Ihnen beim Lesen und Untersuchen helfen kann

Lexikon wichtiger Begriffe

In den darstellenden Teilen sind manche Wörter mit einem Sternchen* gekennzeichnet. Dabei handelt es sich um Begriffe, die im **Lexikon wichtiger Begriffe** erklärt sind. Wichtige Wörter, z. B. merkenswerte Namen oder Fachbegriffe, sind durch *schrägen* (=kursiven) Druck hervorgehoben.

Register

Ein alphabetisches **Register** am Ende des Buches kann Ihnen helfen, Informationen über Personen, Ereignisse und wichtige Begriffe im Buch schnell zu finden.

Inhalt

1. Deutschland 1945-1949 — 6

■ Arbeitsteil — 8

Deutschland und Europa nach der Kapitulation — 10
Die Hinterlassenschaft des Krieges — 10
Die Zusammenbruchgesellschaft — 12
■ Arbeitsteil — 14
Absichten und Ergebnisse der Konferenzen von Jalta und Potsdam — 17
■ Arbeitsteil — 19

Abrechnung mit dem Nationalsozialismus und politischer Wiederbeginn — 20
Die juristische Bewältigung der NS-Verbrechen — 20
Neuorientierung in den Besatzungszonen — 22
Neubeginn des politischen Lebens in Deutschland — 23
■ Arbeitsteil — 25

Die Entstehung der beiden Staaten in Deutschland — 28
Die Entstehung des Kalten Krieges — 28
Die Auswirkungen der Ost-West-Spaltung auf das besetzte Deutschland — 30
Gründung der Bundesrepublik Deutschland und der DDR — 32
■ Arbeitsteil — 34
■ Wichtiges zusammengefaßt — 38
■ Zum Weiterlesen — 39

2. Der Wandel des Ost-West-Verhältnisses — 40

Der „Kalte Krieg" der Supermächte — 42
Unvereinbarkeit von Ost und West — 42
Absicherung der Einflußbereiche — 44
■ Arbeitsteil — 47

Konfrontation, Koexistenz und Kooperation — 50
Krisen und Kriege – zur Sicherung des Status Quo — 50
Bemühungen um Rüstungskontrolle und Entspannung — 56
■ Arbeitsteil — 59

Verhärtung und Annäherung — 62
Der Afghanistankonflikt und seine Folgen — 62
Wachsende Bereitschaft zum Dialog — 63
Die Auflösung des Ostblocks — 64
Veränderungen im internationalen Kräftesystem — 68
■ Arbeitsteil — 69

Die innere Entwicklung in den USA seit den fünfziger Jahren — 72
Wohlstand und dennoch Sorgen — 72
Am Rande der Gesellschaft: Die schwarze Bevölkerung — 74
Von innerer Zerrissenheit zu neuem Selbstbewußtsein — 77

Die Sowjetunion seit den fünfziger Jahren — 78
Vom Stalinismus zur Entstalinisierung — 78
Die Sowjetunion unter Chruschtschow und Breschnew — 79
Der Aufbruch unter Gorbatschow: Eine neue Sowjetunion — 82
■ Arbeitsteil — 85
■ Wichtiges zusammengefaßt — 88
■ Zum Weiterlesen — 89

3. Die Deutsche Frage 1949-1990 — 90

Die Bundesrepublik Deutschland — 92
Die Ära Adenauer 1949-1963 — 92
■ Arbeitsteil — 98
Von der Ära Adenauer bis zum Ende der Großen Koalition (1960-1969) — 100
Die sozialliberale Koalition 1969-1982 — 104
■ Arbeitsteil — 108
Die christlich-liberale Koalition 1982-1990 — 110
■ Arbeitsteil — 114

Die Deutsche Demokratische Republik — 115
Von der Staatsgründung bis zum Mauerbau 1949-1961 — 115
■ Arbeitsteil — 119
Vom Mauerbau bis zur Maueröffnung am 9. November 1989 — 120
■ Arbeitsteil — 125

Die Deutsche Frage	128
Die Deutschlandpolitik der fünfziger Jahre	128
Neue Ost- und Deutschlandpolitik seit den sechziger Jahren	130
■ Arbeitsteil	133
Stationen auf dem Weg zur deutschen Einheit	135
■ Arbeitsteil	142
■ *Wichtiges zusammengefaßt*	144
■ *Zum Weiterlesen*	145

4. Entkolonialisierung und „Dritte Welt" 146

Der Prozeß der Entkolonialisierung	148
Hoffnung auf Selbstbestimmung	148
Indiens Weg in die Unabhängigkeit	151
Die Auflösung der Kolonialreiche	153
■ Arbeitsteil	155
Entwicklungen in der „Dritten Welt"	159
Hauptprobleme der Entwicklungsländer	159
Konflikte zwischen Nord und Süd	162
■ Arbeitsteil	166
Der Nahe Osten – Brennpunkt der Weltpolitik	170
Staaten entstehen	170
Der israelisch-palästinensische Konflikt	173
Neue Konfliktherde	176
Die UNO: Eine Friedensorganisation	178
■ Arbeitsteil	180
Führungsmächte in Ostasien	182
Der Weg Chinas	182
Japans Aufstieg nach 1945	189
■ Arbeitsteil	192
■ *Wichtiges zusammengefaßt*	196
■ *Zum Weiterlesen*	197

5. Die Entwicklung der europäischen Integration 198

Beweggründe für die europäische Einigung	200
Europa: Idee und Hoffnung	200
Ein übernationales Europa statt europäischer Nationalstaaten	201
Beginnende Kooperation in Westeuropa	203
OEEC und Europarat – die europäische Integration beginnt	203
Der Schuman-Plan: Ein erster Schritt zu einem vereinten Europa	204
Die Europäische Verteidigungsgemeinschaft (EVG) – deutsche Wiederbewaffnung?	205
Ein weiterer Ausbau der wirtschaftlichen Integration: Die Europäische Wirtschaftsgemeinschaft (EWG)	206
Von der wirtschaftlichen zur politischen Gemeinschaft	207
Die Dynamik der wirtschaftlichen Einigung	207
Die Perspektive einer Zusammenarbeit ganz Europas	209
Die Umwälzungen in Ost-, Mittel- und Südosteuropa	209
■ Arbeitsteil	210
■ *Wichtiges zusammengefaßt*	214
■ *Zum Weiterlesen*	215
Lexikon wichtiger Begriffe	216
Register	221

1. Deutschland 1945-1949

Wehrmachtsangehöriger vor der Ruine des Reichstags in Berlin bei der Einnahme der Stadt durch die Rote Armee am 2. Mai 1945.

Ende April 1945: Der Kampf um Berlin ist zu Ende. Der Reichstag liegt in Trümmern. Sechs Jahre lang hat der Infantrist Wilhelm M. aus Breslau an verschiedenen Fronten Europas gekämpft. Jetzt ist auch für ihn der Krieg aus. Gewiß, er ist erleichtert, das alles überlebt zu haben. Hitlers Krieg war nicht der seine, doch als Wehrpflichtiger hatte er keine Wahl. Aber die Niederlage der Wehrmacht ist doch bitter für ihn. Sie bedeutet die bedingungslose Kapitulation und damit die Auslieferung Deutschlands und der Deutschen an die Willkür der Siegermächte. Diese hatten Hitlers Deutschland eine gnadenlose Abrechnung angekündigt und sahen alle Deutschen als mitschuldig am Nationalsozialismus und dessen Politik. Waren nun nicht alle Entbehrungen für Wilhelm M. umsonst gewesen? Würde jetzt einer Jugend in den Schützengräben ein ohnmächtiges Leben im Elend eines besetzten Deutschland folgen? Würde er je in seine schlesische Heimat zurückkehren können, von wo in den letzten Monaten Millionen geflohen waren?

Breslau ist zerstört und von den Sowjets den Polen übergeben worden. Von den Eltern hat Wilhelm M. keine Nachricht. Der Bruder ist vermißt, die Schwester bei einem Bombenangriff getötet worden. Ihm selbst steht eine ungewisse Zukunft in russischer Kriegsgefangenschaft bevor. Angesichts dieser Lage scheinen jene Spötter rechtzubehalten, die schon lange meinten: „Genießt den Krieg, der Frieden wird fürchterlich!"

Nur das nackte Leben aus dem Krieg gerettet zu haben, war für viele Soldaten und Flüchtlinge, aber auch für die Nutznießer der NS-Diktatur der „Zusammenbruch", die „Katastrophe".

Für die Opfer des Nationalsozialismus jedoch war derselbe Moment die „Befreiung", der „Neubeginn". Die militärische Niederlage der deutschen Wehrmacht bedeutete den Zusammenbruch des SS-Staates und damit die Befreiung der Konzentrationslager.

Als am 29. April 1945 die 7. US-Armee vor dem Konzentrationslager bei Dachau erscheint, sind die Leiden von Albert B. zu Ende. Er befindet sich seit 1939 „wegen illegaler Tätigkeit für den Marxismus" in sogenannter „Schutzhaft" und trägt seither den gestreiften KZ-Anzug mit dem roten Dreieck für politische Häftlinge. Jetzt sind für ihn die menschenunwürdigen Verhältnisse überstanden, die für zahllose Mithäftlinge tödlich waren: Entkräftung durch Sklavenarbeit und Unterernährung, Auszehrung durch Krankheiten und Unterkühlung, Tod durch unmenschliche Strafen, Schikanen und Menschenversuche. Wie für Albert B. eröffnet sich nun für Sozialisten wie Christen, die aus politischen Gründen verfolgt wurden, und für Juden, Polen und Russen, die aus rassischen und anderen Gründen Verfolgten, eine hellere Zukunft. Unter dem Schutz der Siegermächte können sie hoffen, daß jetzt ein völliger Neubeginn im politischen und gesellschaftlichen Leben in Deutschland möglich sein wird: Die Befreiung der deutschen Gesellschaft vom Nazismus, die Begründung einer Demokratie und eines Rechtsstaates mit gleichen Rechten für alle, eine gerechte Verteilung der Güter und eine Politik der Friedfertigkeit und Völkerverständigung. Das waren die Hoffnungen auf ein künftiges Deutschland. Sollten sich diese Ziele als realisierbar erweisen? Oder ist die Vorstellung von einer „Stunde Null" überhaupt eine Illusion?

Die Befreiung des Konzentrationslagers Dachau durch die 7. US-Armee am 29. April 1945.

Deutschland 1945–1949

1 Die Hinterlassenschaft des Krieges

1a *München 1945*

1c *Kriegstote im Zweiten Weltkrieg (in Mio.)*

	Soldaten	Zivilisten
Deutschland	3,7	1,4
Sowjetunion	13,6	7,0
Polen	0,3	4,2
Japan	1,2	0,6
China	ca. 3,0	ca. 10,0
insgesamt	ca. 23,0	ca. 20–30,0

Gebhardt, Handbuch der Deutschen Geschichte, Bd. 4, Stuttgart ^{9}1978, S. 80 (ohne Opfer der Vertreibung, Verschleppung).

1d *Kriegsschäden in Deutschland 1946 (in Prozent des Standes von 1939)*

Bergbau, Energie, Industrie, Handwerk	50
Handel und Gastgewerbe	70
Verkehrswesen	50
Wohngebäude	40
Hausrat, Privater Besitz	55
insgesamt (aus allen möglichen Bereichen)	47

Dokumente deutscher Kriegsschäden, Bd. III, Bonn 1962, S. 27.

1b *Der spätere bayerische Ministerpräsident Wilhelm Hoegner erinnert sich:*

Q Nach tagelangen Wanderungen durch die Straßen Münchens gewann ich allmählich einen Überblick über den Umfang der Zerstörungen. In der Innenstadt, in Schwabing und Sendling, in Giesing und Neuhausen
5 lagen ganze Stadtviertel in Trümmern oder waren doch ausgebrannt. Nur die Ludwigskirche war noch benutzbar, die meisten anderen Kirchen waren schwer beschädigt, darunter auch das Schiff der Frauenkirche. In Schutt lag das alte Rathaus, das neue war zum größten
10 Teil erhalten geblieben. Die Staatsbibliothek schien zunächst gänzlich vernichtet, von der Universität stand noch der Teil an der Amalienstraße. In Trümmern lag die Residenz, an der jahrhundertelang gebaut worden war, schwer angeschlagen war der Justizpalast, ausge-
15 brannt war das Nationalmuseum. Überall ragten Schutthaufen, stehengebliebene Vorder- oder Rückmauern von Häusern auf. Das ausgegrabene Pompeji schien mir im Vergleich zu München gut erhalten zu sein. Öffentliche Verkehrsmittel gab es nicht mehr,
20 keine Straßenbahn, keine Eisenbahn fuhr, man mußte alle Strecken zu Fuß zurücklegen.

W. Hoegner, Der schwierige Außenseiter, München 1959, S. 190 f.

1e *Winter 1944/1945: Flucht aus dem deutschen Osten vor der heranrückenden Roten Armee.*

1 Beschreiben Sie die Zerstörungen in Deutschland und Europa am Ende des Krieges. Ziehen Sie dazu neben dem Bild- und Quellenmaterial auch Berichte von Zeitzeugen heran.

2 Welche Folgen hatten die Schäden in Bergbau, Industrie und Verkehrswesen? Wie wirkten sich die Gebäudeschäden und Besitzverluste aus?

Deutschland 1945–1949

2 Vertreibung

2a *Beschluß des Alliierten Kontrollrates: Umsiedlung von Deutschen.*
Tägliche Rundschau, 21. November 1945:
Q Der Kontrollrat bestätigte einen Plan der Umsiedlung der aus Österreich, der Tschechoslowakei, Ungarn und Polen ausgewiesenen deutschen Bevölkerung [...].
1. Die gesamte aus Polen ausgewiesene deutsche Bevölkerung (3,5 Millionen Menschen) wird in die sowjetische und in die englische Besatzungszone Deutschlands aufgenommen.
2. Die gesamte aus der Tschechoslowakei, Österreich und Ungarn ausgewiesene deutsche Bevölkerung (etwa 3 150 000 Menschen) wird in die amerikanische, französische und sowjetische Besatzungszone Deutschlands aufgenommen.
Dokumente der Deutschen Politik, Bd. VI, S. 58 f.

2b *Tschechoslowakischer Ausweisungsbescheid:*
Q Ausweisungsbefehl. Ich ordne Ihnen an, daß Sie sich heute bis zur 7. Stunde zum Verlassen des Gebietes der Tschechoslowakischen Republik vorbereiten. Es ist Ihnen erlaubt, Gepäck von höchstens 30 kg für eine Person mitzunehmen. Verpflegung für fünf Tage. Von Deutschen Banknoten können Sie alle mitnehmen. Die Schlüssel der Wohnung und des Hauses, versehen mit einem Zettel mit Ihrer Anschrift, übergeben Sie den Sicherheitsorganen.
Dokumentation der Vertreibung, Bd. IV, 1, Bonn 1957, S. 327.

2c *Aus dem Bericht eines Lehrers*
über Pommern 1945:
Q Der Russe überließ dem Polen nichts. Riesige Viehherden, Pferde und Schafe wurden ostwärts getrieben, sämtliche Maschinen und Ackergeräte abtransportiert. In Neustettin sah ich, wie ganze Lastzüge mit Klavieren oder Betten und Matratzen zur Bahn gebracht wurden. Der russische Kommandant in Dieck sagte zu mir: „Er, der Pole, behält die Erde."
Nach dem Potsdamer Abkommen wurden die Polen immer frecher und riefen uns zu: „Über Odder!" Wer irgend konnte, verließ daher die Heimat. Ein polnischer Straßenaufseher sagte zu mir: „Herr Lährer, fort, letzten beißen die Hunde, kommen alle in Lager."

Am 17. September 1945 gingen auch wir mit einem Transport aus Neustettin nach Westen ab. 14 Tage später sind dann auch die andern gefolgt. Drei Familien [...] wurden von den Polen zurückbehalten. Diese sind erst 1947 ausgewiesen worden und haben solange bei den Polen arbeiten müssen.
Ursachen und Folgen, Bd. 24. Berlin o.J., S. 481 ff.

2d *Transport vertriebener Deutscher aus der Tschechoslowakei 1945.*

1 Beschreiben Sie den Vorgang der Vertreibung der Deutschen (Quellen 2a, b und c).
2 Welche Beweggründe gab es für die Vorgehensweise der polnischen Behörden (Quelle 2 c)?
3 Wie beurteilen Sie die Entscheidung der Siegermächte zur Umsiedlung der Deutschen aus dem Osten? Wie wirkte sie sich auf Deutschland in den Nachkriegsjahren aus, wie auf Europa bis zur Gegenwart?

Deutschland 1945-1949

Deutschland und Europa nach der Kapitulation

Die Hinterlassenschaft des Krieges

Wenn heute von Hungersnöten, von Flüchtlingselend, von Wohnungsnot und Elendsbehausungen die Rede ist, so denken wir an Afrika, Asien oder Südamerika. Was wir heute nur aus Berichten von Entwicklungsländern kennen, bestimmte in der Zeit nach dem Zweiten Weltkrieg den Alltag in ganz Europa. Die vom Krieg betroffenen Länder hatten nicht nur Millionen von Toten und Kriegsbeschädigten zu beklagen. Die Kriegszerstörungen und Bevölkerungsverschiebungen hatten auch die Wirtschaftskraft der meisten europäischen Länder so geschwächt, daß Not und Arbeitslosigkeit die Nachkriegsjahre prägten.

Todesopfer
Im Zweiten Weltkrieg verloren etwa 60 Mio. Menschen ihr Leben. Die Sowjetunion und Polen hatten die meisten Toten zu beklagen. Über sie war die deutsche Kriegsmaschinerie mit verheerender Zerstörungskraft hinweggegangen. Infolge einer menschenverachtenden Besatzungspolitik starben etwa 20 Mio. Sowjetbürger. Von den Polen hatte auch die sowjetische Okkupation ab September 1939 viele Opfer gefordert: Tausende von Armeeangehörigen wurden dabei erschossen, weit über 1 Mio. Bürger wurde in die Sowjetunion deportiert. Insgesamt verloren im Zweiten Weltkrieg 4,5 Mio. Polen (20% der Bevölkerung) ihr Leben. Der Anteil der Zivilisten an den Kriegstoten war erschreckend hoch. Das war die Folge einer neuen Kriegsführung.

Die Suchdienstzentrale in Hamburg hilft Kindern, ihre Eltern wiederzufinden.

In Polen und Jugoslawien wurden z. B. weit mehr Zivilisten als Soldaten getötet. Deutschland nimmt – gemessen an der Zahl der Kriegstoten – die dritte Stelle der Leidtragenden von Hitlers Krieg ein. Hier starben 5,5 Mio. Menschen, d. h. nahezu jeder 10. Reichsbürger, durch Kriegseinwirkung.
Zwei Drittel davon fielen als Soldaten. Etwa eine Million überlebte die Gefangenschaft nicht.

Sachschäden
Die materiellen Kriegsschäden waren in Deutschland ebenso erheblich wie in Polen und der westlichen Sowjetunion. Der Bombenkrieg der USA und Englands hatte im Westen Deutschlands besonders auf die Wohnbevölkerung und im Osten auf die Industrie gezielt. Viele Städte lagen deshalb in Schutt und Asche. An Rhein und Ruhr z. B. wurde jede zweite Wohnung ausgebombt. Die Altstädte in Würzburg und Nürnberg waren völlig zerstört, und auch im Zentrum Münchens waren zwei Drittel der Gebäude Ruinen. Insgesamt waren 40% des Wohnraums in Deutschland vernichtet.
Wir können uns heute nicht mehr vorstellen, was es für die Überlebenden hieß, sich in den Ruinen einzurichten oder als Evakuierte auf dem Land unterzukommen.
Noch größer war die Zerstörung der Industrie- und Verkehrsanlagen. Hier war die Hälfte aller Einrichtungen den Bombenangriffen oder den Sprengkommandos der Wehrmacht zum Opfer gefallen.

Umsiedlungspläne während des Krieges

Seit Jahrhunderten hatten Deutsche in verschiedenen Staaten Mittel- und Osteuropas neben anderen Nationalitäten gelebt, so in Rußland, im Baltikum, in Rumänien, Ungarn, Jugoslawien, Polen und in der Tschechoslowakei. Aber nach dem Ersten Weltkrieg waren Hunderttausende Deutscher von Polen vertrieben worden. Im Zuge von Hitlers und Stalins Politik wurden während des Zweiten Weltkrieges Millionen von Polen und Deutschen durch Umsiedlungsaktionen zum Verlassen ihrer Heimat gezwungen. Zwischen 1942 und 1944 versprach auch Churchill der polnischen und tschechoslowakischen Exilregierung die Umsiedlung der deutschen Bevölkerung aus Polen und der Tschechoslowakei in der Nachkriegszeit. In den Umsiedlungsplan waren auch jene Gebiete einbezogen, welche Polen im Westen und Norden dazugewinnen sollte, also Ostpreußen, Pommern, Ostbrandenburg und Schlesien. Im Zusammenhang mit Kriegsende und Kapitulation verloren etwa 18 Mio. Deutsche ihre Heimat.

Flucht und Vertreibung

Mit dem Vorrücken der Roten Armee gegen die Reichsgrenzen hatte im September 1944 in Ostpreußen eine *Fluchtwelle* nach Westen eingesetzt, die in den Wintermonaten auch Pommern, Ostbrandenburg und Schlesien erfaßte. Die Rückkehr der Flüchtlinge nach der deutschen Kapitulation unterband im Juni 1945 Polen durch die Sperrung der Oder- und Neiße-Brücken. Östlich der Oder-Neiße-Linie wurde dann die deutsche Bevölkerung systematisch vertrieben. So wenig wie hier wurden auch bei der *Vertreibung* der deutschen Bevölkerung aus der Tschechoslowakei humane Richtlinien eingehalten. Es kam zu zahllosen Übergriffen. Die Vertriebenen verloren nicht nur Haus und Grund oder Betrieb; sie konnten meist nur das nackte Leben retten. Über 2 Mio. Menschen starben auf dem Weg nach Westen.

Etwa 12 Mio. Flüchtlinge kamen nach Deutschland. Hier trafen sie auf Wohnungsnot, Hunger und Arbeitslosigkeit. Notunterkünfte auf Jahre hinaus, schmalste Rationen und das Los der Dauerarbeitslosigkeit bildeten meist ihr Schicksal in den Nachkriegsjahren.

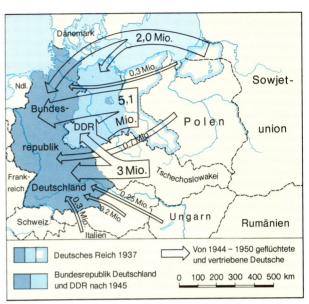

Deportation, Flucht und Vertreibung von Deutschen ab 1945.

Erich Kästner: Über das Heimkehrerelend (1947)

Das ist die Heimkehr dritter Klasse,
ganz ohne Lorbeer und Hurra.
Die Luft ist still. Der Tod macht Kasse.
Du suchst dein Haus. Dein Haus ist nicht mehr da. [...]

Deutschland 1945-1949

Die Zusammenbruchgesellschaft

Wirtschaftsnot

Die Auswirkungen der Kriegszerstörungen in Deutschland waren katastrophal. Die Kohleförderung war gering und infolgedessen auch die Stromerzeugung. Es gab keinen Brennstoff für Privathaushalte mehr: Damit fiel die Heizung in den harten Nachkriegswintern weitgehend aus. Die industrielle Produktion sank auf ein Drittel der Vorkriegszeit. Ein ungeheurer Mangel an Verbrauchsgütern entstand. Wo noch Güter produziert wurden, konnten sie nicht zum Abnehmer gelangen, weil die Transportwege zerstört waren oder Transportmittel fehlten. 1945 war der Zugverkehr für Monate eingestellt. Alle Kraftfahrzeuge hatten die Siegermächte beschlagnahmt. Das Wirtschaftsleben kam zum Erliegen.

Hungern und Hamstern. Arbeitslosigkeit und Währungsverfall setzten ein. Das Rationierungssystem für Lebensmittel und Güter des täglichen Gebrauchs, das während der Kriegszeit Hunger und Versorgungslücken verhinderte, versagte zusehends. Die Lebensmittel-Karte sicherte also nicht in jedem Fall das Überleben. Allgemeine Not- und Hungerjahre begannen. Um den Hunger in Grenzen zu halten, wurden für viele Stadtbewohner sogenannte *Hamsterfahrten* unumgänglich: Versehen mit dem letzten Besitz (z. B. Porzellan, Kleidungsstücke, Eheringe) versuchten Städter bei Bauern Lebensmittel und Heizmaterial einzutauschen.

Allerdings waren Lebensmittel auch auf dem Land knapp. Außergewöhnlich kalte Winter und heiße, trockene Sommer führten zu erheblichen Ernteausfällen. So hätte die landwirtschaftliche Produktion auch bei gerechter Verteilung nicht zu einer genügenden Versorgung ausgereicht.

Schwarzmarkt und Zigarettenwährung. Weil für Geld nur ein begrenztes Angebot an Waren vorhanden war, trat bald die Zigarette als Tauscheinheit an die Stelle der Reichsmark. Mit ihr konnte man auch Waren beschaffen, die sonst nur auf Bezugsschein zu erhalten waren. Der Ort für solche Geschäfte war der sogenannte „Schwarze Markt", der verboten war und durch polizeiliche Razzien in Schranken gehalten werden sollte. Unter diesen Bedingungen wuchs die Kriminalität in der Nachkriegszeit. Für den Mundraub, d. h. für Diebstahl zur Erhaltung des Lebens, hatte allerdings der Kölner Kardinal Frings 1946 die Erlaubnis der katholischen Kirche erteilt. Nahrungsmittel und Heizmaterial wurden deshalb im Hungerwinter 1946/47 zu einem erheblichen Teil „gefringst".

August W. Dressler: „Flüchtling in der Nettelbeckstraße" (1946). Die Auseinandersetzung mit der Zusammenbruchgesellschaft fand in der Malerei hauptsächlich mit den Stilmitteln des Realismus statt. Dabei distanzierten sich die Maler von der NS-Kunst durch die Ablehnung der dort verbreiteten „Glattmalerei". Sie näherten sich der „Neuen Sachlichkeit" der zwanziger Jahre an, die unter den Nationalsozialisten geächtet war.

Frauen im Trümmeralltag

Wenn die Bevölkerung Deutschlands trotz Hunger, Notbehausungen und eiskalten Wohnräumen die Nachkriegsjahre überlebte, so war das vorwiegend ein Verdienst der Frauen. Nahezu 4 Mio. Männer waren gefallen, 11 Mio. befanden sich 1945 in Kriegsgefangenschaft und weitere Millionen waren wegen Kriegsbeschädigung erwerbsunfähig. Ehemalige NSDAP-Mitglieder durften nicht arbeiten. So stellten jetzt die Frauen die Mehrheit der Erwerbstätigen.

Frauen machten das Unglaubliche wahr und schafften die Millionen Tonnen Schutt aus den zerbombten Städten. Diese sogenannten *Trümmerfrauen* ermöglichten den Neuaufbau aus den Ruinen. Bis allmählich die Männer aus der Gefangenschaft zurückkehrten, waren es hauptsächlich Frauen, die die Nahrungsmittel beschafften, sei es durch endloses Anstehen beim Einkauf mit Lebensmittelkarten, sei es durch Tausch auf dem Schwarzmarkt oder bei Hamsterfahrten. Sie hielten die Trümmerbehausungen bewohnbar. Oft in mehreren Berufen gleichzeitig tätig, sorgten sie fürs Überleben ihrer Kinder und Familienangehörigen und bereiteten den Boden für das sogenannte *Wirtschaftswunder* der fünfziger Jahre.

Geistige Erneuerung

Obwohl schlimme materielle Entbehrungen den Alltag dieser Jahre prägten, waren sie für die Nachkriegsgeneration vor allem eine Zeit der geistigen Erneuerung. Die Einschränkungen der NS-Kulturpolitik hatten ein Bedürfnis nach lange entbehrten, bisher verbotenen Richtungen von Literatur, Musik oder bildender Kunst erzeugt. In der Hinwendung zu religiösen Werten fanden viele Menschen einen neuen Halt.

Die Künstler der Nachkriegszeit legten die Scheuklappen ab, die ihnen die Reichskulturkammer in der Zeit des Nationalsozialismus in Literatur, Musik und Malerei verordnet hatte. In der Literatur wurden wieder die Autoren der Weimarer Republik, die emigriert waren, gedruckt. Es entwickelten sich aber auch neue Richtungen in der Auseinandersetzung mit nun zugänglichen ausländischen Autoren, vor allem aus den USA. So entstand z. B. die demokratisch engagierte *Gruppe 47*, die besonders den deutschen Gegenwartsproblemen zugewandt war (Trümmerliteratur). In der bildenden Kunst wurde die Abstraktion wiederbelebt, die Architekten nahmen die Tradition des „neuen Bauens" aus den zwanziger Jahren wieder auf. Die Komponisten setzten sich wieder mit der Zwölftontechnik Schönbergs auseinander. Wie diese war die Jazzmusik von der NS-Diktatur verboten worden. Jetzt wurden Swing und Boogie die gefeierten Tanzrhythmen der Jugend.

Die allgemeine Aufmerksamkeit, die der Erneuerung der deutschen Kultur in der Nachkriegszeit entgegengebracht wurde, zeigt deren besondere Bedeutung. Nicht Politik und Wirtschaft, sondern die Kultur sahen viele als ein „Überlebensmittel" an.

Fritz Winter: „Triebkräfte der Erde" (1944).
Die abstrakte Malerei kehrte nach dem Krieg in die deutsche Öffentlichkeit zurück. Sie war bereits vor dem 1. Weltkrieg in Deutschland entwickelt, aber von der NS-Kunstpolitik als „entartete Kunst" diffamiert und verboten worden. Innerhalb von 10 Jahren eroberte sie sich eine beachtliche Stellung in der deutschen Nachkriegskunst.

Deutschland 1945-1949

Zusammenbruchgesellschaft

1 Wirtschaftliche Not

1a *Leben aus dem Blechnapf: Essensausgabe in Berlin. Auch die meisten Kinder waren unterernährt, deshalb wurde die „Schulspeisung" eingeführt, die bis in die fünfziger Jahre zum Schulalltag gehörte.*

1b *Gemüsebeet am Brandenburger Tor (1945)*

1c *Die Versorgungslage in der amerikanischen Zone (München) 1945:*
Q Handel und Wandel waren tot. Die einfachsten Gegenstände des täglichen Bedarfs, wie Zündhölzer oder Reißnägel, waren nicht zu haben. Kaffee und Tee waren verschwunden, Fleisch gab es kaum, dafür aber täglich einen Viertel Liter Milch, 600 g Brot in der Woche und 5 Eier im Monat. Die Gasversorgung war unterbrochen, das Essen mußte man am Feuerherd kochen, das Frühstück an der elektrischen Lichtleitung.
W. Hoegner, Der schwierige Außenseiter, München 1959, S. 191.

1d *Hauptsorgen der Deutschen in der amerikanischen Zone (Umfrageergebnisse 1945-1948):*

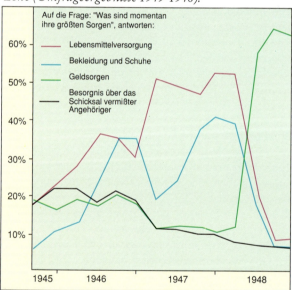

A. J. und R. L. Merritt, Public opinion in occupied Germany, Urbana 1970, S. 16-17.

1 Ermitteln Sie, welche Sorgen die Menschen in der Nachkriegszeit am meisten belasteten.
2 Erkundigen Sie sich, wieviel Nahrung ein Mensch täglich braucht.
3 Fragen Sie Zeitzeugen, wie ab 1945 die Lebensmittelverteilung organisiert war.

2 Überlebenstechniken der Hungerjahre 1946-48

Ratschläge einer Zeitschrift 1947:

Q Retter kann nur das Wildgemüse sein. Schon im März beginnt es zu sprossen und übertrifft unsere im Garten gezogenen Gemüsepflanzen an Vitamingehalt und Gesundheitswert. Es hat sich allmählich herumgesprochen, daß manch einer unserer Soldaten und Kriegsgefangenen in dem so schweren Jahr 1945 sein Leben nur durch Wildgemüse und Heilkräuter vor Hungertod, Typhus und Ruhr rettete. Voriges Jahr hat uns die reiche Bucheleseernte über den Winter geholfen, heuer wird es für manche Gegenden das Obst, für die Masse unserer Bevölkerung das Wildgemüse sein. Anders können wir nicht durch die Scilla und Carybdis der Ernährungsenge steuern. [...]
Wer sich an dieses Gemüse gewöhnt hat, zieht es sogar dem echten Spinat vor, da es einen milderen Geschmack hat. Neuerdings wird es auf den Märkten der Großstädte feilgeboten.

Der Silberstreifen, Jg. 1, 1947, Heft 11/12, S. 48.

● *Informieren Sie sich bei Zeitzeugen, wie vergleichbare Nachkriegsgerichte geschmeckt haben.*

3 Der Hoover-Bericht über deutsche Versorgungsmängel

3a *Am 26. Februar 1947 übermittelte der ehemalige Präsident der Vereinigten Staaten, Herbert Hoover, an Präsident Truman einen Bericht über die wirtschaftlichen Bedingungen der vereinigten britischen und amerikanischen Zonen in Deutschland:*

Q Die Knappheit an Kohle ist neben der Knappheit an Lebensmitteln der ernsteste unmittelbare Engpaß für die Lebenshaltung und die Belebung der Ausfuhr zur Bezahlung der Lebensmitteleinfuhren. [...]
Die Kohleknappheit in ganz Westeuropa und die unerhörte Strenge des Winters haben überall zu schwerstem Leiden geführt. Um nur ein Beispiel zu nennen: seit Oktober sind in Hamburg keine Kohlen als Hausbrand ausgegeben worden. Andere deutsche Städte sind nur wenig besser daran.

Europa-Archiv 1, 1946-1947, S. 588 f.

● *Stellen Sie Ursachen der Nachkriegsnot zusammen.*

3b *Behelfswohnung*

3c *Suche nach Heizmaterial*

Deutschland 1945-1949

4 Trümmerbeseitigung als Voraussetzung für den Wiederaufbau nach dem Krieg: Trümmerfrauen in Berlin

5 Der Überlebenskampf der Frauen

Q Mein Schwimmkamerad Harry Valérien erkannte meine erbärmliche Lage und verschaffte mir einen Arbeitsplatz im neugegründeten Sportblatt „Tempo" im Pressehaus an der Bayerstraße. Doch nach 8 Monaten ging das Sportblatt in Fusion mit dem Sportkurier Ulm. Ich konnte weiter im Münchner Zeitungsverlag arbeiten, es gab jedoch zu dieser Zeit nur 3 Erscheinungstage der Zeitung, also arbeitete ich am Tage in der Gärtnerei von Samen-Schmitz und 3 Nächte in der Zeitung. Stundenlohn 1,20. – Dazwischen sauste ich mit dem Fahrrad immer wieder schnell heim, denn meine Tochter war ja viel allein. So ergab sich eine 60-Stunden-Woche – per Rad morgens zur Gärtnerei, um 18 Uhr schnell per Rad nach Milbertshofen in die Wohnung, ab 21 Uhr bis morgens um 3 Uhr in die Zeitung. Alles natürlich mit dem Rad. [...]

Große Achtung habe ich vor jenen Frauen auch, die in der Nacht im Keller des Zeitungsversands schufteten, morgens sodann daheim schnell die Familie versorgten und dann meist noch die Zeitung ausgetragen haben, oder zum Putzen gingen. Welche Mühe war das Zeitungsaustragen! Ruinen, zerbombte Treppenaufgänge mit Notleitern, ohne Taschenlampe war es überhaupt nicht möglich, die Abonnenten zu finden. Denn die meisten hausten damals noch hinter provisorischen Holzverschlägen und nur ein Zettel zeigte an, wer dahinter wohnte. Diese tapferen Frauen kannten keinen Sonn- oder Feiertag, Urlaub – ein Fremdwort, aber wer spricht noch darüber? Wer denkt überhaupt heute noch darüber nach, daß es damals die Frauen und Mütter waren – die Trümmerfrauen –, die die Begründerinnen des deutschen Wirtschaftswunders waren. Die Männer waren ja entweder noch in Kriegsgefangenschaft, oder schwere Verwundungen ließen überhaupt keine Arbeit zu, oder die Mitgliedschaft in der NSDAP zwang sie zunächst „unterzutauchen" – wenn ich daran noch denke! Was waren da die starken Männer zahm und kleinlaut!

Trümmerbrief Nr. 64 vom 26.7.1981, zit. in F. Prinz, Trümmerzeit in München, München 1984, S. 296.

1 Welche Bedeutung hatte die Arbeit der Frauen nach den Aussagen dieses Briefes?
2 Wie begründet die Autorin die Notwendigkeit der Frauenarbeit?

Absichten und Ergebnisse der Konferenzen von Jalta und Potsdam

Plan einer Nachkriegsordnung

Die Siegermächte wollten nach der *bedingungslosen Kapitulation Deutschlands am 8. Mai 1945* eine Nachkriegsordnung in Europa und der Welt errichten, welche den Frieden dauerhaft sichern sollte. Die Grundsätze einer künftigen Weltordnung entsprachen im wesentlichen den Vorstellungen US-Präsident Roosevelts von der Politik „der einen Welt" (one world). Demnach sollten alle Völker, insbesondere die Großmächte, bei der Lösung von Konflikten friedlich zusammenarbeiten. Solche Grundsätze wurden bereits 1941 in der sogenannten *Atlantik-Charta* zwischen England und den USA festgelegt und später von der Sowjetunion übernommen.

Die Nachkriegsordnung sollte aufbauen auf
- den Grenzen der Vorkriegszeit, die nicht gegen den Willen der Betroffenen verändert werden dürfen (Selbstbestimmungsrecht*),
- der freien Wahl der Regierungsform für alle Völker.

Allerdings sollten diese Grundsätze nie ernstlich für Deutschland gelten; das stand wenigstens für die Sowjetunion fest.

Die Konferenz von Jalta

Im Februar 1945 kamen Roosevelt, Churchill und Stalin in *Jalta* (auf der Halbinsel Krim im Schwarzen Meer) zusammen. Wie bei ihrem letzten Treffen in *Teheran* 1943 gingen diese „Großen Drei" davon aus, daß nach ihrem Sieg Deutschland in mehrere Staaten aufgeteilt werden sollte. Aber man konnte sich auf keine Lösung einigen und faßte daher keinen Beschluß. Vorgesehen wurden aber für Deutschland nach dem Krieg
- die Bildung von *Besatzungszonen* für die drei Siegermächte,
- die Bildung einer vierten Besatzungszone für Frankreich, weil die USA sich bald aus Europa zurückziehen wollten,
- eine gemeinsame Verwaltung der vier Besatzungszonen durch einen *Alliierten Kontrollrat*,
- die Beseitigung des Nationalsozialismus, eine *Entnazifizierung** und eine vollständige *Entmilitarisierung*,
- die *Wiedergutmachung* aller Kriegsschäden in Höhe von 20 Mrd. Dollar, wovon die Hälfte die Sowjetunion erhalten sollte,
- eine neue Grenze zwischen Deutschland und Polen, weil die östliche Hälfte Polens an die Sowjetunion vergeben wurde und Polen für diesen Verlust beträchtlichen Gebietszuwachs im Westen und Norden aus deutschen Gebieten erhalten sollte.

Hinsichtlich der Friedenssicherung beschlossen die „Großen Drei" die Gründung der UNO (Vereinte Nationen), die am 26. Juni 1945 in San Francisco ins Leben gerufen wurde.

Die Konferenz von Potsdam

Roosevelt starb im April 1945. Sein Nachfolger, Präsident Truman, ging allmählich gegenüber Stalin auf Distanz und fand jetzt dabei Churchills Unterstützung. Deshalb wurden im Frühjahr 1945 Gegensätze zwischen den Westalliierten USA/Großbritannien und der Sowjetunion sichtbar.

Dennoch konnte sich die Anti-Hitler-Koalition im Juli/August 1945 auf der *Konferenz von Potsdam* noch auf einen Kompromiß verständigen. Der Umstand, daß Churchill während der Konferenz als Premierminister abgewählt und Attlee sein Nachfolger wurde, mag zum Kompromiß von Potsdam beigetragen haben.

Der letzte Kompromiß der Anti-Hitler-Koalition: Die Beschlüsse von Potsdam im Juli/August 1945.
Sitzend von links nach rechts: der britische Premierminister Attlee, US-Präsident Truman und der sowjetische Staatschef Stalin.

Deutschland 1945-1949

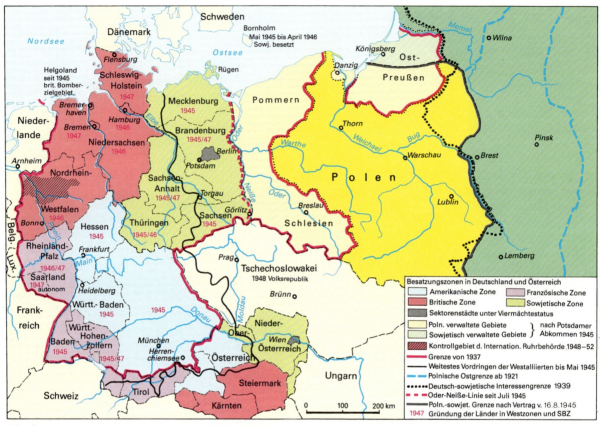

Mitteleuropa 1945-1949

Für Deutschland wurden folgende Vereinbarungen getroffen:
- Deutschland bleibt eine wirtschaftliche und politische Einheit, über deren Entwicklung ein Alliierter Kontrollrat aller vier Besatzungsmächte beschließt.
- Grundsätzlich sollen für Deutschland die „5 D's" gelten: Demilitarisierung, Denazifizierung, Dezentralisierung, Demontagen und Demokratisierung. Für die Entmilitarisierung war die Entflechtung von Konzernen (Dezentralisierung) ebenso beabsichtigt wie die Demontage kriegswichtiger Betriebe, die auch als Kriegsentschädigung gewertet wurde. Die Entnazifizierung sollte den Ausgangspunkt für eine demokratische Entwicklung bilden.
- Deutschland wird um ein Viertel seines Umfangs von 1937 verkleinert. Die Gebiete östlich der Oder-Neiße-Linie kommen unter polnische, der nördliche Teil Ostpreußens unter sowjetische Verwaltung. Sie gehören nicht mehr zur sowjetischen Besatzungszone. Die deutsche Bevölkerung soll aus diesem Gebiet auf humane Weise nach Deutschland transferiert werden. Aber die endgültige Festlegung der polnischen Westgrenze soll erst auf der Friedenskonferenz erfolgen.

Wie diese letzte Bestimmung, so sind auch andere Beschlüsse von Potsdam widersprüchlich. Bald war in Politik und Wirtschaft die theoretisch angestrebte Einheit durch die unterschiedlichen Interessen der Siegermächte in den einzelnen Besatzungszonen in den Hintergrund geraten. Dennoch bildete das Potsdamer Abkommen die Grundlage für die alliierte Besatzungspolitik, vor allem für die der USA.

Die Alliierten in ihren Konferenzen über Deutschland nach dem Krieg

1 Churchill in seinen Memoiren über das Streichholzspiel von Teheran 1943:
Ich sagte, wir seien Polens halber in den Krieg eingetreten. Daher bedeute uns Polen sehr viel. […] Ich für meinen Teil glaube, Polen könnte sich nach Westen verlagern, wie Soldaten, die seitlich wegtreten. Falls es dabei auf einige deutsche Zehen trete, könne man das nicht ändern; doch müsse Polen auf alle Fälle stark sein. […] Eden (der engl. Außenminister) warf hier ein, die am Nachmittag von Stalin gemachte Bemerkung, Polen könnte im Westen bis an die Oder vorrücken, sei ihm aufgefallen. […] Stalin fragte, ob wir gedacht hätten, daß er Polen schlucken wolle. Eden erwiderte, wir wüßten nicht, was Rußland alles zu verspeisen gedenke. Wieviel würde es unverspeist lassen? Stalin erklärte, die Russen wollten nichts, was anderen Völkern gehöre, nur aus Deutschland würden sie sich vielleicht auch einen Brocken herausschneiden. Eden meinte, was Polen im Osten verliere, könnte es im Westen gewinnen. Stalin erwiderte, das sei möglich; er wisse es aber nicht. Ich demonstrierte dann mit Hilfe dreier Streichhölzer meine Gedanken über eine Westverlagerung Polens. Das gefiel Stalin, und damit löste sich unsere Gruppe für den Moment auf.

W. S. Churchill, Memoiren. Der Zweite Weltkrieg. Bd. 5, Stuttgart 1954, S. 49 f.

2 Präsident Truman über die Potsdamer Verhandlungen
Als nächsten Punkt stellte ich die polnische Westgrenze zur Debatte.
Bevin (engl. Außenminister) erklärte, seine Instruktion laute, an der östlichen Neiße festzuhalten. Er wünsche zu wissen, ob die Zone ganz in polnischen Besitz übergehen und die Sowjettruppen völlig zurückgezogen würden. […]
Ich unterbrach mit der Bemerkung, daß die Gebietsabtretungen den Friedensverhandlungen vorbehalten blieben und der amerikanische Plan lediglich die provisorische Verwaltung dieser Gebiete betreffe. […]
Nach nochmaligem Meinungsaustausch erklärte ich, wir seien uns also in der polnischen Frage einig. Stalin bemerkte noch: „Stettin gehört zum polnischen Gebiet", worauf Bevin antwortete: „Ja, wir müssen aber die Franzosen informieren." Das wurde dann auch beschlossen.

Harry S. Truman, Memoiren. Bd. 1, Stuttgart 1955, S. 412 f.

1. *Worüber wird hier verhandelt? Vgl. Karte S. 18.*
2. *Kennzeichnen Sie den Verhandlungsstil. Wer hat hier Vorteile erreicht?*
3. *Erörtern Sie Gründe für die Vorgehensweise der Westmächte.*

3 Bestimmungen der Potsdamer Konferenz
Die Verbündeten haben nicht die Absicht, das deutsche Volk zu vernichten oder zu versklaven. Die Verbündeten haben die Absicht, dem deutschen Volk die Möglichkeit zu geben, sich darauf vorzubereiten, weiterhin die Umgestaltung seines Lebens auf demokratischer und friedlicher Grundlage zu verwirklichen. […]
1. Entsprechend dem Abkommen über den Kontrollmechanismus in Deutschland wird die oberste Macht in Deutschland ausgeübt werden von den als Mitglieder des Kontrollrates fungierenden Oberbefehlshabern der Streitkräfte der Union der Sozialistischen Sowjetrepubliken, der Vereinigten Staaten von Amerika, des Vereinigten Königreichs und der Französischen Republik, und zwar von jedem in seiner Okkupationszone, gemäß den Instruktionen ihrer entsprechenden Regierungen, sowie gemeinsam in den Fragen, die Deutschland als Ganzes betreffen.
2. Soweit dies praktisch zu verwirklichen ist, muß die Behandlung der deutschen Bevölkerung in ganz Deutschland die gleiche sein.
3. Die Ziele der Okkupation Deutschlands, von denen sich der Kontrollrat leiten lassen muß, sind:
Die völlige Entwaffnung und Demilitarisierung Deutschlands sowie Liquidierung oder Kontrolle der ganzen deutschen Industrie, die für die Kriegsproduktion ausgenutzt werden kann. […]

Dokumente zum Aufbau des bayerischen Staates. hrsg. v. d. Bayerischen Staatskanzlei, München 1948.

● *Fassen Sie die wichtigen Bestimmungen zusammen.*

Deutschland 1945-1949

Abrechnung mit dem Nationalsozialismus und politischer Wiederbeginn

Die juristische Bewältigung der NS-Verbrechen

Sinn und Ziel gerichtlicher Verfolgung

Die Verbrechen des nationalsozialistischen Deutschland waren ungeheuerlich, in ihrem Ausmaß unfaßbar. Ihre gerichtliche Verfolgung gehörte zu den vorrangigen Kriegszielen der Alliierten. Schon 1941 hatten Regierungen der von Deutschland überfallenen Länder Strafe und Vergeltung für diese Verbrechen gefordert. Am 30. Oktober 1943 wurde dieses Ziel von den drei Alliierten auf einer Konferenz in Moskau konkretisiert. In einer gemeinsamen Erklärung bekräftigten sie ihre Entschlossenheit, alle an Kriegsverbrechen Beteiligten und die dafür Verantwortlichen zu verfolgen, festzunehmen und an jene Staaten auszuliefern, in denen sie ihre Verbrechen begangen hatten. Dort sollten sie vor Gericht gestellt werden. Die Bestrafung der sogenannten Hauptkriegsverbrecher allerdings behielten sich die Alliierten selbst vor.

Eine gerichtliche Strafverfolgung sollte nicht nur die Täter strafen und die begangenen Verbrechen sühnen; sie sollte auch Maßstäbe setzen für das künftige Zusammenleben der Völker und verhindern, daß sich solche Verbrechen jemals wiederholten. Sie sollte ferner zum Ausgangspunkt einer grundsätzlichen, nicht nur juristischen, sondern auch moralischen Reinigung des deutschen Volkes werden und damit eine Voraussetzung für einen demokratischen Neubeginn sein.

Die Nürnberger Prozesse

Das Verfahren gegen die Hauptkriegsverbrecher. Am 20. November 1945 wurde vor einem internationalen Militärgerichtshof in Nürnberg der Prozeß gegen die sogenannten Hauptkriegsverbrecher eröffnet. Angeklagt waren 24 prominente Führer des NS-Regimes. Die Anklageschrift umfaßte drei Tatbestände:
1. Kriegsverbrechen.
2. Verbrechen gegen die Menschlichkeit.
3. Verbrechen gegen den Frieden.

– Kriegsverbrechen waren im juristischen Sinne sämtliche Verletzungen der gültigen internationalen Gesetze wie Mord und Mißhandlung von Kriegsgefangenen, Tötung von Geiseln, Deportation, Mißhandlung, Ermordung von Zivilpersonen u. a.

– Als Verbrechen gegen die Menschlichkeit galten solche Taten, deren verbrecherischer Charakter zwar im nationalen Strafrecht der Staaten verankert, im internationalen Recht jedoch nur teilweise festgehalten war: Grausamkeiten und Verfolgung aus rassischen oder religiösen Gründen, Ausrottung, Versklavung und andere an der Zivilbevölkerung begangene Verbrechen.

– Zu den Verbrechen gegen den Frieden zählten die Planung, Vorbereitung, Einleitung oder Durchführung eines Angriffskrieges unter Verletzung von internationalen Verträgen. Eine juristisch exakte Bestimmung dieses Tatkomplexes existierte allerdings nicht.

Der Prozeß dauerte nahezu ein Jahr. Am 30. September und 1. Oktober 1946

Der Nürnberger Prozeß gegen die Hauptkriegsverbrecher. Auf der Anklagebank in der ersten Reihe erkennt man von links: Göring, Hess, von Ribbentrop, Keitel, Kaltenbrunner, Rosenberg, Frank, Frick, Streicher und Funk. Verhandlungssprachen waren Englisch, Französisch, Russisch und Deutsch: die Angeklagten konnten über Kopfhörer an der Übersetzung teilhaben.

verkündete das Gericht die Urteile. Die Todesstrafe wurde zwölfmal verhängt, u. a. gegen den ehemaligen Reichsmarschall Hermann Göring, gegen Ernst Kaltenbrunner, der Chef des Sicherheitsdienstes (SD) gewesen war, gegen Julius Streicher, als Herausgeber des „Stürmer" einer der übelsten antisemitischen Hetzpropagandisten, sowie in Abwesenheit gegen Martin Bormann, den Leiter von Hitlers Parteikanzlei.

Drei der Angeklagten erhielten lebenslängliche Freiheitsstrafen, drei wurden freigesprochen, die übrigen zu unterschiedlich langen Haftstrafen verurteilt. Die Gestapo und der SD, die politische Leitung der NSDAP sowie die SS wurden vom Gericht zu verbrecherischen Organisationen erklärt.

Robert Ley, der ehemalige Führer der Deutschen Arbeitsfront (DAF), hatte zu Beginn des Prozesses Selbstmord begangen, Hermann Göring entzog sich der Urteilsvollstreckung ebenfalls durch Selbstmord.

Die Nürnberger Nachfolgeprozesse. In zwölf weiteren Verfahren vor amerikanischen Gerichtshöfen, den sogenannten Nürnberger Nachfolgeprozessen, wurde jeweils ein einzelner Verbrechenskomplex verhandelt bzw. eine bestimmte Gruppe von Angeklagten vor Gericht gestellt. So mußten sich u. a. Ärzte, Juristen, Wirtschaftskreise und die Militärführung verantworten. Die in den Konzentrationslagern verübten Verbrechen wurden zwischen 1945 und 1948 von alliierten Militärgerichten in ihren Besatzungszonen geahndet, später übernahmen deutsche Gerichte die Strafverfolgung. Je länger diese Verbrechen allerdings zurückliegen, desto schwieriger wird die Wahrheitsfindung.

Die Entnazifizierung

Auf den Konferenzen von Jalta und Potsdam hatten die Alliierten angekündigt, daß sie es als eine ihrer wichtigsten Aufgaben betrachteten, jeden Keim des Nationalsozialismus zu ersticken, um für die Zukunft ein Wiedererstehen zu verhindern. Insbesondere die USA sahen es als eine Notwendigkeit an, nicht nur nationalsozialistische Verbrecher zu bestrafen, sondern auch die vielen Mitläufer zur Verantwortung zu ziehen.

Etwa 12 Millionen ehemalige Mitglieder der NSDAP und ihrer Unterorganisationen wurden seit Herbst 1946 anhand eines umfangreichen Fragebogens überprüft und – je nach dem Grad der festgestellten Verantwortung – als Entlastete, Mitläufer, Minderbelastete, Belastete oder Hauptschuldige eingestuft. Die Spruchkammern, die sich aus Deutschen zusammensetzten, verhängten Strafen, die vom Entzug des Wahlrechts und dem Ausschluß von öffentlichen Ämtern über Geldbußen bis zur Gefängnishaft reichten.

Als sich der Ost-West-Konflikt verschärfte, regte sich in den USA und in Deutschland Widerstand gegen die Entnazifizierung: Anfang der fünfziger Jahre endete sie abrupt. Nicht nur „kleine Nazis", sondern viele, die in leitenden Positionen lebensvernichtende Entscheidungen getroffen hatten, wurden jetzt entlastet oder gar nicht mehr verfolgt.

In der sowjetischen Besatzungszone wurde die Entnazifizierung benutzt, um die Machtpolitik der KPD bzw. der späteren SED zu unterstützen. Mit der gezielten Ausschaltung von ehemaligen NS-Funktionären versuchten die Machthaber, jene Bevölkerungsgruppen zu schwächen, von denen sie Widerstand gegen die absolute Herrschaft der SED und die von ihr geplante Politik befürchteten. Die Entfernung von Nationalsozialisten aus öffentlichen Ämtern und die „Reinigung" der Gesellschaft von nationalsozialistischem Denken waren dabei oft ein zweitrangiges Ziel.

„Die Wurzeln müssen heraus!" Zeichnung von Daniel Fitzpatrick, 1945.

Gerechtigkeit – nicht Rache

„Soeben lese ich in der Presse von drei Begnadigungen von den Henkern von Dachau. [...] Gestatten Sie, Herr General, einer unglücklichen Mutter, deren Sohn man als politischen Gegner 1933 verhaftete, nach Dachau brachte, die all diese Jahre ohne ein Lebenszeichen von ihm ist: geben Sie, Herr General, der Begnadigung keine Bestätigung."

Eine Haltung wie sie in dieser brieflichen Bitte vom Januar 1946 an den amerikanischen Oberbefehlshaber in Europa zum Ausdruck kam, war selten im besiegten Deutschland. Ein großer Teil der Bevölkerung verfolgte die alliierte Gerichtsbarkeit mit Skepsis und Mißtrauen, nicht wenige argwöhnten, daß es den Alliierten weniger um Gerechtigkeit als um Rache zu tun war. Kritisiert wurde, daß nur deutsche Kriegsverbrechen verfolgt würden; kritisiert wurde auch, daß in Nürnberg Anklage erhoben worden war wegen Verbrechen gegen den Frieden, obwohl ein solcher Straftatbestand nie existiert habe und eigens für diese Prozesse geschaffen worden sei.

Zwar gab es Mängel und Schwächen in der alliierten Justiz. Jede Kritik muß jedoch berücksichtigen, wie groß die Aufgabe war, die sich die Alliierten, vor allem die USA, gestellt hatten. Der Umfang der nationalsozialistischen Verbrechen, ihre Zahl und ihre Unmenschlichkeit waren beispiellos in der Geschichte. Das ganze vom Krieg heimgesuchte Europa war Tatort gewesen: entsprechend schwierig war die Feststellung der Täter, ihre Auffindung und Verhaftung, die Sicherung von Beweisen, die Suche nach Zeugen. Die Ermordung von Millionen von Menschen mit den Kategorien des Strafgesetzbuches fassen zu wollen war nur schwer möglich. Doch welche Alternativen bestanden? Eine Bestrafung ohne Prozesse war ebenso ausgeschlossen wie der Verzicht auf jegliche rechtliche Sühne.

Insgesamt bedeuten die alliierten Gerichtsverfahren in den westlichen Besatzungszonen eine wichtige Station in der Entwicklung des internationalen Rechts.

Das Bewußtsein der Weltöffentlichkeit für Rechtsverletzungen im Verhältnis der Völker und Staaten zueinander ist seit den Nürnberger Prozessen geschärft. Die Ermittlungsakten, die Aussagen der Angeklagten und Zeugen, sind herausragende historische Quellen für die Geschichte des Nationalsozialismus.

Neuorientierung in den Besatzungszonen

Die Auseinandersetzung mit der eigenen Vergangenheit

Eine Erziehung zur Demokratie sollte das deutsche Volk reif machen für einen politischen Neubeginn. Die Konfrontation mit den nationalsozialistischen Verbrechen, die Einsicht und das Eingeständnis der Schuld sollten Grundlage der neuen deutschen Demokratie sein. Dieses Ziel wurde jedoch nur teilweise erreicht. Sicherlich bedeutete es für viele Deutsche einen tiefen Einschnitt in ihr Leben, eine grundsätzliche Besinnung und Neuorientierung, als sie das ganze Ausmaß der barbarischen Verbrechen erfuhren. Aber die Bereitschaft, sich der Vergangenheit und der Verantwortung zu stellen, blieb gering. Der Wunsch, einen Schlußstrich zu ziehen, zu verdrängen und zu vergessen, überwog. Die Mängel der Entnazifizierung, ein teilweise ungeschicktes Vorgehen der Besatzungsmächte, die materielle Not der Nachkriegsjahre und der beginnende Kalte Krieg – all das erleichterte es einer Mehrzahl der Deutschen, sich ihrer Vergangenheit zu entziehen. Erst Jahrzehnte später begannen sie, sich ihrer Verantwortung zu stellen.

Politischer Wiederbeginn

Der Neuanfang in Deutschland sollte von politisch Unbelasteten begonnen werden. Bei der Besetzung von Ämtern in Politik und Verwaltung oder der Vergabe von Zeitungslizenzen griffen die westlichen Alliierten deshalb zunächst vor allem auf Personen zurück, die sich als Gegner des NS-Regimes erwiesen hatten, die emigriert oder geflohen und nun zurückgekehrt waren. Auch im Rundfunkwesen, im Bereich von Schule, Bildung und Kultur sorgten sie sich auf vielfältige Weise um eine demokratische und freiheitliche Entwicklung. Zahlreiche spontan entstandene antifaschistische Ausschüsse, Betriebsräte, Gewerkschaften, Parteien und kirchliche Gruppen bemühten sich um den Wiederaufbau. Das entscheidende Wort allerdings hatte die jeweilige Besatzungsmacht, die ihr genehme politische Ziele fördern, andere behindern konnte. Die unterschiedlichen Zielsetzungen der drei westlichen Alliierten einerseits und der Sowjetunion andererseits wurden hier sehr schnell sichtbar.

Deutschland 1945-1949

Das Maximilianeum in München – seit 1949 Sitz des Bayerischen Landtages.

Neubeginn des politischen Lebens in Deutschland

Errichtung der Länder

Nachdem die Siegermächte die noch von Hitler ernannte Regierung Dönitz im Mai 1945 abgesetzt hatten, erklärten sie Anfang Juni, Deutschland selbst regieren zu wollen. Die USA waren bereits im Mai dazu übergegangen, deutsche Verwaltungen in ihrer Besatzungszone einzurichten. Dazu faßten sie Gebiete innerhalb ihrer Zone zu Ländern zusammen (z. B. Groß-Hessen, Württemberg-Baden, Bayern). An die Spitze dieser Länder stellten sie deutsche Regierungen, die sie scharf überwachten. Die anderen Besatzungsmächte gingen ähnlich vor. Die Sowjets z.B. richteten fünf neue Länder in ihrer Zone ein: Mecklenburg, Brandenburg, Sachsen-Anhalt, Sachsen, Thüringen. Berlin war in vier Besatzungssektoren geteilt und wurde von allen vier Siegermächten gemeinsam regiert. Die meisten der so entstandenen Länder sind neue politische Einheiten. Viele von ihnen erkennt man am Doppelnamen.

Neugründung des Freistaates Bayern

Das einzige Land, das in seiner alten Gestalt neu entstand, war Bayern. Die US-Armee hatte das Gebiet zwischen Lech und Arber am 30.4.1945 vollständig besetzt und begann am 1. Mai mit dem Aufbau einer deutschen Verwaltung. NSDAP-Mitglieder wurden aus den Behörden entlassen und unbelastete Deutsche zu Bürgermeistern und Landräten ernannt. Für Bayern, das 1933 seine Selbständigkeit vollständig verloren hatte, richteten die US-Militärs eine Gesamtverwaltung ein und ernannten Fritz Schäffer (CSU) am 28.5.1945 zum bayerischen Ministerpräsidenten. Seine Aufgabe war es, der amerikanischen Militärregierung Minister vorzuschlagen, Nationalsozialisten aus den Ämtern zu entfernen und eine Zivilverwaltung mit bayerischem Personal aufzubauen. Politische Parteien waren noch verboten.

Bayerische Verfassung

Wegen Meinungsverschiedenheiten über Reedukationsfragen innerhalb der amerikanischen Militärregierung wurde allerdings Schäffer bereits Ende September durch Wilhelm Hoegner (SPD) ersetzt. Hoegner übernahm es nun, den Neuaufbau Bayerns in die Wege zu leiten. Er organisierte nicht nur die Entnazifizierung und Versorgung der Bevölkerung, sondern trieb auch die Errichtung einer demokratischen Staatsordnung voran. Er legte einen Verfassungsentwurf für ein demokratisches Bayern vor, das einem künftigen deutschen Bundesstaat angehören sollte. Der Verfassungsentwurf wurde von der Militärregierung begutachtet und von einer frei gewählten verfassunggebenden Landesversammlung intensiv bearbeitet.

Die so entstandene *bayerische Verfassung* wurde am *1. Dezember 1946* in einer *Volksabstimmung* mit 70% der abgegebenen Stimmen angenommen.

Kundgebung der SPD in Nürnberg zur Unterstützung von „Plan A", Juni 1948. Das „A" auf dem Bild symbolisiert den Aufbauplan, eine Idee der bayrischen SPD, erstmals 1948 vorgestellt in Fürth

Zulassung von Parteien
Wiederaufleben alter Parteien. Die Sowjetunion forcierte in ihrer Zone die Gründung von Parteien, seit Juni 1945, während dies in den Westzonen zunächst erschwert wurde. Die alten Arbeiterparteien SPD und KPD organisierten sich neu, gingen aber in der *Sowjetisch Besetzten Zone* (SBZ) andere Wege als in den Westzonen. In der SBZ schlossen sich unter dem Druck der Sowjets SPD und KPD im April 1946 zusammen und gründeten die *Sozialistische Einheitspartei Deutschlands* (SED). Im Westen aber grenzte sich die SPD scharf von den Kommunisten (KPD) ab.
Die SPD strebte zwar nach einer Planwirtschaft*, aber im Rahmen einer freiheitlichen Demokratie. Die Menschenrechte* sollten garantiert werden. KPD und SED orientierten sich indes immer deutlicher an einer Parteidiktatur*, wie sie in der Sowjetunion Realität war.
Wie die Arbeiterparteien, so entstanden auch liberale Parteien, vergleichbar denen der Weimarer Republik. Die *Freie Demokratische Partei* (FDP) vertrat energisch die Marktwirtschaft und das freie Unternehmertum in einer pluralistischen Demokratie.
Neue Parteien. Dagegen bildeten sich die konservativen Parteien neu: Mit der *Christlich-Demokratischen Union* (CDU) und der bayerischen *Christlich-Sozialen Union* (CSU) entstanden überkonfessionelle Parteien, in denen konservative, liberale und sozialreformerische Ziele vertreten wurden. Die CDU wollte ein Wirtschaftssystem nach christlich-sozialen Vorstellungen und lehnte einen Kapitalismus der Konzerne ab.

Nachdem sie mit gemeinwirtschaftlichen Ideen sympathisiert und auch Sozialisierungen* angestrebt hatte, entschied sie sich 1949 für die Marktwirtschaft. Diese allerdings sollte durch staatliche Kontrollen dem Gemeinwohl dienstbar gemacht werden, also eine soziale Marktwirtschaft* sein. Die CSU war von Anfang an für den Schutz des Privateigentums, legte besonderen Wert auf die Förderung kleiner und mittlerer Unternehmen und betonte die Eigenständigkeit Bayerns in einem künftigen deutschen Bundesstaat*.

Wahlen 1946
1946 fanden in den deutschen Staaten zahlreiche Wahlen statt. Gemeinde-, Kreis- und Landräte, Bürgermeister und Landtage wurden erstmals seit 1933 wieder frei gewählt. In der SBZ waren es für über 40 Jahre die letzten Wahlen, in denen die Parteien frei um Stimmen konkurrieren konnten. Die SED hatte hier zwar Vorteile erreicht, aber in keinem Land die absolute Mehrheit. CDU und Liberal-demokratische Partei der SBZ erhielten jeweils etwa 20%. In den Westzonen ergab sich bei hohen Wahlbeteiligungen (bis 80%) ein kleiner Vorsprung der Union vor der SPD. Nur in Bayern (CSU) und in Schleswig-Holstein bzw. Hamburg (SPD) gab es absolute Mehrheiten. In den meisten Ländern übernahmen mehrere Parteien zusammen die Regierung, um die Probleme gemeinsam zu bewältigen. Als am 21. Dezember 1946 Hans Ehard (CSU) zum bayerischen Ministerpräsidenten gewählt wurde, nahm er auch SPD-Mitglieder in seine Regierung auf.

1 Der nachfolgende Text stammt aus dem Film „Your job in Germany" aus dem Jahre 1945

Es handelt sich dabei um einen Schulungsfilm der US-Armee, der dazu dienen sollte, die amerikanischen Soldaten für ihre Aufgabe als Besatzungssoldaten im besiegten Deutschland vorzubereiten:

Q Die Nazi-Partei mag verschwunden sein – das Nazi-Denken, die Nazi-Erziehung, die Nazi-Gaunerei bleiben. Die deutsche Gier nach Eroberung ist nicht erloschen, sie hält sich nur versteckt. Irgendwo in diesem Deutschland: die SS-Garden, die Schutzstaffel, die Gestapo-Gangster – jetzt ohne Uniform. Du kannst sie nicht erkennen – aber sie erkennen Dich! Irgendwo in diesem Deutschland sind die SA-Männer, 500 000, unsichtbar, aber immer noch auf der Szene, sie beobachten und hassen Dich. Irgendwo in Deutschland sind zwei Millionen ehemalige Nazi-Funktionäre ohne Macht, aber noch sind sie da und bereiten sich vor auf das nächste Mal. Bedenke, daß erst gestern jedes Geschäft, jeder Berufszweig ein Teil des Hitler-Systems war. Die Ärzte, Techniker Uhrmacher, Briefträger, Bauern, Hausbesorger, Spielzeugmacher, Friseure, Köche, Hafenarbeiter, praktisch jeder Deutsche war ein Teil des Nazi-Netzes. Sei besonders vor einer Gruppe auf der Hut, der gefährlichsten, nämlich der deutschen Jugend. Sie waren Kinder, als die NSDAP an die Macht kam, und jetzt kennen sie kein anderes System als das, das ihre Gehirne vergiftet hat, sie sind durchtränkt davon. Sie sind erzogen zum Erfolg durch Betrug, erzogen, den Schwachen zu treten. [...] Sie sind das Ergebnis des schlimmsten Verbrechens auf dem Gebiet der Erziehung in der ganzen Weltgeschichte. So ziemlich alles, an das Du glaubst, haben sie gelernt zu hassen und zu zerstören. Sie glauben, sie seien zu Herren geboren, wir dagegen zu Minderwertigen mit der Bestimmung, ihre Sklaven zu sein.

Wolfgang Benz, Nachkriegsgesellschaft und Nationalsozialismus, in: Dachauer Hefte, 6. Jg., H. 6, 1990, S. 12.

1 *Auf welche Möglichkeiten wollte der Film die amerikanischen Soldaten vorbereiten. Wie wurde die Situation im besetzten Deutschland eingeschätzt?*
2 *Welche Verhaltensempfehlungen ergeben sich aus diesem Film für die amerikanischen Besatzungstruppen gegenüber der deutschen Bevölkerung?*

2 Resolution der deutschen Bischöfe (1948)

Q Die katholischen Bischöfe Deutschlands möchten die Aufmerksamkeit auf das Verfahren und die Ergebnisse der Prozesse lenken, die von der amerikanischen Militärregierung in Nürnberg und Dachau geführt werden. Sie tun das nicht, um sich in die Aufgabe der Juristen einzumischen, auch nicht, um diejenigen, die Verbrechen auf sich geladen haben, zu schützen, sie tun es aus ihrer Verantwortung für die Wahrung und Wiederaufrichtung der Gerechtigkeit als Grundlage jeder öffentlichen Moral. [...]
Um so entscheidender ist es, daß nun wenigstens die Prozesse, die eine Sühne des Unrechts in feierlicher Form darstellen sollen, ohne jeden Makel der Ungerechtigkeit und des machtpolitischen Mißbrauchs dastehen. Das moralische Ansehen dieser Prozesse scheint uns aber schwer bedroht. Von anderer Seite wurden bereits manche Einzelheiten in der Durchführung der Verfahren als unrechtmäßig beanstandet. Das Rechtsgefühl ist weiterhin beunruhigt, durch die Tatsachen, daß die genannten Tribunale von dem Grundsatz aller Gerechtigkeit abzuweichen scheinen „Gleiches Recht für alle", und den verhaßten Charakter von Sondergerichten annehmen.

Aus der Antwort General Clays:

Das Memorandum spricht von Sondergerichten und einem Sonderrecht [...] Ich möchte Sie auf die Bestimmungen des Londoner Übereinkommens vom 8. August 1945, auf die Charta des Internationalen Militärgerichtshofes und auf das Kontrollratsgesetz Nr. 10 verweisen. [...] Nicht weniger als 23 Nationen haben formell dem Abkommen vom 8. August 1945 und der Charta zugestimmt. Wie der Internationale Gerichtshof erklärte, „ist die Charta nicht eine willkürliche Ausübung der Macht seitens der siegreichen Nationen. Sie ist der Ausdruck des Internationalen Rechts, [...].

Beide Texte: Bestand MF 260 Archiv im Institut für Zeitgeschichte, München, Dokument 5/344-1/26 OMGUS.

1 *Erarbeiten Sie aus den Schreiben die unterschiedliche Einschätzung der Kriegsverbrecherprozesse.*
2 *Versuchen Sie, die Argumente beider Seiten zu beurteilen und zu würdigen.*

Deutschland 1945-1949

3 Selbstdarstellungen der Parteien 1946-1949

3a *Ausschnitt aus einer Selbstdarstellung der SPD 1946:*

3c *Wahlplakat der CSU:*

3b *Wahlplakat der FDP 1949:*

3d *Plakat der Bayern-Partei:*

● Welche Ziele vertraten die Parteien? Ziehen Sie zur Erklärung der Parteipositionen die Plakate 3 a-d und die Programme 5 a und 5 b (Seite 27) heran.

4 Politik der Besatzungsmacht

Die Entlassung der ersten und die Einsetzung der zweiten bayerischen Regierung durch die amerikanischen Militärbehörden am 28. September 1945. Bericht des bayerischen Ministerpräsidenten Wilhelm Hoegner:

Gegen sieben Uhr abends läutete es bei mir heftig, vor dem Hause stand ein Jeep, in dem Captain Cooper und ein anderer amerikanischer Offizier saßen. Sie nahmen mich zur Militärregierung mit. Dort eröffnete mir Oberst Dalferes, daß aus dem amerikanischen Hauptquartier die telephonische Weisung eingetroffen sei, mich heute noch zum bayerischen Ministerpräsidenten zu ernennen. [...]
Was sich dann abspielte, war einer Shakespeare-Szene vergleichbar. Ich wurde in das Zimmer des Obersten Dalferes geführt. Er stand, von einer Anzahl von Offizieren mit Stahlhelm umgeben, hinter seinem Schreibtisch. Ministerpräsident Schäffer und seine Begleiter wurden hereingerufen. Dann mußten wir Deutschen uns gegenüber Oberst Dalferes im Halbkreis aufstellen. Das in Bogenhausen damals besonders schlechte elektrische Licht verbreitete einen braun-gelben, düsteren Schein.
Hierauf nahm Oberst Dalferes ein Schreiben und begann:
„Sie, Herr Fritz Schäffer, Ministerpräsident von Bayern, sind hiermit abgesetzt. Hier ist Ihr Brief."
Schäffer nahm mit unbewegtem Gesicht den Brief in Empfang. Oberst Dalferes fuhr weiter:
„Sie, Herr Lange, Wirtschaftsminister von Bayern, sind hiermit abgesetzt. Hier ist Ihr Brief."
„Sie, Herr Rattenhuber, Landwirtschaftsminister von Bayern, sind hiermit abgesetzt. Hier ist Ihr Brief."
Und dann kam ich:
„Sie, Dr. Wilhelm Hoegner, werden hiermit zum Ministerpräsidenten von Bayern ernannt. Hier ist Ihr Brief."
„Haben die Herren noch etwas zu sagen?" fragte Oberst Dalferes. Wir verneinten.

W. Hoegner, Der schwierige Außenseiter. Erinnerungen eines Abgeordneten, Emigranten und Ministerpräsidenten, Hof ²1975, S. 199 f.

1. Erklären Sie, wie Bayern 1945 regiert wurde.
2. Kennzeichnen Sie den Stil der amerikanischen Militärregierung.

5 Programme der Parteien 1945/46

5a *Aus dem Grundsatzprogramm der Christlich-Sozialen Union (CSU) 1946:*

Die bis an die Wurzeln des Seins gehende Zerrüttung unseres öffentlichen und privaten Lebens, die uns der Nationalsozialismus als Erbe hinterlassen hat, ist letztlich verursacht durch die Abwendung von der göttlichen Ordnung, in der jeder einzelne und jedes Volk von allem Anfang an steht.
Unser Wollen und Handeln muß daher für den Aufbau und für alle Zukunft nach den ewigen Gesetzen dieser Ordnung eingerichtet sein; einer Ordnung, die ihren höchsten und umfassenden Ausdruck in der Lehre des Christentums gefunden hat.
Die Krönung des Christentums ist die tätige Nächstenliebe, die wahrhaft soziale Tat. Wir bekennen uns zu ihr ohne Unterschied der Konfession und der Stände. Aus dieser Erkenntnis heraus haben wir in Bayern die Christlich-Soziale Union gegründet als die politische Tatgemeinschaft aller, die sich bekennen zur ewigen Gültigkeit des christlichen Sittengesetzes und zu einem aus ihm erwachsenden Menschheitsideal.

Th. Stammen u. a., Programme der politischen Parteien in der Bundesrepublik Deutschland. Bd. 1, München ⁴1984, S. 199.

5b *Aus den politischen Leitsätzen der SPD vom Mai 1946:*

Der vorhandene private Großbesitz an Produktionsmitteln und das mögliche Sozialprodukt der deutschen Volkswirtschaft müssen den Bedürfnissen aller zugänglich gemacht werden. Der heutige Zustand, bei dem die große Mehrzahl alles verloren hat, eine Minderheit aber reicher geworden ist, muß durch eine gerechte Gesellschaftsordnung überwunden werden.
Die Sozialdemokratie erstrebt eine sozialistische Wirtschaft durch planmäßige Lenkung und gemeinwirtschaftliche Gestaltung. Entscheidend für Umfang, Richtung und Verteilung der Produktion darf nur das Interesse der Allgemeinheit sein.

Th. Stammen u. a., Programme der politischen Parteien in der Bundesrepublik Deutschland. Bd. 2, München ⁴1984, S. 315 f.

- Vergleichen Sie Beweggründe und Grundpositionen der beiden Parteien.

Die Entstehung der beiden Staaten in Deutschland

Die Entstehung des Kalten Krieges

Die Ziele der Großmächte 1945
Die Nachkriegswelt entstand nicht aus einem Vertragswerk (wie nach dem 1. Weltkrieg), sondern aus dem Zerfall des Kriegsbündnisses der Siegermächte. In den ersten beiden Jahren nach dem Krieg traten die Interessengegensätze immer deutlicher hervor.
Auf den Konferenzen von Jalta und Potsdam waren die USA davon ausgegangen, künftig eng mit der Sowjetunion zu kooperieren, sich so schnell wie möglich aus Europa zurückzuziehen, die Stabilisierung Europas England und Frankreich zu überlassen und etwaige Konflikte zwischen den Nachkriegsstaaten mit Hilfe der UNO zu bewältigen (Politik der einen Welt). Die Sowjetunion hatte bereits 1939 mit dem Hitler-Stalin-Pakt begonnen, ihren Machtbereich nach Westen auszudehnen.
Nach dem Ende des Krieges war der Aufbau der zerstörten Landesteile ein vorrangiges Ziel der Sowjetunion. Der Gefahr eines erneuten Überfalls sollten abhängige Satellitenstaaten vorbeugen.

Die Sowjetisierung Mittel- und Osteuropas
Stalin nutzte die Vereinbarungen von Jalta und Potsdam, um die Länder zwischen der Elbe und dem Schwarzen Meer zu Staaten nach sowjetischem Muster umzuformen. Dabei sorgte die Rote Armee als Besatzungsmacht für die Stärkung der jeweiligen Kommunistischen Partei im Land, die dann zusammen mit sozialistischen und liberalen Parteien eine Regierung bildete (*Volksfronttaktik*). Einmal in der Regierung, strebten die Kommunisten danach, das Innen- und Kulturministerium zu übernehmen, um über Polizei und Presse verfügen und die Koalitionspartner in der Regierung ausschalten zu können. Am Ende stand dann eine Diktatur* der Kommunisten in Abhängigkeit von der Sowjetunion. Mit dieser Sowjetisierungspolitik seit 1945 in der SBZ, in Polen, Ungarn, Rumänien, Bulgarien, Jugoslawien und schließlich in der Tschechoslowakei, rief Stalin zuerst das Mißtrauen und dann auch den Widerstand Großbritanniens und der USA hervor.

Eindämmungspolitik des Westens
Churchill wirkte deshalb auf US-Präsident Truman ein, seine Europapolitik zu revidieren, und er wurde dabei vom amerikanischen Diplomaten Kennan unterstützt, der schon länger für eine *Eindämmung* der sowjetischen Expansion eintrat. Als Griechenland in seinem Bürgerkrieg gegen kommunistische Partisanen Anfang 1947 die USA um wirtschaftliche Hilfe bat, erklärte Präsident Truman: Die USA werden allen Staaten, deren Freiheit durch sowjetische Politik bedroht ist, durch materielle und personelle Unterstützung helfen (*Truman-Doktrin*). Damit übernahmen vom März 1947 an die USA für die ganze nicht-sowjetische Welt eine Schutzaufgabe. Sie beließen ihre Truppen in Europa und bereiteten eine *Nordatlantische Verteidigungsgemeinschaft* des Westens (NATO) vor.

Der Marshall-Plan
Den notleidenden Menschen in Deutschland versuchten amerikanische Hilfsorganisationen durch Lebensmittelsendungen (CARE-Pakete) zu helfen. Sie waren die Rettung für manche Familie. Um aber die Wirtschaft in den zerstörten europäischen Ländern wieder in Gang zu bringen, bedurfte es eines großen Finanzierungsprogrammes. Im Juni 1947 bot deshalb der US-Außenminister Marshall allen europäischen Staaten eine Finanzhilfe an. Dieser *Marshall-Plan** sollte den raschen Wiederaufbau Europas ermöglichen und eine Dauerkrise wie nach dem Ersten Weltkrieg vermeiden. Weil dieser Plan den politischen und wirtschaftlichen Einfluß der USA auf Europa verstärkte, lehnte die Sowjetunion den Marshall-Plan ab und erzwang auch von den Staaten in ihrem Einflußbereich die Ablehnung des amerikanischen Angebots.

Blockbildung und Kalter Krieg
Für die Sowjetunion war die Welt nun in „zwei Lager" gespalten: in ein fortschrittliches, sozialistisches unter Führung der Sowjetunion und ein imperialistisches, kapitalistisches unter Führung der USA. Zur Festigung des sozialistischen Lagers beschloß die Sowjetunion im September 1947 die Gründung eines kommunistischen

Deutschland 1945-1949

Informationsbüros, kurz *Kominform* genannt. In ihm sollten alle kommunistischen Parteien der Welt unter Führung der KPdSU zusammengeschlossen werden. So waren zwei Jahre nach Kriegsende die Hoffnungen Roosevelts auf eine Kooperation der USA mit der Sowjetunion endgültig gescheitert. Statt der einen Welt war eine zweigeteilte entstanden. Osten und Westen verfestigten sich zu feindlichen Blöcken. Die Epoche des Kalten Krieges* war angebrochen, die vier Jahrzehnte dauern sollte.

Werbung für den Marshall-Plan im Westen. Plakat von 1950.

Ablehnung der amerikanischen Finanzhilfe im Osten. Plakat der SED, 1947.

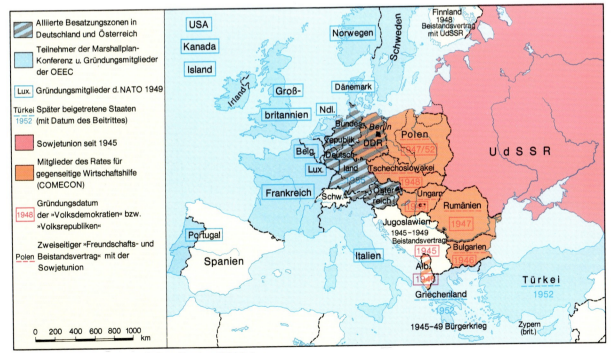

Blockbildung in Europa nach dem Zweiten Weltkrieg.

Die Auswirkungen der Ost-West-Spaltung auf das besetzte Deutschland

Getrennte Entwicklungen in den Besatzungszonen seit 1945

Eigentlich wollte der Alliierte Kontrollrat als gemeinsames Organ der Besatzungsmächte darüber wachen, daß sich aus der Aufteilung Deutschlands in vier Zonen keine Spaltung des Landes ergeben sollte. Doch es zeigte sich bald, daß das zunehmende Mißtrauen und die Eigenart der jeweiligen Besatzungspolitik den Prozeß der Spaltung in Westzonen und SBZ beschleunigten.

Bodenreform und Sozialisierung

In der sowjetischen Zone wurde gleich nach dem Krieg eine *Bodenreform* durchgeführt. Sie stand unter der Parole „Junkerland in Bauernhand", weil der Landadel östlich der Elbe angeblich wesentlich an Hitlers Aufstieg mitschuldig war: Alle Güter über 100 Hektar wurden entschädigungslos enteignet und aufgeteilt. Den größten Teil dieses Landes erhielten Landarbeiter und Vertriebene als Eigentum. Auch im Bereich der Banken und Industriebetriebe fanden ab Herbst 1945 *Enteignungen* statt.

Nach einem Volksentscheid „über die Enteignung der aktiven Nazis und Kriegsverbrecher" 1946 in Sachsen wurden die wichtigsten Industriebetriebe unter staatliche Leitung gestellt. Mit dieser Sozialisierung war eine wichtige Voraussetzung für die spätere Planwirtschaft in der SBZ geschaffen.

Auch in den Westzonen gab es Vorschläge zur Bodenreform, zur Sozialisierung von Großbetrieben und zur Mitbestimmung von Arbeitern und Angestellten in der Industrie, um eine demokratische Ordnung in der Wirtschaft durchzusetzen. Vor allem die von KPD, SPD und Teilen der CDU geforderte Sozialisierung von Schlüsselindustrien und eine Bodenreform scheiterten. Die amerikanische Militärregierung hielt dies mit ihren Vorstellungen von einer freien Wirtschaft für unvereinbar. Sie ignorierte einfach eine Volksabstimmung in Hessen, die eine Sozialisierung der Bodenschätze verlangt. Die britische Militärregierung aber billigte die *Mitbestimmung* in Betrieben der Eisen- und Stahlindustrie 1947. Sie existiert bis heute.

Die Errichtung der Bi-Zone 1947

Erst infolge des wachsenden Gegensatzes zur Sowjetunion beschlossen die USA und Großbritannien Ende 1946, sich energisch für einen Wiederaufbau der westdeutschen Wirtschaft einzusetzen. Um der katastrophalen Versorgungslage zu begegnen, die durch die Trennung der alten Wirtschaftsräume mitbedingt war, legten sie am 1. Januar 1947 ihre beiden Zonen zu einer wirtschaftlichen Einheit zusammen, der *Bi-Zone*. Verbunden mit amerikanischen Krediten zum Aufbau Europas, dem Marshall-Plan, sollte der politische Einfluß der Sowjetunion auf die Westzonen begrenzt werden. Sowjetische Proteste gegen die Errichtung der Bi-Zone und die amerikanische Wirtschaftshilfe konnten dann den wirtschaftlichen Aufbau in den Westzonen nicht mehr behindern. Der Osten und Westen Deutschlands gingen ab 1947 getrennte Wege.

Währungsreform 1948

Drei Jahre nach Kriegsende war die Spaltung Deutschlands schon so weit fortgeschritten, daß die West-Alliierten in ihren Zonen im Alleingang eine Währungsreform durchführten. Diese Währungsreform war wegen der Wertlosigkeit der Reichsmark längst notwendig und der einzige Weg, den Schwarzmarkt zu beseitigen. Aber die vier Alliierten hatten sich auf kein gemeinsames Konzept einigen können.

Am 20. Juni 1948 erhielt jeder Einwohner der westlichen Zonen zunächst 40 DM ausgezahlt. Das alte Geld wurde abgewertet. Von 100 Reichsmark blieben den Sparern schließlich 6,50 DM. Sachwerte wie Häuser, Grundstücke, Betriebe wurden nicht angetastet. Damit waren die Sparer die Hauptgeschädigten der Währungsreform. Vier Tage später wurde auch in der SBZ eine Geldreform durchgeführt.

Ein neuer 20-DM-Schein.

Die stabile D-Mark bildete eine wesentliche Voraussetzung für den wirtschaftlichen Aufschwung. *Ludwig Erhard*, Wirtschaftsdirektor der Bizone, hob die Zwangsbewirtschaftung auf, d.h. die Lenkung der Produktion, die Festsetzung der Preise und die Verteilung der Güter durch den Staat endeten. Über Nacht waren die Schaufenster voll mit Waren, die man lange nicht gesehen hatte, weil sie gehortet worden waren. Wer Geld hatte, konnte nun kaufen: Der Schwarzmarkt verschwand. In der Erinnerung blieb die Währungsreform ein entscheidender Wendepunkt: Es ging wieder aufwärts.

Berlin-Blockade

Schon vor der Währungsreform hatten die Westalliierten ihre Pläne zur Gründung eines westdeutschen Staates bekanntgegeben. Die Sowjetunion fürchtete ein Bündnis der Westmächte mit dem geplanten westdeutschen Staat und versuchte die Staatsgründung und ein Westbündnis durch Erpressung zu verhindern.

Am 24. Juni sperrte sie die Zonengrenze und ordnete eine *Blockade* der Westsektoren Berlins an. Nur noch über drei Luftkorridore war der Zugang nach Berlin möglich.

Wider Erwarten gelang es den Amerikanern jedoch, die Bevölkerung in West-Berlin durch eine Luftbrücke zu versorgen. Berlin wurde zum Freiheitssymbol. Die Blockade war für viele der Beweis, daß man mit der Sowjetunion über eine Vereinigung der Zonen nicht verhandeln konnte. Die Gründung der Bundesrepublik Deutschland wurde dadurch noch beschleunigt. Im Mai 1949 hoben die Sowjets die erfolglose Blockade auf.

Berliner Kinder winken einer Luftbrücken-Transportmaschine zu.

Verbindungen Westberlins mit den Westzonen.

Deutschland 1945-1949

Gründung der Bundesrepublik Deutschland und der DDR

Anfang 1947 kamen in München die Regierungschefs aller deutscher Länder zusammen. Wegen grundsätzlicher Differenzen reisten die Vertreter der SBZ schon vor Konferenzeröffnung wieder ab. SBZ und Westzonen gingen von nun an getrennte Wege.

Alliierte Auflagen und „Weimarer Lehren"

Als die Westalliierten mit ihren Frankfurter Dokumenten die Gründung eines westdeutschen Staates in die Wege leiteten und die Ministerpräsidenten der Länder zur Vorbereitung einer Verfassung veranlaßten, wollten diese nur ein „Provisorium" schaffen. Der *Parlamentarische Rat* – ein in Bonn tagendes Gremium aus Vertretern der Länderparlamente – beriet deshalb ab 1. September 1948 auch nicht über eine Verfassung, sondern über ein *Grundgesetz*. Die Alliierten hatten als Verfassungsgrundsätze Demokratie*, Bundesstaatlichkeit* und Rechtsstaat* vorgeschrieben. Deshalb wurden im Grundgesetzentwurf eine liberale, parlamentarische Demokratie, ein starkes Gewicht der Länder gegenüber dem Bund und die Garantie der Grundrechte* des einzelnen Bürgers verankert.

Darüber hinaus zog der Parlamentarische Rat entscheidende Lehren aus den Schwächen der Weimarer Reichsverfassung. Das Parlament, also der *Bundestag*, wurde mit mehr Rechten ausgestattet. Regierung und Kanzler erhielten Handlungsmöglichkeiten, die in der Weimarer Verfassung der Reichspräsident besaß. Der Präsident der neuen Republik aber wurde im wesentlichen auf Repräsentationspflichten beschränkt. Die Parteien* erhielten ein besonderes Mitwirkungsrecht bei der politischen Willensbildung. Dafür mußten sie sich in Programm und Aufbau an die Grundwerte der Verfassung binden. Schließlich wurde der Sturz der Regierung durch das sogenannte *konstruktive Mißtrauensvotum* erschwert: ein Bundeskanzler kann nur abgewählt werden, wenn der Bundestag mit der Mehrheit seiner Abgeordneten einen neuen Kanzler wählt.

Neben der Ausweitung der Länderrechte waren v. a. Fragen nach der wirtschaftlichen und sozialen Ordnung im Parlamentarischen Rat strittig. Man definierte schließlich im Grundgesetz die Bundesrepublik Deutschland als „demokratischen und sozialen Bundesstaat". Die Grundsätze der Menschenwürde*, des Rechtsstaates, der Demokratie, des Sozialstaates* und die Bundesstaatlichkeit wurden für unveränderlich erklärt.

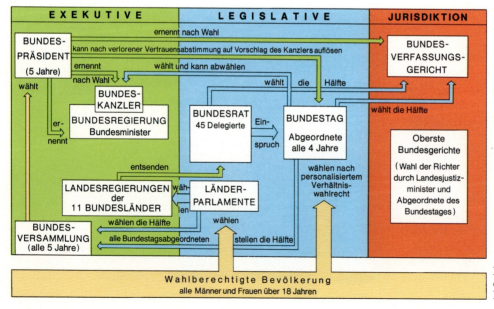

Der Staatsaufbau der Bundesrepublik Deutschland 1949.

32

Gründung der Bundesrepublik Deutschland

Anfang Mai 1949 konnte der Parlamentarische Rat den Westalliierten und den Länderparlamenten einen Entwurf vorlegen, der am *23. Mai 1949 als Grundgesetz der Bundesrepublik Deutschland* in Kraft trat.

Im August 1949 fanden die Wahlen zum ersten Bundestag statt, und im September wurde Konrad Adenauer auf Vorschlag des ersten Bundespräsidenten Theodor Heuss zum Bundeskanzler gewählt. Die Staatsgründung in den bisherigen Westzonen war damit vollzogen. Allerdings fehlte dieser neu geschaffenen Bundesrepublik Deutschland die volle Souveränität*. Noch konnten die Westalliierten durch das Besatzungsstatut in das staatliche, politische und wirtschaftliche Leben des neuen Staates eingreifen.

Gründung der DDR

Die Reaktion in der sowjetischen Zone ließ nicht lange auf sich warten: Schon Ende 1946 hatte die SED einen Verfassungsentwurf für Gesamtdeutschland vorgelegt. Ein „Deutscher Volksrat" beriet seit Frühjahr 1948 auf der Grundlage dieses Entwurfs eine Verfassung für eine „demokratische Republik". Parallel zu den Beratungen des Parlamentarischen Rates in den Westzonen entstand hier eine Verfassung, die ebenfalls mit dem Anspruch auftrat, für Gesamtdeutschland Gültigkeit zu erlangen, notfalls aber als Verfassung eines östlichen Teilstaates benutzt werden konnte.

Ein „Dritter Volkskongreß" verabschiedete die Verfassung für eine „Deutsche Demokratische Republik". Der Volksrat erklärte sich als *Volkskammer* zum ersten provisorischen Parlament und beauftragte Otto Grotewohl mit der Bildung einer Regierung der DDR. Am *7. Oktober 1949* wurde dann die *DDR-Verfassung* in Kraft gesetzt. Aus vier Besatzungszonen waren damit zwei deutsche Staaten geworden.

Getrennte Verfassungsentwicklungen in beiden deutschen Staaten

Die Bundesrepublik Deutschland und auch die DDR haben bei ihrer Gründung im Schatten der gescheiterten Weimarer Republik und der nationalsozialistischen Diktatur gestanden. Die Gründer der beiden deutschen Nachkriegsstaaten wollten aus dieser „historischen Lektion" Konsequenzen ziehen, d. h. die Schwächen

Der Vorsitzende des Parlamentarischen Rates und spätere Bundeskanzler Konrad Adenauer unterzeichnet das Grundgesetz, die Verfassung der Bundesrepublik Deutschland.

von Weimar und ein Wiedererstarken totalitärer Kräfte ausschließen. Die Weimarer Republik war eine leichte Beute der Nationalsozialisten geworden. Wie konnte man verhindern, daß sich ein solcher Vorfall wiederholen würde?

Die Antworten in den Westzonen und in der Ostzone auf diese Fragen fielen unterschiedlich aus. Im Westen wurde eine pluralistische, rechtsstaatliche Demokratie mit bürgerlicher Tradition begründet, in der die Freiheit des Eigentums und der Lebensführung Vorrang haben sollte. Im Osten wurde eine Volksdemokratie* mit Listenwahl und Blockparteien und ohne Gewaltenteilung eingerichtet, die sowjetischen Vorbildern folgte. Die Verstaatlichung der Produktionsmittel und die Politik der SED bestimmten immer deutlicher den Alltag.

Die DDR hat sich als ein „neues Deutschland" verstanden, aber sie ist kein demokratischer Rechtsstaat geworden. Die Bundesrepublik Deutschland dagegen hat sich mit den Grundrechten auf die Werte einer rechtsstaatlichen Demokratie festgelegt. In welchem Ausmaß sind diese Grundsätze der Demokratie im politischen und gesellschaftlichen Leben verwirklicht worden? Was kann und muß noch verbessert werden? Mit solchen Fragen hat sich eine demokratische Gesellschaft immer wieder auseinanderzusetzen.

Deutschland 1945-1949

Ost-West-Spaltung

1 Die Entstehung des Kalten Krieges

Präsident Truman an Außenminister Byrnes (5. Januar 1946):
Q In Potsdam sahen wir uns fertigen Tatsachen gegenüber und waren durch die Umstände geradezu gezwungen, die Besetzung Ostpolens durch die Russen und die Besetzung Schlesiens östlich der Oder durch Polen gutzuheißen. Es war ein glatter Gewaltakt. Damals lag uns noch an der russischen Kriegsbeteiligung gegen Japan. Erst nachher stellten wir fest, daß wir Rußland gar nicht gebraucht hätten, und seither haben uns die Russen dort nichts als Kopfschmerzen bereitet. In Moskau hast Du Dich jetzt hinsichtlich Irans wiederum einer fertigen Tatsache gegenüber gesehen. [...] Ich zweifle keinen Augenblick, daß Rußland in die Türkei einmarschieren will, um sich der Meerengen zum Mittelmeer zu bemächtigen. Wenn man ihm nicht die eiserne Faust zeigt und die stärkste Sprache spricht, werden wir einen neuen Krieg erleben. Es gibt nur eine Sprache, die die Russen verstehen, nämlich: Wie viele Divisionen habt ihr? [...], wir sollten uns jetzt auf keine Kompromisse mehr einlassen. [...] Ich habe es satt, die Sowjets in Watte zu packen.

Harry S. Truman, Memoiren, Bd. 1, Bern 1955, S. 600 f.

2 Sowjetisierungspolitik

2a *Aus Winston Churchills Rede in Fulton am 5. März 1946 über die Sowjetisierungspolitik in Osteuropa:*
Q Von Stettin an der Ostsee bis hinunter nach Triest an der Adria ist ein „Eiserner Vorhang" über den Kontinent gezogen. Hinter jener Linie liegen alle Hauptstädte der alten Staaten Zentral- und Osteuropas: Warschau, Berlin, Prag, Wien, Budapest, Belgrad, Bukarest und Sofia. Alle jene berühmten Städte liegen in der Sowjetsphäre und alle sind sie in dieser oder jener Form nicht nur dem sowjetrussischen Einfluß ausgesetzt, sondern auch in ständig zunehmendem Maße der Moskauer Kontrolle unterworfen. [...] Die von Rußland beherrschte polnische Regierung ist ermutigt worden, sich in unrechtmäßiger Weise und in gewaltigem Ausmaße in deutsche Angelegenheiten einzumischen und Massenausweisungen von Millionen von Deutschen anzuordnen, wie man sie bisher noch nicht kannte. Die kommunistischen Parteien, die in allen diesen östlichen Staaten Europas bisher sehr klein waren, sind überall großgezogen worden, sie sind zu unverhältnismäßig hoher Macht gelangt und suchen jetzt überall die totalitäre Kontrolle an sich zu reißen. Fast in jedem Fall herrscht eine Polizeiregierung. [...] Welches auch die Schlußfolgerungen sind, die aus diesen Tatsachen gezogen werden können, eines steht fest, das ist sicher nicht das befreite Europa, für dessen Aufbau wir gekämpft haben. Es ist nicht ein Europa, das die unerläßlichen Elemente eines dauernden Friedens enthält.

Keesing's Archiv der Gegenwart 1946, hrsg. United Press, S. 669 f.

2 b *Zwangsfusion von SPD und KPD. Die britische Militärregierung über ein Treffen mit Grotewohl am 4. Februar 1946:*
Q Ich sagte, wir könnten nicht verstehen, daß die SPD wirklich mit den Kommunisten zusammengehen könne, es gebe doch wahrlich noch einen Unterschied zwischen Freiheit und Totalitarismus. Grotewohl sagte, das sei keine Frage von Programmen, sondern nackter Tatsachen. [...] Sie würden nicht nur persönlich unter stärksten Druck gesetzt (er sagte, sie würden von russischen Bajonetten gekitzelt), ihre Organisation in den Ländern sei vollkommen unterwandert. Männer, die ihm noch vor vier Tagen versichert hätten, sie seien entschlossen, Widerstand zu leisten, flehten ihn nun an, die Sache hinter sich zu bringen. Auf diese Leute sei jede nur mögliche Art von Druck ausgeübt worden, von dem Versprechen, ihnen einen Arbeitsplatz zu besorgen, bis zur Entführung am hellichten Tag, und wenn er, Grotewohl, zusammen mit dem Zentralausschuß den Widerstand fortsetzen würde, dann würden sie [...] abgesetzt und durch Provinzausschüsse ersetzt werden.

R. Steininger, Deutsche Geschichte 1945-1961. Frankfurt 1983, S. 164.

1 Charakterisieren Sie die sowjetische Politik, wie sie in den Quellen 2 a und b dargestellt wird.
2 Welche Position nehmen Truman (Q 1) und Churchill (Q 2a) ein? Vergleichen Sie diese mit jenen, die sie in Jalta und Potsdam vertraten (vgl. S. 17).

3 Eindämmungspolitik und Kalter Krieg

3a *Aus der Botschaft des amerikanischen Präsidenten an den Kongreß vom 12. März 1947, die sogenannte Truman-Doktrin:*
Q Im gegenwärtigen Abschnitt der Weltgeschichte muß fast jede Nation ihre Wahl in bezug auf ihre Lebensweise treffen. Nur allzuoft ist es keine freie Wahl.
Die eine Lebensweise gründet sich auf den Willen der Mehrheit und zeichnet sich durch freie Einrichtungen, freie Wahlen, Garantie der individuellen Freiheit, Rede- und Religionsfreiheit und Freiheit vor politischer Unterdrückung aus.
Die zweite Lebensweise gründet sich auf den Willen einer Minderheit, der der Mehrheit aufgezwungen wird. Terror und Unterdrückung, kontrollierte Presse und Rundfunk, fingierte Wahlen und Unterdrückung der persönlichen Freiheiten sind ihre Kennzeichen. Ich bin der Ansicht, daß es die Politik der Vereinigten Staaten sein muß, die freien Völker zu unterstützen, die sich der Unterwerfung durch bewaffnete Minderheiten oder durch Druck von außen widersetzen.
Ich glaube, daß wir den freien Völkern helfen müssen, sich ihr eigenes Geschick nach ihrer eigenen Art zu gestalten.
Ich bin der Ansicht, daß unsere Hilfe in erster Linie in Form wirtschaftlicher und finanzieller Unterstützung gegeben werden sollte, die für eine wirtschaftliche Stabilität und geordnete politische Vorgänge wesentlich ist.
Ursachen und Folgen. Bd. 25, hrsg. v. H. Michaelis/E. Schraepler, Berlin 1978, S. 146-150.

3b *Deklaration über die Gründung des Kommunistischen Informationsbüros (Kominform) vom 30. September 1947:*
Q In der internationalen Situation sind als Folge des Zweiten Weltkrieges Veränderungen eingetreten. […] Auf diese Weise entstanden zwei Lager: das imperialistische, antidemokratische Lager, dessen Hauptziel die Weltherrschaft des amerikanischen Imperialismus und die Zerschlagung der Demokratie ist, und das antiimperialistische und demokratische Lager, dessen Hauptziel die Untergrabung des Imperialismus, die Festigung der Demokratie und die Liquidierung der Überreste des Faschismus ist. […] Darum müssen die kommunistischen Parteien im Widerstand gegen die Pläne der imperialistischen Expansion und Aggression auf allen Gebieten, im staatlichen, politischen, wirtschaftlichen und ideologischen Bereich, an der Spitze stehen. Sie müssen sich zusammenschließen, ihre Bemühungen auf der Basis einer gemeinsamen antiimperialistischen und demokratischen Plattform vereinigen und alle demokratischen und patriotischen Träger des Volkes um sich scharen. […] In Anbetracht dessen sind die Beratungsteilnehmer übereingekommen: 1. Ein Informationsbüro aus Vertretern der Kommunistischen Partei vorgenannter Länder zu gründen. 2. Das Informationsbüro zu beauftragen, einen Erfahrungsaustausch zu organisieren und nötigenfalls die Tätigkeit der kommunistischen Parteien auf der Grundlage gegenseitigen Einvernehmens zu koordinieren.
Keesing's Archiv der Gegenwart 1947, S. 1207 f.

1 *Definieren Sie ausgehend von Quelle 3 a die Truman-Doktrin. Überprüfen Sie, ob sie heute noch Gültigkeit besitzt.*
2 *Beschreiben Sie die Reaktion der Sowjetunion auf die Truman-Doktrin.*

4 Marshall-Plan

Von 1948 bis 1952 erhielten aus dem Marshallplan:

Großbritannien	3,6 Mrd. Dollar
Frankreich	3,1 Mrd. Dollar
Italien	1,6 Mrd. Dollar
Deutschland West	1,5 Mrd. Dollar
Niederlande	1,0 Mrd. Dollar
Österreich	0,7 Mrd. Dollar
Griechenland	0,8 Mrd. Dollar
Belgien/Luxemburg	0,6 Mrd. Dollar
Verschiedene	1,8 Mrd. Dollar

K. Schmücker, Hilfe für Deutschland. In: Beilage zu Das Parlament vom 31. Mai 1967, S. 5.

1 *Leiten Sie aus der Statistik die Ziele des Marshall-Plans ab. Welche Motive hatten die USA dabei?*
2 *Inwieweit läßt sich aus den Zahlen das deutsche „Wirtschaftswunder" erklären?*

Gründung und Verfassung der Bundesrepublik Deutschland und der DDR

1 Auf dem Weg zu einem neuen deutschen Staat
Aus der Rede des amerikanischen Außenministers James F. Byrnes in Stuttgart vom 6. September 1946:

Wir treten für die wirtschaftliche Vereinigung Deutschlands ein. Wenn eine völlige Vereinigung nicht erreicht werden kann, werden wir alles tun, was in unseren Kräften steht, um eine größtmögliche Vereinigung zu sichern.
Der Hauptzweck der militärischen Besetzung war und ist, Deutschland zu entmilitarisieren und entnazifizieren, nicht aber den Bestrebungen des deutschen Volkes hinsichtlich einer Wiederaufnahme seiner Friedenswirtschaft künstliche Schranken zu setzen. [...]
Die amerikanische Regierung steht auf dem Standpunkt, daß jetzt dem deutschen Volk innerhalb ganz Deutschlands die Hauptverantwortung für die Behandlung seiner eigenen Angelegenheiten bei geeigneten Sicherungen übertragen werden sollte. [...]
Die Vereinigten Staaten treten für die baldige Bildung einer vorläufigen deutschen Regierung ein. Fortschritte in der Entwicklung der öffentlichen Selbstverwaltung und der Landesselbstverwaltungen sind in der amerikanischen Zone Deutschlands erzielt worden, und die amerikanische Regierung glaubt, daß ein ähnlicher Fortschritt in allen Zonen möglich ist.

Die Neue Zeitung, Berliner Ausgabe, Nr. 72, vom 9. September 1946.

- *Erklären Sie die Beweggründe der USA, 1946 in den Westzonen für eine deutsche Selbstverwaltung einzutreten.*

2 Arbeit am Grundgesetz der Bundesrepublik Deutschland

2a *Über die Beratungen der Grundrechte im Parlamentarischen Rat 1948/49 berichtet die „Hannoversche Presse" im Dezember 1948:*

In Bonn im Parlamentarischen Rat wurde über die Grundrechte des staatlichen Lebens gesprochen, das sind die persönlichen Rechte des einzelnen Staatsbürgers, die Gesetze, nach denen sich unser aller Alltag prägen und ordnen soll. Und eine Frau stand auf und forderte: „Männer und Frauen seien gleichberechtigt!" Es hat sich herumgesprochen, daß diese Forderung einer verantwortungsbewußten Frau – es war Dr. Elisabeth Selbert, Abgeordnete der Sozialdemokratischen Partei – viel Staub aufgewirbelt hat. Staub von Artikeln, die vor nahezu fünfzig Jahren Männer im Bürgerlichen Gesetzbuch niederschrieben und die unangetastet mitgeschleppt wurden durch Auf und Ab unserer bewegten Staatsgeschichte bis auf den heutigen Tag. Es sind Artikel, in denen die Frau höflich an ihre „biologische Eigenart" erinnert wird [...].
Die anderen Parteien im Parlamentarischen Rat haben sich gegen die Forderung von Frau Dr. Selbert gestellt und gemeint, die alte Formulierung „Mann und Frau haben die gleichen staatsbürgerlichen Rechte und Pflichten" drücke schon aus, was sie fordere, und eine Änderung wie sie vorschlage, würde so weite Auswirkungen haben, daß sie bei der Fülle der in Betracht kommenden Gesetze gar nicht zu übersehen seien. Ist das nicht ein billiges Argument? Wir sind ja der gleichen Meinung, sagen sie, aber in einer „Fülle von Gesetzen" haben wir nun jahrzehntelang anders gehandelt, daß es zu kompliziert wäre, den ganzen Komplex der Frauengesetze zu reformieren, und sie flüchteten sich in einige neue Gesetzesformulierungen, die unklar und fließend sind, während Frau Dr. Selbert auf dem Satz besteht: Männer und Frauen sind gleichberechtigt.
Gewiß, es ist ein ungeheures Unterfangen, von Grund auf das Gesetzbuch neu zu gestalten und alle Frauenfragen so ins Licht zu rücken, daß keine Nachteile den Männern gegenüber unbeleuchtet und unbereinigt bleiben. Aber es ist dennoch eine Aufgabe, die die Frauen fordern müssen, nachdem von ihnen in bittern Jahren so viel Mut und Selbständigkeit und Verantwortungsbewußtsein gefordert – und erfüllt wurde.

Hannoversche Presse vom 18. Dezember 1948.

1 *Überprüfen Sie anhand des Grundgesetzes, welche Formulierung hinsichtlich der Gleichberechtigung vom Parlamentarischen Rat ins Grundgesetz aufgenommen wurde.*
2 *Erarbeiten Sie (in Gruppen) die Entwicklung der Rechte der Frau in Deutschland im 20. Jahrhundert.*

2 b *Carlo Schmid bewertete am 8. Mai 1949 auf der 10. Sitzung des Parlamentarischen Rates die unmittelbar bevorstehende Abstimmung über die Annahme des Grundgesetzes:*

Q Durch die Abstimmung, die wir in wenigen Minuten wahrnehmen werden, wird ein Gesetz beschlossen, durch das zum ersten Mal seit dem Zusammenbruch sich die Deutschen über das Gebiet einzelner Länder hinaus eine Ordnung ihres staatlichen Lebens geben werden. Diese Ordnung wird der Bauriß für einen Notbau sein. Diese Ordnung wird nicht die Verfassung Deutschlands sein. Die Verfassung Deutschlands besteht vorderhand in nichts, als in dem „Plebiszit eines jeden Tages", das nach den Worten Ernest Renans die Nation vergegenwärtigt. Diese Verfassung besteht vorderhand in nichts, denn in dem Bewußtsein eines gemeinsamen Schicksals, das die Deutschen bejahen, auch in dieser Zeit der Not und der Passion, in die unser Volk nicht ohne seine Schuld gekommen ist. Diese Verfassung besteht vorderhand in nichts anderem als in dem unerschütterlichen Willen aller Deutschen, trotz aller Schranken, die man zwischen ihnen aufgerichtet hat, sich als ein einziges Volk, als ein Staatsvolk zu fühlen.
Und diese Verfassung besteht vorderhand in nichts, als in der Entschlossenheit der Deutschen, diese Phase der Nachkriegsgeschichte erst mit dem Tage als abgeschlossen anzuerkennen, an dem die Einheit des deutschen Volkes ihren konstitutionellen Ausdruck in einer Verfassung gefunden hat, die aus dem freien Willen aller Deutschen hervorgegangen ist.

Manfred Overesch, Die Deutschen und die Deutsche Frage 1945-1955, Hannover 1985, S. 124 f.

1 Wer entwarf das Grundgesetz?
2 Erklären Sie Schmids Unterscheidung von „Notbau" und „Verfassung". Was meint Schmid damit, wenn er von einer Verfassung als „Plebiszit eines jeden Tages" spricht? Behielt Schmid mit seiner Bewertung recht, daß das Grundgesetz nur ein „Notbau" sei, der eine Verfassung nicht ersetzen könne?
3 Wann war für Schmid die Nachkriegsgeschichte abgeschlossen?

3 Arbeit am SED-Entwurf einer gesamtdeutschen Verfassung

3a *Aufgaben des Deutschen Volksrates:*

Q Der Deutsche Volkskongreß beschließt die Wahl eines Deutschen Volksrates, bestehend aus 400 Mitgliedern.
Der Deutsche Volksrat ist das beratende und beschließende Organ, das zwischen den Tagungen des Volkskongresses tätig ist.
Der Deutsche Volksrat führt den Kampf für die Einheit Deutschlands und für einen gerechten Friedensvertrag.
Der Deutsche Volksrat nimmt aktiven Anteil an allen Fragen, die sich aus der programmatischen Zielsetzung des Deutschen Volkskongresses ergeben.

Christoph Kleßmann, Die doppelte Staatsgründung, Göttingen [4]1986, S. 205.

3 b *Otto Grotewohl verurteilt auf der 6. Tagung des Deutschen Volksrats die Arbeit und Zielsetzung des Bonner Parlamentarischen Rats und verteidigt den SED-Entwurf einer Verfassung der Deutschen Demokratischen Republik:*

Q Die Widersacher der deutschen Einheit eines souveränen deutschen Staatswesens waren nicht weniger rührig als wir und haben mit enormem Aufwand, Pomp und Propaganda das Werk der Aufspaltung Deutschlands und der Zerstörung seiner Selbständigkeit in Szene gesetzt. Sie versuchen krampfhaft, ihrem ganzen Tun das Gesicht einer deutschen Staats- und Verfassungsschöpfung zu geben. Ich meine die Tätigkeit des sogenannten „Parlamentarischen Rates" in Bonn, der die ganze Misere einer Politik und Haltung widerspiegelt, die Verzicht leisten auf das fundamentalste Naturrecht jeder Nation, das Recht auf seine nationale Selbstbestimmung. Das politische Tun dieses Rates wird, der Logik seiner eigenen falschen Politik folgend, mehr und mehr auf den Weg des nationalen Verfalls gedrängt.

Tägliche Rundschau, Berlin, 20. März 1949.

1 Wer entwarf die Verfassung in der SBZ? Auf welches Gebiet ist sie bezogen?
2 Warum sieht Grotewohl die Arbeit am Grundgesetz als Verzicht auf „nationale Selbstbestimmung" an?

Wichtiges zusammengefaßt

1945 1950 1955 1960 1965 1970 1975 1980 1985 1990

Kapitulation

Potsdamer Konferenz

Wiedergründung Bayerns

Währungsreform

Doppelte Staatsgründung

Die *bedingungslose Kapitulation vom 8. Mai 1945* gab Deutschland in die Hand der Siegermächte des Zweiten Weltkrieges. Es wurde in vier *Besatzungszonen* aufgeteilt, der Ostteil jenseits von Oder und Neiße Polen zur Verwaltung übergeben. Die Kriegsschäden verursachten einen katastrophalen Mangel an allem Lebensnotwendigen, der durch die Ströme von *Flüchtlingen und Vertriebenen aus den deutschen Ostgebieten* und durch die Kriegsheimkehrer laufend verstärkt wurde.

Auf der *Potsdamer Konferenz im Juli/August 1945* hatten die Siegermächte zwar die wirtschaftliche Versorgung ganz Deutschlands zugesichert, aber bis 1948 herrschte Hunger. Andere Beschlüsse von Potsdam wurden erfolgreicher verwirklicht: Die deutsche Rüstungsindustrie wurde abgeschafft, der Nürnberger Prozeß und die *Entnazifizierung* rechneten moralisch und juristisch mit dem Nationalsozialismus ab.

Die Zulassung von Parteien und die Gründung von Ländern durch die Besatzungsmächte leiteten eine demokratische Erneuerung des politischen Lebens ein. Der *Freistaat Bayern* wurde neu gegründet und erhielt am *2. Dezember 1946 seine Verfassung.*

Infolge zunehmenden Mißtrauens gegen die sowjetische Expansionspolitik gaben die USA ihre Absicht auf, sich schon 1946 aus Europa zurückzuziehen, und erklärten 1947, den Einflußbereich der Sowjets weltweit eindämmen zu wollen. Diese Entwicklung zum Kalten Krieg zwischen den Westmächten und der Sowjetunion hatte eine gegensätzliche Besatzungspolitik in den Westzonen und der SBZ zur Folge. Während die Sowjets noch versuchten, über eine gesamtdeutsche Verfassung ihren Einfluß auf ganz Deutschland zu sichern, strebten die Westmächte 1948 eine eigene Staatsgründung in den drei Westzonen an und führten hier eine *Währungsreform* durch. *Am 23. Mai 1949* trat das *Grundgesetz in Kraft:* aus den Westzonen wurde die Bundesrepublik Deutschland. Auf dem Boden der SBZ wurde aus dem gesamtdeutschen Verfassungsentwurf die *Verfassung der Deutschen Demokratischen Republik,* die im *Oktober 1949* ausgerufen wurde.

Der Schweizer Max Frisch (1911-1991) hält in seinem berühmten Tagebuch nicht nur seine Alltagsbegegnungen fest (z. B. mit Bert Brecht) und notiert literarische Entwürfe (z. B. „Andorra"), sondern berichtet auch sehr scharfsichtig von seinen Reisen nach Deutschland (München, Frankfurt, Berlin) und Polen (Breslau, Warschau) in den Jahren 1946 bis 1948.

Frankfurt, Mai 1946

Wenn man in Frankfurt steht, zumal in der alten Innenstadt, und wenn man an München zurückdenkt: München kann man sich vorstellen, Frankfurt nicht mehr. Eine Tafel zeigt, wo das Goethehaus stand. Daß man nicht mehr auf dem alten Straßenboden geht, entscheidet den Eindruck: die Ruinen stehen nicht, sondern versinken in ihrem eigenen Schutt, und oft erinnert es mich an die heimatlichen Berge, schmale Ziegenwege führen über die Hügel von Geröll, und was noch steht, sind die bizarren Türme eines verwitterten Grates; einmal eine Abortröhre, die in den blauen Himmel ragt, drei Anschlüsse zeigen, wo die Stockwerke waren. So stapft man umher, die Hände in den Hosentaschen, weiß eigentlich nicht, wohin man schauen soll. Es ist alles, wie man es von Bildern kennt; aber es ist, und manchmal ist man erstaunt, daß es ein weiteres Erwachen nicht gibt; es bleibt dabei: das Gras, das in den Häusern wächst, der Löwenzahn in den Kirchen, und plötzlich kann man sich vorstellen, wie es weiterwächst, wie sich ein Urwald über unsere Städte zieht, langsam, unaufhaltsam, ein menschenloses Gedeihen, ein Schweigen aus Disteln und Moos, eine geschichtslose Erde, dazu das Zwitschern der Vögel, Frühling, Sommer und Herbst, Atem der Jahre, die niemand mehr zählt.

In einer Anlage, als ich erwache und die Augen aufmache: die spielenden Kinder, die mich geweckt haben, ihre Kleidchen, ihre sehr dünnen Gesichter und der Gedanke daran, daß sie noch nie eine ganze Stadt erblickt haben, dann der Gedanke, daß sie nichts dafür können: weniger als irgendeiner von uns. Zuzeiten ist es das einzige, was außer Zweifel steht; Zuversicht und Auftrag. Über die dringende Hilfe hinaus, die sie vor dem Hunger retten muß so wie alle andern Kinder, geht es vor allem darum, daß sie keine Verdammten sind, keine Verfemten, gleichviel, wer ihre Väter und ihre Mütter sein mögen; wir schulden ihnen mehr als Erbarmen: wir dürfen sie nicht einen Augenblick lang anzweifeln, oder es wird unsere Schuld, wenn sich alles wiederholt.

Harlaching, Mai 1946

Seit zwei Wochen wohne ich bei jungen Deutschen, die ich vorher nicht einmal dem Namen nach kannte. [...] Gestern sprachen wir wieder eine halbe Nacht lang; später erschien auch noch der alte Herr, der nebenan nicht schlafen konnte. Sein gestreiftes Pyjama, sein nackter Hals erinnern an Bilder, die man kennt; in der Tat, wie ich zum ersten Mal erfahre, ist er sechs Jahre in Dachau gewesen. Aber nicht davon erzählt er, sondern von der Zeit davor, von den Ursachen.

„Darüber waren wir uns im Lager einig, daß es nicht die Schuld unserer Söhne gewesen ist, und wenn sie siebenmal dabei waren."

Um drei Uhr ins Bett.[...]

Jemand berichtet aus Berlin: Ein Dutzend verwahrloste Gefangene, geführt von einem russischen Soldaten, gehen durch eine Straße; vermutlich kommen sie aus einem fernen Lager, und der junge Russe muß sie irgendwohin zur Arbeit führen oder, wie man sagt, zum Einsatz. Irgendwohin; sie wissen nichts über ihre Zukunft; es sind Gespenster, wie man sie allenthalben sehen kann. Plötzlich geschieht es, daß eine Frau, die zufällig aus einer Ruine kommt, aufschreit und über die Straße heranläuft, einen der Gefangenen umarmt – das Trüpplein muß stehenbleiben, und auch der Soldat begreift natürlich, was sich ereignet hat: er tritt zu dem Gefangenen, der die Schluchzende im Arm hält und fragt:

„Deine Frau?"

„Ja -."

Dann fragt er die Frau:

„Dein Mann?"

„Ja -."

Dann deutet er ihnen mit der Hand:

„Weg – laufen, laufen – weg!"

Sie können es nicht glauben, bleiben stehen; der Russe marschiert weiter mit den elf andern, bis er, einige hundert Meter später, einem Passanten winkt und mit der Maschinenpistole zwingt, einzutreten: damit das Dutzend, das der Staat von ihm verlangt, wieder voll ist.

Max Frisch, Tagebuch 1946-1949. Suhrkamp Verlag, Frankfurt/M. 1950, S. 30 ff.

2. Der Wandel des Ost-West-Verhältnisses

Die Präsidenten der Großmächte begegnen sich: Michail Gorbatschow und Ronald Reagan auf dem Gipfeltreffen in Genf (November 1985.).

Mit dem Begriff „Kalter Krieg" wird in vielen Geschichtsbüchern das Verhältnis der beiden Großmächte charakterisiert, das sich nach dem Zweiten Weltkrieg allmählich ausbildete. Deutlich signalisiert diese Umschreibung, daß mit der deutschen Kapitulation kein dauerhafter Weltfrieden hergestellt war.
Neben unsäglichem Leid und materiellen Sorgen bedrückten auch politische Fragen viele Menschen: Würden die USA in Europa bleiben und den Aufbau eines demokratischen deutschen Staates gewährleisten? Welche Interessen verfolgte die Sowjetunion? Konnte man Stalin, der im Vorfeld des Zweiten Weltkrieges mit Hitler einen Pakt geschlossen hatte, auch nur das mindeste Vertrauen schenken?
Die außenpolitische Lage war auch deshalb so schwierig einzuschätzen, weil der Verhandlungstisch als Ort, an dem man gemeinsam politische Perspektiven erörtern konnte, immer mehr an Bedeutung verlor, bis es schließlich zur Funkstille kam. Um ihre Einflußsphären abzusichern, gingen die Großmächte immer mehr dazu über, den anderen vor vollendete Tatsachen zu stellen. Wie weit konnte man aber gehen, ohne einen „heißen Krieg" zu riskieren?
Oktober 1962: Ein sowjetischer Frachter will einen kubanischen Hafen anlaufen. In Kuba herrscht Fidel Castro, ein Verbündeter der sowjetischen Kommunisten. Aber rund um die Insel ist eine amerikanische Seeblockade aufgebaut, die USA sind bereit, die Landung des sowjetischen Schiffes mit Gewalt zu verhindern. Gespannt verfolgen die Menschen überall in der Welt die Nachrichten – jeder weiß, daß der Umschlag vom „kalten" zum „heißen Krieg" mit

großer Wahrscheinlichkeit den nächsten Weltkrieg bedeuten würde. Angesichts der mächtigen amerikanischen Militärpräsenz entschließt sich die Sowjetunion zum Rückzug. Der Krieg bleibt „kalt".

Was waren 1962 die Gründe für die entschlossene Haltung des amerikanischen Präsidenten John F. Kennedy? Die UdSSR hatte damit begonnen, auf Kuba Raketenbasen zu errichten – unmittelbar vor der „Haustüre" der USA. Zwar sind die 1962 nach Kuba gebrachten Raketen unter den Gesichtspunkten Reichweite und Vernichtungskraft nicht mit den Raketensystemen der siebziger und achtziger Jahre zu vergleichen, doch die bedrohliche Wirkung, die von den russischen Raketen ausging, wurde zur ernsten Herausforderung für die Politik der USA.

Schon seit Hiroshima war eine neue Dimension militärischer Bedrohung entstanden: Die USA besaßen eine Waffe, deren Vernichtungspotential eine neue Epoche der Geschichte einzuleiten schien: das Atomzeitalter! Fieberhaft arbeitete auch die Sowjetunion an der Entwicklung der Atombombe, um das Monopol der Amerikaner zu brechen, was auch bald gelang. Wieder erlangten die USA einen Vorsprung, als sie mit der Wasserstoffbombe eine Waffe mit ungeheuer verheerender Wirkung erfolgreich testeten.

Aber die UdSSR begann, sich in den Weltraum vorzutasten und eröffnete damit den Wettlauf zur Erkundung und Eroberung des Weltalls. Nur allzu offensichtlich war der militärische Nutzen, der mit den Weltraumprogrammen verbunden war. Interkontinentalraketen, die atomare Sprengköpfe tragen konnten, galten als Waffen der Zukunft. Das Kriegspotential wuchs auf beiden Seiten immer mehr an – ein *Gleichgewicht* des Schreckens* entstand.

Begleitet wurden die Auseinandersetzungen der Großmächte von lauten Propagandafeldzügen. Über Jahrzehnte bauten beide Seiten Feindbilder auf. Unterstützung fanden die Großmächte dabei auch bei ihren Verbündeten, die teilweise durch aggressive Parolen ihre besondere Verbundenheit mit der ihnen zugeneigten Großmacht zeigen wollten.

Und die Geschichte bietet da viele Vorbilder. Man muß nicht weit zurückblicken, um besonders markante *Feindbild-Konstruktionen* zu finden. Im Ersten Weltkrieg hatten deutsche Soldaten z. B. kleine Liederbücher in ihren Tornistern, deren Titel die Konsequenzen des Feindbild-Denkens zeigen: „Jeder Schuß ein Russ", „Jeder Stoß ein Franzos" und „Jeder Tritt ein Brit" – das sind eindeutige Anweisungen!

Der Erfindungsreichtum der Nationalsozialisten braucht sich dahinter nicht zu verstecken: Welch üble Vergleiche wurden z. B. bemüht, die einen „kulturzerstörenden Charakter" des jüdischen Volkes nachweisen sollten!

Und in den Jahren nach 1945? Die USA denunzierte man im Osten als selbsternannte „Weltpolizei", die sich überall einmische, um wirtschaftliche Vorteile sicherzustellen. Auf der anderen Seite fürchtete man einen gewalttätigen russischen „Bär", dessen Pranken die ganze Welt zu bedrohen schienen.

Daß dieses Denken an unsere Gegenwart heranreicht, zeigt das Beispiel des amerikanischen Präsidenten Ronald Reagan, der noch 1985 in der Sowjetunion das „Reich des Bösen" sah. Daß derselbe Reagan seine Hand ausstreckte und den Generalsekretär der KPdSU, Michail Gorbatschow, ernsthaft als seinen Freund bezeichnete, verdeutlicht den weltpolitischen Wandel, der sich in der zweiten Hälfte der achtziger Jahre des 20. Jahrhunderts abzeichnete.

Wie klar die Wirkung von Vorurteilen und Feindbildern heute gesehen wird, bezeugt eine Episode: 1990, während einer Begegnung auf einer Gipfelkonferenz in Helsinki, überreichte der sowjetische Staatschef Gorbatschow dem amerikanischen Präsidenten George Bush eine Karikatur, auf der beide Präsidenten als Sieger eines Boxkampfes dargestellt werden. Vor ihnen liegt als Unterlegener ein „Kalter Krieger" (siehe S. 63). Derartige Begegnungen führender Staatsmänner erleichterten die schwierigen Abrüstungsverhandlungen, die allmählich zu sichtbaren Erfolgen führten. Aber auch die Bevölkerung, vorwiegend die junge Generation, demonstrierte öffentlich einen neuen Willen zum Frieden.

Den Übergang vom „Kalten Krieg" zu einem friedlichen Neben- und Miteinander werten viele Zeitgenossen als besonders geschichtsträchtige Zeit. Inwieweit man angesichts dieser Veränderungen von einem epochalen Umbruch sprechen kann, versucht das folgende Kapitel zu beantworten.

Der Wandel des Ost-West-Verhältnisses

Der „Kalte Krieg" der Supermächte

Unvereinbarkeit von Ost und West

Das Gegenüber zwischen Ost und West ist über Jahrzehnte nahezu eine Selbstverständlichkeit der internationalen Politik gewesen. Seit den fünfziger Jahren verhinderten unvereinbare Gegensätze einen Ausgleich: hier Marktwirtschaft, dort Planwirtschaft; hier parlamentarische Demokratie, dort Einparteienstaat; hier eine freiheitlich-pluralistische, dort eine sozialistische Gesellschaft. Der Westen fürchtete eine „kommunistische Weltrevolution", der Osten einen „aggressiven US-Imperialismus". Beide Seiten schlossen ein friedliches Nebeneinander aus und sprachen sich gegenseitig die Existenzberechtigung als Weltmacht ab.

Außenpolitische Zielvorstellungen

Mit Beginn der fünfziger Jahre war die erste Phase des „Kalten Krieges", die mit der Berlin-Blockade (siehe S. 31) ihren Höhepunkt erlebte, bereits beendet.

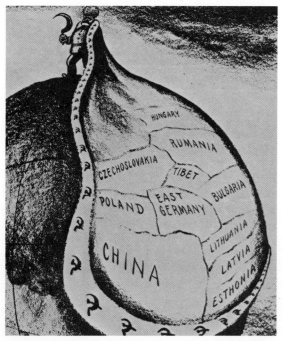

Sowjetische Machtpolitik. Karikatur aus dem Jahre 1951.

Im Mai 1949 wurde die Blockade aufgehoben: Mit einer beispiellosen Luftbrücke hatten die Westalliierten der Sowjetunion die Bereitschaft vor Augen geführt, jedem Erpressungsversuch entschlossen zu begegnen. Noch im selben Jahr zündete die Sowjetunion ihre erste Atombombe. Beunruhigt nahmen jetzt die USA zur Kenntnis, daß der Verlust ihres Atombombenmonopols Rückwirkungen auf die Außenpolitik haben mußte.

Belastend für die Beziehungen zwischen den Großmächten wurde vor allem auch der Aufbau von Feindbildern. Sowohl in der Sowjetunion als auch in den USA verstärkte sich damit die Einschätzung, daß mit dem Ende des Zweiten Weltkrieges noch kein wirklicher Friede gekommen sei. Die Folge war, daß der Aufrüstung enorme Bedeutung zukam. In diese Entwicklung fügt sich die Gründung der Nordatlantischen Verteidigungsorganisation (NATO) (Karte S. 47) nahtlos ein. Die USA, Kanada und zehn westeuropäische Staaten schlossen diesen Militärpakt zur Sicherung der freiheitlichen Demokratien im Jahre 1949. Mit dem NATO-Rat schufen diese Staaten ein Gremium, in dem die Regierungen der Mitgliedsstaaten ihre Politik abstimmen konnten. Damit hatte die NATO auch ein enormes politisches Gewicht. Mit ihrer Gründung wird das Ziel der amerikanischen Außenpolitik, Demokratie und Freiheit auch militärisch zu verteidigen, deutlich. Die Sowjetunion sah ihrerseits ein außenpolitisches Hauptanliegen darin, die „sozialistischen Errungenschaften" zu sichern. Zudem versuchte sie, über die Grenzen des Ostblocks hinaus, die revolutionären Ziele wachzuhalten, und unterstützte deshalb die kommunistischen Parteien in ganz Europa. Schon 1947 war mit der Gründung der Kominform ein Instrument mit dieser eindeutigen Zielsetzung entstanden.

Daß ein gegenseitiges Mißtrauen der Großmächte unter diesen Vorzeichen wuchs, läßt sich leicht nachvollziehen: Die Sowjetunion unterstellte den „US-Imperialisten", sie wollten Osteuropa zurückgewinnen und in die eigene Einflußsphäre einbinden. In den USA befürchtete man, die „Russen" wollten in Westeuropa die demokratischen Regierungen zu Fall bringen.

Der Wandel des Ost-West-Verhältnisses

Der Koreakrieg

Anders als von vielen erwartet, wurde nicht Europa, sondern Korea der Schauplatz, an dem der Ost-West-Gegensatz zunächst dramatische Formen annahm.

Zwei Staaten entstehen. Ein Beschluß der Konferenz von Jalta sah die Räumung des ehemals von den Japanern beherrschten Korea vor, das seit 1945 im Süden von den USA und im Norden von der UdSSR besetzt war. Aber schon 1946 scheiterten Verhandlungen über eine gemeinsame Regierungsbildung. Im Jahre 1948 entstanden zwei Staaten, deren Grenze entlang des 38. Breitengrades verlief: die Republik Korea unter amerikanischem Schutz im Süden und die Demokratische Volksrepublik Korea unter sowjetischem Einfluß im Norden.

Militärische Auseinandersetzungen. An der Grenze zwischen beiden Staaten kam es von Anfang an immer wieder zu Zwischenfällen. Rivalisierende Banden, die von den verschiedenen Seiten unterstützt wurden, lieferten sich erbitterte Kämpfe. Als 1950 die Nordkoreaner mit sowjetischer Billigung auf breiter Front den 38. Breitengrad überschritten und damit internationale Vereinbarungen brachen, wertete man dieses Vorgehen auf westlicher Seite als eine kommunistische Bedrohung der gesamten freien Welt. Nordkorea wurde von der UNO als Aggressor verurteilt, der Sicherheitsrat (siehe S. 179) befürwortete ein Eingreifen auf Seiten Südkoreas. Zustande kam dieser Beschluß nur, weil die Sowjetunion zu dieser Zeit die UNO boykottierte. General *McArthur* erhielt den Oberbefehl über die gesamten Truppen, die größtenteils von den USA gestellt wurden. Nach heftigen Kämpfen gelang es, die Nordkoreaner, die schon einen Großteil Südkoreas besetzt hatten, weit über den 38. Breitengrad zurückzuschlagen. Aber das Eingreifen der Volksrepublik China, die sich nun ihrerseits bedroht fühlte, veränderte die Kräfteverhältnisse. Ein erbitterter Stellungskrieg war die Folge, bis sich die Gegner im Sommer 1953 auf einen Waffenstillstand einigten. Mehr als 3 Millionen Menschen wurden in diesem Krieg getötet oder verwundet, beide Teile des Landes waren weitgehend verwüstet. Durch die neuerliche Teilung nach dem Ende des Krieges wurden Familien auseinandergerissen; bis heute gibt es für die Menschen keine Möglichkeiten, Kontakte über die Grenzen hinweg zu

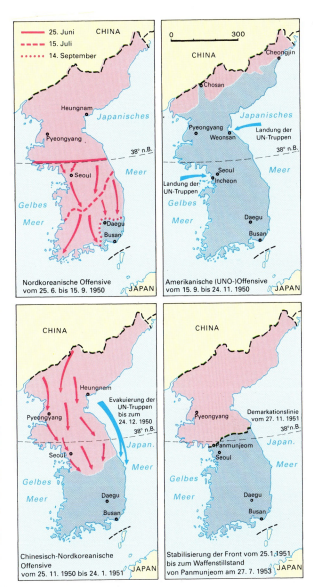

Der Kriegsverlauf in Korea

pflegen. Nach dem Krieg wurden auf beiden Seiten große Anstrengungen unternommen, um eine starke Rüstung aufzubauen. Verhandlungen über eine Wiedervereinigung scheiterten bisher an einem Mangel an Kompromißbereitschaft und an einem tiefen Mißtrauen.

Der Wandel des Ost-West-Verhältnisses

Absicherung der Einflußbereiche

Bereits während des Koreakriegs wurde offensichtlich, daß die risikoreiche Konfrontationspolitik an ihre Grenzen gelangt war. Jeder weitere Konflikt brachte die Gefahr eines Weltkrieges mit sich. Die Angst vor einer atomaren Vernichtung führte zu einer tiefen Besorgnis vieler Menschen.

Für die Sowjetunion veränderte sich nach dem Tode Stalins im März 1953 die Situation: Viele erhofften unter seinem Nachfolger *Chruschtschow* ein „Tauwetter". Die Oppositionsbewegungen in den von Moskau abhängigen Satellitenstaaten suchten jetzt nach neuen Wegen politischer Entfaltung.

Aufstände gegen die Vorherrschaft der UdSSR

Eines der ersten Anzeichen für die sich anbahnende Unruhe im Ostblock war die Erhebung in der DDR im Juni 1953 (siehe S. 116). Trotzdem hielt Chruschtschow an einer politischen Neuorientierung fest. Wenn er dabei von dem Prinzip der „friedlichen Koexistenz" und von einem „eigenen Weg zum Sozialismus" sprach, so verstanden das die Ostblockstaaten als ein Signal, mehr Selbständigkeit zu wagen.

Entgegen den rasch aufgeflammten Hoffnungen in den Staaten des Ostblocks zeichneten sich aber bald Konflikte mit der Sowjetunion ab. Auch weiterhin sollte allein in Moskau die einheitliche politische Linie aller Ostblockstaaten bestimmt werden.

Der Ungarnaufstand von 1956. Zur gewaltsamen Konfrontation kam es im Herbst 1956 in Ungarn. Eine intellektuelle Opposition hatte auf politische Reformen gesetzt: Pressefreiheit, geheime Wahlen und frei gewählte Arbeiterräte sollten einen eigenen Weg zum Kommunismus weisen. Der reformfreudige Premierminister *Imre Nagy* wollte die Ungarn auf diesem Weg führen. Nach einem Aufstand am 23. Oktober 1956 in der Hauptstadt Budapest breitete sich die Volkserhebung im ganzen Land aus. Zu den schon früher eingeforderten Reformen kam jetzt noch der Ruf nach einem Abbau des Einparteienstaates und nach der Neutralität Ungarns.

Anfang November griff das sowjetische Militär Budapest an. Mit Panzertruppen wurde der Aufstand blutig niedergeschlagen. Eine neue „revolutionäre Arbeiter- und Bauernregierung" unter dem moskautreuen *Janŏs Kadar* war schnell ausgerufen und unter den Schutz der Besatzungstruppen gestellt.

Kurzzeitig hatte es den Anschein, als könnte die ungarische Revolution siegreich sein. Im Oktober zogen die sowjetischen Truppen ab, um wenig später mit größerer Macht wiederzukommen.

Der Aufstand in Ungarn sollte nicht ohne tragisches Nachspiel bleiben: Oppositionelle wurden deportiert und größtenteils hingerichtet. Auch der ehemalige Regierungschef Nagy wurde verhaftet und mit dem Tode bestraft. Etwa 200 000 Ungarn flohen ins Ausland, um dieser Verfolgung zu entgehen. In Anwendung der typischen Propagandamittel des „Kalten Krieges" erklärte die Sowjetunion den Aufstand als die Folge westlicher „Wühlarbeit". Die Träger der Oppositionsbewegung erklärte man zu „faschistischen Volksfeinden". Diese Beschuldigungen sollten das militärische Eingreifen der Sowjets rechtfertigen.

Die Zurückhaltung des Westens trotz der offenen und lautstarken Hilferufe aus Ungarn und einer bewegten Anteilnahme der westlichen Öffentlichkeit zeigt, daß es zu einer Verfestigung des Blockdenkens gekommen war: Eine Bedrohung oder Gefährdung der eigenen Einflußsphäre zog mit Sicherheit den Einsatz aller machtpolitischen Mittel nach sich.

Unruhen in Polen. In Polen wurde nach dem Tod Stalins in der Öffentlichkeit über die Rolle der Partei mit ihren diktatorischen Ansprüchen diskutiert. Nur mit großen Anstrengungen hatten die Arbeiter in den fünfziger Jahren einen wirtschaftlichen Aufschwung eingeleitet, ohne daß allerdings ihre niedrigen Löhne erhöht oder ihre Wohnverhältnisse verbessert worden wären. Ein Generalstreik gab 1956 hier den Anstoß zu einer weitreichenden Protestbewegung, die auch von rebellierenden Studenten mitgetragen wurde. In kurzer Zeit war der Aufstand niedergeschlagen, wodurch die Unzufriedenheit noch wuchs. Die Arbeiter forderten eine Selbstverwaltung der Betriebe, Bauern verweigerten die Ablieferung ihrer Produkte, und die Studenten beklagten die Pressezensur. Um die Krise in Polen zu lösen, ließ Chruschtschow *Wladislaw Gomulka* zum neuen Parteichef wählen, der während der letzten Regierungsjahre Stalins wegen seiner national ausgerichteten Politik inhaftiert gewesen war.

In der Folgezeit setzten die Menschen große Hoffnungen auf den polnischen „Frühling im Oktober". Erstmals hatte die Sowjetunion ein Entgegenkommen gezeigt, um eine Krise nicht zum Konflikt werden zu lassen. Die Reformpolitik, die Gomulka einleitete, führte allerdings nicht zu den gewünschten Erfolgen: Marktwirtschaft und mehr Demokratie blieben Zielsetzungen, wurden aber nicht Wirklichkeit.

Aus einem Generalstreik entwickelte sich im Oktober 1956 ein Aufstand in Polen.

Der Wandel des Ost-West-Verhältnisses

Der amerikanische Präsident Dwight D. Eisenhower betrachtet ein Modell des russischen „Sputniks", das er beim Gipfeltreffen 1959 von Nikita Chruschtschow geschenkt bekam.

Die Beschränkung auf den Status quo

Das Jahr 1956 ist ein Markstein in der außenpolitischen Entwicklung: Die USA mußten jetzt die Hoffnungen aufgeben, die Macht der Sowjetunion brechen zu können. Mit Zuversicht hatten die Menschen im Osten die Ankündigungen der amerikanischen Politik verfolgt, die eine „Zurückdrängung des Kommunismus" in Aussicht stellten. Daß dabei auch Propaganda im Spiel war, konnten sie nicht durchschauen.

Man hat sich oft gefragt, warum der Westen 1956 den Vorgängen in Osteuropa tatenlos zusah. Hatten nicht die USA mit der Wasserstoffbombe erneut einen Vorsprung im Rüstungswettlauf erreicht? Aber – eine mögliche Drohung der USA, diese Waffe einzusetzen, hätte alle europäischen Staaten auf den Plan gerufen: Seit den Versuchen im Pazifik war bekannt, welche Folgen die Explosion selbst und die ihr folgenden radioaktiven Niederschläge haben würden. Wollte man das Risiko eines Atomkrieges ausschließen, so blieb nur eine „Realpolitik", die sich in Zurückhaltung übte. So war durch die Atombombe ein heißer Krieg in Europa unwahrscheinlich geworden. In der Öffentlichkeit zementierte die Propaganda des „Kalten Krieges" die Vorstellung von einem feindlichen Gegenüber. Auch der militärische Zusammenschluß des Ostblocks im Warschauer Pakt (1955) mußte diesen Eindruck verstärken. Auf den Protest eines amerikanischen Botschafters bezüglich des sowjetischen Vorgehens in Ungarn antwortete Chruschtschow: „Wir werden Sie beerdigen". Im Westen wertete man derartige Aussprüche als Beweis russischer Feindseligkeit. Aber ungeachtet verbaler Bedrohungsgesten suchten die Großmächte nach Chancen, etwas mehr Bewegungsfreiheit in der Außenpolitik zu erlangen. Zum ersten Mal seit dem Ausbruch des „Kalten Krieges" trafen sich 1955 in Genf Vertreter der USA, der Sowjetunion und Großbritanniens. Die Gespräche blieben zwar ohne Ergebnis, aber es war zumindest der Wille zur Verständigung spürbar geworden. Noch standen sich die beiden Weltmächte nach wie vor ablehnend gegenüber, aber sie respektierten wechselseitig ihre Einflußsphären. Beide Supermächte zeigten sich gewillt, keine Änderung des Gleichgewichtes zwischen den Machtblöcken hinzunehmen. 1956 vertrat Chruschtschow öffentlich sogar die Meinung, daß man den Amerikanern – was die Nichteinmischung in Osteuropa beträfe – vertrauen könne. Dennoch blieb nach 1956 das Verhältnis der beiden Supermächte insgesamt gespannt und von Mißtrauen gekennzeichnet. Einerseits versuchten die USA und die Sowjetunion, ihre direkten Beziehungen zu verbessern, andererseits aber wurde die Rivalität der Großmächte nahezu in der ganzen Welt wirksam. Im Wettlauf um den Führungsanspruch galten lange die USA als die in jeder Beziehung führende Macht. Das Vorhaben Chruschtschows, in der Sowjetunion einen vergleichbaren Lebensstandard zu erreichen und die USA ökonomisch zu überholen, erwies sich als Utopie. In einem Punkt gelang der Sowjetunion allerdings ein Erfolg, der die Weltöffentlichkeit aufhorchen ließ. Mit dem Start des Satelliten Sputnik im Jahre 1957, dem bald ein zweiter folgte, war ein sowjetischer Vorsprung in der Weltraumtechnik errungen, der von westlicher Seite wie ein Schock erlebt wurde und Zweifel an der amerikanischen Überlegenheit aufkommen ließ.

Der Wandel des Ost-West-Verhältnisses

Der Kalte Krieg: Ein taugliches Mittel der Politik?

1 Die militärische Blockbildung im Kalten Krieg in Europa

1 Stellen Sie die Phasen der militärischen Blockbildung zusammen.
2 Wie mußte sich die Blockbildung auf den Europagedanken auswirken?

2 Georgij Malenkow, Sekretär des Zentralkomitees der KPdSU, stellte auf der Gründungsversammlung des Kominform im September 1947 über die Politik der Sowjetunion und der USA fest:

Q In den durch die Ausschaltung der Hauptkonkurrenten der USA, Deutschland und Japan, und durch die Schwächung Englands und Frankreichs entstandenen Verhältnissen sind die USA zu einer neuen unverhüllten Expansionspolitik übergegangen, die auf die Herstellung der Weltherrschaft gerichtet ist. Unter diesen neuen Nachkriegsverhältnissen vollzieht sich eine Wandlung in den Beziehungen zwischen den Kriegsverbündeten von gestern, die gemeinsam gegen das faschistische Deutschland und das imperialistische Japan gekämpft haben. Es bildeten sich zwei entgegengesetzte Richtungen in der internationalen Politik heraus.
Die eine Politik wird von der Sowjetunion und den Ländern der neuen Demokratie[1] verfolgt. Die Außenpolitik der Sowjetunion und der demokratischen Länder ist auf die Untergrabung des Imperialismus, auf die Sicherstellung eines festen demokratischen Friedens zwischen den Völkern und auf den größtmöglichen Ausbau der freundschaftlichen Zusammenarbeit der friedliebenden Völker gerichtet […].

Der Wandel des Ost-West-Verhältnisses

In der anderen Richtung der internationalen Politik ist die herrschende Clique der amerikanischen Imperialisten führend. In dem Bestreben, die Positionen zu festigen, die das amerikanische Monopolkapital während des Krieges in Europa und Asien erobert hat, hat diese Clique nun den Weg der offenen Expansion betreten, den Weg der Versklavung der geschwächten kapitalistischen Länder Europas, der Versklavung der kolonialen und abhängigen Länder, den Weg der Vorbereitung neuer Kriegspläne gegen die UdSSR und die Länder der neuen Demokratie, wobei sie sich des Vorwandes eines Kampfes gegen die „kommunistische Gefahr" bedient. Den klarsten und konkretesten Ausdruck fand diese Politik des amerikanischen Kapitals in den Plänen von Truman und Marshall. [...]

Wir gehen von der Tatsache aus, daß für eine längere Periode die Existenz zweier Systeme, des Kapitalismus und des Sozialismus, unvermeidlich ist, und verfolgen einen Kurs loyaler, gutnachbarlicher Beziehungen zu allen Staaten, die den Wunsch zu freundschaftlicher Zusammenarbeit unter den Bedingungen der Anerkennung des Grundsatzes der Gegenseitigkeit und der Erfüllung übernommener Verpflichtungen bekunden. [...] Eine Politik der unentwegten Unterstützung verfolgen die UdSSR und die Länder der neuen Demokratie[1] gegenüber den kolonialen und abhängigen Ländern, die für ihre nationale Befreiung vom imperialistischen Joch kämpfen.

[1] Staaten Osteuropas, in denen unter sowjetischem Einfluß noch 1945 Volksdemokratien errichtet wurden.

Das Ostpaktsystem. Dokumentensammlung, hrsg. von B. Meissner, Bd. XVIII. Frankfurt und Berlin 1955, S. 87–88.

3 Karikatur des Engländers David Low, 1952

1 Welche außenpolitischen Ziele verfolgen nach der Darstellung Malenkows die USA? Wodurch verlieren die Ausführungen Malenkows an Glaubwürdigkeit?

2 Beschreiben Sie, welche Entwicklung in der Karikatur thematisiert wird. Inwiefern stellt diese Karikatur ein Mittel des Kalten Krieges dar?

4 Hilferufe aus Ungarn

Dienstag, 30. Oktober 1956.
Hier spricht Imre Nagy:
[…] Die Revolution […] und die gewaltige Bewegung der demokratischen Kräfte haben es mit sich gebracht, daß unsere Nation jetzt am Scheideweg angelangt ist. Im Interesse einer weiteren Demokratisierung des politischen Lebens […] hat das Kabinett das Einparteiensystem abgeschafft und beschlossen, zu einer Regierungsform zurückzukehren, die auf der demokratischen Zusammenarbeit der Koalitionsparteien beruht. […] Die vorläufige Regierung hat das sowjetische Oberkommando aufgefordert, mit dem Abzug der sowjetischen Truppen aus Budapest unverzüglich zu beginnen.
Sender Kossuth (14.28 Uhr)

Donnerstag, 1. November 1956.
Ministerpräsident Imre Nagy hat das folgende Telegramm an die Regierung der UdSSR gerichtet:
Die Regierung der Ungarischen Volksrepublik wünscht sofortige Verhandlungen über den Abzug der sowjetischen Truppen aus ungarischem Gebiet. Unter Bezugnahme auf die jüngste Erklärung der sowjetischen Regierung […], sie sei bereit, mit den Regierungen Ungarns und der anderen Mitgliedstaaten des Warschauer Pakts über den Abzug der sowjetischen Truppen aus Ungarn zu verhandeln, ersucht die ungarische Regierung die Regierung der Sowjetunion, eine Abordnung zu benennen, damit die Gespräche so bald als möglich beginnen können. […]
(Gezeichnet) Imre Nagy
Ungarische Nachrichten-Agentur

Sonntag, 4. November 1956.
Achtung! Achtung! Achtung! Achtung!
Ministerpräsident Nagy […] an das ungarische Volk:
Hier spricht Ministerpräsident Imre Nagy. Sowjetische Truppen haben im Morgengrauen zu einem Angriff auf unsere Hauptstadt angesetzt, mit der eindeutigen Absicht, die gesetzmäßige demokratische Regierung der Ungarischen Volksrepublik zu stürzen. Unsere Truppen stehen im Kampf. Die Regierung ist auf ihrem Platz. Ich bringe diese Tatsachen unserem Land und der ganzen Welt zur Kenntnis.
Freier Sender Kossuth (5.19 Uhr)

Völker der Welt! Hört uns – helft uns! Nicht mit Erklärungen, sondern mit Taten, mit Soldaten, mit Waffen! Vergeßt nicht, daß es für die Sowjets bei ihrem brutalen Ansturm kein Halten gibt. Wenn wir untergegangen sind, werdet ihr das nächste Opfer sein. Rettet unsere Seelen! Rettet unsere Seelen! […]
[…] Hört den Schrei, Völker der Welt, und handelt. Reicht uns Eure brüderliche Hand.
SOS! SOS! Gott sei mit Euch!
Freier Sender Petöfi (14.34 Uhr)

Heute morgen sind die Kräfte der reaktionären Verschwörung gegen das ungarische Volk zerschlagen worden. Eine neue ungarische Revolutionsregierung der Arbeiter und Bauern wurde von Ministerpräsident János Kádár gebildet. Die Regierung hat das ungarische Volk aufgerufen, alle Kräfte zur Verteidigung der Errungenschaften des volksdemokratischen Systems einzusetzen und die reaktionären Verschwörer […] endgültig zu vernichten.
Die Revolutionsregierung der Arbeiter und Bauern hat das Kommando der Sowjetstreitkräfte gebeten, ihr bei der Unterdrückung der Aufständischen zu helfen. […] Die konterrevolutionären Banden, die sich in öffentlichen Gebäuden eingenistet haben, werden vernichtet und beginnen zu kapitulieren. […]
Radio Moskau (21.05 Uhr)

Dienstag, 6. November 1956.
Wir grüßen die Sowjetunion, die zum zweitenmal das ungarische Volk befreit hat. […]
Sender Kossuth, 6. November

Informationen zur politischen Bildung 225 (Ostmitteleuropa und Südosteuropa), Bonn 1989, S. 28 und 29.

1 *Erschließen Sie aus den Aussagen Nagys, welche Ziele die ungarische Revolution 1956 verfolgte.*
2 *Erklären Sie die sowjetische Reaktion. Welche Argumente werden der sowjetischen Öffentlichkeit präsentiert?*
3 *Erörtern Sie die Haltung der Westmächte, die den Ungarn trotz der Hilferufe nicht zu Hilfe kamen.*

Der Wandel des Ost-West-Verhältnisses

Konfrontation, Koexistenz und Kooperation

Krisen und Kriege – Zur Sicherung des Status Quo

Als im Jahre 1961 die Berliner Mauer errichtet wurde (siehe S. 118), blickte die Weltöffentlichkeit entsetzt auf die Abriegelung, die eine gewaltsame Trennung Deutschlands vervollständigte. Die USA protestierten zwar heftig, ergriffen aber keine wirksamen Gegenmaßnahmen. Das stillschweigende Übereinkommen, den *Status quo* anzuerkennen, erklärt diese Reaktion. Was möglich blieb, war lediglich eine Verurteilung des Vorgehens in der Öffentlichkeit. Die Kehrseite der Statusquo-Politik mußte es sein, mit größter Aufmerksamkeit Vorstöße der Gegenseite zu verhindern, die zu einer Machtverschiebung führen konnten.

Die Kuba-Krise

Ein Jahr nach dem Mauerbau in Berlin zeigte sich, welche Risiken ein Abweichen von den außenpolitischen Prinzipien der Großmächte nach sich zog. In Kuba kam es zu einer direkten Konfrontation zwischen der Sowjetunion und den USA.

Der kubanische Revolutionär Fidel Castro wird 1959 von Staatspräsident Urrutia als Ministerpräsident bestätigt.

Die Insel Kuba, nur 80 Kilometer vor der Küste Floridas gelegen, war seit der Jahrhundertwende nominell ein selbständiger Staat, in Wirklichkeit aber dem Einfluß der USA unterworfen. Im Jahre 1959 vertrieb eine *revolutionäre Befreiungsbewegung* den Diktator Batista, der von den USA weitreichende Unterstützung erhalten hatte. An der Spitze dieser Bewegung stand *Fidel Castro*, der die „nationalsoziale" Revolution in Kuba ausrief. Ein bedeutender Mitkämpfer Castros war der Berufsrevolutionär und Theoretiker des Guerilla-Kampfes *Ernesto Che Guevara*, der Ende der sechziger Jahre über Südamerika hinaus zu einem Idol der revolutionären Jugend auch in Europa wurde.

Fidel Castro ließ einen Teil der kubanischen Wirtschaft verstaatlichen und zudem eine Bodenreform durchführen. Dadurch sahen die USA ihre wirtschaftlichen und politischen Rechte verletzt. Mit unterschiedlichen Maßnahmen versuchten sie, den Einfluß auf die Zuckerinsel zurückzugewinnen: Wirtschaftliche Boykottmaßnahmen sollten die neue Regierung Kubas auf einen anderen Kurs bringen. Der nächste Schritt war eine militärische Intervention: Unterstützt von den USA versuchten Exil-Kubaner, die nach der Machtübernahme Castros die Insel verlassen hatten, in der kubanischen Schweinebucht zu landen. Wie die Wirtschaftssanktionen, so blieb auch dieser Vorstoß erfolglos. Eine Konsequenz dieser amerikanischen Politik war es, daß sich Fidel Castro an die Sowjetunion wandte und sie um wirtschaftliche Hilfe sowie um militärischen Schutz bat.

Die Beteuerungen aus Moskau, daß die Sowjetunion in Kuba lediglich defensive Ziele verfolge, konnten die USA nicht beruhigen. Zahlreiche Frachter aus dem Ostblock liefen seit dem Spätsommer 1962 kubanische Häfen an. Die USA reagierten darauf mit einer verschärften nachrichtentechnischen Überwachung und versuchten, Beweise für ihre Annahme zu erhalten. Im Oktober 1962 räumten Luftaufnahmen alle Zweifel aus: Die Sowjetunion war dabei, auf Kuba Mittelstreckenraketen zu stationieren.

Aus Moskau kam die Warnung, daß jede militärische Aktion gegen Kuba sicher einen Atomkrieg auslösen würde, und der amerikanische Präsident *Kennedy* sprach in einer Fernsehrede von einer „vollen Vergeltung", wenn die UdSSR von Kuba aus auch nur eine einzige Rakete abfeuern würden. Weiter forderte Kennedy den sofortigen Abzug der russischen Raketen und verhängte eine Seeblockade über Kuba.

Als am 24. Oktober die Blockade in Kraft trat, hielt die Welt buchstäblich den Atem an: 18 Sowjetfrachter bewegten sich auf die amerikanische Blockadelinie zu, die aus mehreren Zerstörern und Kreuzern und einem Flugzeugträger gebildet worden war. Im letzten Moment verhinderte Chruschtschow eine atomare Auseinandersetzung: Die Frachter stellten ihre Fahrt ein. Zwei Tage später kehrten sie um. Zugleich bot Chruschtschow den Abzug aller auf Kuba stationierten Raketen unter Aufsicht der UNO an. Natürlich waren mit diesem Einlenken Forderungen nach Gegenleistungen verbunden: Die Sicherheit Kubas mußte garantiert und die amerikanischen Raketen, die an der türkisch-russischen Grenze standen, sollten abgezogen werden.

Folgen der Kuba-Krise

Das Vorhaben der Sowjetunion, den USA heimlich russische Atomraketen vor die „Haustür" zu stellen, wurde zu einem Mißerfolg, weil der amerikanische Präsident gegen die beabsichtigte Verletzung des Status quo eine eindeutige Position bezog. Der gleichzeitige Verzicht der Amerikaner auf eine außenpolitische Demütigung der UdSSR leitete allmählich eine neue Phase der Beziehungen ein. Auch das Bewußtsein, am Rande eines Atomkrieges gestanden zu haben, hatte weltweit den Widerspruch gegen eine Politik der Konfrontation hervorgerufen. So wuchs die Bereitschaft, am Verhandlungstisch Lösungen zu suchen.

Eine „Politik der Stärke" erschien mehr und mehr als untaugliches Mittel. Wie bereits 1956 in Ungarn und Polen von den USA praktiziert, mußte man die Machtpolitik des anderen so lange dulden, wie sie den eigenen Machtbereich nicht unmittelbar berührte. Im Vietnamkrieg und beim sowjetischen Einmarsch in die Tschechoslowakei 1968 wurde dies besonders deutlich.

Der „Kalte Krieg" droht zu einem Atomkrieg zu werden: Der US-Kreuzer „Barry" und ein amerikanisches Patrouillen-Flugzeug zwingen einen sowjetischen Frachter zur Umkehr.

Der Krieg in Vietnam

Wesentlich nachhaltiger als die Kuba-Krise hat der Vietnamkrieg das Selbstverständnis der Amerikaner beeinflußt. Hatte die Kuba-Krise ein Überlegenheitsgefühl bestärkt, so stürzte der Vietnamkrieg die USA in ein nationales Trauma.

Häufig bewertet man diesen Krieg ausschließlich als eine Auswirkung des Ost-West-Konfliktes: In den USA wurde befürchtet, daß in Indochina ein Staat nach dem anderen verlorenginge, wenn man auch nur in einem eine kommunistische Regierung dulden würde (Domino-Theorie). Ein Blick in die Geschichte des südostasiatischen Raumes zeigt aber auch, daß der Vietnamkrieg mit dem Prozeß der *Entkolonialisierung* in einem engen Zusammenhang steht.

Die Rolle der Vietminh. Im 19. Jahrhundert waren Laos, Kambodscha und Vietnam von Frankreich erobert worden. Während des Zweiten Weltkriegs versuchten dann die Japaner, in Vietnam eine Herrschaft aufzubauen. Um eine Rückkehr der ehemaligen Kolonialmacht zu verhindern, riefen die Japaner nach der Kapitulation 1945 ein unabhängiges Vietnam aus. An der Spitze dieses Staates stand dem Namen nach *Kaiser Bao Dai*, die tatsächliche Macht aber hatte bald *Ho Tschi Minh* an sich gerissen. Er spielte die Rolle des Befreiers und begann damit, seine Gegner mit radikalen Methoden auszuschalten. Stützen konnte sich Ho Tschi Minh auf die Unabhängigkeitsbewegung Vietminh.

Der Einfall chinesischer Truppen im Norden Vietnams unter dem Marschall Jiang Kaishek wurde 1945 von den Alliierten befürwortet, weil man damit eine kommunistische Revolution verhindern wollte. Anders sahen das die Vietnamesen: Mit dem Erscheinen der Chinesen erwachten Erinnerungen an die uralte Rivalität mit dem mächtigen Nachbarn im Norden.

Als 1945 zudem ein französisches Expeditionskorps im Süden des Landes eintraf, wuchs die Spannung noch mehr: Von der weißen Bevölkerung wurden die französischen Truppen unter *General Leclerc* freudig begrüßt, während vor allem die Vietminh den französischen Einheiten Widerstand entgegensetzten. Ho Tschi Minh konzentrierte sich dennoch auf den Norden des Landes, da er in Jiang Kaishek den gefährlicheren Gegner sah. 1946 verhandelte er sogar in Frankreich über Möglichkeiten eines französisch-vietnamesischen Ausgleichs. Die Verhandlungen scheiterten, wonach die Kämpfe zwischen französischen Truppen und den Vietminh an Härte zunahmen. Der „Krieg im Reisfeld" wurde für Frankreich zu einem dramatischen Abenteuer. Zu leiden hatte darunter vor allem die vietnamesische Zivilbevölkerung. Ganze Dörfer gingen in Flammen auf. Endlose Flüchtlingszüge bewegten sich die großen Ströme entlang, niemand wußte, wo man eine Zukunft aufbauen konnte.

Die technische Überlegenheit der Franzosen glichen die Vietminh mit List und Entschlossenheit aus. Bedingt durch die schweren Verluste in den Reisfeldern, suchten die französischen Einheiten die Entscheidung in der Nähe ihrer Festung Dien Bien Phu zu erzwingen. Mit einem ungeheuren Energieaufwand führten aber die Vietminh den „Sieg der Ameisen" herbei. Die Fahrräder, auf denen Lasten von bis zu vier Zentnern über steile Gebirgspfade gebracht wurden, sind Bestandteil der Legende von Dien Bien Phu. Auf französischer Seite setzte man die Hoffnung auf den Einsatz zahlreicher Fallschirmjäger, doch auch dieses Mittel reichte nicht aus, um die Niederlage abzuwenden. Wenige Wochen nach der Schlacht kam es zum Abschluß eines Waffenstillstandes. 1954 zogen die Franzosen aus Vietnam ab.

Der Generalgouverneur von Indochina, Admiral Thierry d'Argenlieu, war nicht bereit, Ho Tschi Minhs Forderungen nach einer Minderung der französischen Ansprüche anzunehmen.

Der Wandel des Ost-West-Verhältnisses

Die Amerikaner in Vietnam. Auf der Genfer Indochina-Konferenz wurde 1954 vereinbart, das Land bis zu gesamtvietnamesischen Wahlen entlang des 17. Breitengrades zu teilen. Die Vietminh mußten sich nach Nordvietnam zurückziehen. Ho Tschi Minh bildete hier eine kommunistische Regierung, während im Süden der katholische *Mandarin Ngo Dinh Diem* eine Diktatur errichtete. Die Innenpolitik Diems zielte auf eine Bevorzugung der katholischen Minderheit, die Privilegierung seiner Familie und die Absicherung seiner Machtposition. Bald holte er militärische Berater aus den USA in das Land, die eine Nationalarmee aufbauten. Bei der Bevölkerung verlor die Regierung Diem rasch an Glaubwürdigkeit: Korruption war an der Tagesordnung, die angekündigte Landreform blieb aus und das Wahlversprechen von 1954 wurde gebrochen. Aber auch in Nordvietnam wuchsen die Spannungen: Dort hatte die radikale Bodenreform den Widerstand der Bauern hervorgerufen. Die katholische Minderheit wurde genötigt, das Land zu verlassen.
Unter Führung von Kommunisten entstand in Südvietnam die Widerstandsbewegung *Vietcong*. Norvietnam, China und die Sowjetunion unterstützten diese Bewegung und den Guerillakrieg gegen die Regierung Diem. Je mehr Diem in Bedrängnis geriet, desto stärker wurde sein Wunsch nach amerikanischer Hilfe. Von 1960 bis 1963 stieg die Zahl der amerikanischen Militärberater von 200 auf 16 300. Neue Schubkraft erhielt die Opposition gegen den Katholiken Diem von buddhistischen Mönchen: Einzelne ließen sich auf öffentlichen Plätzen mit Benzin übergießen und in Brand stecken, um damit gegen die Politik Diems zu protestieren. In dieser Situation wurde der Diktator durch einen Militärputsch entmachtet und ermordet. Die folgenden inneren Unruhen in Saigon boten den Norvietnamesen günstige Aussichten. Sollte Südvietnam nicht kommunistisch werden, so schien ein massives Eingreifen der USA dringend erforderlich. Im Sommer 1964 provozierte die US-Flotte im Golf von Tongking einen Zwischenfall, der ein Bombardement Nordvietnams rechtfertigen sollte. Mit großer Zuversicht und technischer Überlegenheit begannen die Amerikaner eine breit angelegte Bekämpfung der Vietcong. Aber trotz gnadenloser Bombenangriffe im Norden des Landes blieb der Erfolg aus.

Vietnam nach der Teilung 1954.

Nordvietnamesische Flugabwehr.

Der Wandel des Ost-West-Verhältnisses

Auch der Einsatz der „fliegenden Kavallerie" – Tausende von Hubschraubern erübrigten riskante Märsche durch Reisfelder und Dschungel – brachte keine rasche Entscheidung. Im Süden des Landes setzte der Vietcong im Dschungelkrieg auf eine erprobte Partisanentaktik. Um die Nachschublinien des Vietcong nach Südvietnam zu unterbrechen, versuchten die USA den Ho-Tschi-Minh-Pfad zu kontrollieren. Das führte dazu, daß Laos und Kambodscha in den Krieg hineingezogen wurden.

In den USA und in Westeuropa wurden die Stimmen gegen diesen Krieg immer lauter. Fernsehanstalten zeigten die Bilder brennender Dörfer und von der gnadenlosen Ermordung unschuldiger Zivilisten. Die Bezeichnung „schmutziger Krieg" kam auf. Offensiven der Nordvietnamesen konnten zwar zurückgeschlagen werden, aber trotzdem suchten die USA seit 1968 – nicht zuletzt unter dem Druck der Öffentlichkeit – einen Waffenstillstand zu erreichen. Es dauerte aber noch fünf Jahre, bis 1973 nach einer Großoffensive der Nordvietnamesen und einem verheerenden, aber letztlich erfolglosen Luftkrieg der USA eine vorübergehende Waffenruhe erreicht wurde: Innerhalb von zwei Monaten wollten die USA alle Kriegsgefangenen entlassen und ihre Truppen aus Südvietnam abziehen.

Nach dem chaotischen Abzug der resignierenden US-Truppen kam das Ende des Krieges noch nicht. In Südvietnam war den Menschen bewußt, daß es nur noch eine Frage der Zeit sein konnte, bis sich die Kommunisten auch des Südens bemächtigen würden. General Thieu stand an der Spitze des südvietnamesischen Staates, mit dem bitteren Gefühl, die Amerikaner hätten sein Land im Stich gelassen. Umfangreiche Waffenlieferungen der USA in der Folgezeit konnten die Vorteile Norvietnams nicht ausgleichen.

Im März 1975 holten die nordvietnamesischen Divisionen zum entscheidenden Schlag aus. Wie wenig die Armee Südvietnams noch an einen Sieg glaubte, zeigt die Tatsache, daß viele Soldaten desertierten. Lediglich einige katholische Einheiten wehrten sich gegen die Übermacht. Groß war der Jubel der Nordvietnamesen, als sie im April 1975 den Präsidentensitz in Saigon einnahmen. Die Ziele Ho Tschi Minhs, der 1969 als ein Idol der kommunistisch orientierten Jugend gestorben war, schienen erreicht.

Daß es den Kommunisten in den Folgejahren nicht gelang, die südvietnamesische Bevölkerung für sich zu gewinnen, zeigt vor allem die Fluchtbewegung der „Boat people", die lebensgefährliche Risiken eingingen, um dem neuen Regime zu entkommen.

„Boat People" – Tausende ertranken im Meer.

Der Wandel des Ost-West-Verhältnisses

Der Prager Frühling von 1968

Während die USA allmählich die Aussichtslosigkeit des Krieges in Vietnam erkannten, begann sich in Mittelosteuropa erneut der Widerstand gegen den sowjetischen Einfluß zu regen. Die Sowjetunion hatte in Vietnam nicht unmittelbar eingegriffen und so konnte sie davon ausgehen, daß die USA ihrerseits bei Unruhen im Ostblock nicht intervenieren würden.

Schon nach 1945 hatte sich die Tschechoslowakei bemüht, eine Zwischenstellung zwischen Ost und West einzunehmen. Alle Anstrengungen, sich einer Sowjetisierung zu widersetzen – Außenminister Masaryk hatte auf den sowjetischen Druck mit Selbstmord reagiert – blieben ohne Erfolg. Einer gewaltsamen kommunistischen Regierungsbildung (1948) folgten „Säuberungen", die ihre Wirkung nicht verfehlten. 1956, im Jahr der Aufstände, verhielt sich das Land ruhig.

„Frühlingserwachen" in der Tschechoslowakei. Erst ab Mitte der sechziger Jahre vernahm man kritische Stimmen gegen die Wirtschaftslenkung: Durch die Konzentration auf die Schwerindustrie wurde u. a. die Verbrauchsgüterindustrie vernachlässigt, was sich nachhaltig auf den Lebensstandard auswirkte. Nach einer internen Auseinandersetzung wurde *Alexander Dubček* an die Spitze der Kommunistischen Partei gewählt. Dubček wollte einen „Sozialismus mit menschlichem Antlitz" aufbauen. Seine Reformvorschläge erhielten von der Bevölkerung große Zustimmung. Die Garantie der Bürgerrechte (u. a. Meinungs-, Versammlungs- und Reisefreiheit), die Zurückdrängung der Macht der Partei und die Umgestaltung der Wirtschaft, die mehr Eigeninitiative ermöglichen sollte, stellten nun Schwerpunkte der politischen Arbeit dar. Am 1. Mai 1968 feierten die Prager ein politisches Volksfest, Hunderttausende folgten dem Zug durch die Hauptstadt, bereit, an der Umgestaltung des Staates mitzuarbeiten.

Die Unterdrückung der Bewegung. In Moskau war die Entwicklung mit großer Skepsis verfolgt worden. Truppenkonzentrationen an der tschechischen Grenze und die Einladung der Reformpolitiker nach Moskau sollten die Politiker einschüchtern. Als diese Mittel die erwünschte Wirkung verfehlten, marschierten am 21. August Truppen aus fünf sozialistischen „Bruderländern" in die Tschechoslowakei ein. Die Bevölkerung konnte der militärischen Macht nur gewaltlosen Widerstand entgegensetzen. Dubček und viele andere Reformpolitiker wurden verhaftet. Maßlos enttäuscht mußten die Menschen zusehen, wie ihnen der Weg zu mehr Freiheit mit Panzern versperrt wurde.

Der hier vor einem Panzer demonstrierende Arbeiter war unter den Opfern des 21. August.

Der Wandel des Ost-West-Verhältnisses

Bemühungen um Rüstungskontrolle und Entspannung

Im Jahr 1969, ein Jahr nach dem Einmarsch der Staaten des Warschauer Paktes in die Tschechoslowakei, kam es zu ernsten Spannungen zwischen der Sowjetunion und China. Der Sowjetunion mußte in dieser Situation daran gelegen sein, die Beziehungen zum Westen zu verbessern.

Erste Anzeichen der Annäherung

Lange bevor im November 1969 die Verhandlungen über die Begrenzung strategischer Waffensysteme begannen, hatte die Kuba-Krise (siehe S. 50) nur allzu deutlich vor Augen geführt, wozu der Rüstungswettlauf führen mußte. Der Besitz von Atomwaffen und Interkontinentalraketen auf beiden Seiten bedingte das Gleichgewicht* des Schreckens, das eine Überlegenheit auf dem Sektor der konventionellen Waffen nahezu unbedeutend werden ließ.

Das Bewußtsein, daß der politische Gegner ebenso wie man selbst in die Lage versetzt war, einen vernichtenden atomaren Schlag führen zu können, zwang die Weltmächte zu einem Umdenken. Sie wollten jetzt den Rüstungswettlauf unter Kontrolle bringen, wodurch auch die Ausgaben begrenzt werden konnten. Zum anderen ließen sich durch verbesserte Kontakte im Vorfeld von Konflikten günstigere Regelungen finden.

In den Jahren nach der Kuba-Krise kam es zu einer Reihe von Vereinbarungen, die in Richtung Entspannung wiesen. Schon 1963 wurde ein „heißer Draht" zwischen Moskau und Washington eingerichtet, der in Krisenzeiten eine schnelle Verständigung garantierte. Noch im selben Jahr gelang es, ein Atomteststopp-Abkommen und einen Nichtverbreitungsvertrag für Nuklearwaffen abzuschließen. Überall begrüßte man die Zusicherung, daß künftig über der Erde, im Weltraum und unter Wasser Atomwaffenversuche unterbleiben würden. Kritischer interpretierten manche Staaten die Festlegung, Atomwaffen nicht an Dritte weiterzugeben. Errichteten damit die Weltmächte nicht ein Atombombenmonopol? Konnte man Vertrauen in eine Entspannungspolitik setzen, wenn auch machtpolitische Interessen zu Grundlagen dieser friedlichen Koexistenz gehörten? Einerseits war es eine Beruhigung für die Welt, wenn die Großmächte darauf verzichteten, ihre Konflikte mit kriegerischen Mitteln auszutragen, andererseits mahnte feindliche Propaganda weiterhin vor allzu optimistischen Einschätzungen.

Sollte es Fortschritte in der Annäherung geben, so mußte eine Forderung stillschweigend erfüllt werden: die Nichteinmischung in Angelegenheiten, die den Machtbereich der Gegenseite betrafen. In diesem Sinne ist auch die *Breschnew-Doktrin* zu verstehen, die 1968 propagiert wurde: Die Staaten des sozialistischen Lagers konnten danach nur eine sehr begrenzte Souveränität in Anspruch nehmen, weil die Sowjetunion eine Gefahr der Loslösung aus der sozialistischen Gemeinschaft verhindern wollte.

„Einverstanden, Herr Präsident, wir wollen verhandeln" (Karikatur aus dem Jahr 1962).

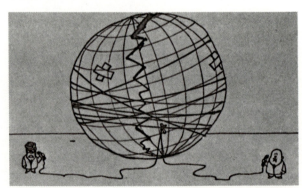

Der „heiße Draht" von Moskau nach Washington (Karikatur 1963).

Der Wandel des Ost-West-Verhältnisses

Rüstungskontrolle und Abrüstungsvereinbarungen

Das Übereinkommen, zweiseitige Gespräche über eine Kontrolle der Rüstung zu führen, geht auf das Jahr 1968 zurück. Ein einseitiger Gewaltverzicht war als Mittel zur Sicherung des Friedens von keiner Seite in Betracht gezogen worden, denn einen derartigen Schritt hätte die Gegenseite mit Sicherheit als Zeichen politischer Schwäche gewertet. Günstigere Aussichten schuf die Vorstellung von einer gleichzeitigen Verringerung des Rüstungspotentials auf beiden Seiten, die keinem Vorteile bringen konnte.

Von 1969 an verhandelten Vertreter der Großmächte abwechselnd in Helsinki und Wien. 1972 unterschrieben der damalige amerikanische Präsident, Richard Nixon, und der Staats- und Parteichef der Sowjetunion, Leonid Breschnew, das Ergebnis der Strategic Arms Limitation Talks (SALT I). Zur Unterzeichnung der Verträge war erstmals ein amerikanischer Präsident nach Moskau gereist.

Die Inhalte von SALT I legten beiden Seiten Begrenzungen auf, sowohl im Bereich der Interkontinentalraketen als auch bei der Stationierung spezieller Abwehrsysteme. Insofern forderte SALT I noch keine Abrüstung im eigentlichen Sinn. Vielmehr wollte man zunächst eine weitere Aufrüstung verhindern. Um die Einhaltung des Vertrages sicherzustellen, wurden bei den Mächten Möglichkeiten eingeräumt, die Gegenseite zu kontrollieren.

In der Zielsetzung unterschied sich SALT II nicht grundsätzlich von den Ansätzen, die SALT I charakterisierten. 1979 verständigten sich die Verhandlungspartner in den SALT II-Verträgen auf Höchstzahlen von Interkontinentalraketen. Auch formulierte man klare Einschränkungen, was die Entwicklung neuer Raketensysteme betraf. Daß SALT II nie in Kraft trat, lag an dem Einmarsch sowjetischer Truppen in *Afghanistan* im Jahr 1979. Dieses Ereignis hatte einen Stimmungsumschwung in den USA nach sich gezogen. Der amerikanische Präsident *Jimmy Carter* sah deshalb keine Chance, im Kongreß eine Zustimmung für den Vertrag zu erreichen. Trotzdem hielten sich beide Mächte an die Verhandlungsergebnisse.

Ohne Zweifel haben die Ausgleichsbemühungen eine Entspannung bewirkt, wenngleich auf beiden Seiten Kritiker ihre Stimme gegen die Politik der friedlichen Koexistenz erhoben. Im westlichen Lager sprachen sie von einer Preisgabe politischer Positionen und mutmaßten, die Sowjetunion würde nach wie vor einen Vorsprung anstreben. Mit Blick auf die Staaten in Osteuropa befürchteten die Gegner der Entspannungspolitik, daß damit die Hoffnung auf mehr Freiheit im Osten begraben worden sei.

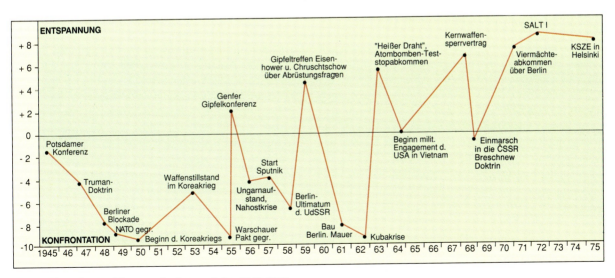

Entwicklung der Beziehungen der Supermächte 1945-1975.

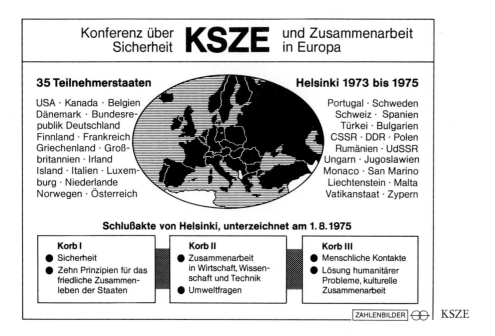

Sicherheit und Zusammenarbeit in Europa

Die „Schlußakte von Helsinki" ist – obwohl es sich dabei nicht um einen völkerrechtlich bindenden Vertrag handelt – zu einem richtungsweisenden Dokument geworden. In dieser Schlußakte hat die *Konferenz für Sicherheit und Zusammenarbeit* in Europa (KSZE) 1975 das Ergebnis ihrer Arbeit formuliert.

Mit Ausnahme Albaniens, das an der Konferenz in Helsinki nicht teilnahm, haben sich alle europäischen Staaten verpflichtet, die Vereinbarungen der KSZE zu akzeptieren. Anders als die SALT-Abkommen weist die KSZE weit über das Thema Rüstungsbeschränkungen hinaus. Die KSZE einigte sich darauf, daß zu den Grundlagen einer zukünftigen Friedensordnung die Souveränität und Gleichberechtigung aller Staaten, das Selbstbestimmungsrecht der Völker, der Gewaltverzicht bei der Regelung von Streitigkeiten, die Nichteinmischung in die inneren Angelegenheiten anderer Staaten und die Achtung der Menschenrechte gehören. Damit hat die KSZE den Zusammenhang zwischen Friedenspolitik und Verwirklichung der Menschenrechte deutlich herausgestellt. Die Frage der Menschenrechte führte allerdings zu Auseinandersetzungen zwischen Ost und West. Gegen Menschenrechtsverletzungen in den Staaten des Ostblocks erhoben sich neu entstehende Bürgerrechtsbewegungen, die von westlicher Seite Unterstützung erhielten. Den Versuchen osteuropäischer Staaten, die westliche Einflußnahme als eine Einmischung in innere Angelegenheiten zurückzuweisen, konnte man jetzt mit dem Verweis auf die Schlußakte von Helsinki begegnen.

Der tatsächlichen Einhaltung der Festlegungen hat die KSZE von Anfang an große Bedeutung beigemessen und deshalb Folgetreffen beschlossen. Für die Wahrung der *Menschenrechte* erlangte das Wiener Folgetreffen (1986-1989) große Bedeutung: Das Recht auf Auswanderung, die Reisefreiheit oder die Gewährung von Rechtsschutz bei Verhaftungen sind in das Schlußdokument von Wien aufgenommen. Regierungen in Ostblockstaaten sahen sich dadurch aufgefordert, mehr Freiheit zu gewähren. So hat die KSZE nicht nur den Umgang der europäischen Staaten untereinander auf ein anderes Niveau geführt, sondern auch in den Staaten des Ostblocks die Demokratisierung beschleunigt. Damit wurde allmählich eine Brücke menschlicher Begegnungen gebaut und ein neues Bild von Europa entworfen.

Der „Prager Frühling" – aus unterschiedlicher Sicht

1 Kritik und Reaktion

1a *Aus dem „Manifest der 2000 Worte", das der Schriftsteller L. Vaculik im Juni 1968 in mehreren tschechischen Zeitschriften veröffentlichte:*

Q Die Kommunistische Partei, die vor dem Kriege in weitem Umfang das Vertrauen des Volkes genossen hatte, hat dieses Vertrauen sukzessive gegen Ämter eingetauscht, bis sie alle diese Ämter bekommen hatte. [...] Die fehlerhafte Linie der Führung hat diese Partei aus einer politischen Partei und einem idealistischen Verband in eine Machtorganisation verwandelt, die eine gewaltige Anziehungskraft auf herrschsüchtige Egoisten ausübte, auf skrupellose Feiglinge und Leute mit schlechtem Gewissen. [...]
Die Tätigkeit des Staates und der wirtschaftlichen Organisationen durfte nicht kritisiert werden. Das Parlament verlernte zu tagen, die Regierung zu regieren ... die Wahlen verloren ihren Sinn, die Gesetze an Bedeutung. [...]
Noch schlimmer aber war, daß wir einander, einer dem anderen, so gut wie gar nicht mehr vertrauen konnten. Die persönliche und gemeinsame Ehre ging verloren. Zur Anständigkeit reichte es einfach nirgends mehr, und von der geringsten Wertung der Menschen nach ihren Fähigkeiten zu reden, wäre müßig gewesen. Daher hat die Mehrheit der Menschen das Interesse an der öffentlichen Sache verloren, sie kümmerten sich nur mehr um sich selbst und um Geld. [...] Die Beziehungen zwischen den Menschen verdarben, die Freude an der Arbeit ging verloren, kurz, für das Volk sind Zeiten angebrochen, die die seelische Gesundheit des Volkes und seinen Charakter bedrohen.
Für den heutigen Zustand sind wir alle verantwortlich, mehr freilich aber die Kommunisten unter uns; die Hauptverantwortung jedoch tragen die, welche Teilhaber an der unkontrollierten Macht oder deren Instrument waren. Es war die Macht einer kleinen Gruppe, die mit Hilfe des Parteiapparates von Prag aus hineinwirkte in jeden Bezirk und in jede Gemeinde. [...] Die Hauptschuld und der allergrößte Betrug dieser Herrscher ist es, daß sie ihren Willen für den Willen der Arbeiterschaft ausgegeben haben. Wenn sie diesen Betrug mitmachen wollten, dann müßten wir heute den Arbeitern den Ruin unserer Wirtschaft vorwerfen, die Verbrechen an unschuldigen Menschen, die Einführung der Zensur, die verhinderte, daß über all dies geschrieben werden konnte; die Arbeiter wären schuld an den fehlerhaften Investitionen, an der Zerrüttung des Marktes, am Fehlen von Wohnungen. Wir wissen alle, und vor allem weiß das die Arbeiterschaft, daß die Arbeiterschaft über nichts zu entscheiden hatte. Die Auswahl der Arbeiterfunktionäre wurde von anderswoher besorgt. [...]

Geschichte in Quellen, Die Welt seit 1945, München 1990, S. 494.

1b *Die Reaktion der Moskauer Zeitung „Prawda" auf das „Manifest der 2000 Worte":*

Q Die Erklärung der „2000 Worte" läßt trotz der heuchlerischen Phrasen von der „Verteidigung" der Interessen des Tschechoslowakischen Volkes keinen Zweifel an den wahren Zielen ihrer Verfasser. Sie treten im Namen der rechten, antisozialistischen Kräfte im Lande auf, die eine Attacke gegen die KPČ und die Arbeiterklasse führen. Jeder Tag bringt neue Fakten, die bestätigen, daß diese Kräfte keineswegs die Korrektur dieser oder jener Fehler, die weitere sozialistische Entwicklung der ČSSR anstreben, sondern Kurs auf den Sturz der bestehenden Ordnung, auf die Restauration der kapitalistischen Ordnung genommen haben. Sie sprechen davon nicht offen, sondern verdecken ihre wahren Ziele häufig mit Phrasen von der „Demokratisierung", beteuern ihre Liebe zum Sozialismus. Aber in Wirklichkeit arbeiten sie auf die Untergrabung der Grundlagen des Sozialismus hin. [...]

Geschichte in Quellen, Die Welt seit 1945, München 1990, S. 498.

1 *Erschließen Sie, worauf in dem „Manifest der 2000 Worte" die Krise des Systems zurückgeführt wird.*
2 *Wie reagierten die Menschen nach den Aussagen des Manifests auf die Entwicklung des Sozialismus in der ČSSR? Erscheinen Ihnen diese Reaktionen plausibel?*
3 *Fassen Sie die Vorwürfe zusammen, die in dem Artikel der Prawda (Q 1b) gegen das Manifest erhoben werden. Welche Befürchtungen mußten in der ČSSR aufgrund dieser Reaktionen entstehen?*

Der Wandel des Ost-West-Verhältnisses

2 Der „Prager Frühling" in der Karikatur

2 a *Frühling in Prag*

2 c *Frühling in Prag*

2 b *„Sag, daß du mich gerufen hast!"*

2 d *„Ja"*

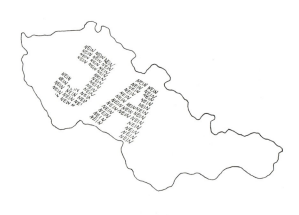

1 Stellen Sie anhand der Karikaturen die Geschichte des „Prager Frühlings" dar.

2 Verdeutlichen Sie die Aussageabsicht, die in diesen Karikaturen zum Ausdruck kommt.

3 Aus westlicher Sicht glossiert
Ein Streiflicht aus der Süddeutschen Zeitung:

Q Das Prager kommunistische Parteiblatt hat ein Wort von Karl Marx ausgegraben, das den russischen Marxisten vorhält: „Nur jenes Volk ist frei, das kein anderes seiner Freiheit beraubt". [...]
Marx hoffte, die soziale Revolution in Rußland werde einst den vom Zaren unterjochten nichtrussischen Nationalitäten ihre Unabhängigkeit wiedergeben. Tatsächlich hat der bolschewistische Umsturz den wankenden russischen Machtapparat nur erneuert und am Ende seine Herrschaft über ganz Osteuropa befestigt. Alle kommunistischen Revolutionen beginnen im Namen der Freiheit. Aber sobald sie gesiegt haben, bringen sie die Führung der Wirtschaft und die Staatsmacht in dieselben Hände. Der einzelne Arbeiter und Bauer wird dadurch abhängiger als er es vorher war. [...] Sucht eine Nation diesem verhängnisvollen Zirkel zu entrinnen und kommunistische Ordnung mit Demokratie zu verbinden, wie es jetzt die Tschechen und Slowaken unternahmen, so werden sie vom großen Bruder gezwungen, solch kühnes Unterfangen rasch wieder zu begrenzen. Wer anderen diese Freiheit gäbe, müßte sie auch im eigenen Lande zulassen. Die Grundfesten der Diktatur kämen überall ins Wanken.
Schon haben sich in Erfurt und Ostberlin, in Warschau und Kiew, ja selbst in Moskau Stimmen erhoben, die für die Freiheit der Tschechen und Slowaken sprechen. [...] Aber Ulbrichts und Breschnews Staatspolizei sind noch wachsamer als einst die preußischen „Demagogenriecher". [...]
Das Wort von Marx bewährt sich auch in der Umkehrung: ein Volk, das andere seiner Freiheit beraubt, kann auch im eigenen Lande keine Freiheit zulassen.

Süddeutsche Zeitung vom 16. September 1968.

4 Was Schüler in der DDR lernten
Aus einem Schulbuch für die 10. Klasse:

Q Mit der von der Regierung der „Großen Koalition" verkündeten „neuen Ostpolitik", ordnete sich der BRD-Imperialismus vollständig in das Konzept des amerikanischen Imperialismus ein. Der Imperialismus der BRD strebte nun verstärkt nach dem Ausbau der diplomatischen, wirtschaftlichen und kulturellen Beziehungen mit den sozialistischen Staaten. In Übereinstimmung mit dem USA-Imperialismus wurde dabei die DDR ausgenommen. Der amerikanische und der BRD-Imperialismus gingen von der Hoffnung aus, es werde ihnen gelingen, Zwietracht zwischen der DDR und ihren sozialistischen Verbündeten zu säen, die DDR zu isolieren. [...]
Die angestrebte Isolierung der DDR sollte mit einem größeren Maß an konterrevolutionärer Einwirkung verbunden werden. Die Illusion solcher Überlegungen war offensichtlich. Der geplante Modellfall für die imperialistische Politik des „Brückenschlages" war der konterrevolutionäre Umsturzversuch in der ČSSR im Sommer 1968.
Wie der Erste Sekretär des Zentralkomitees der KPTsch, Gustav Husak, auf dem XIV. Parteitag der KPTsch 1971 feststellte, waren in der Partei in den Jahren vor 1968 die Leninschen Normen des Parteilebens verletzt worden. Das ermöglichte den rechten Kräften, in die Leitungsorgane einzudringen und die Partei ihrer führenden Rolle in der Gesellschaft zu berauben. Unter der Flagge der „Verbesserung" des Sozialismus sowie des Nationalismus und Antisowjetismus unternahmen revisionistische und konterrevolutionäre Kräfte einen gefährlichen Versuch, die ČSSR aus der Gemeinschaft sozialistischer Staaten herauszulösen und den Kapitalismus zu restaurieren. Dabei verbündeten sie sich vor allem mit dem Imperialismus der USA und der BRD. [...] Der konterrevolutionäre Umsturzversuch scheiterte an der Klassensolidarität der sozialistischen Staaten. Die internationalistische Hilfe von Staaten des Warschauer Vertrages schützte die ČSSR vor dem Bürgerkrieg und vereitelte die Bedrohung der Positionen des Sozialismus. Die Politik des „Brückenschlages" war gescheitert.

Geschichte, Lehrbuch für Klasse 10, Volkseigner Verlag Berlin 1984.

1 *Fassen Sie zusammen, welche Ursachen für die Unruhen in der Tschechoslowakei in den Quellen 3 und 4 angegeben werden.*
2 *Welche Absichten verfolgt der Geschichtsbuchautor (Q 4)?*
3 *Untersuchen Sie, inwieweit in den Quellen 1a und 3 gemeinsame Argumentationsansätze zu finden sind.*

Verhärtung und Annäherung

Der Afghanistan-Konflikt und seine Folgen

Die innere Politik Afghanistans war seit den fünfziger Jahren von Unruhen gekennzeichnet. Hauptursache des Konflikts: die Unzufriedenheit vieler mit der Regierung des Königs Zahir Schah.
Nachdem 1964 der Einfluß des Monarchen in der Politik durch eine Verfassung zurückgedrängt worden war, kam es 1973 schließlich zum Sturz des Systems.

Das Eingreifen der UdSSR

Von der Sowjetunion war die Opposition gegen die Monarchie frühzeitig unterstützt worden. Als es dann im Gefolge eines Militärputsches 1978 zu revolutionären Kämpfen kam, konnten kommunistische Gruppen mit sowjetischer Hilfe die Macht erobern. Sehr rasch formierte sich aber der Widerstand gegen die neuen Machthaber, so daß ein Bürgerkrieg unausweichlich wurde. Die Kommunisten schlossen mit der Sowjetunion 1978 einen Freundschaftsvertrag, der die Grundlage einer engen Zusammenarbeit darstellte. Den Anstoß zur sowjetischen Intervention gab ein Hilferuf von der Führung der kommunistischen Partei Afghanistans nach Moskau.
Unter dem Protest der Weltöffentlichkeit marschierten am 25. Dezember 1979 sowjetische Truppen in Afghanistan ein. *Babrak Karmal*, der Führer der kommunistischen Partei, übernahm den Vorsitz des Revolutionsrates und wurde gleichzeitig Staatsoberhaupt.
Nicht nur die Verletzung des Selbstbestimmungsrechtes beunruhigte die Menschen. Auch die Frage nach den außenpolitischen Zielsetzungen der Sowjetunion wurde wieder aktuell: Hatte die Sowjetunion mit dem Einmarsch in Afghanistan einen ersten Schritt in Richtung der arabischen Ölfelder getan?
Die Abneigung gegen die sowjetische Militärpräsenz brachte den afghanischen Freiheitskämpfern (Mudjaheddin), die sich in die Berge zurückzogen, weitreichende Unterstützung und großen Zulauf. Trotz des Einsatzes von mehr als 100 000 sowjetischer Soldaten und verheerender Bombenangriffe war der Widerstand der Mudjaheddin nicht zu brechen.

Ein erneuter Rüstungsschub

Die Folgen der sowjetischen Afghanistan-Politik waren weitreichend. Um der UdSSR die Mißbilligung dieses Eingriffes in die inneren Angelegenheiten eines souveränen Staates zu demonstrieren, boykottierten zahlreiche Staaten die Olympischen Sommerspiele, die für 1980 an Moskau vergeben worden waren. Schon zuvor hatte der amerikanische Kongreß dem SALT II-Abkommen (S.57) die Zustimmung verweigert: Erneut standen die Zeichen der Zeit auf Hochrüstung. Die Stationierung der sowjetischen SS 20-Raketen in Staaten des Warschauer Paktes und der amerikanischen Pershing II-Raketen in der Bundesrepublik verdeutlichen eine neue Eskalationsstufe von Rüstung und Nachrüstung. In Europa lebten die Schreckensvisionen eines begrenzten atomaren Schlagabtausches wieder auf.
Erst veränderte Zielsetzungen der sowjetischen Politik unter Gorbatschow schufen seit 1985 Voraussetzungen, unter denen die entstandene Sprachlosigkeit überwunden werden konnte. In dieser Situation begann die Sowjetführung die Afghanistan-Politik zu korrigieren, um der UdSSR das zu ersparen, was die Amerikaner in Vietnam erlebt hatten. Nach langwierigen Verhandlungen zogen die UdSSR 1988/89 ihre Truppen zurück.

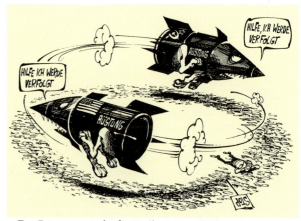

„Der Rüstungswettlauf". Karikatur von H. Haitzinger (1981).

Der Wandel des Ost-West-Verhältnisses

Wachsende Bereitschaft zum Dialog

Vertrauensbildende Maßnahmen

Noch 1983 erklärten die UdSSR die *INF-Verhandlungen* – angestrebt war die Reduzierung der atomaren Mittelstreckenraketen – für gescheitert. Das war eine Konsequenz der Stationierung der Pershing II-Raketen in der Bundesrepublik Deutschland. Die USA reduzierten ihrerseits Getreidelieferungen in die Sowjetunion, um mit dieser Sanktion der Sowjetunion Grenzen aufzuzeigen und sie wieder verhandlungsbereit zu machen. Deutlich brachte vor allem Gorbatschow zum Ausdruck, daß tatsächliche Fortschritte nur erzielt werden könnten, wenn auf beiden Seiten Feindbilder abgebaut würden und sich statt dessen Vertrauen entwickelte. Bevor der amerikanische Präsident Reagan und der sowjetische Generalsekretär Gorbatschow 1985 persönlich zusammentrafen, war in Stockholm eine Konferenz zustandegekommen, die hauptsächlich einer Vertrauensbildung dienen sollte. Persönliche Begegnungen der führenden Staatsmänner bildeten im Anschluß daran eine Grundlage für erfolgreiche Abrüstungsverhandlungen.

Tatsächliche Abrüstung

Der Durchbruch in den Abrüstungsverhandlungen gelang 1987, als der INF-Abrüstungsvertrag unterzeichnet wurde. Innerhalb von drei Jahren mußten danach alle Mittelstreckenraketen verschrottet werden (Null-Lösung). Hatten bisherige Initiativen von Begrenzungen und Einschränkungen gehandelt, so erreichte man jetzt eine tatsächliche Abrüstung.

Einen weiteren Erfolg der Abrüstungspolitik signalisierte eine Rede, die der sowjetische Generalsekretär Gorbatschow im Dezember 1988 vor der Vollversammlung der Vereinten Nationen hielt. Gorbatschow sprach dabei von der Reduzierung der konventionellen Rüstung. Daß er dieses Vorhaben nicht von dem Ergebnis der *VKSE* (Verhandlungen über konventionelle Streitkräfte in Europa) abhängig machte, führte zur Entspannung der weiteren Begegnungen.

Auch die Verbündeten der Warschauer Paktstaaten wurden in das Abrüstungskonzept eingeschlossen: Sechs sowjetische Panzerdivisionen sollten bis 1991 aus der DDR, der Tschechoslowakei und aus Ungarn abgezogen werden. Gorbatschow ahnte damals nicht, daß 1991 der *Warschauer Pakt* nicht mehr existieren würde.

1990 überreichte Michail Gorbatschow in Helsinki dem amerikanischen Präsidenten George Bush jene Karikatur, die beide Staatsmänner als gemeinsame Sieger über einen „Kalten Krieger" zeigt.

Die Auflösung des Ostblocks

„Keine Revolution kommt über Nacht"- so lautet ein Zitat, das Historiker gerne anführen, wenn sie die langfristigen Ursachen von Revolutionen ergründen. Dies trifft auch für die gewaltlosen Revolutionen des Jahres 1989 zu, die nicht nur den Ostblock, sondern auch die Machtverhältnisse in der ganzen Welt veränderten.

Die Bedeutung der sowjetischen Reformpolitik

Der Wille der Völker Ostmitteleuropas, die sowjetische Einflußnahme zurückzuweisen und eigene Wege zu suchen, hatte Ende der achtziger Jahre schon eine lange Tradition: Der 17. Juni 1953 in Ost-Berlin, der Ungarnaufstand von 1956 und der „Prager Frühling" von 1968 stellen nur die markantesten Versuche dar. Ziel war immer eine weitgehende Unabhängigkeit, die Chancen für politische und wirtschaftliche Neuorientierungen eröffnen sollte.

Wie nach den „Tauwetter"-Vorhersagen Chruschtschows gab 1985 die Wahl *Michail Gorbatschows* zum Generalsekretär der KPdSU den oppositionellen Bewegungen innerhalb der sozialistischen Staaten Osteuropas neuen Mut. Um die anhaltende Wirtschaftskrise, die zu langfristigen Versorgungsengpässen führte, endlich zu beenden, verkündete Gorbatschow tiefgreifende Reformen des wirtschaftlichen und politischen Gesamtsystems. Diese innere Umgestaltung konnte nach seinen Vorstellungen nur in einer außenpolitisch entspannten Situation gelingen. Entspannungspolitik und Abrüstung sah er als Voraussetzungen für das innere Reformwerk. Daß Gorbatschow das Verhältnis zu den sozialistischen Ländern von dieser Politik nicht ausnahm, belegen zahlreiche Äußerungen, die diesen Staaten „absolute Unabhängigkeit" zusicherten.

Westliche Beobachter sahen den politischen Entwicklungen im Osten mit großen Erwartungen entgegen. War die Einschätzung richtig gewesen, daß die kommunistische Herrschaft in den sozialistischen „Brudervölkern" nur mit Gewalt gesichert worden war, so konnte man jetzt Bewegung in diesen Staaten erwarten. Und das Aufbegehren gegen die kommunistischen Regierungen breitete sich tatsächlich bald über den gesamten Ostblock aus, doch verlief der Prozeß der Veränderungen in den einzelnen Ländern unterschiedlich.

Polen – ein Modellfall?

Im Jahre 1984 wurde in Warschau der Priester Jerzy Popieluszko entführt und ermordet. Die Täter waren Beamte der Staatssicherheit. Diese stellte man zwar vor ein Gericht, aber angeklagt wurde in diesem Prozeß auch die Kirche. Grund für diesen Mord war ein tiefer Gegensatz zwischen der polnischen Kirche und der kommunistischen Staatsführung.

Die Rolle der katholischen Kirche. Mehr als in anderen osteuropäischen Staaten war die katholische Kirche in Polen zur Hoffnungsträgerin geworden. Ganz Polen war stolz, als 1978 der Krakauer Kardinal *Karol Wojtyla* zum Papst gewählt wurde. Ihm konnte man nicht mehr verwehren, was die kommunistische Regierung 1966 Papst Paul VI. untersagt hatte: Polen zu besuchen. Schon 1979 reiste *Johannes Paul II.* in seine Heimat, wo er sich ganz eindeutig für die Wahrung der Menschenrechte und das Recht auf Selbstbestimmung des polnischen Volkes aussprach. Zudem forderte er den Dialog zwischen Kirche und Staat.

Streikende Arbeiter blockieren 1981 unter dem Schutz des Papstes den Zugang zur Lenin-Werft in Danzig.

Kirche und Gewerkschaft. Während die Staatsmacht das Vertrauen des Volkes längst verloren hatte, bot die Kirche die Möglichkeit der Identifikation. Die entstehende Protestbewegung hat von Anfang an in der Kirche Schutz und Unterstützung gefunden. Zugleich mahnten die Bischöfe zu Besonnenheit, um die Nation nicht zu gefährden.

Versorgungsengpässe durch eine erfolglose Planwirtschaft führten zuerst in den Küstenstädten Polens zu Streiks der Industriearbeiter. Aus dem *Komitee zur Verteidigung der Arbeiter* erwuchs 1980 als überregionale Gewerkschaft die *Solidarność, die* sich unter der Führung von *Lech Walesa* zu Sozialismus, Demokratie, Nation und Christentum bekannte.

Um den korrupten Staatsapparat zu den nötigen Reformen zu veranlassen, drohte die Solidarność verstärkt mit dem Mittel eines landesweiten Generalstreiks. Andererseits befürchteten viele ein Eingreifen der Sowjetunion, deren Staatspräsident *Breschnew* diese Möglichkeit auch unumwunden in Aussicht stellte. Doch einer sowjetischen Invasion kam der polnische Präsident und Parteichef General *Jaruzelski* zuvor, indem er im Dezember 1981 den Kriegszustand über Polen verhängte. Die Gewerkschaft Solidarność wurde verboten, viele ihrer Anhänger sperrte man ein.

Mit Reformen versuchte jetzt die kommunistische Führung, politische Stabilität zurückzugewinnen, doch alles, was von der kommunistischen Regierung unternommen wurde, betrachtete die Bevölkerung mit größtem Mißtrauen. Und die Sanktionen der Westmächte wegen des Vorgehens gegen die Gewerkschaft Solidarność erschwerten eine wirtschaftliche Besserung zusätzlich. In dieser Situation wurde *Lech Walesa* 1983 der Friedensnobelpreis verliehen. Dies bedeutete eine weltweite Anerkennung seiner Bemühungen. Trotz des Verbotes hatte die Gewerkschaft im Untergrund weiter gearbeitet. Mit einem Geheimsender war es Walesa gelungen, vom Gefängnis aus Kontakte aufzunehmen. Frühzeitig war es sein Anliegen, auf eine Verständigung hinzuarbeiten. Er wollte einen „Zusammenstoß mit unsicherem Ausgang" verhindern. Rückenstärkung fand Walesa erneut bei der Kirche. 1983 besuchte Papst Johannes Paul II. Polen ein zweites Mal. In einer Predigt charakterisierte der Papst das Recht, sich in Gewerkschaften zusammenzuschließen, als *Naturrecht*.

Seit Februar 1989 trafen sich kommunistische Regierungsmitglieder und Oppositionelle am „Runden Tisch".

Ergebnisse der Gespräche am Runden Tisch. Erst 1989 führten die Vermittlungsversuche der Kirche zu einem Erfolg. Im Anschluß an die Reformen in der Sowjetunion seit 1985 sprach die Regierung in Polen von der Notwendigkeit, sich der Sowjetunion anzupassen. Die polnischen Bischöfe sahen jetzt die Chance, eine Annäherung zwischen Regierung und Opposition herbeiführen zu können. Die Interessen der Nation und die Würde der menschlichen Arbeit zu wahren, lautete die Zielvorstellung einer christlichen Soziallehre, nach der Perspektiven für eine künftige Ordnung diskutiert wurden. Eines der ersten konkreten Ergebnisse war die Zulassung der Solidarność. Wichtig für die Opposition war auch das Zugeständnis, eine unabhängige Tageszeitung veröffentlichen zu dürfen.

Noch fehlte der Opposition im polnischen Parlament (Sejm) jeglicher Einfluß. Aber schon die ersten freien Wahlen verliefen für die Opposition erfolgreich. Das Bürgerkomitee Solidarność errang 161 Sitze im Sejm. Mehr als diese 35 % der Sitze hatte man der Opposition nicht zugestanden. Im Senat fielen 99 von 100 Sitzen an die Solidarność. Damit war die Ablösung der Regierung eingeleitet. *Tadeusz Mazowiecki*, der Chefredakteur der unabhängigen Gewerkschaftszeitung, wurde der erste nichtkommunistische Ministerpräsident Polens seit über 40 Jahren. Im Dezember 1990 wählte das polnische Volk Lech Walesa zum Staatspräsidenten. In Polen hatte mit den Auseinandersetzungen am „Runden Tisch" eine neue Epoche begonnen.

Der Wandel des Ost-West-Verhältnisses

Der „Eiserne Vorhang" wird zerschnitten. Gyula Horn, Außenminister von Ungarn (rechts), und sein österreichischer Kollege Alois Mock öffnen die Grenze.

Ungarn öffnet zuerst den „Eisernen Vorhang"
Nach der Niederschlagung des Ungarnaufstandes im Jahre 1956 durch Sowjettruppen gelang es János Kádár, ein System zu errichten, das man scherzhaft als „Gulaschkommunismus" bezeichnete. So wurden z. B. private Gewinne in der Kleinwirtschaft ermöglicht. Sogar gemäßigte Kritik an der Partei duldete die Regierung. Drei Jahrzehnte hielt dieses System, bevor Mitte der achtziger Jahre Kádár seines Amtes als Generalsekretär der Ungarischen Sozialistischen Arbeiterpartei (USAP) enthoben wurde.

Eine Verschärfung der Wirtschaftskrise und das sowjetische Beispiel stärkten die ungarische Opposition, die sich 1988 im *Ungarischen Demokratischen Forum* zusammenfand. Bald mußte die USAP auf ihre in der Verfassung festgeschriebene Führungsrolle verzichten. Der Dialog am „Runden Tisch" führte – deutlicher als in Polen – zur Absicht, eine parlamentarische Demokratie aufzubauen. Die USAP löste sich auf, eine Verfassungsänderung ermöglichte das Mehrparteiensystem und die freie Marktwirtschaft.

Außenpolitisch bedeutsam wurde die Öffnung der Grenzen nach Österreich im Mai 1989. Flüchtlinge aus der DDR nutzten diesen Weg. Für die DDR-Regierung entstand damit eine unerträgliche Situation.

Der Umsturz in der Tschechoslowakei
Nach Polen und Ungarn wurde im Dezember 1989 auch in der Tschechoslowakei eine neue Regierung gebildet. Träger der Revolution war hier – stärker als in den anderen Staaten – ein sogenanntes *Dissidententum.* Darunter versteht man eine Bewegung von Intellektuellen, vor allem von Schriftstellern, die sich deutlich vom herrschenden System distanzierte und Gegenpositionen aufbaute, wobei die Forderung nach persönlicher Freiheit in den Mittelpunkt rückte.

Nachwirkungen des „Prager Frühlings". Den Ursprung hat diese Bewegung in den Ereignissen von 1968. Als Vorsitzender eines „Clubs unabhängiger Schriftsteller" trat damals *Václav Havel* ans Licht der Öffentlichkeit. Obwohl er nach 1968 Publikationsverbot erhielt, kritisierte er wiederholt die kommunistischen Machthaber. 1977 gründete er mit anderen zusammen die Bürgerrechtsgruppe *Charta 77*. Ziel dieser Organisation war es, die in der KSZE-Schlußakte von Helsinki (siehe S. 58) formulierten Menschenrechte auch in der ČSSR zur Geltung zu bringen. Sein mutiges Eintreten für die bürgerlichen Freiheiten brachte Havel ins Gefängnis. Man bot die Ausreise an, doch Havel lehnte ab. Nach internationalen Protesten wurde der Strafvollzug an dem erkrankten Dissidenten ausgesetzt.

Der Wandel des Ost-West-Verhältnisses

Hoffnungsträger Václav Havel, seit Dezember 1989 Staatspräsident der ČSFR.

Nicolae Ceausescu gefiel sich in der Pose eines neoabsolutistischen „Conducators" (Führer).

Im Januar 1989 kam es erneut zu einer Verhaftung Havels. Grund war die Organisation einer Gedenkveranstaltung zum 20. Todestag Jan Pallachs, der sich 1969 verbrannt hatte, um gegen die sowjetische Okkupation zu protestieren. Ein Demonstrationsverbot konnte nicht verhindern, daß sich am 21. August 1989 Tausende auf dem Prager Wenzelsplatz versammelten, um an den sowjetischen Einmarsch vor 21 Jahren zu erinnern. Die Polizei ging gegen die Demonstranten vor, doch die Welle der großen Demonstrationen auf dem Wenzelsplatz riß nicht mehr ab. Václav Havel, inzwischen aus der Haft entlassen, und Alexander Dubček, die Leitfigur des „Prager Frühlings" von 1968, sprachen für das im November gegründete *Bürgerforum*, das den Wandlungsprozeß maßgeblich mitbestimmte. Ein Generalstreik legte die gesamte Wirtschaft lahm. Regierungsrücktritte und die Zurückweisung des Führungsanspruchs der kommunistischen Partei ebneten den Reformern Alexander Dubček (Parlamentspräsident) und Václav Havel (Staatspräsident) den Weg zum Aufbau einer Republik, die den Begriff „sozialistisch" (ČSSR) durch „förderalistisch*" (ČSFR) ersetzte.

Das Ende der Ära Ceausescu in Rumänien

Am schwersten hatte das rumänische Volk während der Umgestaltung des Ostblocks zu leiden. Staatspräsident Ceausescu, ein selbstgefälliger Diktator, führte ein Schreckensregiment, das von brutaler Härte bestimmt war. Gestützt auf die Geheimpolizei Securitate, lehnte er jegliche Reform ab. Nach der Deportation eines kritischen Pfarrers kam es im Dezember 1989 in Temesvar zu Unruhen. Rücksichtslos gingen Sicherheitskräfte gegen die Bevölkerung vor. Tausende von Demonstranten ließ Ceausescu ermorden, bis sich Teile des Militärs zusammen mit dem Volk gegen seine Gewaltherrschaft stellten. Als bei einer inszenierten Großkundgebung Ceauscscu seine Ansprache wegen der entstehenden Tumulte nicht mehr beenden konnte, war der Umsturz eingeleitet. Ceausescu wurde zusammen mit seiner Frau auf der Flucht festgenommen, am 25. Dezember 1989 vor ein Militärtribunal gestellt, verurteilt und danach erschossen. Die Fernsehanstalten strahlten Bilder der Hinrichtung aus, um den Widerstand der Securitate zu schwächen. Die Front zur Nationalen Rettung übernahm die Leitung der Revolution.

Veränderungen im internationalen Kräftesystem

Die Revolutionen in den Staaten des Warschauer Paktes konnten nicht ohne Folgen für die Beziehungen der Staatenwelt bleiben. Scheinbar stabile Machtverhältnisse zerbrachen innerhalb kurzer Zeit.

Der Zerfall eines Machtblocks

Begleitet wurden die Revolutionen des Jahres 1989 von Streiks und innenpolitischen Kämpfen, die eine Versorgung der Menschen mit notwendigen Wirtschaftsgütern erschwerten. Wenngleich den anderen Staaten eine katastrophale Notlage wie die in Rumänien erspart blieb, so konnte man doch nirgends eine rasche Konsolidierung erwarten. Das Bemühen, die Wirtschaft unter veränderten Vorzeichen in Gang zu bringen, kostete erhebliche Anstrengungen. Neben den wirtschaftlichen Sorgen kam auf die neuen Regierungen das Problem separatistischer Bestrebungen zu. In der Tschechoslowakei z. B. wurden schon während der Revolution Stimmen laut, die eine Abtrennung der Slowakei forderten. Unter diesen Bedingungen mußte die Konzeption langfristiger außenpolitischer Perspektiven an die zweite Stelle rücken.

Nach den „friedlichen Revolutionen" wurde in allen Staaten des Warschauer Paktes der Wunsch nach dem Abzug der sowjetischen Truppen spürbar. Die Sowjetunion gestand dies zu, wenngleich es ein erster Schritt zur Auflösung des Militärbündnisses war, der 1991 endgültig vollzogen wurde.

Eine vorrangige Aufgabe der sowjetischen Außenpolitik mußte in der Neugestaltung der Beziehungen zu den ehemaligen sozialistischen Verbündeten bestehen. Der Aufbau gutnachbarlicher Beziehungen wurde aber durch mehrere Gründe erschwert: Einmal belastete die Unterdrückung, die viele Menschen in der unmittelbaren Vergangenheit erleben mußten, das Verhältnis. Zum anderen haben die mittelosteuropäischen Staaten durch die rasche Umgestaltung ihres Systems den „Großen Bruder" überrundet.

Eine besondere Belastung für die UdSSR stellten zudem die Souveränitätsbestrebungen der baltischen Republiken dar. Ein hartes Vorgehen konnte das Vertrauen zerstören, das die Sowjetunion auf internationaler Ebene gerade gewonnen hatte.

Europäische und weltpolitische Perspektiven

Was wird aus Europa? Die Öffnung des „Eisernen Vorhangs" hat bei vielen Menschen zu einem neuen Nachdenken über Europa geführt, denn das Streben nach einer europäischen Integration erhielt einen weiteren geographischen Bezugsrahmen. Die Vorstellung von einer Eingliederung der osteuropäischen Staaten in ein „gemeinsames europäisches Haus" mußte auch den zeitlichen Rahmen einer Integration verändern.

Eine geamteuropäische Einheit kann nur erwachsen, wenn ein gewisses Maß an innerer Übereinstimmung gesichert ist. Zu dieser Übereinstimmung gehört die Verwirklichung rechtsstaatlicher Prinzipien, die das Leben der westeuropäischen Staaten charakterisieren. Daneben kann eine europäische Friedensordnung nur von Dauer sein, wenn das Recht auf Selbstbestimmung der Völker gewahrt wird. Die Revolutionen des Jahres 1989 schufen erste Ansatzpunkte für ein friedliches Gesamteuropa.

Eine Welt ohne Ost-West-Gegensatz. Nicht nur für die europäischen Staaten führten die Reformen in der Sowjetunion und die Revolutionen in den Staaten Mittelosteuropas zu außenpolitischen Umorientierungen. Eine Politik der Stärke und das Wachhalten von Feindbildern haben ihre Berechtigung und jeglichen Sinn weitgehend verloren.

Der Mißerfolg der sowjetischen Afghanistan-Politik und der Erfolg der USA als Wortführer in der kriegerischen Auseinandersetzung mit der aggressiven Politik des irakischen Staatspräsidenten *Saddam Hussein* im Jahr 1991 sahen die USA als militärische Vormacht, die sich moralisch zudem auf das Votum der UNO stützen konnte. Nach diesem Erfolg und angesichts der Entwicklung in Osteuropa wuchs auch die Verantwortung der USA, Weltpolitik nicht mehr unter der Voraussetzung des Ost-West-Gegensatzes zu betreiben. Verantwortung kann in diesem Zusammenhang nur bedeuten, die Kräfte, die durch den Ost-West-Gegensatz fast ein halbes Jahrhundert lang aufgebaut wurden, nicht in neuen weltweiten Konflikten wirksam werden zu lassen. Die Ablösung des Ost-West-Gegensatzes durch einen Nord-Süd-Konflikt oder einen militanten Streit zwischen der arabischen und christlich-abendländischen Welt kann nicht die Lehre aus der Geschichte des „Kalten Krieges" sein.

1 Auszug aus der Charta 77

Q Die Verantwortung für die Einhaltung der Bürgerrechte im Lande obliegt selbstverständlich vor allem der politischen und staatlichen Macht. Aber nicht nur ihr. Jeder trägt sein Teil Verantwortung für die allgemeinen Verhältnisse und somit auch für die Einhaltung kodifizierter Gesetze, die übrigens nicht nur Regierungen, sondern alle Bürger verpflichten.

Das Gefühl dieser Mitverantwortlichkeit, der Glaube an den Sinn bürgerlichen Engagements und der Wille dazu sowie das gemeinsame Bedürfnis, dafür einen neuen und wirksameren Ausdruck zu finden, hat uns auf den Gedanken gebracht, Charta 77 zu bilden, deren Entstehung wir heute öffentlich anzeigen.

Charta 77 ist eine freie und offene Gemeinschaft von Menschen verschiedener Überzeugungen, verschiedenen Glaubens und verschiedener Berufe, verbunden durch den Willen, sich einzeln und gemeinsam für die Respektierung der Bürger- und Menschenrechte in unserem Land und in der Welt einzusetzen. [...]

Charta 77 fußt auf dem Boden der Solidarität und Freundschaft von Menschen, die von der gemeinsamen Sorge um das Geschick der Ideale bewegt werden, mit denen sie ihr Leben und ihre Arbeit verbunden haben und verbinden.

Charta 77 ist keine Organisation, hat keine Statuten, keine ständigen Organe und keine organisatorisch bedingte Mitgliedschaft. Ihr gehört jeder an, der ihrer Idee zustimmt, an ihrer Arbeit teilnimmt und sie unterstützt.

Charta 77 ist keine Basis für oppositionelle Tätigkeit. Sie will dem Gemeininteresse dienen wie viele ähnliche Bürgerinitiativen in verschiedenen Ländern des Westens und des Ostens. Sie will auch nicht eigene Programme politischer oder gesellschaftlicher Reformen oder Veränderungen aufstellen, sondern in ihrem Wirkungsbereich einen konstruktiven Dialog mit der politischen und staatlichen Macht führen, insbesondere dadurch, daß sie auf verschiedene konkrete Fälle von Verletzung der Menschen- und Bürgerrechte hinweist, deren Dokumentation vorbereitet, Lösungen vorschlägt [...].

Geschichte in Quellen, Die Welt seit 1945, München 1990, S. 507.

2 Aussagen von Papst Johannes Paul II. (Polenreise 1987)

Q *Danzig: 12. Juni 1987*

Menschliche Arbeit muß entlohnt werden, aber der Lohn kann nicht die einzige Antwort auf die Arbeit sein. Der Mensch ist ja nicht nur der „Ausführende", sondern auch der Mitschöpfer des Werkes, das in seiner Werkstatt entsteht. Er hat also auch das Recht, über seine Werkstatt zu bestimmen. Er hat das Recht auf Selbstverwaltung bei der Arbeit. Ausdruck dessen sind unter anderem Gewerkschaften: „unabhängige und sich selbst verwaltende", wie das gerade hier in Danzig unterstrichen wurde.

Warschau, 14. Juni 1987

Ein Volk lebt nur dann authentisch sein Leben, wenn es in der ganzen Organisation des staatlichen Lebens sich als Subjekt erlebt. Wenn es feststellt, daß es Herr im eigenen Hause ist, daß es durch seine Arbeit und seinen Beitrag mitentscheidet. Es ist sehr wesentlich für das Leben einer Gesellschaft, daß der Mensch das Vertrauen in seine Arbeit nicht verliert, daß er Befriedigung in seiner Arbeit findet. [...] Das ist von grundlegender Bedeutung für die gesamte Volkswirtschaft. Die Wirtschaft – wie auch die Arbeit – sind für den Menschen und nicht der Mensch für die Wirtschaft. Nur dann, wenn der Mensch sich als Subjekt empfindet, wenn die Arbeit und die Wirtschaft für ihn sind, ist auch er für die Arbeit und die Wirtschaft. Nur so kann auch wirtschaftlicher Fortschritt erreicht werden. Der Mensch muß immer im Vordergrund stehen. [...]

Rainer W. Fuhrmann, Polen. Handbuch Geschichte, Politik, Wirtschaft. Hannover 1991, S. 158.

1. *Fassen Sie zusammen, welche Gründe zur Entstehung der Charta 77 (Q 1) führten.*
2. *Welche Aussagen weisen auf Mißstände im damaligen System der Tschechoslowakei hin?*
3. *Überlegen Sie, welche Schwierigkeiten die „Organisationsform" der Charta 77 mit sich brachte und welche Vorzüge sie hatte.*
4. *Ermitteln Sie, inwiefern die Forderungen des Papstes (Q 2) über die Anliegen der Charta 77 hinausweisen. Welche gemeinsamen Vorstellungen sind in den Quellen zu finden?*

3 Václav Havel: An die Bürger zum Neuen Jahr

Prag, 1. Januar 1990:

Q Liebe Mitbürger! Vierzig Jahre lang bekamen Sie an diesem Tag aus dem Munde meiner Vorgänger verschiedenartig abgewandelt dasselbe zu hören: wie unser Land gedeiht, wie viele weitere Millionen Tonnen Stahl wir erzeugt haben, wie wir glücklich sind, wie wir unserer Regierung vertrauen, und was für herrliche Perspektiven sich uns eröffnen.

Ich nehme an, Sie haben mich für dieses Amt nicht deshalb vorgeschlagen, damit auch ich Sie anlüge. Unser Land gedeiht nicht. Das große schöpferische und geistige Potential unserer Nationen wird nicht sinnvoll genutzt. Ganze Industriezweige stellen Dinge her, die niemand will, während es uns an dem mangelt, was wir brauchen. Ein Staat, der sich Staat der Arbeiter nennt, erniedrigt die Arbeiter, beutet sie aus. Unsere veraltete Wirtschaft verschwendet Energie, von der es zu wenig gibt. Das Land, das einst auf die Bildung seines Volkes stolz sein konnte, gibt für die Bildung so wenig aus, daß es heute an zweiundsiebzigster Stelle der Welt figuriert. Wir haben den Boden ruiniert, die Flüsse und die Wälder, die uns die Ahnen vermachten, und heute ist unsere Umwelt zerstört wie nirgendwo in Europa. Erwachsene sterben bei uns früher als in den meisten europäischen Ländern. [...]

Doch das Schlimmste ist, daß wir in einer moralisch verdorbenen Umwelt leben. Wir sind moralisch erkrankt, weil wir uns daran gewöhnt haben, anders zu reden als wir denken, Begriffe wie Liebe, Freundschaft, Mitleid, Demut oder Vergebung haben ihre Tiefe und Bedeutung verloren. [...] Nur wenige von uns brachten es fertig, laut auszusprechen, daß die Mächtigen nicht allmächtig sein sollten.

Das bisherige Regime – ausgerüstet mit einer hochmütigen und intoleranten Ideologie – reduzierte den Menschen zu einer Produktionskraft und die Natur zu einem Produktionsmittel. Dies war ein Angriff auf das Wesen beider und auf ihre gegenseitige Beziehung. Aus begabten mündigen und ihr Land mit Umsicht bewirtschaftenden Menschen machte es ein Schräubchen einer monströsen Maschine. [...]

Wenn ich über die verdorbene moralische Atmosphäre spreche, meine ich nicht nur jene Herren, die das ökologisch reine Gemüse essen. Ich spreche von uns allen. Wir alle haben uns nämlich an das totalitäre System gewöhnt und dies als eine unabänderliche Tatsache hingenommen, wodurch wir es eigentlich am Leben erhalten haben. [...]

Wenn wir es so verstehen, werden wir begreifen, daß es allein an uns liegt, etwas daraus zu machen. Wir können die Schuld nicht auf die vorherigen Machthaber allein abschieben. Nicht nur, weil es die Pflicht abschwächen könnte, die heute vor jedem von uns steht, nämlich die Pflicht, selbständig, frei, vernünftig und rasch zu handeln. [...]

Es gibt etwas, worauf wir uns bei der Erneuerung unseres Gemeinwesens stützen können. Die letzte Zeit hat gezeigt, welch geballte Ladung Menschlichkeit, Moral und Geist und welch große Bürgerkultur in unserer Gesellschaft unter der aufgezwungenen Maske der Apathie geschlummert haben. [...]

Wir selbst staunen und fragen uns: Woher schöpfen eigentlich die jungen Leute, die nie ein anderes System gekannt haben, ihre Sehnsucht nach Wahrheit, ihren Sinn für Freiheit, ihre politische Phantasie, ihre Zivilcourage und ihre bürgerliche Besonnenheit?

[...] Ich glaube, daß dieses hoffnungsvolle Bild unserer heutigen Situation zwei Hauptursachen hat: Vor allen Dingen ist der Mensch nie Produkt seiner Umgebung, sondern er ist stets auch fähig, sich auf etwas Höheres zu beziehen, wie systematisch auch immer die ihn umgebende Welt diese Fähigkeiten in ihm zu vernichten trachtet; zweitens ist es so, daß die humanistischen und demokratischen Traditionen, von welchen so oft leer geredet wurde, irgendwo doch im Unterbewußtsein unserer Nationen und nationalen Minderheiten noch geschlummert haben und unauffällig von Generation zu Generation übertragen worden sind, damit jeder sie im richtigen Moment in sich entdecken und in die Tat umsetzen konnte. [...]

Václav Havel, Gewissen und Politik, Reden und Ansprachen 1984-1990, München 1990, S. 52 ff.

1 *Zeigen Sie die Stellen in der Ansprache auf, die Havels Absicht, der Wahrheit in der Politik zu ihrem Recht zu verhelfen, belegen.*

2 *Beschreiben sie das Menschenbild, das den Ausführungen Havels zugrunde liegt. Erscheint Ihnen der Optimismus Havels gerechtfertigt?*

Der Wandel des Ost-West-Verhältnisses

4 Überblick über die Entwicklung in Osteuropa bis 1991

1. Fertigen Sie eine Zeittabelle der Ereignisse an.
2. Stellen Sie Gemeinsamkeiten und Unterschiede in der Entwicklung einzelner Staaten fest.

Der Wandel des Ost-West-Verhältnisses

Die innere Entwicklung in den USA seit den fünfziger Jahren

Wohlstand und dennoch Sorgen

Auf dem Weg in die Überflußgesellschaft

Im Gegensatz zu fast allen Ländern Europas bedeutete das Ende des Zweiten Weltkrieges für die USA in vielen Bereichen keinen tiefen Einschnitt: Es gab keine Kriegsschäden, die einen Wiederaufbau nötig machten, und auch die Umstellung der Wirtschaft von Kriegs- auf Friedensproduktion gelang schneller als erwartet. Daß es etwa eine Viertelmillion Kriegstoter gab, war für die USA allerdings ein tragisches Moment.

Die *New Deal-Politik** Roosevelts wurde von Präsident Truman fortgesetzt. Während der Wohlstand zunahm, ging es ihm darum, für Krisenzeiten vorzusorgen: Das System der Sozialversicherung wurde erweitert und verbessert, und eine gesetzliche Regelung der Arbeitslosenunterstützung sollte zu mehr sozialer Sicherheit führen.

Im Jahrzehnt nach Kriegsende erlebten die USA einen enormen wirtschaftlichen Aufschwung: Die Ausstattung der Haushalte mit Radio, Kühlschrank und Auto galt inzwischen als selbstverständlich, Fernsehgeräte und Flugreisen wurden zu neuen Symbolen des Wohlstands. Im Jahre 1947 besaßen 14 000 Familien in den USA ein Fernsehgerät, zehn Jahre später waren es bereits 35 Millionen.

Der wachsende Wohlstand hatte jedoch auch seinen Preis: Der Lebensstil der Verbraucher vereinheitlichte sich, Supermärkte mit standardisierten Massenprodukten verdrängten mehr und mehr den alten Einzelhandel, Arbeitsplatz und Wohnbereich rückten zusehends weiter auseinander, immer mehr Menschen mußten täglich lange Strecken zum Arbeitsplatz zurücklegen und abends wieder in die Vororte am Rande der sich ausbreitenden Großstädte zurückkehren.

Der Wirtschaftsaufschwung veränderte aber nicht nur die Lebensweise vieler Amerikaner. Auch die Wirtschaftsstruktur und die Arbeits- und Produktionsprozesse wandelten sich in diesen Jahren grundlegend. Besondere Merkmale dabei waren:

- Nur 50 Jahre nachdem durch die Einführung der Fließbandarbeit in der Automobilherstellung ein großer Schritt zur industriellen Massenproduktion vollzogen worden war, wurde jetzt in vielen Fabriken die Produktion durch die Automation erneut revolutioniert.
- Hatte sich schon in den zwanziger Jahren die Entstehung von *Konzernen* als typisches Merkmal der amerikanischen Wirtschaft herausgebildet, so nahm die Konzentration jetzt noch einmal zu. Immer mehr Wirtschaftsunternehmen wurden unter dem Dach weniger Großkonzerne zusammengefaßt.
- Um im Wettlauf der atomaren Rüstung den Vorsprung zu verteidigen und der Sowjetunion mit einer weltweiten „Politik der Stärke" begegnen zu können, mußte die amerikanische Regierung einen beträchtlichen Teil des Staatshaushaltes für die Entwicklung neuer Waffen ausgeben. Rüstungsaufträge wurden deshalb – neben dem ständig steigenden Konsum – zu einem wichtigen Faktor des Wirtschaftsaufschwungs.

Straßenbauarbeiter, Photographie von Jerry Stall, 1960.

Angst vor dem Kommunismus: Die McCarthy-Ära

Trotz des allgemeinen Wohlstandes wurde jedoch das Leben der Amerikaner im Jahrzehnt nach dem Zweiten Weltkrieg nicht nur durch den steigenden Lebensstandard und Massenkonsum bestimmt. Mit Beginn des Kalten Krieges wuchs auch die Angst vor dem Kommunismus* und vor Kommunisten im eigenen Land. Insbesondere nach dem kommunistischen Sieg in China im Jahre 1949 ergriff immer mehr Amerikaner eine kaum mehr rational faßbare Furcht vor einer weltweiten kommunistischen Expansion.

Zum Wortführer dieser Strömung machte sich der republikanische Senator *Joseph McCarthy*. Er und seine Anhänger beschuldigten Truman und dessen Regierung, dem Kommunismus nicht genügend Widerstand entgegenzusetzen, und verdächtigten angesehene Regierungsmitglieder und zahlreiche Politiker, Kommunistenfreunde zu sein und für den Kommunismus und gegen die Interessen der USA zu arbeiten.

McCarthys Kampagne entwickelte sich zu einer wahren Hexenjagd. Ein Senatskomitee, das sogenannte „Unamerikanische Aktivitäten" untersuchte, erlangte weitreichende Machtbefugnisse. Es entstand ein Klima der Denunziation, der Einschüchterung und Selbstzensur. Diplomaten, Politiker, Wissenschaftler, Künstler und Schriftsteller sahen sich dem Vorwurf kommunistischer und staatsfeindlicher Tätigkeit ausgesetzt. Am bekanntesten wurde der Fall des Atomwissenschaftlers *Robert J. Oppenheimer*, der für die USA die Atombombe entwickelt hatte, nun zu Unrecht verdächtigt wurde und seine Stellung verlor. Seine Rehabilitation, die erst viele Jahre später erfolgte, zeigt die Irrtümer dieser Zeit. Der amerikanische Dramatiker *Arthur Miller*, der selbst ein Opfer von McCarthys Hysterie wurde, schrieb 1952 darüber das Theaterstück „Hexenjagd", das die Menschen zu einer kritischen Auseinandersetzung mit dem Feindbilddenken herausfordern und zugleich eine Rückbesinnung auf demokratische Tugenden einleiten sollte.

Aber der Koreakrieg fachte McCarthys Kampagne noch weiter an. Erst als auch die amerikanische Armee selbst Zielscheibe der Nachstellungen und Verleumdungen wurde, wuchs der Widerstand so sehr, daß McCarthy zurückstecken mußte. 1954 verurteilte der amerikanische Senat offiziell diese Politik.

Der Krieg gegen die Armut

Wohlstand und Mangel. Wirtschaftliches Wachstum und zunehmender Wohlstand prägen das Bild der USA, doch das Leben kannte auch die Kehrseite davon: die Armut. Sie war in den großen Industriestädten ebenso verbreitet wie auf dem Land. Viele Farmer- und Arbeiterfamilien hatten am Wohlstand keinen Anteil. Durch die Automation verloren vor allem ungelernte Arbeiter ihren Arbeitsplatz. Ganz besonders traf die Arbeitslosigkeit die schwarze Bevölkerung. 1959 mußte das Arbeitsministerium feststellen, daß allein in New York mehr als zwei Millionen Familien nur über die Hälfte des Einkommens verfügten, das einen ausreichenden Lebensstandard garantierte.

Präsident Eisenhower – *Dwight D. Eisenhower* war während des Zweiten Weltkrieges Oberbefehlshaber der alliierten Truppen gewesen und 1952 zum Nachfolger Trumans gewählt worden – befürwortete zwar den weiteren Ausbau des Wohlfahrtsstaates, seine Sozialhilfeprogramme genügten jedoch nicht, um der wachsenden Armut abzuhelfen.

John F. Kennedy. Im Jahre 1960 war John F. Kennedy, der Kandidat der Demokratischen Partei, zum neuen Präsidenten gewählt worden. Er verkörperte jenen Elan, der Amerika auszeichnete. In einer zukunftweisenden Rede rief Kennedy die Nation auf, „die Feinde zu besiegen, die alle Menschen bedrohen: Tyrannei, Armut, Krankheit und Krieg". Wenn dies gelänge, dann würde Amerika auch sein Selbstvertrauen und seine Selbstsicherheit wiedergewinnen.

Diese Selbstsicherheit und der Glaube an die Überlegenheit des amerikanischen Gesellschaftssystems waren durch den sowjetischen Sputnikstart im Jahre 1957 tief erschüttert worden. Durch seine persönliche Ausstrahlung und seine Überzeugungskraft gelang es Kennedy jedoch, die Mehrheit der Bevölkerung für sein Konzept einer Erneuerung der amerikanischen Gesellschaft zu gewinnen: Ausbau des Krankenversicherungssystems, die Gewährung höherer Sozialleistungen für Bedürftige, die Sanierung der Großstädte, die Förderung rückständiger Gebiete mit hoher Arbeitslosigkeit und die Erweiterung des Bildungssystems für die Armen – das waren die wichtigsten Ansätze, mit denen Kennedy den Weg zu einer gerechteren und produktiveren Gesellschaft weisen wollte.

Der Wandel des Ost-West-Verhältnisses

Präsident Kennedy (vorne) und Vizepräsident Johnson (links), der nach Kennedys Ermordung die Präsidentschaft übernahm.

Die „Great Society": eine bessere Gesellschaft

22. November 1963: In Dallas, Texas, wird Präsident Kennedy Opfer eines Mordanschlags. Die Motive für diese Tat und mögliche Hintergründe wurden trotz aufwendiger Untersuchungen nie aufgeklärt, der Täter selbst wird einige Tage später ermordet.

Zwar hatte Kennedy nur wenige von seinen Reformvorhaben verwirklichen können, doch er hatte Amerika neue Zuversicht gegeben. Diese Zuversicht, das Versprechen, eine bessere Zukunft aufzubauen, waren mit ihm beseitigt. Der Idealismus und die Aufbruchsstimmung schienen durch den Mord erstickt.

Kennedys Nachfolger *Lyndon B. Johnson* führte jedoch das Reformprogramm in vielen Punkten weiter und baute es zu einem Konzept der „great society" aus. Während seiner Amtszeit stiegen die Sozialleistungen von 13,4 auf 23,9 Milliarden Dollar. Im Jahre 1964 lebten in den USA etwa 35 Millionen Menschen an der Armutsgrenze, vier Jahre später waren es zehn Millionen weniger. Den benachteiligten, ärmeren Gruppen in der Bevölkerung wurde vielerlei Unterstützung geboten: Es gab z. B. staatliche Beihilfen zur Ausbildung, Reformen im Erziehungs- und Schulwesen und kostenlose Krankenhausbehandlung für alte Menschen. Die heruntergekommenen und verfallenden Stadtviertel in den Großstädten wurden durch ein Sanierungsprogramm wieder bewohnbar gemacht.

So kann die Amtszeit Präsident Johnsons als die reformbewegteste Phase der amerikanischen Innenpolitik seit Roosevelts New Deal angesehen werden. Eine vollständige Erneuerung der Gesellschaft gelang jedoch nicht. Der Vietnamkrieg beanspruchte einen immer größeren Teil des Geldes und der Tatkraft der amerikanischen Regierung. Der „Kampf gegen die Armut" trat in den Hintergrund gegenüber dem kostspieligen Krieg in Vietnam. „Die Great Society fiel auf dem vietnamesischen Schlachtfeld", klagte der schwarze Bürgerrechtler *Martin Luther King*.

Am Rande der Gesellschaft: Die schwarze Bevölkerung

Gleichberechtigt und doch diskriminiert

Als schwarzer Bürger chancenlos? Die schwarze Bevölkerung in den USA war gegenüber der weißen Mehrheit erheblich benachteiligt. Die Lebensbedingungen unterschieden sich sehr stark. Diese Ungleichheit war einer der wichtigsten Beweggründe für Präsident Kennedys Bürgerrechtspolitik.

In einer Rede an den amerikanischen Kongreß begründete er die Notwendigkeit einer solchen Politik:
„Das Negerkind, das heute in Amerika geboren wird – gleich, wo es zur Welt kommt –, hat nur halb so viel Chancen, die höhere Schule abzuschließen, wie ein weißes Kind, das am gleichen Ort und am gleichen Tag geboren wird; nur ein Drittel der Chancen, die Universität zu absolvieren, nur ein Drittel der Chancen, einen freien Beruf zu ergreifen, doch das zweifache Risiko, arbeitslos zu werden, eine um sieben Jahre geringere Lebenserwartung und die Aussicht, nur halb so viel zu verdienen. Kein Amerikaner kann das Bild voll entschuldigen, erklären oder verteidigen, das diese Statistiken ergeben."

(G. Schlott, Das Negerproblem in den USA, Opladen 1967, S. 21.)

Der Wandel des Ost-West-Verhältnisses

Kennedy ging es nicht nur um die rechtliche Seite der Gleichstellung der schwarzen Bevölkerung. Ihre tatsächliche Lebenssituation war entscheidend, ihre konkrete Benachteiligung in fast allen Lebensbereichen mußte beseitigt werden.

Ein Gerichtsurteil mit Folgen. Nach dem Ende des Zweiten Weltkrieges war die Rassentrennung überall dort abgeschafft worden, wo die amerikanische Bundesregierung direkt zuständig war, so bei den Streitkräften und bei den Bundesbehörden. In den einzelnen US-Bundesstaaten jedoch hatte sich kaum etwas geändert. Üblich war dort noch stets eine Rassentrennung nach dem Grundsatz „separate, but equal".

Im Jahre 1954 allerdings fällte das Oberste Bundesgericht ein Urteil mit weitreichenden Folgen. Die amerikanische Regierung wurde aufgefordert, jegliche Rassentrennung zu beseitigen. Ein nach Rassen getrennter Schulbesuch, gesonderter Unterricht für Weiße und Schwarze waren nun verboten. Bis die Entscheidung der höchsten Richter im täglichen Leben verwirklicht war, dauerte es jedoch noch Jahre. So mußte teilweise militärische Gewalt eingesetzt werden, um den nach Rassen getrennten Schulbesuch aufzuheben und den gemeinsamen Unterricht für weiße und schwarze Schüler durchzusetzen.

Erst Präsident Johnson gelang es, gegen den Widerstand der Südstaaten Gesetze durch den Kongreß zu bringen, in denen die ungleiche Behandlung von Schwarzen in öffentlichen Einrichtungen verboten wurde. Schwarze Bürger am Wählen zu hindern, war nun unter Strafe gestellt. Jede Benachteiligung von Schwarzen bei der Vergabe von Wohnungen, im Berufsleben usw. konnte wirkungsvoll bekämpft werden. Gegen Bundesstaaten, in denen es nach wie vor Rassendiskriminierung gab, ging die Regierung in Washington mit Sanktionen vor.

Mit dem Einsatz von militärischer Macht - hier in der High School von Little Rock - mußte Präsident Eisenhower 1957 schwarzen Schülern den Zugang zu Schulen ermöglichen, die bis dahin allein Weißen vorbehalten gewesen waren.

„I have a dream..."

Die Bürgerrechtsbewegung. Die Ungeduld der schwarzen Bevölkerung jedoch wuchs, als die Wirkung der Gesetze hinter den Erwartungen zurückblieb. Immer weniger Schwarze waren bereit, tatenlos auf eine Verbesserung ihrer Lage zu warten: Mit Methoden des gewaltlosen Widerstands, mit Schweigemärschen, Boykottmaßnahmen gegen öffentliche Einrichtungen, mit Mahnwachen versuchten sie, ihre Gleichstellung zu erreichen.

Höhepunkt dieser Bewegung war ein Marsch von mehr als 200 000 Bürgerrechtlern nach Washington, wo am 28. August 1963 Martin Luther King seine berühmte Rede hielt: „I have a dream". Martin Luther King predigte keinen Umsturz der amerikanischen Gesellschaft, er wollte vielmehr die Verwirklichung des amerikanischen Traums von der Freiheit und Brüderlichkeit aller Menschen.

„Ich habe einen Traum", so heißt es in seiner Rede, „daß eines Tages die Söhne früherer Sklaven mit den Söhnen früherer Sklavenbesitzer in den roten Bergen von Georgia am Tisch der Brüderlichkeit zusammensitzen. Ich habe einen Traum, daß eines Tages meine vier kleinen Kinder nicht nach der Hautfarbe, sondern nach ihrem Charakter beurteilt werden."

Martin Luther King wurde am 4. April 1968 in Memphis während einer Kundgebung erschossen. Präsident Reagan und der Kongreß beschlossen später, zum Gedenken an den Ermordeten und an die Ideale, für die er kämpfte, einen nationalen Feiertag einzurichten.

Radikalisierung in den Slums. In den Großstädten der USA allerdings gaben sich viele Schwarze nicht mehr mit gewaltlosen Aktionen zufrieden. Dort lebten nach dem Untersuchungsbericht einer von Präsident Johnson eingesetzten Kommission zwei Fünftel der schwarzen Bevölkerung unterhalb der offiziellen Armutsgrenze. Soziale Not, Armut und Hoffnungslosigkeit hatten die Schwarzen radikalisiert. Ihre Parole lautete: „Black Power. Mit Gewalt sollten sich ihrer Meinung nach die Schwarzen holen, was ihnen so lange vorenthalten war. Seit 1964 gab es in vielen Städten schwere Rassenunruhen, gewaltsame Auseinandersetzungen mit Dutzenden von Toten. *Malcolm X*, einer der wichtigsten der radikalen schwarzen Führer, schrieb in bewußter Opposition zu Martin Luther King: „Ich habe keinen american dream – Amerika ist für mich ein Alptraum".

Erst in den siebziger Jahren ließen diese Spannungen nach. Es entstand eine schwarze Mittelschicht - Unternehmer, Ärzte, Anwälte, Politiker -, die selbstbewußt ihren eigenen Lebensstil pflegte. In der Politik, insbesondere in der Kommunalpolitik, gelang es immer mehr Schwarzen, Einfluß zu gewinnen. In den großen amerikanischen Städte wie Detroit, Los Angeles, Atlanta, Washington, auch New York, wurden schwarze Politiker zu Bürgermeistern gewählt.

Das Begräbnis von Martin Luther King.

Die US-Bevölkerung verändert sich

Eine neue Einwanderungsbewegung veränderte in den letzten Jahrzehnten die Bevölkerungsstruktur der USA. Seit 1965 wollten die Amerikaner jährlich 270 000 Einwanderer in ihr Land lassen, davon 120 000 aus Mittel- und Südamerika. Aus politischen und vor allem aus wirtschaftlichen Gründen war die tatsächliche Zahl der Einwanderer jedoch viel höher. Seit 1977 kamen jährlich etwa eine Million illegale Einwanderer aus Mexiko über den Grenzfluß Rio Grande in die USA. Der Anteil der „Hispanics", der spanisch sprechenden Bevölkerung in den USA, wächst kontinuierlich und wird in den nächsten Jahrzehnten den der Schwarzen übertreffen. Welche Folgen diese ethnischen Veränderungen für die USA, ihre Identität, ihre innere Zusammengehörigkeit und ihre äußere Politik haben kann, wird die Zukunft zeigen.

Von innerer Zerrissenheit zu neuem Selbstbewußtsein

Das Vietnam-Trauma

200 Jahre nach der Unabhängigkeitserklärung kommentierte die New York Times am 4. Juli 1976 die Lage der USA folgendermaßen: „Als die immer noch mächtigste Nation, aber nicht mehr als Schiedsrichter der Welt beginnen die Vereinigten Staaten einen neuen und neuartigen Zeitabschnitt. Die Lösung der sozialen, wirtschaftlichen, rassischen und politischen Probleme wird vielleicht nicht möglich sein ohne die Änderung wesentlicher Teile von Staat und Gesellschaft und ohne die Art schöpferischen und innovativen Denkens, die unsere revolutionären Vorfahren bewiesen haben." Ein erneuter Aufbruch schien vielen Amerikanern in der zweiten Hälfte der siebziger Jahre notwendig.

Vor allem der Vietnamkrieg hatte das Land erschüttert und eine große Vertrauenslücke zwischen breiten Teilen der Öffentlichkeit und der politischen Führung offenbart. Die USA hatten im Vietnamkrieg die größte militärische Niederlage seit ihrem Bestehen erlitten: Etwa 50 000 amerikanische Soldaten waren in Vietnam getötet worden.

Die Nation war gespalten. Gegen die Befürworter des Krieges hatte sich eine wachsende Zahl von Kriegsgegnern gebildet; zahlreiche Soldaten waren desertiert. Im Fernsehen erlebte die Bevölkerung täglich die Grausamkeiten des fernen Krieges, und die Bilder des entsetzlichen Geschehens bewegten die ganze Nation. Daß sich amerikanische Soldaten wegen Kriegsverbrechen verantworten mußten, beschämte das amerikanische Volk. Das Selbstwertgefühl der USA wurde durch den Sieg des vermeintlich schwachen Gegners tief verletzt. Außenpolitisch bedeutete das Versagen im Vietnamkrieg einen gewaltigen Prestigeverlust.

Der Watergate-Skandal

Kurz nachdem sich die amerikanischen Truppen aus Vietnam zurückgezogen hatten, mußte der republikanische Präsident *Richard Nixon* wegen der Enthüllungen im Watergate-Skandal 1974 zurücktreten. Die Ermittlungen hatten ergeben, daß der Präsident von den illegalen Abhörpraktiken und von einem Einbruch im Hauptquartier der Demokratischen Partei, das sich im Watergate-Gebäude in Washington befand, gewußt hatte. Nixons Justizminister und sein Vizepräsident mußten zurücktreten.

Seit Watergate überwacht der amerikanische Kongreß wieder sehr viel stärker die Politik des Präsidenten und die Tätigkeit der Bundesbehörden. Daß über Veröffentlichungen der Presse – diese hat den Watergate-Skandal aufgedeckt – ein Präsident schließlich zum Rücktritt gezwungen worden ist, zeigt die Bedeutung, die in den USA die Presse als „vierte Gewalt" hat. Das demokratische System hatte letztlich eine ernste Bewährungsprobe bestanden.

Rückbesinnung auf Amerikas Stärke

Auch wirtschaftliche Probleme – Arbeitslosigkeit, ein riesiges Haushaltsdefizit – dämpften seit den siebziger Jahren den traditionellen Fortschrittsoptimismus in den USA. Dennoch wuchs in den achtziger Jahren ein neues Selbstbewußtsein. Die Erfolge bei der Erforschung des Weltraums erfüllten die amerikanische Nation mit Stolz und Vertrauen in die eigene Leistungsfähigkeit. Eine Politik der Stärke, die von Präsident Reagan betrieben wurde, die Rückbesinnung auf die alten amerikanischen Werte der „individuellen Leistung" und die Betonung der „amerikanischen Führungsrolle" in der Welt haben das amerikanische Selbstbewußtsein wiederhergestellt.

Der Wandel des Ost-West-Verhältnisses

Die Sowjetunion seit den fünfziger Jahren

Vom Stalinismus zur Entstalinisierung

Wirtschaftlicher Wiederaufbau und Personenkult
Nach dem Zweiten Weltkrieg war die Sowjetunion zwar militärisch eine Weltmacht, aber ihre Wirtschaft war völlig zerrüttet. Hunger und Not beherrschten die ersten Nachkriegsjahre. Die westlichen Landesteile waren weitgehend zerstört. Hinzu kam, daß etwa jeder zehnte Bewohner der Sowjetunion im Krieg umgekommen war, einzelne Jahrgänge waren fast völlig ausgelöscht. Die Erinnerung an die furchtbaren Schrecken des Krieges ist deshalb in der Sowjetunion bis heute lebendig.

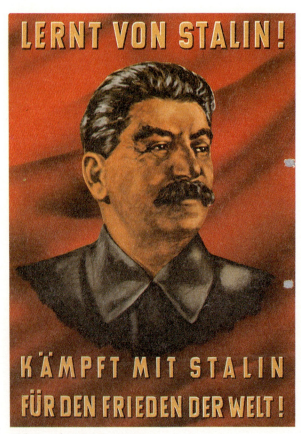

Plakat aus der DDR (um 1950).

Der Wiederaufbau der zerstörten Dörfer, Städte und Betriebe erfolgte auf der Grundlage der zentralistisch gelenkten Planwirtschaft, jenem sozialistischen Modell also, das Stalin in den dreißiger Jahren mit Gewalt durchgesetzt hatte. Dabei mußte die sowjetische Bevölkerung weitere Jahre des Hungers und größter Entbehrungen auf sich nehmen. Doch trotz mancher Kritik hatte sich das stalinistische System durch den Sieg über das nationalsozialistische Deutschland in den Augen vieler Sowjetbürger bewährt. Viele glaubten an Stalin als den Retter der Sowjetunion.

Die Verherrlichung Stalins nahm gigantische und gleichzeitig absurde Formen an. Er ließ sich feiern als der große Sieger, als „Vater" aller Errungenschaften und Erfolge. Kein Verdienst, das nicht ihm zugesprochen wurde. Diesem *Personenkult* entsprach die Zentralisierung aller Macht in der Person Stalins. Abweichende Meinungen – nicht nur in der Politik, sondern auch in der Wissenschaft und Kultur – wurden unterdrückt, tatsächliche und vermeintliche Gegner von Stalins Herrschaft erbarmungslos verfolgt.

Im Frühjahr 1953 bahnte sich wieder einmal eine neue Verhaftungswelle an, die durch eine angebliche „Ärzteverschwörung" gegen Stalin ausgelöst wurde, als der 73-jährige Diktator starb. In der sowjetischen Bevölkerung wurde sein Tod von vielen als Schock erlebt, von vielen aber auch mit großer Erleichterung aufgenommen.

„Tauwetter" nach dem Tode Stalins
Die Nachfolger Stalins wollten zwar das durch Terror, Alleinherrschaft und Personenkult erstarrte totalitäre System reformieren, beließen es jedoch bei der Kritik an der Person Stalins. In einer Geheimrede auf dem XX. Parteitag der kommunistischen Partei der Sowjetunion im Jahre 1956 verurteilte Chruschtschow, Stalins Nachfolger als Erster Parteisekretär, den Stalinkult und enthüllte die Verbrechen Stalins und seiner Mitarbeiter. Chruschtschow beschuldigte ihn des Massenmordes, der diktatorischen Führung von Partei und Staat, einer falschen Politik während des Krieges, der Selbstvergötterung und des Verfolgungswahns.

Die Sowjetunion unter Chruschtschow und Breschnew

Die Herrschaft der KPdSU

In der Sowjetunion hatte die KPdSU eine Schlüsselstellung in allen Bereichen des öffentlichen Lebens erlangt. Das politische System, das sich in den dreißiger Jahren unter Stalin herausgebildet hatte, folgte anderen Organisationsprinzipien als die politischen Systeme der westlichen Demokratien. Die kommunistische Partei der Sowjetunion hat mit Parteien in den westlichen Ländern kaum mehr als den Namen „Partei" gemeinsam.

Nach sowjetischem Verständnis existieren in kapitalistischen Ländern mehrere Gesellschaftsklassen, die unterschiedliche, teilweise gegensätzliche Interessen verfolgen. Um das jeweilige Interesse einer Klasse zur Geltung bringen zu können, bedarf es einer entsprechenden Klassenpartei. Parteien sind nach diesen Vorstellungen also Organisationen, die sich ausschließlich für eine Klasse in der Gesellschaft stark machen. In der Sowjetunion dagegen gebe es diese unversöhnlichen Interessengegensätze nicht, weil das Volk selbst die Macht habe und durch ihre Partei, die KPdSU, ausübe.

Aufgabe der kommunistischen Partei war es, die Richtlinien der Politik zu bestimmen. Diese Richtlinien waren gültig für den Staat und die gesamte Gesellschaft. Wer aber bestimmte innerhalb der Partei die Richtlinien?

Obwohl die Rede Chruschtschows nicht für die Öffentlichkeit bestimmt war, wurde sie sehr schnell im ganzen Land und auch im Westen bekannt. Viele Opfer Stalins kehrten nun aus den Lagern zurück und wurden rehabilitiert. „Wie Millionen meiner Landsleute", schrieb der sowjetische Schriftsteller Ilja Ehrenburg, „fühlte ich nach dem XX. Parteitag, daß man einen Stein von meinem Herzen genommen hatte." Der Titel seines 1954 erschienenen Romans „Tauwetter" wurde zum Symbol dieser Jahre.

Chruschtschows Abrechnung mit dem Stalinismus fragte allerdings nicht nach den Ursachen, sie untersuchte nicht, inwiefern die stalinistischen Exzesse im System der Sowjetunion begründet sein könnten. Auch die Rehabilitation von Stalins Opfern blieb beschränkt: Regimekritiker und die Millionen Opfer unter der Bevölkerung wurden nicht aufgeklärt. Zwar verschwanden die Bilder Stalins aus den sowjetischen Amtsstuben und der Leichnam Stalins wurde 1961 aus dem Lenin-Mausoleum entfernt und statt dessen an der Kremlmauer beigesetzt, das „Tauwetter der Entstalinisierung" aber ging zu Beginn der sechziger Jahre bereits wieder zu Ende.

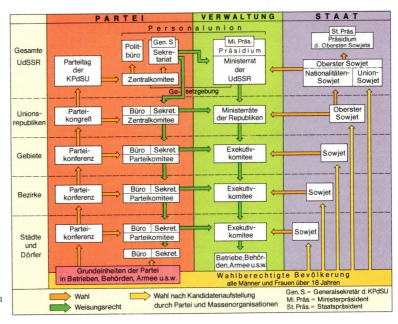

Partei und Staatsaufbau in der Sowjetunion.

Der Wandel des Ost-West-Verhältnisses

Die KPdSU war nach dem Prinzip des sogenannten „demokratischen Zentralismus" aufgebaut, das Lenin als „Freiheit der Diskussion und Einheit der Aktion" definiert hatte. Dieses Prinzip soll einerseits eine breite, demokratische Meinungsbildung innerhalb der Partei garantieren, andererseits eine geschlossene, schlagkräftige Durchführung der mehrheitlich gefaßten Beschlüsse gewährleisten.

In Wahrheit verschwand die von Lenin behauptete Freiheit der Diskussion bereits in den frühen zwanziger Jahren: An die Stelle der „Volksherrschaft" war die Herrschaft einer Partei, schließlich die einer Minderheit in der Partei getreten. Neben der KPdSU, die mit ihren Organen die gesamte Verwaltung, die Wirtschaft und das Militär erfaßte, gab es auch staatliche Organe auf allen Ebenen. Das Neben- und Übereinander der verschiedenen Partei- und Staatsorgane mit ihren nur schwer voneinander abgrenzbaren Aufgaben und die fehlende demokratische Struktur wirkten sich lähmend auf alle politischen und wirtschaftlichen Initiativen aus.

Reformen in Wirtschaft und Politik

Chruschtschow versuchte einen neuen Kurs einzuschlagen. Die Entscheidungsgewalt sollte dezentralisiert, und den Politikern und Funktionären in den Provinzen – besonders auf wirtschaftlichem Gebiet – sollten größere Befugnisse übertragen werden. Er schaffte die zentralen Industrieministerien ab, die unter Stalin für die Planung und Durchführung der Produktion aller Betriebe eines Industriezweiges im ganzen Land verantwortlich gewesen waren. Die einzelnen Sowjetrepubliken und die Betriebe selbst erhielten mehr Rechte.

Um die Produktion in der Landwirtschaft zu steigern, wurden die Preise für landwirtschaftliche Güter erhöht und gleichzeitig die Steuern gesenkt. Die *Kolchosen* erhielten größere Selbständigkeit im Bereich ihrer Planung. In Sibirien und Kasachstan wurden riesige Gebiete für den Getreideanbau erschlossen, allein in Kasachstan 40 Millionen ha Steppe. Um die Fleischproduktion zu erhöhen, propagierte Chruschtschow den Anbau von Mais und anderen Futtermitteln. Die Rüstungsindustrie wurde eingeschränkt, die Versorgung der Bevölkerung mit Lebensmitteln und Konsumgütern sowie die Verbesserung der Wohnverhältnisse erhielten Vorrang. Das Ergebnis all dieser Maßnahmen blieb jedoch weit hinter den Erwartungen zurück. Als 1963 das Land von Dürre und Mißernten heimgesucht wurde, zeigte sich, daß es Chruschtschow nicht gelungen war, die Versorgung der Bevölkerung durch die Landwirtschaft sicherzustellen. Nur durch Getreidekäufe im Ausland konnte eine Hungersnot verhindert werden. Zwar führten all diese Maßnahmen dazu, daß der Lebensstandard stieg, der Traum, die USA einzuholen, blieb jedoch Utopie.

Maisanbau zur Erhöhung des Lebensstandards in der UdSSR. Bei seinem Besuch der USA (1959) besichtigt Chruschtschow eine amerikanische Farm.

Chruschtschows Scheitern und Ablösung

Die Verfilzung und Erstarrung in der KPdSU wollte Chruschtschow dadurch bekämpfen, daß er einen regelmäßigen Wechsel der gewählten Parteifunktionäre durchsetzte. Nach dem neuen Parteistatut von 1961 mußte bei jeder Neuwahl eines Parteigremiums ein Drittel der Mitglieder ausgetauscht werden. Die Parteimitglieder wurden darüber hinaus verpflichtet, „Kritik und Selbstkritik zu entfalten, Mängel furchtlos aufzudecken und auf ihre Behebung einzuwirken."

Mit seinen Reformen hatte sich Chruschtschow zahlreiche Gegner geschaffen, im Parteiapparat, in der staatlichen Bürokratie und in der Armee. Die geringe Wirksamkeit seiner Reformen und außenpolitische Mißerfolge – vor allem die Kubakrise 1962 – machten es möglich, daß seine Gegner im Parteiapparat ihn 1964 zum Rücktritt zwingen konnten.

Planwirtschaft und Modernisierung

Die Führung der KPdSU, und damit der Sowjetunion überhaupt, übernahm nach dem Rücktritt Chruschtschows *Leonid Breschnew*. Die politischen Reformversuche und die Entstalinisierung wurden gestoppt. Nur in der Wirtschaftspolitik bemühte man sich weiter um Verbesserungen. Bei allen Änderungen blieb jedoch das oberste Prinzip der Zentralplanwirtschaft erhalten: Die Erfüllung des Planes galt nach wie vor als wichtigstes Erfolgskriterium für die Arbeit der Betriebe.

Zwei Neuerungen waren bei diesen Verbesserungsversuchen von besonderer Bedeutung:
- Während es vorher auf die Steigerung der Produktion ohne Rücksicht auf die Kosten angekommen war, mußte jetzt die Rentabilität, d.h. das Kosten-Nutzen-Verhältnis, beachtet werden.
- Die Betriebe konnten nun über einen Teil des Gewinnes selbst verfügen, um Prämien für gute Leistungen auszuzahlen, soziale und kulturelle Betriebseinrichtungen zu fördern und die Produktion zu modernisieren.

Es gelang der Sowjetunion tatsächlich, ihre Wirtschaft zu modernisieren, die Produktion zu steigern, die Qualität der Erzeugnisse zu verbessern. Das sowjetische Bildungswesen und die wissenschaftliche Forschung wurden ausgebaut. Die Forschungsanstrengungen konzentrierten sich vor allem auf die Rüstung und die Weltraumtechnologie. Nur so, glaubte man, lasse sich der Weltmachtanspruch aufrechterhalten. Der Lebensstandard der Bevölkerung erhöhte sich. Zumindest in den großen Städten wurde die Versorgung mit Verbrauchsgütern besser, und es wurde leichter, eine Wohnung zu bekommen. Dennoch blieben die Wartelisten für Wohnungen bestehen. Der Mangel an Wohnraum konnte ebensowenig wie der Mangel an Konsumgütern wirklich behoben werden. Bei der Zuteilung all dessen, was knapp war, wurden bestimmte Personengruppen bevorzugt: Facharbeiter in volkswirtschaftlich besonders wichtigen Betrieben, Spitzensportler oder Personen in einflußreicher Stellung.

Die Dissidentenbewegung

Schlimmer noch als fehlende Konsumgüter und Wohnungen empfanden viele das Fehlen jeglicher Demokratie. Als 1959 der russische Schriftsteller Boris Pasternak den Nobelpreis für Literatur zugesprochen erhielt, durfte er diesen nicht entgegennehmen. Sein Roman „Doktor Schiwago" hatte das Mißfallen der sowjetischen Führung erregt.

Unter Breschnew verschärfte sich die Verfolgung von Kritikern des Systems. Gegen diese sogenannten *Dissidenten*, die für eine Demokratisierung der sowjetischen Gesellschaft eintraten, wurden hohe Freiheitsstrafen verhängt, sie wurden in die Verbannung geschickt, in Arbeitslager eingewiesen oder ausgebürgert. 1966 verurteilte ein sowjetisches Gericht die beiden Schriftsteller Andrej Sinjawski und Juri Daniel zu sieben bzw. fünf Jahren Haft. Der Schuldvorwurf lautete: „Agitation und Propaganda zum Zwecke der Zersetzung oder Schwächung der Sowjetmacht". Zu einer Symbolfigur des Widerstandes wurde der Atomphysiker *Andreij Sacharow*. Er war Mitkonstrukteur der sowjetischen Wasserstoffbombe. 1968 verfaßte er eine Denkschrift, in der er die Unterdrückung der geistigen Freiheit beklagte und Vorschläge zur Demokratisierung der Gesellschaft machte. Da er wegen seiner Haltung weltweite Anerkennung fand und große Popularität genoß, konnte man mit ihm nicht so hart verfahren wie mit unbekannten Dissidenten. Trotzdem wurde er 1980 in die Stadt Gorki verbannt. Mit dieser Maßnahme sollten sein Wirkungskreis eingeschränkt und seine Kontakte in die westlichen Länder erschwert werden.

Der Wandel des Ost-West-Verhältnisses

Der Aufbruch unter Gorbatschow: Eine neue Sowjetunion

„Glasnost" und „Perestroika"

Nach dem Tode Breschnews 1982 und nach einer kurzen Übergangsphase unter *Andropow* und *Tschernenko* gelangte 1985 Michail Gorbatschow an die Macht. Zunächst als Generalsekretär der KPdSU, dann als Staatspräsident unternahm er einen neuen Anlauf, die Gesellschaft der Sowjetunion zu reformieren. Im Gegensatz zu allen seinen Vorgängern ging er davon aus, daß eine Reform des wirtschaftlichen Lebens ohne eine Umgestaltung (Perestroika) der Gesellschaft nicht möglich ist. Eine solche Umgestaltung kann nur ohne Zensur und Unterdrückung von Andersdenkenden stattfinden. Presse, Kunst, Kultur müssen frei sein, gesellschaftliche Offenheit (Glasnost), so Gorbatschow, sei nötig. Neben der KPdSU entstanden nun andere Parteien. Die Kirchen- und Religionsgemeinschaften wurden von staatlicher Bevormundung und Unterdrückung befreit. Gorbatschow ließ Regimegegner frei, auch Sacharows Verbannung wurde aufgehoben. Er forderte emigrierte und ausgewiesene Opponenten zur Rückkehr in die Sowjetunion auf, suchte das Gespräch und die Diskussion mit den Bürgern und der Öffentlichkeit.

Widerstände und Probleme

Gegen Gorbatschows Bemühungen um eine Umgestaltung erhoben sich massive Widerstände bei all denen, die den Kampf gegen „Trägheit, Schlendrian und Trunksucht" fürchten mußten, die vom vorherigen Zustand profitiert hatten und nun um Macht und Privilegien bangten. Neben diesen Anhängern der alten Ordnung gab es auch große Gruppen, denen Gorbatschows Reformen nicht entschieden genug waren, und ihn deshalb angriffen. Sie wollten nicht mehr eine erneuerte, sondern eine gänzlich neue Sowjetunion.
Auch Teile des Militärs lehnten die Perestrojka ab; sie fürchteten um die Stärke und die Großmachtstellung der Sowjetunion. Zwischen beiden Seiten, den radikalen Reformern auf der einen, den restaurativen Kräften auf der anderen Seite, versuchte Gorbatschow zu lavieren.

Auflösung und Zerfall der Sowjetunion?

Von Anfang an war die Sowjetunion ein Vielvölkerstaat, in dem über 100 verschiedene Nationen und Völker mit eigener Sprache, Kultur und Tradition zusammenlebten. Zwar hatte Lenin nach der Oktoberrevolution den einzelnen Nationalitäten weitgehende Autonomie versprochen, diese Versprechen waren jedoch nicht eingehalten worden. In der Verwaltung, der Wirtschaft, der Armee, überall gibt es bis heute eine eindeutige Vorherrschaft der Russen.
Als sich unter Gorbatschow die bisher unterdrückten nationalen Gefühle wieder frei äußern durften, besannen sich die Völker auf ihre eigene Identität, überall wurden nationale Emotionen wach.
In den baltischen Staaten Estland, Lettland, Litauen, die erst 1940 (Hitler-Stalin-Pakt) von Stalin annektiert worden waren, regte sich zuerst der Wunsch nach nationaler Souveränität. Als erster Staat verabschiedete Estland am 16. November 1988 eine Souveränitätserklärung. Zwar verlangte Estland darin noch nicht die völlige nationale Unabhängigkeit, beanspruchte jedoch ein Vetorecht gegenüber Gesetzen des gesamtsowjetischen Parlaments sowie das Verfügungsrecht über die eigene estnische Wirtschaft einschließlich der Bodenschätze. Aus Furcht vor einem Zerfall der Sowjetunion weigerte sich Gorbatschow, die estnische Souveränitätserklärung anzuerkennen. Mit dieser Weigerung erreichte er jedoch nur, daß sich die nationalen Bewegungen radikalisierten.
Am 11. März, am 30. März und am 4. Mai 1990 erklärten nacheinander Litauen, Estland und Lettland ihre völlige nationale Unabhängigkeit und damit die Trennung vom sowjetischen Staatsverband. Und zahlreiche weitere sowjetische Republiken wie Georgien, Moldawien (Moldavia), Armenien u. a. pochten nun auf ihre Souveränität gegenüber der sowjetischen Zentralmacht in Moskau. Auch die größte dieser Republiken – die russische – betonte ihre Eigenständigkeit und forderte mehr und mehr Machtbefugnisse.
Erst spät und nur zögernd erklärte sich Präsident Gorbatschow bereit, dem Souveränitätsstreben der Republiken wenigstens teilweise entgegenzukommen.

Der Wandel der Ost-West-Verhältnisse

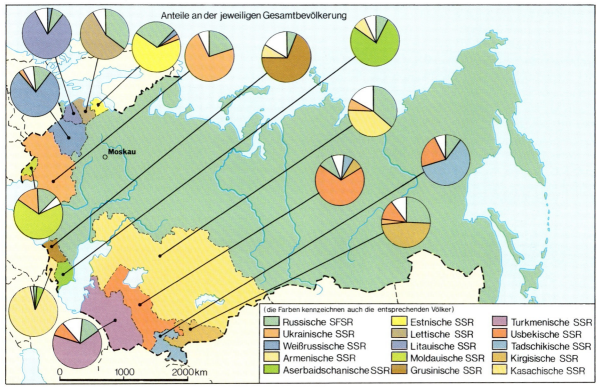

Der Vielvölkerstaat Sowjetunion.

Ein Putschversuch und seine Folgen

Am 19. August 1991 verunsicherte die Meldung von einem Putsch in der Sowjetunion die Menschen in aller Welt. Konservative Gegner Gorbatschows hatten die Macht an sich gerissen mit dem Ziel, die Politik der Perestrojka, die Umgestaltung der Sowjetunion wieder rückgängig zu machen. Präsident Gorbatschow und seine Familie wurden unter Hausarrest gestellt, von jeder Verbindung zur Außenwelt abgeschnitten. Für die gesamte Sowjetunion wurde der Notstand erklärt, die Zensur wieder eingeführt, die verfassungsmäßigen Organe wurden ihrer Macht beraubt.
Doch der Putsch scheiterte bereits nach zwei Tagen. Er scheiterte am Widerstand der Bevölkerung, am Widerstand der Regierung der russischen Republik, er scheiterte auch daran, daß nur Teile des Militärs und der Verwaltung den Putsch unterstützten. Nahezu kampflos kapitulierten die Verschwörer.

Dieser mißlungene Versuch einer Wiederherstellung der alten Machtverhältnisse hatte weitreichende Folgen. Weil die Kommunistische Partei der Sowjetunion den Putsch nicht bekämpft, sondern teilweise sogar mit ihm sympathisiert hatte, trat Gorbatschow als ihr Generalsekretär zurück, wenig später wurde die Partei im größten Teil der Sowjetunion verboten.
Die politische Organisation, die über siebzig Jahre lang die Macht besessen hatte, war damit ausgeschaltet. Die Sowjetunion als „Union der Sozialistischen Sowjetrepubliken" existierte nun endgültig nicht mehr.
Auch die Machtstellung des sowjetischen Präsidenten Gorbatschow war dadurch deutlich geschwächt. Ihm wurde zudem vorgeworfen, durch eine zwiespältige Politik die Reformgegner und Putschisten ermutigt zu haben.

Der Wandel des Ost-West-Verhältnisses

Mit den Lasten der Vergangenheit in eine ungewisse Zukunft

Die Einzelrepubliken der Sowjetunion hatten durch den Putsch weiter an politischer Macht gewonnen. Auf ihrer Ebene begann nach dem Putsch der Versuch, anstelle der alten Sowjetunion eine neue Union zu begründen, auf freiwilliger Grundlage, in der die einzelnen Republiken über weitgehende politische Selbständigkeit verfügen sollen. Welche der Mitgliedsstaaten der alten Sowjetunion sich an einer neuen Union beteiligen werden, ist ungewiß. Den drei baltischen Staaten brachte der mißlungene Putsch die endgültige Unabhängigkeit, sie wurden als selbständige Staaten weltweit anerkannt und in die UNO aufgenommen.

Die Schwierigkeiten für die neue Union, die an die Stelle der alten Sowjetunion treten soll, sind enorm:

– Nicht nur zwischen den einzelnen Republiken gibt es zahlreiche offene Fragen wie strittige Grenzen, Minoritätsprobleme etc. Auch innerhalb der Republiken leben viele Völker und Volksgruppen, die Anspruch auf Autonomie erheben. Die Gefahr, daß nationale Gefühle in einen übersteigerten Nationalismus umschlagen, ist groß.

– Andere Volksgruppen wie die Krimtataren und die Rußlanddeutschen, die von Stalin aus ihrer Heimat nach Sibirien deportiert worden waren, beanspruchen, wieder in ihre angestammten Wohngebiete zurückkehren zu können.

– Zu dieser Binnenwanderung kommt, daß ein großer Teil der Juden in der Sowjetunion sowie zahlreiche Rußlanddeutsche ihre Heimat verlassen wollen, um nach Israel bzw. Deutschland überzusiedeln.

– Die Maßnahmen im wirtschaftlichen Bereich, die Abkehr von der zentralen Planungswirtschaft und die Einfuhr marktwirtschaftlicher Elemente garantieren keine kurzfristigen Erfolge. Im Gegenteil: Der Übergang zu einer neuen Form der Volkswirtschaft brachte zunächst eine Verschlechterung der wirtschaftlichen Situation und führte zur Desorganisation weiter Bereiche der sowjetischen Wirtschaft. Rückgang der Produktion, Arbeitslosigkeit, Streiks, Mangel und Massenarmut sind die Folgen.

– Zu klären ist, wer bei einer Auflösung der alten Sowjetunion ihr Erbe wird. Wer wird für ihre Schulden aufkommen? Wer wird über die Atomwaffen verfügen? Wird es neue Atommächte geben?

Europas Verpflichtung zur Hilfe

Allein werden die Völker der alten Sowjetunion ihre Schwierigkeiten nicht meistern können. Europa als ganzes und insbesondere die wohlhabenden europäischen Staaten sind aufgefordert zu helfen: aus humanitären Gründen, um den Frieden zu bewahren, und um große Flüchtlingsbewegungen aus den armen und notleidenden in die reichen Regionen Europas zu verhindern.

August 1991 – Nach dem Putsch:
Der Geheimdienst KGB war das Instrument, mit dem die kommunistische Partei ihre Herrschaft in der Sowjetunion sicherte und jegliche Opposition ausschaltete. Der Gründer war Felix Dserschinski. Indem man sein Denkmal vor der KGB-Zentrale in Moskau umstürzte, stürzte man auch ein Symbol dieser jahrzehntelangen Unterdrückung.

Der Wandel des Ost-West-Verhältnisses

1 Veränderung der Bevölkerungsstruktur in den USA

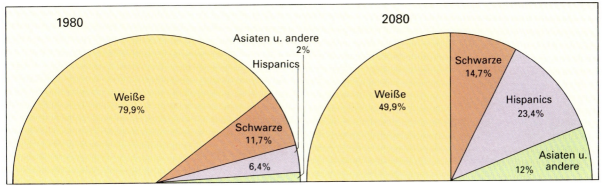

1 Erklären Sie, welche Entwicklung die beiden Schaubilder wiedergeben.

2 Welche Folgen kann diese Entwicklung für die USA nach sich ziehen?

2 Das amerikanische Bürgerrechtsgesetz vom 4. Juli 1964

Aus einer Rede des Präsidenten Johnson:

Q Unsere Generation ist jetzt aufgerufen, das nie endende Streben nach Gerechtigkeit innerhalb unserer Grenzen fortzusetzen. Wir glauben, daß alle Menschen gleich geschaffen sind, doch vielen wird eine gleiche
5 Behandlung verweigert. Wir glauben, daß alle Menschen bestimmte unveräußerliche Rechte besitzen, jedoch viele Amerikaner erfreuen sich dieser Rechte bisher nicht. Wir glauben, daß alle Menschen ein Anrecht auf die Segnungen der Freiheit haben, jedoch
10 Millionen werden dieser Segnungen beraubt – nicht weil sie versagt haben, sondern wegen ihrer Hautfarbe. Die Gründe hierfür sind tief in der Geschichte, in der Tradition und in der Natur des Menschen verwurzelt. Wir können ohne Groll und Haß verstehen, wie es dazu
15 kam, aber so kann es nicht weitergehen. Unsere Verfassung, die Grundlage unserer Republik, verbietet dies.

Geschichte, Politik und Gesellschaft, Bd. 2, Frankfurt/M. 1988, S. 91.

1 Womit begründet Präsident Johnson die Notwendigkeit des Gesetzes?

2 Vergleichen Sie Johnsons Rede mit der amerikanischen Unabhängigkeitserklärung. Erörtern Sie – unter Berücksichtigung der Watergate-Affäre (siehe Q 3) – den Zusammenhang von Verfassungsnorm und Verfassungsrealität.

3 Die Watergate-Affäre: Ein verfassungsrechtliches Problem?

D Am 17. Juni 1972 wurden fünf Personen bei einem nächtlichen Einbruch in das Wahlhauptquartier der Demokratischen Partei im Komplex der Watergate-Appartements in Washington verhaftet, die dort Abhöranlagen anbringen wollten. Wie zwei Journalisten 5
der „Washington Post" herausfanden, war das „Komitee für die Wiederwahl von Präsident Nixon" der Auftraggeber der Einbrecher. Die Spur führte damit zu engsten Mitarbeitern des republikanischen Präsidenten. Während die Justiz ermittelte und die Legislative seit 10
Mai 1973 in einem Senatsausschuß die Verantwortung hoher Regierungsbeamter für den Einbruch zu klären versuchte, berief sich Präsident Nixon bei seiner Weigerung, wichtige Dokumente herauszugeben, auf die Prinzipien der Gewaltenteilung und die verfassungs- 15
mäßig garantierten Rechte des Präsidenten. Vom Frühjahr 1973 bis zum Sommer 1974 wurde die innenpolitische Auseinandersetzung in den USA deshalb auch von der Frage bestimmt, ob die in der Verfassung von 1787 verankerte starke Position des amerikanischen Präsi- 20
denten noch zeitgemäß sei oder ob diese Stellung im 20. Jahrhundert nicht zu Machtmißbrauch verleite und geändert werden müsse. Im August 1974 trat Nixon schließlich zurück, um einem Amtsenthebungsverfahren (Impeachment) zuvorzukommen. 25

Der Wandel des Ost-West-Verhältnisses

3a *Als der Sonderbeauftragte zur Untersuchung der Watergate-Affäre Cox von der Existenz einer Tonbandanlage erfuhr, mit der alle Gespräche im Weißen Haus aufgezeichnet worden sein sollen, verlangte er die Herausgabe der Tonbänder. Am 23. Juli schrieb er an den Präsidenten:*

Q Ja, ich habe mich, bevor ich diese Aufzeichnungen verlangte, durch sorgfältige Prüfung davon überzeugt, daß die Behauptung, die Exekutive dürfe einer Grand Jury diese Beweismittel verweigern, jeder rechtlichen
5 Grundlage entbehrt. Es ist daher meine Pflicht, umgehend und unter Strafandrohung und mit allen verfügbaren Rechtsmitteln das Beweismaterial für eine Grand Jury zusammenzutragen. [...]
Der Versuch, diese Bänder und weitere Dokumente zu
10 prüfen, erfolgt mit dem Ziel, unparteiische Gerechtigkeit walten zu lassen, wie es das Gesetz vorschreibt. Wir sollten keine Mutmaßungen anstellen, was diese Bänder enthalten. [...] Aber es steht fest, daß sie Beweismittel sind, die unmittelbar klären können, ob es eine krimi-
15 nelle Verschwörung bzw. eine Verschwörung innerhalb der Exekutive gab, die Gerechtigkeit zu blockieren. Gottlob haben wir ein Regierungssystem, in dem niemand über dem Recht steht.

3b *Am 7. August 1973 nahm Präsident Nixon in einem Brief an das zuständige Gericht in Washington zu der Forderung von Cox Stellung:*

Q Das gegenwärtige Vorgehen ist zwar von wohlmeinender Absicht geleitet, nämlich um Beweismittel für eine Strafverfolgung zu erhalten. Es stellt aber für das Präsidentenamt, wie es in der Verfassung begründet ist
5 und seit 184 Jahren besteht, eine ernste Bedrohung dar. Falls es dem Sonderbeauftragten Cox gelingt, die Aufzeichnungen von Gesprächen des Präsidenten vor der Öffentlichkeit auszubreiten, wird das Amt des Präsidenten schweren, nicht wiedergutzumachenden
10 Schaden erleiden. Dieses Amt wird bis in seine Grundfesten erschüttert, und der gesamte Verfassungsbau, der auf den Prinzipien der Gewaltenteilung beruht, wird davon betroffen sein.
Sollte eine gerichtliche Weisung ergehen, diese Auf-
15 zeichnungen herauszugeben, so hätte dies zur Folge, daß künftig kein Präsident mit seinen engsten Beratern ein vertrauliches Gespräch führen könnte. Da jedes Gespräch davon bedroht wäre, öffentlich bekannt zu werden, wäre es für den jetzigen Präsident wie für seine
20 Nachfolger in diesem Amt unmöglich, ihre Aufgaben wahrzunehmen. Darüber hinaus würde die Auffassung, der Präsident sei den Weisungen eines Gerichts unterworfen, den Status der Exekutive als eines gleichberechtigten Zweiges des Verfassungssystems gänzlich zer-
25 stören. [...] Die Judikative ist der Exekutive gleichgestellt, aber sie ist ihr nicht übergeordnet. Es steht ihr nicht zu, den Denkvorgängen und privaten Gesprächen zwischen dem Präsidenten und seinen Beratern nachzuspüren. Dies zu gestatten, wäre eine klare Verletzung
30 der verfassungsmäßigen Gewaltenteilung.

Quelle 3a und 3b: Watergate. Chronology of a Crime, hrsg. von Congressional Quarterly, Bd. 1, Washington 1974, S. 225 und 255.

1 Vergleichen Sie die Argumentation Präsident Nixons mit der des Sonderbeauftragten Cox. Worin unterscheiden sich beider Ansichten?
2 Untersuchen Sie im Grundgesetz, wie das Verhältnis Bundespräsident – Judikative geregelt ist. Gibt es die Möglichkeit einer Amtsenthebung des Bundespräsidenten?
3 Interpretieren Sie die unten abgebildete Karikatur.

Karikatur aus „New Statesman", März 1974.

4 Glasnost und Perestroika: Die Umwandlung in der Sowjetunion, ihre Chancen und Risiken

George F. Kennan: Aus einer Rezension von Gorbatschows Buch „Perestroika".

Kennan, geb. 1904, amerikanischer Historiker und Diplomat, gilt als einer der besten Kenner der Sowjetunion. Nach längerer Arbeitszeit an der US-Botschaft in Moskau vor und nach dem Zweiten Weltkrieg wurde er 1952 zum US-Botschafter in Moskau ernannt, doch erzwangen noch im selben Jahr die Sowjets seine Abberufung, weil er die dortigen Freiheitsbeschränkungen für Diplomaten scharf kritisierte.

Q Wie gefährlich die Widerstände sind, die sich heute gegen Gorbatschows Vorhaben sammeln, steht außer Frage. Er hat sich ringsum gewaltige und mitleidslose Gegner geschaffen. Eine verdrossene, verbitterte industrielle und landwirtschaftliche Arbeiterschaft, eine Bevölkerung, deren ererbte Verbitterung aus Quellen stammt, die nicht nur Jahrzehnte, sondern Jahrhunderte zurückliegen; eine mit den Begriffen, Verfahren und Verantwortungen der Demokratie völlig unvertraute Bevölkerung, die nur in den Künsten der Abhängigkeit von höherer Autorität geschult ist; eine Bevölkerung, die nach einem Wort von Tschechow nur hinter dem Wodkaglas in der Kneipe am Samstagabend aus dem bösen Traum des Alltags aufwacht: Wie kann eine solche Bevölkerung aus ihrer abgrundtiefen Apathie aufgerüttelt und dazu bewogen werden, die Verantwortlichkeiten demokratischer Initiative bei der Leitung großer landwirtschaftlicher Betriebe und industrieller Unternehmungen zu akzeptieren? Wie sollen Fabrikarbeiter, gewöhnt an totale Verantwortungslosigkeit in bezug auf das erfolgreiche Funktionieren der Betriebe, in denen sie dienen; gewöhnt, in den Stunden, die sie da verbringen, nur das Minimum an Arbeit zu leisten, weil sie wissen, daß sie kaum entlassen werden können oder, wenn doch, daß ihnen sofort andere Stellen offenstehen - wie sollen solche Menschen auf einen Führer reagieren, der ihnen sagt, ihr Tagewerk lohne sich, wenn sie hart und gut arbeiteten,? [...] Wie sollen Horden von mittelmäßigen administrativen Bürokraten, in vielen Fällen gut doppelt so viele, als für die betreffende Funktion nötig wären, auf eine staatliche Politik reagieren, die ihnen beibringt, sie seien überflüssig und müßten sich bald nach einer anderen Beschäftigung umschauen? Und was ist mit den höheren Bürokraten, den Mitgliedern der „Nomenklatura", die aufgefordert werden, viele ihrer Privilegien – ihre besonderen Kaufhäuser, Schulen und Datschas, ihre Wagen mit Chauffeur, ihre attraktiven Ferien – im Interesse eines Programms aufzugeben, dessen Härten sogleich spürbar sind, dessen vorteilhafte Früchte dagegen in weiter Ferne liegen? Was mit den hochrangigen Figuren rund um Gorbatschow, die da in einem Tempo, das sie sowohl gefährlich als auch unbequem finden, auf einem mit Hindernissen übersäten Weg vorwärtsgetrieben werden? Und wie wird sich das alles schließlich auf die reaktionären Führer der anderen Warschaupaktstaaten auswirken, die seit langem daran gewöhnt sind, ihre Völker im Namen des sowjetischen Vorbildes zu unterdrücken? Darf Gorbatschow angesichts von alldem hoffen, sein ganzes Programm zu einem erfolgreichen Ende zu führen? Natürlich nicht. Ziemlich sicher wird nicht sein volles Programm verwirklicht werden, ebenso sicher aber einiges davon: und wie wenig oder viel das sein mag, es kann schwerlich etwas anderes als eine Verbesserung sein. [...]

Wir leben in einem Zeitalter der Veränderung, zum Besseren oder zum Schlechteren, und Gorbatschow hat sich zu deren Werkzeug gemacht. Bei seinem Verschwinden, unter den heutigen Voraussetzungen, hätte Rußland nichts vor sich und nichts, zu dem es zurückkehren könnte. Würde das System ohne eine charismatische Führung die daraus entstehende Ziellosigkeit und Lähmung lange aushalten?

DIE ZEIT, Nr. 5 vom 25. Januar 1988, S. 34.

1 *Welche Widerstände und Gefahren für Gorbatschows Reformen nennt George F. Kennan?*
2 *Was spricht nach Meinung Kennans für ein Gelingen der Reformen?*
3 *Diskutieren Sie George F. Kennans Einschätzung nach dem gescheiterten Putsch vom August 1991.*

Wichtiges zusammengefaßt

1945   1950   1955   1960   1965   1970   1975   1980   1985   1990

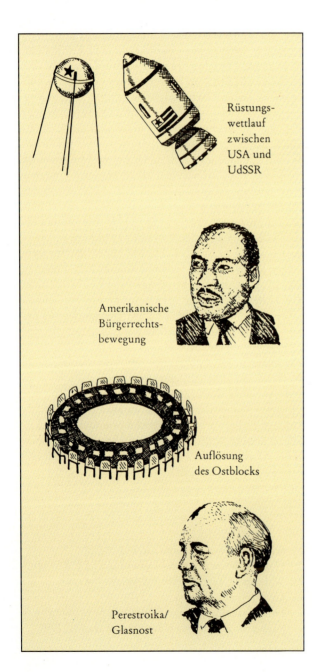

Rüstungswettlauf zwischen USA und UdSSR

Amerikanische Bürgerrechtsbewegung

Auflösung des Ostblocks

Perestroika/Glasnost

Die Beziehungen zwischen den beiden „Supermächten", den USA und der UdSSR, erreichten in den fünfziger Jahren einen Tiefpunkt. Der *„Kalte Krieg"* drohte mehrmals zu einem heißen, einem wirklichen Krieg zu werden. *Im Koreakrieg (1950-1953)* zeigten die USA, daß sie ihre Politik der Eindämmung gegenüber einer kommunistischen Machtausdehnung ernst meinten.

Nach dem Tode Stalins und durch die Entstalinisierung seines Nachfolgers Chruschtschow ermutigt, versuchte *Ungarn 1956,* in einem *Volksaufstand* seine Freiheit und Souveränität wiederzugewinnen.

Der Aufstand wurde blutig unterdrückt, ebenso wie drei Jahre zuvor eine Erhebung in der DDR.

In der *Kubakrise 1962* geriet die Welt an den Rand eines Atomkrieges. Diese Krise markiert aber auch einen Wendepunkt im Verhältnis der beiden Großmächte: An die Stelle der Konfrontation trat die Politik der *Koexistenz.*

Der *Einmarsch* der Warschauer-Pakt-Staaten in die ČSSR im *Jahre 1968* machte aber deutlich, daß die UdSSR jedoch trotz aller Entspannung nicht bereit war, eine Auflösung ihres Machtbereichs zu akzeptieren. In den siebziger Jahren einigten sich die beiden Großmächte auf eine ganze Reihe von Abkommen, die eine Kriegsgefahr verringern und den Rüstungswettlauf zu begrenzen versuchten. Ein Höhepunkt der *Entspannungspolitik* war die Konferenz für Sicherheit und Zusammenarbeit in Europa (KSZE), deren *Schlußakte 1975 in Helsinki* verabschiedet wurde.

Erst *1985/1986* begann Generalsekretär *Gorbatschow* die *UdSSR zu reformieren.* Dieser gesellschaftliche Umbau (*Perestroika*) und die damit verbundene Politik der Offenheit (*Glasnost*) veränderten nicht nur die Sowjetunion, sondern auch die gesamten internationalen Beziehungen. Der sowjetische Machtbereich löste sich auf, zwischen den *USA* und der *UdSSR* wurde *1987* zum ersten Mal ein wirklicher *Abrüstungsvertrag* geschlossen. Eine neue Ära der Zusammenarbeit begann.

In ihrem Roman „In meiner Mutter Haus" berichtet Kim Chernin über die Beziehungen zu ihrer Mutter Rose Chernin, die 1903 in einem russischen Ghetto geboren wurde und 1914 in die USA auswanderte. Während die Mutter in Amerika zu einer aktiven Kommunistin wird, sagt sich die Tochter von der sozialistischen Ideologie los, als sie nach einem Besuch in der Sowjetunion ernüchtert in die USA heimkehrt.

Ein Klopfen an der Tür
Fast sieben Jahre sind es nun, daß ich an dieser Arbeit sitze, die ich ihr zum Geschenk machen wollte. Und jetzt, wo wir schon soweit vorangekommen sind, spüre ich eine Gefährdung, bedrohlicher als alle, die wir bereits durchlebt haben. Eine Geschichte gibt es, die ich ihr nie erzählen wollte. Es war schwer genug, sie niederzuschreiben. […]
Ich habe niedergeschrieben, wie es kam, daß ich keine Kommunistin mehr sein wollte. Warum fällt es mir so schwer, ihr das zu erzählen? Weil sie ihr Leben gelebt hat im Glauben an die Sowjetunion, den sie nun nicht aufgeben kann? Warum fällt es mir so schwer, ihr die Wahrheit zu sagen? Weil sie nach einem Leben der Treue zur Sowjetunion glauben muß, so wie sie es tut? Weil sie in der McCarthy-Ära verfolgt, eingesperrt und vor Gericht gestellt worden ist wegen ihrer Überzeugung? Weil mein ideologischer Verrat viel schlimmer ist als der, den ich in der High School begangen habe? Oder wirkt, auch hier, die Angst, die Geschichte der Frauen in unserer Familie zu wiederholen?
Mein Leben lang habe ich bewundert, wie sie am Traumbild einer Welt des Friedens, der Gerechtigkeit, des Anstandes und der Freiheit festgehalten hat. Diese Prozesse und Säuberungen in den dreißiger Jahren, der Ungarnaufstand, Chruschtschows Rede vor dem XX. Parteitag, die Arbeitslager und Gulags, da braucht es Stärke, dachte ich, die Kraft einer festen Überzeugung, um weiter festzuhalten am Ideal, wie sehr die bösen Fehlentwicklungen ihr auch zusetzen mochten.
Ich hatte immer wenig für die übrig, die abfielen, die schwach wurden, wie ich es sah. Sollte ich eine von denen sein? Seit den Tagen, als ich Soja Kosmodejanskaja liebte, die Partisanenkämpferin, die mädchenhafte Heldin und Verteidigerin von Moskau, wollte ich nichts anderes als eine Frau wie meine Mutter werden. Und jetzt? Wer bin ich jetzt, aufgeschreckt um Mitternacht von meinen Schuldgefühlen?
Das Manuskript, der fertiggetippte erste Entwurf, liegt auf meinem Schreibtisch. Ich lege die Blätter zusammen und setze einen Titel darüber. Tagelang habe ich hin und her überlegt, aber ich bleibe dabei. Der Titel soll zeigen, daß ich auf meiner Reise in die Sowjetunion alles sah, was sie vor fünfundzwanzig Jahren nicht sehen konnte. […]
Sie war tief getroffen. Was ist mit ihr passiert? schrie sie. Ist das die Tochter, die ich nach Moskau geschickt habe? Ist das mein Kind, das ich aufgezogen habe?
Nein, sie ist es nicht. Sie wird es nie wieder sein, und das wirst du verstehen müssen. Ich bin achtzehn Jahre alt (Ich bin zweiundzwanzig Jahre alt. Ich bin fast dreißig. Ich bin schon sechsunddreißig.) Ich bin eine Dichterin. Ich bin kein politischer Mensch. Politik bedeutet mir einfach nichts. Kannst du das nicht begeifen? Ich bin nicht wie du. Ich bin ich.
Eine Dichterin, in diesem Wort lag so viel Verachtung, daß ich schauderte. Eine Dichterin, sie ist eine Dichterin. Das ist genau, was uns noch gefehlt hat, eine Dichterin mehr. Und die Welt steht am Rande des Untergangs. Wer bist du, daß du bestimmst, was die Welt braucht? Vielleicht bist du Gott und weißt, was die Welt retten wird?
Und so immer weiter, bis mein Vater ins Haus kam, ganz verstört. Es quälte ihn, denke ich heute, daß er beide Standpunkte verstehen konnte, aber keinen Weg fand, eine Einigung zwischen uns zustande zu bringen, so verstockt waren wir in unserem Zorn. Sie glaubte, ich hätte ihren Weg zu gehen. Und ich, auch wenn ich es nicht zugab, hatte das Gefühl, mit ihrer revolutionären Vision habe sie mich betrogen.
Sie ging aus dem Haus und schlug die Tür hinter sich zu. Ich konnte hören, wie sie ins Auto stieg. Mein Vater war für einen Moment zurückgeblieben. Du weißt, sagte er, daß wir Dichter immer bewundern. Sie besonders. Das weißt du. Aber du hast sie provoziert. Du hast dafür gesorgt, daß sie glaubt, daß du dich gegen alles gewandt hast, wofür sie steht.
Vielleicht stimmt das. Nein, es stimmt nicht. Bist du so sicher? Aber ich schrie nicht mehr. […]
Kim Chernin, In meiner Mutter Haus, Luchterhand Verlag, Frankfurt a.M. 1990, S. 274 ff.

3. Die Deutsche Frage 1949-1990

Als dieses Foto entstand, war die Lösung der Deutschen Frage bereits in greifbare Nähe gerückt. Aber kaum jemand hätte das an jenem 10. November 1989 wirklich für möglich gehalten. Am Abend zuvor hatten die DDR-Behörden erstmals nach 28 Jahren ihre Bürger ohne Formalitäten die Grenze von Ost- nach West-Berlin passieren lassen. Noch war aber das Brandenburger Tor geschlossen. Noch galt der Satz des Bundespräsidenten von Weizsäcker: „Die Deutsche Frage ist solange offen, wie das Brandenburger Tor geschlossen ist." Aber auf der Mauer vor dem Tor konnten die Berliner bereits Freudentänze aufführen, und bald würden die „Mauerspechte" den Beton durchlöchern. Die Öffnung des Brandenburger Tores war nur noch eine Frage der Zeit.

Die Spaltung Deutschlands durch die Auseinanderentwicklung der Besatzungszonen in Ost- und Westdeutschland hatte 1949 nicht irgendwelche deutschsprachige Staaten geschaffen. Es waren die zwei Staaten mit der strengsten Abgrenzung in ganz Europa. Es waren Staaten, die auch verschiedene Wirtschafts- und Gesellschaftssysteme trennten – amerikanisches Vorbild hier, sowjetisches Vorbild da.

Die Teilung, die durch die Einbindung in die verfeindeten Militärblöcke der NATO und des Warschauer Vertrages besiegelt wurde, war für die Dauer des Ost-West-Konfliktes nahezu unüberwindlich geworden.

Die Teilung betraf nicht nur das Verhältnis zwischen den Regierungen, die sich die ersten zwei Jahrzehnte gegenseitig die Existenzberechtigung abstritten und sich auch nach ihrer gegenseitigen Anerkennung mit Mißtrauen begegneten.

Die Teilung traf auch die einzelnen Bürger. Städte, Dörfer und Familien wurden durch die Grenze getrennt. So zwangen die innerdeutsche Grenze - seit 1952 durch die DDR immer lückenloser gesichert - und die Berliner Mauer ab 1961 jeden Ausreisewilligen aus der DDR zur Resignation oder zu einer lebensgefährlichen Flucht. Der Schießbefehl der DDR-Regierung und die Selbstschußanlagen am Metallgittergrenzzaun bedeuteten für viele DDR-Flüchtlinge den Tod.

Die systematische Absperrung der beiden Landesteile sollte auch Mauern in den Köpfen aufbauen. Staatsbedienstete in der DDR durften keine „Westkontakte" haben. Nur Rentner und Parteiprivilegierte konnten die Bundesrepublik Deutschland besuchen. Die Bundesbürger schreckten Grenzschikanen der DDR von Besuchen im Osten ab. Telefonieren zwischen den deutschen Staaten glich einem Glücksspiel um eine freie Leitung. So wurden sich die Menschen in beiden Staaten trotz gemeinsamer Sprache und Kultur allmählich fremd.

Zwar blieb in der DDR stets das Interesse am westlichen Nachbarn lebendig. Das Fernsehen der Bundesrepublik bot ihr so etwas wie ein Schaufenster des Westens, in den man nicht reisen konnte. Aber in der Bundesrepublik verblaßte bei vielen die Vorstellung vom Deutschland östlich der Elbe.

Angesichts dieser Entwicklung ist es nicht verwunderlich, daß 1984 zwei Drittel der Jugendlichen der Bundesrepublik angaben, für sie sei Deutschland identisch mit der Bundesrepublik Deutschland. Nur für ein Fünftel umfaßte Deutschland die DDR und die Bundesrepublik, und lediglich 2 % verbanden mit Deutschland noch das Deutsche Reich in den Grenzen von 1937. Für nahezu drei Viertel der Jugendlichen erschien damals eine Wiedervereinigung ausgeschlossen, wenn auch wünschenswert. Grundsätzlich hielten in der Mitte der achtziger Jahre viele eine Ansiedlung des Menschen auf dem Mond eher für möglich als ein Ende des Ost-West-Konfliktes und damit der deutschen Teilung.

Das erklärt die Fassungslosigkeit in Deutschland und in Europa, als kurz nach den Feiern zum 40. Jahrestag der DDR-Gründung die SED-Herrschaft von einer riesigen Oppositionswelle ins Wanken gebracht wurde und von den Sowjets keine Unterstützung erhielt. Die Möglichkeit einer deutschen Einigung wurde wieder aktueller. Über 40 Jahre versteinerte Verhältnisse brachen auf. Erstmals konnte sich der Wille der Betroffenen durchsetzen. Kein Jahr nach jenem denkwürdigen 9. November 1989 waren die absurdesten Grenzanlagen in Europa abgebaut und die beiden deutschen Staaten vereint.

Brandenburger Tor mit Mauer am 9. November 1989.

Die Bundesrepublik Deutschland

Die Ära Adenauer 1949-1963

Eingeschränkte Souveränität und Adenauers Ziele

Infolge des Kalten Krieges entwickelten sich zwei deutsche Staaten, die einander ablehnend gegenüberstanden. In beiden Staaten waren fremde Truppen stationiert, beiden fehlte es an äußerer und innerer Unabhängigkeit. In der Bundesrepublik Deutschland begrenzte ein *Besatzungsstatut* die Handlungsmöglichkeiten der Regierung im Innern. Die Außenpolitik wollten die Westalliierten stellvertretend für die Bundesregierung übernehmen und überließen ihr deshalb nur geringe Spielräume. Die Regierung der DDR zeigte sich von Anfang an „moskautreu", um zunächst in der sozialistischen Gemeinschaft Anerkennung zu finden.
Bereits 1949 war die NATO gegründet worden, in der sich die USA, Kanada und 10 westeuropäische Länder gegen die Sowjetunion zu einer Verteidigungsgemeinschaft freiheitlicher Demokratien zusammenschlossen. Als dann der Kalte Krieg 1950 in den Korea-Krieg mündete, wuchsen die Gegensätze zwischen den USA und der Sowjetunion. Unter dem politischen und wirtschaftlichen Einfluß der USA rückten die westeuropäischen Staaten enger zusammen und grenzten sich gegen die sowjetisch beeinflußten Staaten des Ostblocks ab. Diese waren mittlerweile zu Volksdemokratien* geworden, in denen eine kommunistische Partei Staat und Gesellschaft beherrschte.
Für Bundeskanzler Konrad Adenauer (CDU) ergaben sich aus der Lage Westdeutschlands im Europa des Kalten Krieges zwei große außenpolitische Ziele, die aufeinander aufbauten: erstens die Erlangung der inneren Souveränität*, zweitens die Herstellung der deutschen Einheit.
Die innere Souveränität konnte in absehbarer Zeit nur um den Preis der außenpolitischen Abhängigkeit erlangt werden, also durch die Einbindung in eine Gemeinschaft der westlichen Staaten, an die eine *Wiederbewaffnung* Deutschlands geknüpft war. Erst nach dem Erreichen der Souveränität sollte die Frage der deutschen Einheit gelöst werden.

Westintegration und deutsch-französische Freundschaft

Die Idee eines politisch geeinten Europa hatte schon lange Anhänger in vielen Ländern Westeuropas und in allen deutschen Parteien der Nachkriegszeit. Adenauer wollte die Bundesrepublik Deutschland fest an den freiheitlichen Westen anbinden. Die Aussöhnung mit Frankreich sollte dabei eine Schlüsselrolle spielen. 1950 einigten sich die Bundesrepublik Deutschland und Frankreich, ihre Kohle- und Stahlproduktion künftig gemeinsam zu planen (*Schuman-Plan*). Damit war nicht nur der Weg zur Aufnahme der Bundesrepublik Deutschland in den *Europarat* 1951 frei. Für Frankreich und die Bundesrepublik Deutschland war das auch der Beginn für die Überwindung der jahrhundertealten „Erbfeindschaft". Ein deutsch-französisches Jugendwerk wurde gegründet und führte von nun an deutsche und französische Jugendliche zusammen. Nach wechselseitigen Besuchen unterzeichneten Adenauer und de Gaulle 1963 den „Deutsch-Französischen Freundschaftsvertrag".

Wiederbewaffnung und NATO Mitgliedschaft

Der Korea-Krieg belebte bei den Westmächten wie bei Adenauer den Wunsch nach einem deutschen Verteidigungsbeitrag für den Westen. Um einem neuen deutschen Militarismus vorzubeugen, dachte man an die Bildung einer europäischen Armee mit deutschen Truppenteilen. Trotz heftiger Ablehnung durch SPD, Gewerkschaften und KPD wurde die Gründung einer *Europäischen Verteidigungsgemeinschaft* 1953 vom Bundestag gebilligt, scheiterte aber am französischen Parlament, das eine Einschränkung nationaler Souveränitätsrechte befürchtete. Allerdings eröffneten die Westmächte bald eine Ersatzlösung: 1955 wurde die Bundesrepublik Deutschland in die NATO aufgenommen, unterstellte ihre nun zu bildenden Truppen dem NATO- Oberbefehl und erhielt dafür die Souveränität. Der „Deutschlandvertrag" mit den USA, England und Frankreich legte fest, daß die Bundesrepublik Deutschland als Teil der freien Welt aus dem Zustand des besetzten Landes entlassen wurde und alle Angelegenheiten

Die Deutsche Frage 1949–1990

Vier Monate nach dem Staatsbesuch de Gaulles in der Bundesrepublik wurde der Deutsch-französische Freundschaftsvertrag unterzeichnet (22. Januar 1963).

Bundeskanzler Adenauer besucht im Januar 1956 die erste Einheit der neuen Bundeswehr.

selbst regeln konnte. Davon ausgenommen waren nur drei Punkte: die Berlin-Frage, Deutschland als Ganzes und der Abschluß eines Friedensvertrages.

Wiedervereinigung über eine Politik der Stärke?

Die politische, wirtschaftliche und militärische Westintegration, die bis heute die Grundlage unserer Außenpolitik bildet, war keineswegs unumstritten. Besonders die Wiederbewaffnung stieß in den fünfziger Jahren auf heftige Ablehnung der SPD, der Gewerkschaften und von Teilen beider Kirchen. Der Protest erreichte einen Höhepunkt, als 1958 Atomwaffen für die Bundeswehr geplant wurden, bis Frankreich diesen Plan verhinderte. Adenauers Politik der Westintegration wurde von der Opposition auch deshalb abgelehnt, weil seine „Politik der Stärke" die deutsche Einheit eher zu verhindern als zu befördern schien.

Antikommunismus

Andererseits verstärkte die Westintegration der Bundesrepublik Deutschland eine scharfe Abgrenzung von der DDR und den sowjetisch kontrollierten Staaten. Antikommunismus und Antisowjetismus wurden zu beherrschenden politischen Richtlinien in der Bundesrepublik Deutschland wie in anderen westlichen Ländern der Zeit des Kalten Krieges. Jede Opposition lief Gefahr, als „kommunistisch" oder „moskauhörig" eingestuft zu werden. Nachdem 1956 die KPD vom Bundesverfassungsgericht als verfassungswidrig verboten worden war, wurde „kommunistisch" gleichbedeutend mit „staatsfeindlich".

Erich Kästner auf einer Kundgebung gegen die Atombewaffnung 1958 im Münchener Zirkus Krone.

Die Deutsche Frage 1949-1990

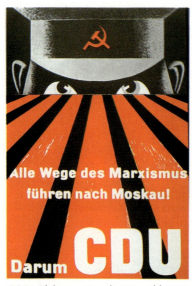

CDU-Plakat zur Bundestagswahl 1953.

Das Verhältnis Bundeskanzler Adenauers zu seinem Kabinett in der Karikatur (E. M. Lang).

„Bonn ist nicht Weimar"

Im Gegensatz zur Weimarer Republik begann die Bundesrepublik Deutschland mit einer langen Stabilitätsphase. Adenauer regierte 14 Jahre lang mit sicherer Mehrheit (vgl. Sitzverteilung im Bundestag).
1953 war die Fünf-Prozent-Klausel für die Bundestagswahlen eingeführt worden. Damit schieden Splitterparteien aus. Das Parteiensystem verengte sich auf das später typische Vierparteiensystem von CDU, CSU, FDP und SPD.
Adenauer errang seinen größten Erfolg 1957. Unter dem Slogan „Keine Experimente!" erhielt die Union eine absolute Mehrheit. Der Konservativismus war das beherrschende Zeitgefühl der fünfziger Jahre und Adenauer sein Repräsentant. Sein energischer Regierungsstil prägte den Begriff der „Kanzlerdemokratie". Entscheidungen setzte er notfalls auch gegen die eigene Partei und Fraktion durch. Das wurde aber hingenommen, weil er Stabilität garantierte.

Von Weltanschauungs- zu Volksparteien

Abgesehen von der Wiedervereinigung war Adenauer sehr erfolgreich. Vor allem der wirtschaftliche Aufschwung in seiner Regierungszeit wurde ihm allgemein hoch angerechnet. Er verkörperte Sicherheit in der Nachkriegszeit und machte die CDU/CSU zur Volkspartei, in der Katholiken und Protestanten, Fabrikanten und Handwerker, Angestellte und Bauern gleichermaßen eine politische Heimat fanden.
Die SPD sah deshalb nur mehr dann eine Chance, zu einer regierungsfähigen Mehrheit zu kommen, wenn sie sich von ihrem alten antikapitalistisch-klassenkämpferischen Programm verabschiedete. 1959 wurde das *Godesberger Programm* erarbeitet, das die SPD als eine Volkspartei auswies, für die eine parlamentarische Demokratie, die Menschenrechte, soziale Gerechtigkeit und die Solidarität mit Benachteiligten ebenso wichtig waren wie die bisher abgelehnte Landesverteidigung.

Das Wirtschaftswunder

Nicht die „hohe Politik", sondern die Alltagsnöte beherrschten das Denken in der Nachkriegszeit. So ist von den fünfziger Jahren vor allem der Wirtschaftsaufschwung im Gedächtnis geblieben.
Die Hunger- und Elendsjahre bis zur Währungsreform hatten keine rasche Verbesserung der Wirtschaftslage erwarten lassen. Nach der Währungsreform verschlechterte sich die Lage des kleinen Mannes noch.

Die Deutsche Frage 1949-1990

Bundestagswahl 1957: Der „Alte" als Stabilitätsgarant.

„Wohlstand für Alle" – das Motto der Sozialen Marktwirtschaft von Bundeswirtschaftsminister Ludwig Erhard.

Die Preise schnellten hoch, obwohl die Einkommen gleichblieben, die Arbeitslosigkeit stieg bis 1950 auf zwei Millionen und drohte durch den ständigen Flüchtlingsstrom aus der DDR noch zu wachsen. Die Währungsreform schien vor allem den Wohlhabenden genutzt zu haben.

Das von Ludwig Erhard, dem Wirtschaftsminister, verkündete Konzept der sozialen Marktwirtschaft*, das „Wohlstand für alle" versprach, erschien wenig erfolgversprechend. SPD und Gewerkschaften forderten energische staatliche Eingriffe in die Wirtschaft.

Ab 1950 aber wuchs allmählich die Produktion, weil die niedrigen Löhne und der hohe Ausbildungsstand der Arbeitenden deutsche Waren auf dem Weltmarkt konkurrenzfähig machten. Mitte der fünfziger Jahre war dann die Vollbeschäftigung erreicht.

Die unerwartete Geschwindigkeit der Verbesserung ließ diese Entwicklung als „Wirtschaftswunder" erscheinen. Tatsächlich aber beruhte es auf einer weit verbreiteten Leistungsbereitschaft, einem bis 1955 unveränderten Lohnniveau, steuerlichen Anreizen für Unternehmen, einem Zustrom qualifizierter Arbeitskräfte aus der DDR und einer günstigen Entwicklung der Weltwirtschaft. Das stetige Wirtschaftswachstum hielt bis 1966 an.

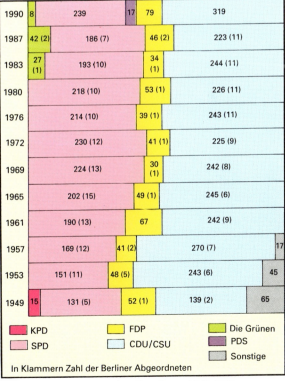

Sitzverteilung im Deutschen Bundestag 1949-1990.

Die deutsche Frage 1949-1990

Integration der Vertriebenen und Flüchtlinge

Bis 1950 waren auf dem Gebiet der Bundesrepublik Deutschland fast 8 Mio. Vertriebene angekommen (16 % der Einwohner). Den Hauptanteil stellten in Bayern die Sudetendeutschen. Sie ersetzten vor allem die Kriegsgefangenen in Landwirtschaft und Industrie. Zwischen 1950 und 1961 kamen noch 1,5 Mio. Flüchtlinge aus der DDR und fast 1 Mio. Deutsche aus anderen Ländern, nun Aussiedler genannt, so daß insgesamt über 10 Mio. neue Bürger Arbeit und Wohnung finden mußten.

So günstig ihr hoher Ausbildungsgrad für die Wirtschaftsentwicklung der fünfziger Jahre insgesamt war, so sehr belastete zunächst eine große Arbeitslosigkeit unter den Vertriebenen ihre Familien und die allgemeine Stimmung, bis dann ab 1950 die Konjunktur in Gang kam. Daß die Fremden hier rasch eine neue Heimat fanden und die sozialen Konflikte gering geblieben sind, darf als eine große Leistung der Bundesrepublik Deutschland gelten.

Aufbau des Sozialstaats

Eine große Hilfe für die Verbesserung der Lage der wirtschaftlich und sozial Schwachen brachte ein umfassendes sozialpolitisches Programm der Bundes

Wiederaufbau nach dem Krieg. Neubausiedlung in München 1953.

regierung. 1950 begann der *soziale Wohnungsbau*. Mit staatlichen Zuschüssen konnten bis 1955 fast 2 Mio. preiswerte Wohnungen gebaut werden. Ab 1952 kam dann das *Lastenausgleichsgesetz* denen zugute, die durch Krieg oder Vertreibung alles verloren hatten.

Für die Rentner bedeutete die Einführung der dynamischen Altersversorgung 1957 eine deutliche Verbesserung. Statt wie bisher von der Höhe der geleisteten Beiträge wurde jetzt die Rente von der Höhe der Bruttolöhne abhängig.

Auf dem Gelände einer Sprengstoffabrik errichteten 1946 vertriebene Sudetendeutsche aus Gablonz eine Siedlung (Neu-Gablonz) und stellten Glasschmuck wie in ihrer Heimat her.

Die Deutsche Frage 1949-1990

Lebensgefühl der fünfziger Jahre

Bei Betriebsschluß vor einem Münchener Motorenwerk 1955: Hauptverkehrsmittel ist immer noch das Fahrrad, aber schon beginnt das Zeitalter des Kleinwagens (Kabinenroller, Lloyd Alexander, Isetta). Aber auch ein „Leukoplastbomber" kostet fast ein Jahreseinkommen eines Arbeiters.

Tütenlampe, Resopal-Tisch in Oval- oder Dreiecksform gerundet mit schrägstehenden Beinen (Nierentisch), Mehrzwecktischchen mit Plastikumleimer an den Kanten, Schaumstoffpolstersessel, kubistische Linien des Kaffeegeschirrs, die Frau des Hauses im Sackkleid, Gemütlichkeit für den Hausherrn verbreitend, und die Exotik im Wandbild – so präsentiert sich die schöne neue Häuslichkeit.

Die Amerikanisierung des Alltags

Brav und gesittet im Petticoat die Dame, im Bürstenhaarschnitt und Anzug der Herr – beide fasziniert von der Jukebox, dem Groschen-Plattenautomaten im Lokal.

Wild und ausgelassen mit jeder Konvention brechend, das sind die „Halbstarken" – er in Hawaii-Hemd, auf Krepp-Sohlen, im Haar die „Elvis-Tolle", sie in Edel-Jeans und ärmellosem Ringelpulli mit Halstuch, die Haare kurz wie Conny, die deutsche Rock and Roll-Sängerin. Rock wird auch deswegen getanzt, um sich gegen die Elterngeneration abzugrenzen.

Die Deutsche Frage 1949-1990

Auseinandersetzung um die deutsche Wiederbewaffnung 1950-1954

1 a Geheimes Memorandum der US-Regierung vom 1.2.1951

Es ist eine politisch lebensfähige Bundesrepublik errichtet worden, aber nicht überall hat sich der Aufbau ihrer Institutionen völlig gesund entwickelt. Adenauer hat als Regierungschef gewisse autoritäre (allerdings keine faschistischen) Züge an den Tag gelegt; das gilt besonders für seine Neigung, das Parlament zu ignorieren; und zu viele ehemalige Nazis kehren wieder ins öffentliche Leben zurück. [...]
Das Dilemma, in dem wir uns mit unserer Politik befinden, wird besonders deutlich in der Frage einer deutschen Beteiligung an der Verteidigung Europas. Da der sowjetische Druck die frühe Verwendung deutscher Hilfsmittel unumgänglich macht, glauben wir, daß Deutschland so früh wie möglich in das westeuropäische Verteidigungssystem miteingebunden werden muß.

Rolf Steininger, Deutsche Geschichte 1945-1961, Frankfurt/M. 1983, S. 402.

- *Erklären Sie die Haltung der USA zur deutschen Wiederbewaffnung. Wie wird Adenauer in diesem Memorandum beurteilt?*

1 b Regierungserklärung Adenauers zum Pariser Abkommen vom 15.12.1954

Eines der bedeutsamsten Ergebnisse der Pariser Konferenz, das auch die Grundlage für alle weiteren Beschlüsse über die deutsche Beteiligung an der gemeinsamen Verteidigung Europas und der atlantischen Staatengruppe bildet, ist die Wiederherstellung der deutschen Souveränität im Bereiche der Bundesrepublik. [...]
Die Bundesregierung weist nachdrücklich die Behauptung zurück, daß die Spaltung Deutschlands durch die Wiederherstellung der Souveränität für einen Teil Deutschlands vertieft oder verhärtet werde. Sie hat auch bei der Neuformulierung der Vertragstexte sorgfältig darauf Bedacht genommen, daß jene Elemente der Viermächte-Vereinbarungen von 1945 unberührt bleiben, die die Bewahrung der staatlichen Einheit Deutschlands und seine Wiedervereinigung betreffen. Nur aus diesem Grunde hat sie der Aufrechterhaltung der Verantwortlichkeit der drei Westmächte für Berlin, die Wiedervereinigung und den Friedensvertrag und der Beibehaltung der damit verbundenen Rechte zugestimmt...

Dokumente der Deutschen Politik und Geschichte von 1848 bis zur Gegenwart, Bd. 8, hrsg. v. K. Hohlfeld, Berlin o. J., S. 525 f.

1 c Aus der Rede Erich Ollenhauers (SPD) vom 15.12.1954

Der Herr Bundeskanzler hat in Paris eine große Zahl von Verträgen und Vereinbarungen unterzeichnet; aber eine Vereinbarung und eine Unterschrift fehlt: Es gibt auch unter den Pariser Dokumenten keine Vereinbarung über die gemeinsame Politik zur Verwirklichung des Ziels der deutschen Wiedervereinigung; im Gegenteil, in Paris ist zwar nicht schriftlich, aber tatsächlich festgelegt worden, daß neue Verhandlungen mit der Sowjetunion über das Problem der deutschen Einheit erst nach der Ratifizierung der Verträge ins Auge gefaßt werden sollen. Der Herr Bundeskanzler hat sich diese These wiederholt und ausdrücklich zu eigen gemacht, auch in seiner heutigen Rede. Damit ist eindeutig der Aufrüstung der Bundesrepublik der Vorrang vor der Wiedervereinigung gegeben worden. Daß diese Entscheidung im Widerspruch steht zu den wiederholten einstimmigen Beschlüssen des Bundestages, steht außer jedem Zweifel.

Dokumente der Deutschen Politik und Geschichte von 1848 bis zur Gegenwart, Bd. 8, hrsg. v. K. Hohlfeld, Berlin o. J., S. 538 f.

1 *Fassen Sie die Beschlüsse der Pariser Konferenz zusammen.*
2 *Erklären Sie, was Souveränität für die Bundesrepublik Deutschland heißt. Welche Bereiche sind von ihr ausgenommen?*
3 *Erklären Sie den Zusammenhang der Pariser Verträge von 1954 mit der Frage der deutschen Einheit (Potsdamer Abkommen 1945). Welche Bedenken trägt Ollenhauer vor? Nehmen Sie dazu Stellung.*

Soziale Entwicklungen

1 Gerd Bucerius: Lastenausgleich – die größte Vermögensabgabe der Geschichte

Q Manchmal fällt einem der Abschied nicht schwer. Seit dem 1. April 1949 mußte ich an das Finanzamt jedes Vierteljahr 650 Mark „Lastenausgleich" zahlen, jährlich 2600, in dreißig Jahren zusammen 78 000 Mark.
5 Das ist vorbei. Eben habe ich die letzte Rate gezahlt (und den Dauerauftrag bei der Bank widerrufen).[...] Sie (gemeint ist die Abgabe) war mir auferlegt worden, weil ich am Stichtag der Währungsreform (30. Juni 1948) Vermögen gehabt hatte. Daß ich es inzwischen
10 verloren hatte, spielte keine Rolle. Wie mir ging es vielen: Über drei Millionen Westdeutsche, die etwas Vermögen gerettet hatten, sollten zahlen. 37 Milliarden wurden ihnen aufgebrummt, die sie, mit Zinsen, in dreißig Jahren abstottern mußten. [...] 37 Milliarden
15 der neuen Deutschen Mark, zu zahlen von drei Millionen Bürgern, das war die größte Vermögensabgabe der Weltgeschichte. Ein gewaltiges Gesetz; heute ist es fast vergessen. Wie kam es zustande? Nach dem Kriege waren in das Gebiet der heutigen Bundesrepublik
20 (damals „Tri-Zone" genannt) zunächst sechs, später fast zehn Millionen Vertriebene aus dem Osten gekommen, viele nur mit durchgewetzten Schuhsohlen, einige mit einem kleinen Koffer, die ganz Klugen mit Unterlagen darüber, was sie im Osten verloren hatten. Das waren
25 zusammen etwa vierzig Milliarden Reichsmark. Der Bombenkrieg hatte zudem fast ein Drittel des deutschen Hausbesitzes zerstört. Verlust etwa zwölf Milliarden Reichsmark. Auch die Währungsreform hatte Schäden verursacht: Wer einem anderen ein Darlehen
30 von tausend Reichsmark gegeben hatte, konnte nur noch zehn Prozent davon, also hundert Deutsche Mark fordern. [...] Verluste: etwa zehn Milliarden. Alle Schäden zusammen ergeben sechzig Milliarden Reichsmark.
DIE ZEIT vom 13. April 1979.

1 Erklären Sie die Gründe und die Funktionsweise des Lastenausgleichs. Wer kam in seinen Genuß, welche Gruppen der Kriegsgeschädigten nicht?
2 Vergleichen Sie den Weg des Lastenausgleichs mit den Maßnahmen zur Förderung der Wirtschaft in den neuen Bundesländern.

2 Zur Situation von Frauen

2 a *Ergebnis der Auswertung von Gesprächen mit alleinstehenden Frauen über ihre Situation in der Nachkriegszeit und in den fünfziger Jahren:*
Q [...] Weibliche Arbeitskräfte wurden auf dem Stellen- und Arbeitsmarkt der beginnenden fünfziger Jahre, verglichen mit den Männern, empfindlich benachteiligt. Bei der Vergabe der knappen freien Stellen wurden Kriegsheimkehrer bevorzugt und Frauen entweder nicht eingestellt, oder aber in schlechter bezahlte Tätigkeiten abgedrängt. Hinzu kam, daß Anfang der fünfziger Jahre die nach dem Krieg ausgesetzten Arbeitsschutzbestimmungen für Frauen wieder eingeführt wurden und diese aus vielen Berufen wieder ausschloß. Die zwischen Männern und Frauen bestehende beträchtliche Lohnungleichheit traf gerade die alleinstehenden Frauen [...] besonders hart. Frauen verdienten höchstens zwei Drittel dessen, was Männer für die gleiche Arbeit bekamen. [...]
S. Meyer und E. Schulze, „Allein war's schwieriger und einfacher zugleich", in: Frauen in der Geschichte, Bd. V, hrsg. v. A.-E. Freier und A. Kuhn; Düsseldorf 1984, S. 366-370.

2 b *Anteil weiblicher Absolventen an Bildungsabschlüssen im Vergleich zu männlichen (in %):*

	1950		1980	
Hauptschülerinnen	49,3	(51,7)	47,7	(52,3)
Realschülerinnen	54,1	(45,9)	53,6	(46,4)
Abiturientinnen	32,4	(67,6)	45,0	(55,0)
Staats-/Diplomprüfung	15,8	(84,2)	40,1	(59,9)

2 c *Durchschnittlicher Bruttowochenverdienst von Frauen und Männern in der Industrie (in DM):*

	1950	1960	1970	1980
Frauen	38	80	182	408
Männer	70	134	293	596

Tabellen zusammengestellt nach: Arbeits- und Sozialstatistik, hrsg. vom Statistischen Bundesamt, Wiesbaden 1984.

● Beschreiben Sie die Lage alleinstehender Frauen nach 1945 und ihre Veränderung während der fünfziger Jahre. Wo sehen Sie besondere Ungerechtigkeiten? In welcher Situation befinden sich heute alleinstehende Frauen?

Die Deutsche Frage 1949-1990

Von der Ära Adenauer bis zum Ende der Großen Koalition (1960-1969)

Anzeichen des politischen Wandels

Scheu vor politischem Engagement. Wenn Demokratie von kritischem Engagement und Mitbestimmung des einzelnen lebt, so zeigte die Mehrheit der Bevölkerung der Bundesrepublik Deutschland besonders in den fünfziger Jahren daran erheblichen Mangel. Zwar lag die Wahlbeteiligung stets sehr hoch, aber nach Umfragen interessierten sich nur wenige stark für Politik. Die verbreitete Haltung hieß „Ohne mich". Daran waren vor allem Erfahrungen der NS-Zeit schuld. Parteipolitisches Engagement wurde als Opportunismus verdächtigt („politisch Lied, ein garstig Lied"), und die Zurückhaltung gegenüber dem politischen Prozeß galt als Absicherung gegen falsche Parteinahme.

Restaurative Züge. Vergleicht man, was alle Parteien in ihren ersten Programmen als Ziele formuliert hatten, mit dem Stand von 1960, so sieht man, daß auf vielen Gebieten den theoretischen Absichten keine Neuorientierung folgte, sondern eine Rückkehr zu traditionellen Positionen. Schon unter den Zeitgenossen wurde deshalb diese Zeit als „Restauration" kritisiert. In der Bildungsorganisation z. B. setzten sich nach anfänglichen Reformversuchen wieder alte Modelle durch. Ein deutliches Beispiel ist auch die Stellung der Frau: Im Grundgesetz wurde die Gleichberechtigung garantiert, tatsächlich aber verblieb in der Regel die Rolle als Hausfrau und Mutter.

Ein besonderes Problem stellte das Erbe des Nationalsozialismus dar. Beim Neuaufbau der Staatsverwaltung wurden auch ehemalige NSDAP-Mitglieder beschäftigt und stiegen oft bis in Spitzenpositionen auf. Die Zweifel an ihrem Gesinnungswandel belasteten die Glaubwürdigkeit des neuen Staates vor allem bei der jüngeren Generation. Das Erstarken der NPD (7,4 % bei den Landtagswahlen in Bayern 1966) ließ ein Aufleben der Vergangenheit befürchten.

Die „Spiegel-Affäre". Ein Signal für die Veränderung allgemeiner politischer Einstellungen war die sogenannte „Spiegel-Affäre" vom Herbst 1962. Nach der Veröffentlichung eines Artikels im „Spiegel", der militärische Probleme der NATO behandelte, wurden auf Veranlassung des damaligen Verteidigungsministers *Franz Josef Strauß* der Herausgeber und mehrere Redakteure des politischen Wochenmagazins verhaftet, die Redaktionsräume durchsucht und Materialien beschlagnahmt.

Das gesamte Vorgehen war ein schwerer Eingriff in die Pressefreiheit, denn einen „Abgrund an Landesverrat" – so Adenauer zur Rechtfertigung der Aktion vor dem Bundestag – gab es nicht. Die Affäre löste große Empörung in der Öffentlichkeit aus. Gerade was die Pressefreiheit betraf, war die Sensibilität gewachsen. Die Folge war, daß Franz Josef Strauß als Minister zurücktreten mußte, das Kabinett wurde umgebildet. Die Adenauer-Ära schien ihrem Ende entgegenzugehen, noch bevor der „Alte" 1963 sein Amt an Ludwig Erhard abgab.

NPD-Parteitag 1968 in Siegen: Das Anwachsen der Nationaldemokratischen Partei, die als Nachfolgepartei der NSDAP angesehen wurde, war für die APO ein Beweis mangelnder Demokratie in der Bundesrepublik Deutschland.

Wirtschaftskrise und Bildung der Großen Koalition

Die erste Phase in der Geschichte der Bundesrepublik Deutschland war aber erst mit der ersten Wirtschaftskrise 1966 zu Ende. Ausgerechnet Ludwig Erhard, der „Vater des Wirtschaftswunders", konnte als Kanzler keine Lösung für sie anbieten. Deshalb wurde auf Betreiben des SPD-Politikers *Herbert Wehner* eine Große Koalition aus CDU/CSU und SPD gebildet. Damit verschwand die starke Opposition aus dem Parlament wie sie seit 1949 die SPD darstellte. Nun fragten sich zunehmend mehr Bürger, wie eine wirksame Kontrolle der politischen Macht stattfinden solle.

Überwindung der Wirtschaftskrise. Die „Elefanten-Hochzeit" von CDU/CSU und SPD ermöglichte es der Regierung Kiesinger (CDU), rasch neue wirtschaftspolitische Gesetze durch das Parlament zu bringen. Das „Stabilitätsgesetz" von 1967 verpflichtete den Staat zu einem antizyklischen Wirtschaftsverhalten, d. h. in einer Wirtschaftskrise muß der Staat gezielt wachstumsfördernde Aufträge vergeben und sich dazu notfalls verschulden. Finanzminister Franz Josef Strauß (CSU) und Wirtschaftsminister Karl Schiller (SPD) wurden zu den Symbolfiguren der ökonomischen Leistungskraft der Großen Koalition. Rasch setzte ein Konjunkturaufschwung ein.

Notstandsgesetze. Die Große Koalition wollte ihre 2/3-Mehrheit auch dazu benutzen, den letzten Rest der inneren Souveränität zu erlangen. Die Westmächte hatten sich nämlich im Deutschlandvertrag vorbehalten, im Fall von Katastrophen oder Aufständen, im sogenannten *Notstandsfall* also, in Westdeutschland wieder selbst zu regieren, um ihre hier stationierten Truppen schützen zu können. Um dieses alliierte Recht abzulösen, wollte die Bundesregierung auch im Notstandsfall die Sicherheit ohne die Verbündeten gewährleisten können. Dazu hielt sie eine Einschränkung der Grundrechte im Notstandsfall für erforderlich. Durch eine Grundgesetzänderung wurden diese Notstandsgesetze im Juni 1968 vom Bundestag gebilligt.

Protestbewegung und kultureller Wandel

Außerparlamentarische Opposition (APO). Gegen diese Notstandsgesetze regte sich nicht nur der Protest der FDP (als einziger Oppositionspartei im Bundestag) und der Gewerkschaften. Besonders Studenten traten als außerparlamentarische Opposition gegen die Möglichkeit staatlichen Machtmißbrauchs auf.

Die Studenten hatten sich zunächst für bessere Studienbedingungen eingesetzt und die Abschaffung traditioneller Organisationsformen gefordert. Dabei spielte der „Sozialistische Deutsche Studentenbund" (SDS) mit marxistischen Analysen der Gesellschaft eine führende Rolle. Er sah undemokratische Praktiken im Kapitalismus begründet.

Beginn der Studentenbewegung: Der Kampf um die Universitätsreform als Befreiung von Resten nationalsozialistischen Erbes.

Studentendemonstration gegen die Notstandsgesetze vor dem Siegestor in München im Mai 1968.

Die Deutsche Frage 1949-1990

Vietnam-Demonstration in West-Berlin 1968: Der unerklärte Krieg der USA gegen das kommunistische Nord-Vietnam lieferte der APO das Feindbild des hemmungslosen kapitalistischen Aggressors. Che Guevarra und Ho Chi Minh wurden dagegen die Vorbilder für einen Befreiungskampf der Dritten Welt, der sich auf den Marxismus-Leninismus berief.

Die Eskalation des Vietnamkrieges war für den SDS ein besonders verwerfliches Beispiel für das angeblich menschenverachtende Machtstreben der kapitalistischen Supermacht und Gegenstand zahlloser politischer Aktionen. Durch neue Protestformen wie Straßendemonstrationen und Sitzblockaden kam es zu Auseinandersetzungen zwischen der APO und der Polizei.

Gewaltfrage. Als am 2. Juni 1967 in Berlin (West) bei einer Demonstration gegen den Schah von Persien ein Student erschossen wurde, blieben die Demonstrationen zumeist noch friedlich. Nachdem aber im April 1968 Rudi Dutschke, ein Wortführer der Studentenbewegung und zugleich „Buhmann" der „Bild"-Zeitung, durch Schüsse eines jugendlichen Rechtsradikalen lebensgefährliche Verletzungen erlitt, schwappte eine Welle von Gewalttätigkeiten über die großen Städte der Bundesrepublik Deutschland. Zwar hielt die APO an der Unterscheidung von „Gewalt gegen Sachen" und „Gewalt gegen Personen" fest und lehnte letztere entschieden ab, aber das Tabu der Gewalt war gebrochen. Zugleich gab es in der Öffentlichkeit Entsetzen über das Ausmaß der Gewalttätigkeiten.

Am Problem der Gewalt schieden sich schließlich die Geister; aus der 1969 zerfallenden APO gingen unterschiedliche Strömungen hervor: Eine Handvoll enttäuschter Fanatiker verschrieb sich dem *Terrorismus* und bildete später im Untergrund die „Rote Armee Fraktion" (RAF), ein anderer Teil resignierte. Ein dritter und wohl der größte Teil begab sich auf den „Marsch durch die Institutionen", um nach dem Erreichen einflußreicher Posten im Staat wenigstens etwas von den ursprünglichen Zielen durchsetzen zu können.

Generationswechsel. Die meisten Wortführer und Anhänger der APO hatten den Krieg und die unmittelbare Not der Nachkriegszeit nicht mehr oder nur als kleine Kinder erlebt. Sie waren von der Gesellschaft des „Wirtschaftswunders" geprägt, stellten aber deutlicher als die Älteren fest, daß Wohlstand, Sicherheit und Antikommunismus als Werte einer demokratischen Gesellschaft nicht ausreichten. Sie wußten von den Prozessen gegen nationalsozialistische Verbrecher, wie wenig man sich in der Bundesrepublik Deutschland mit dem Problem der Vergangenheit wirklich auseinandergesetzt hatte. Sie verstanden nicht, wie unkritisch von ihren Vätern und Müttern amerikanische Konsumgewohnheiten als „westliche Freiheiten" übernommen wurden, und ihnen reichten die traditionellen Formeln der Ost- und Deutschlandpolitik nicht mehr aus.

Die Deutsche Frage 1949-1990

„Smoke-in" im Berliner Tiergarten: Ein Problem der neuen Jugendkultur wurde der Konsum von Rauschgiften. Harte Drogen fanden allerdings erst in den siebziger Jahren Verbreitung.

Ein Höhepunkt der „Flower-power"- und „Hippie"-Bewegung war das Musical „Hair", das große Erfolge feierte: Szene aus einer Aufführung 1970 in Nürnberg. Im Musical wird der Mythos der Bewegung gefestigt: Unangepaßtheit, Sieg über Gewalttätigkeit durch Friedfertigkeit und neue Musik bilden eine Einheit.

Wolf Vostell: Miss Amerika: Das Bild, das im Jahr 1968 entstand, zeigt die zeittypische Mischung von alltäglicher Gewalt und Pop-Kultur.

Wirkungen der Pop-Kultur

Die sechziger Jahre brachten eine internationale Jugendbewegung hervor, die unter dem Einfluß der neu entstandenen Pop-Musik stand. In und neben der Musikszene entwickelte sich unter den Jugendlichen (meist Schüler und Studenten) das Ideal der Basisdemokratie und – in Abgrenzung zum Antikommunismus des Kalten Krieges – ein Interesse am Marxismus. Eine neue sexuelle Freizügigkeit prägte das Verhalten unter den Geschlechtern. In Wohngemeinschaften oder „Kommunen" suchte ein Teil der jüngeren Generation nach unkonventionellen Lebensformen. Junge Eltern versuchten eine „antiautoritäre Erziehung" ihrer Kinder in „Kinderläden" zu verwirklichen.

Der „Beat-Club" von Radio Bremen war die wichtigste Sendung der ARD zur Verbreitung der Pop-Musik der sechziger Jahre.

103

Die Deutsche Frage 1949-1990

Die sozialliberale Koalition 1969-1982

„Mehr Demokratie wagen"

1969 wurde nach den Bundestagswahlen die Große Koalition beendet und zum erstenmal in der Geschichte der Bundesrepublik Deutschland eine Regierung aus SPD und FDP, also eine sozialliberale Koalition, gebildet. Der neue Bundeskanzler *Willy Brandt* stellte den Grundsatz „Mehr Demokratie wagen" ins Zentrum seiner Regierungserklärung. Viele Neuordnungsversuche aus den ersten Jahren nach dem Krieg wurden wieder aktuell. Durch eine Reihe von Gesetzen leitete die sozialliberale Regierung innere Reformen ein, deren zentrale Ziele sich in Begriffen wie „Mitbestimmung", „Chancengleichheit" und „Emanzipation" ausdrückten. So sollte z. B. durch das Ausbildungsförderungsgesetz und die Neugestaltung des Bildungswesens (reformierte Oberstufe, Gesamtschulen) die Schule demokratischer gestaltet und zugleich mehr Jugendlichen die Chance zum sozialen Aufstieg ermöglicht werden. In einem veränderten *Betriebsverfassungsgesetz* sah die Regierung einen entscheidenden Schritt zu mehr *Mitbestimmung* der Arbeitnehmer in den Betrieben. Spannungen zwischen den Koalitionspartnern SPD und FDP wie auch der Druck der oppositionellen CDU und vieler Interessenverbände schränkten die Reformvorhaben ein. Vor allem aber stieß diese Politik bald an die Grenzen der Finanzierbarkeit.

Neue Ostpolitik

Bereits als Außenminister der Großen Koalition hatte Willy Brandt im Rahmen einer Entspannungspolitik versucht, neue Wege in der Deutschland- und Ostpolitik zu gehen. Ein Durchbruch gelang aber erst, als die neue Regierung bereit war, die *Oder-Neiße-Linie* als unverletzliche Westgrenze Polens anzusehen und die DDR als Staat anzuerkennen. Voraussetzung war jedoch auch, daß die osteuropäischen Staaten nicht mehr vorweg auf einer völkerrechtlichen Anerkennung der DDR und der Festschreibung eines Sonderstatus für West-Berlin bestanden. In den Verträgen von Moskau und Warschau, im Berlinabkommen, im Grundlagenvertrag mit der DDR und im Prager Vertrag wurden zwischen 1970 und 1973 die Beziehungen der Bundesrepublik Deutschland zu den osteuropäischen Nachbarn und zur DDR auf eine neue Grundlage gestellt und die Zugangsmöglichkeiten nach West-Berlin gesichert.

Der Streit um die Ostpolitik und die Bundestagswahl 1972. Diese sozialliberale Ost- und Deutschlandpolitik wurde international als große Leistung Brandts angesehen. Dafür erhielt er 1972 den Friedensnobelpreis. Aber für die Bundesrepublik Deutschland war die neue Ostpolitik alles andere als selbstverständlich. Das zeigte sich an der erbitterten Auseinandersetzung in der Öffentlichkeit und im Bundestag um die *Ostverträge*.

Die beiden Kanzler der sozialliberalen Koalition: Willy Brandt (1969-1974) und Helmut Schmidt (1974-1982).

Bundeskanzler Willy Brandt kniet vor dem Denkmal für die Opfer des Warschauer Ghettoaufstandes, 7. Dezember 1970.

Die Deutsche Frage 1949-1990

Die Auseinandersetzung um die Ostverträge: Die Verträge mit der Sowjetunion, Polen, der DDR und ČSSR waren nicht nur zwischen den Parteien heftig umstritten, sie spalteten auch die Bevölkerung in Befürworter und erbitterte Gegner.

Terror von links: Am 28. September 1977 erschien dieses Foto des entführten und später ermordeten Arbeitgeberpräsidenten Hanns-Martin Schleyer in einer Pariser Zeitung. Es zeigt ihn als Gefangenen der „Rote Armee Fraktion".

Terror von rechts: Ein Sympathisant der verbotenen rechtsradikalen „Wehrsportgruppe Hoffmann" zündete im September 1980 auf dem Oktoberfest in München eine Bombe, die 13 Besucher und ihn selbst tötete.

Die ohnehin knappe Mehrheit von SPD und FDP schrumpfte durch Parteiwechsler, so daß Brandt 1972 keine Mehrheit mehr im Parlament besaß. Nachdem ein Mißtrauensvotum der CDU/CSU gescheitert war, wurden Neuwahlen festgelegt, die der sozialliberalen Koalition allerdings einen Wahlsieg brachten.

Ölschock und Kanzlerwechsel

Die Verdreifachung des Ölpreises 1973 hatte eine Wirtschaftskrise und eine Ernüchterung bezüglich der Finanzierung von Reformen zur Folge. Die große Aufbruchstimmung der ersten Jahre der sozialliberalen Koalition schwand. Willy Brandt trat zurück, nachdem einer seiner Mitarbeiter als DDR-Spion enttarnt worden war. *Helmut Schmidt* wurde sein Nachfolger als Bundeskanzler. Wie alle westlichen Staaten hatte die Bundesrepublik mit Preisanstieg, Arbeitslosigkeit und Staatsverschuldung zu kämpfen.

Streitbare Demokratie

Neben wirtschaftlichen Problemen belasteten der *Extremistenerlaß* und der politische Terrorismus das öffentliche Klima der siebziger Jahre.
Um Parteiverbote wie im Falle der KPD zu vermeiden, beschlossen die Ministerpräsidenten der Länder 1972, Bewerber vom öffentlichen Dienst dann auszuschließen, wenn sie den Verdacht nährten, nicht jederzeit für die freiheitlich-demokratische Grundordnung des Grundgesetzes einzutreten. Das wirkte sich so aus, daß vor allem die politische Linke bis in die Reihen der SPD hinein als verfassungsfeindlich verdächtigt wurde. Seit 1970 hatten sich in der Bundesrepublik terroristische Gruppen wie die „Rote Armee Fraktion" (RAF) gebildet, die vorgaben, auch um den Preis des Tötens das Gesellschaftssystem vermenschlichen zu wollen: „Wer das Gewehr abschaffen will, muß zum Gewehr greifen". Ihre mörderischen Anschläge galten amerikanischen Militäreinrichtungen und hohen Politikern wie Managern. Dieser Terrorismus erreichte 1977 seinen Höhepunkt mit der Entführung und Ermordung des damaligen Arbeitgeberpräsidenten Schleyer.

Die Deutsche Frage 1949-1990

In der politischen Diskussion sah man den Terrorismus vor allem als ein Problem des Linksextremismus an. Aber auch Anschläge von Rechtsextremisten nahmen zu und verbreiteten Schrecken.

Nach einer heftigen Sicherheitsdebatte entschloß sich die sozialliberale Koalition zu einer Politik des „Durchgreifens" gegenüber dem Terrorismus. Im Rahmen der streitbaren Demokratie des Grundgesetzes wurden Verfassungsschutz und Polizei verstärkt und die Strafgesetze verschärft. So sollte die Gefahr vermieden werden, daß Verfassungsfeinde sich im Schutz der Verfassung entfalten konnten. Der Preis dafür waren Abstriche bei den Grundrechten. Kritiker dieser Einschränkungen des liberalen Rechtsstaatsprinzips aber wurden von konservativer Seite zuweilen als „Sympathisanten" der Terroristen verdächtigt. Das belastete das politische Klima der siebziger Jahre nachhaltig.

Die Bewegung der „Alternativen"

Im Bundestagswahlkampf 1980 zwischen dem Kanzler Schmidt (SPD) und dem Unions-Kandidaten Franz Josef Strauß (CSU) spielten die Themen Kernkraft und Rüstung keine Rolle. Gerade aber an diesen Punkten entzündeten sich neue soziale Bewegungen seit Mitte der siebziger Jahre, insbesondere weil die Kernkraft infolge des Ölschocks von 1973 als alternative Energiequelle gefördert worden war.

Bürgerinitiativen und Basisgruppen schlossen sich für *Umweltschutz* und gegen Kernkraft und Hochrüstung zusammen. 1980 gründeten sie die Partei der *Grünen*. Diese Partei vereinigte konservative und sozialistische Kräfte, Utopisten und Realpolitiker. Neben der Friedens- und Umweltbewegung repräsentierten die *Grünen* auch die *Frauenbewegung*, die sich seit 1970 vehement für die Gleichstellung der Frauen in unserer Gesellschaft einsetzt. Bereits 1979 hatten sich erste Wahlerfolge der neuen Bewegung gezeigt. Ihr Programm und ihr ungewöhnlicher Stil verunsicherten die Parteien des Bonner Parlaments und signalisierten eine Veränderung der politischen Kultur.

Konstruktives Mißtrauensvotum 1982

Kanzler Schmidt, der „Macher", hatte sich bei seinem oft umstrittenen Weg internationale Anerkennung erkämpft. Aber Arbeitslosigkeit und Inflation waren nicht beseitigt worden. Die Wirtschaft stagnierte. Der sich abzeichnenden Weltwirtschaftskrise wollte Schmidt mit Einschnitten ins „soziale Netz" begegnen. Das brachte seine eigene Partei gegen ihn auf. Der FDP jedoch gingen Schmidts Absichten nicht weit genug. Das sozialliberale Bündnis begann auseinanderzubrechen.

Die Annäherung der FDP an die Union ermöglichte am 1. Oktober 1982 ein *Konstruktives Mißtrauensvotum* gegen Helmut Schmidt und die Wahl des CDU-Vorsitzenden *Helmut Kohl* zum Bundeskanzler.

Hausbesetzer-Szene: Spekulative Zerstörung von Wohneigentum führte im Berlin und Frankfurt der siebziger Jahre zu massierten Hausbesetzungen durch Jugendliche, die diese Häuser selbständig instandsetzen wollten.

Die Deutsche Frage 1949-1990

Neue soziale Bewegungen der siebziger Jahre

Seit 1968 setzten sich zunehmend Frauengruppen für ihre Interessen in der Gesellschaft der Bundesrepublik Deutschland ein.

Ökologie-Bewegung: Anti-KKW-Demonstration 1977 – gegen den „Schnellen Brüter bei Kalkar". Erst 1991 wurde endgültig beschlossen, daß dieses betriebsbereite Kraftwerk nie in Betrieb gehen wird.

Wahlplakat der Grünen zur Bundestagswahl, 1983.

Debatte um die Notstandsgesetze

1 Aus der Schlußdebatte zur Notstandsgesetzgebung am 16. Mai 1968

1a *Dr. Rainer Barzel (CDU/CSU) im Bundestag:*
Q Einige Bürger fragen uns, was sich nun nach dieser Entscheidung in zweiter Lesung ändern wird. [...] Einmal werden wir Deutschen von dann an auch insoweit Herr im eigenen Haus sein. Wir werden, falls es in unserer Geschichte [...] jemals zu einer Stunde der Not kommen sollte, nun selbst, nämlich hier in Bonn, und zwar demokratisch legitimiert, entscheiden, was dann sein soll, und nicht in Washington, London und Paris anfragen müssen. [...]
Zum andern ändert sich: Dann weiß jeder deutsche Bürger, weiß jeder im Lande, hier und draußen, weiß aber auch dieses Parlament und weiß die eigene Regierung, was sie in der Stunde der Not darf und was sie nicht darf. [...]

1b *Der Abgeordnete Hirsch (SPD) im Bundestag (16. Mai 1968):*
Q Wenn das Gesetz [...] verabschiedet ist, wird sichergestellt sein, daß niemand morgen in einer Diktatur lebt, dann wird gewährleistet sein, daß nicht, und zwar nicht einmal in Kriegen und Kriegszeiten, Streiks zerschlagen werden können und den gewerkschaftlichen Rechten der Boden entzogen werden kann, dann ist verfassungskräftig gesichert, daß Dienstverpflichtungen nur nach vorheriger qualifizierter Mehrheitszustimmung des Bundestages möglich sein werden, daß die Beschlagnahme von Autos nur möglich sein wird, wenn der Bundestag mit Zweidrittelmehrheit die Bundesregierung dazu ermächtigt hat oder sie sich auf einen einstimmigen NATO-Ratsbeschluß berufen kann. [...]
Was sollen wir eigentlich noch tun, meine Damen und Herren, um den wirklichen und einzigen Zweck dieses Gesetzes, nämlich den Schutz von Freiheit, Recht und Demokratie gegen jeden Mißbrauchsversuch und gegen jeden Angriff in tatsächlichen und angeblichen Notlagen zu beweisen? [...]

Vorsorge für den Notfall. Grundsatzreden aus der Bundestagsdebatte über die Verfassungsänderung, hrsg. v. der Bundeszentrale für Politische Bildung, Bonn 1968, S. 4, 15 f.

2 Aus der „Römerbergrede" von Hans-Jürgen Krahl, Mitglied des SDS-Bundesvorstands, am 27. Mai 1968 in Frankfurt
Q Die Demokratie in Deutschland ist am Ende; die Notstandsgesetze stehen vor ihrer endgültigen Verabschiedung. Trotz der massenhaften Proteste aus den Reihen der Arbeiter, Studenten und Schüler, trotz der massiven Demonstrationen der APO in den letzten Jahren sind dieser Staat und seine Bundestagsabgeordneten entschlossen, unsere letzten spärlichen demokratischen Rechtsansprüche in diesem Land auszulöschen. Gegen alle diejenigen – Arbeiter oder Studenten –, die es künftig wagen werden, ihre Interessen selbst zu vertreten, werden Zwang und Terror das legale Gesetz des Handels der Staatsgewalt bestimmen. [...]

Karl A. Otto, APO, Köln 1989, S. 344.

3 Aus einer Rede des früheren Regierenden Bürgermeisters von Berlin, Heinrich Albertz, vom 15.4.1968.
Q Wenn wir Älteren nicht einsehen, daß trotz allem, was wir im letzten Jahr und in den letzten Tagen erlebt haben, das erste Mal in der Geschichte dieses Jahrhunderts in Deutschland endlich eine junge Generation uns gegenübersteht, die politisch engagiert ist, die moralische Maßstäbe hat, die Opfer zu bringen bereit ist, dann haben wir vor der Geschichte versagt. Wenn die öffentlichen Gewalten nicht einsehen, daß zwar die Einhaltung der Gesetze die Grundlage des Zusammenlebens in unserem Staat ist, aber daß Polizei und Justiz niemals mit dem fertig werden können, was an Auflehnung und Empörung über uns gekommen ist, dann wird diese etablierte Gewalt zusammenbrechen. Wenn die jüngeren Mitbürger nicht einsehen, daß Steine, Brand und Aufruhr nur zur Reaktion, zum Ausbrechen faschistischer Gegenaktionen führen, dann werden sie noch einsamer, noch mißverstandener, noch gehetzter sein als jetzt. [...]

Der Tagesspiegel, Berlin 16.4.1968.

1 *Zeichnen Sie die Argumentation der Sprecher der Großen Koalition (Q 1a. 1b) nach.*
2 *Erläutern Sie die Bewertung der Notstandsgesetze durch den APO-Vertreter Krahl (Q 2).*
3 *Erklären Sie den Standpunkt von Heinrich Albertz (Q 3).*

Innenpolitischer Streit um die Ostverträge

1 Zum „Warschauer Vertrag" von 1970

1a *Aus dem Vertrag zwischen der Bundesrepublik Deutschland und der Volksrepublik Polen:*
Artikel I (1) Die Bundesrepublik Deutschland und die Volksrepublik Polen stellen übereinstimmend fest, daß die bestehende Grenzlinie, deren Verlauf im Kapitel IX der Beschlüsse der Potsdamer Konferenz vom 2. August 1945 [...] festgelegt worden ist, die westliche Staatsgrenze der Volksrepublik Polen bildet.
(2) Sie bekräftigen die Unverletzlichkeit ihrer bestehenden Grenzen jetzt und in der Zukunft und verpflichten sich gegenseitig zur uneingeschränkten Achtung ihrer territorialen Integrität.
(3) Sie erklären, daß sie gegeneinander keinerlei Gebietsansprüche haben und solche auch in Zukunft nicht erheben werden.
Deutsch-polnische Verträge, hrsg. von J. von Münch, Berlin 1971, S. 103-105.

1b *Fernsehansprache des Bundeskanzlers Willy Brandt zum Warschauer Vertrag am 20.11.1970:*
Der Vertrag zwischen der Bundesrepublik und der Volksrepublik Polen ist ein beide Völker bewegendes Dokument. [...] Der Krieg und seine Folgen haben beiden Völkern, auch uns Deutschen, unendlich viele Opfer abverlangt. Jetzt geht es um die friedliche Zukunft zwischen den beiden Ländern und Völkern. [...] Der Vertrag bedeutet selbstverständlich nicht, daß Unrecht nachträglich legitimiert wird. Er bedeutet also auch keine Rechtfertigung der Vertreibung. Worum es geht, ist der ernste Versuch, ein Vierteljahrhundert nach dem Krieg der Kette des Unrechts politisch ein Ende zu setzen. Auch für die Westgrenze Polens gilt: Es gibt weder Entspannung noch gesicherten Frieden in Europa, wenn wir nicht ausgehen von der Lage, wie sie ist. Wie sie nun schon seit 25 Jahren ist, unbeschadet im übrigen der Rechte der vier Mächte für Deutschland. Unserem Volk wird nicht heute aus heiterem Himmel ein Opfer abverlangt. Dies hat längst gebracht werden müssen als Ergebnis der Verbrechen Hitlers.
Bulletin des Presse- und Informationsamtes der Bundesregierung Nr. 161, Bonn 1970, S. 1693 f.

2 Aus Bundestagsreden der Opposition

2a *Rainer Barzel (CDU) am 25.2.1972:*
Hält man nun unseren Vorstellungen und unseren Prinzipien das gegenüber, was hier in Vertragsform vorliegt, so ist unser Urteil wohlbegründet. Das Vertragswerk gibt den Sowjetrussen, den Polen und der DDR das meiste oder beinahe fast alles von dem, was sie wollen. Es bringt den Europäern und den Deutschen keinen Fortschritt – falls man, wie wir es tun, Fortschritt als reale Verbesserung für die Menschen, für ihre Rechte und deren soziale Basis im Alltag betrachtet.

2b *Franz Josef Strauß (CSU) am 24.1.1973:*
Es ist auch unser ehrlicher Wunsch und unser ernstes Bestreben, Spannungen abzubauen und zu einem geregelten Nebeneinander zu kommen, aber wir können uns nichts unter dem von Ihnen, Herr Bundeskanzler, empfohlenen Miteinander mit einem kommunistischen Zwangsstaat vorstellen. Wir schätzen menschliche Erleichterungen und menschliche Begegnungen, auch wenn sie ein kanalisiertes und kontrolliertes Rinnsal darstellen, sehr hoch ein, sind aber nicht bereit, den Preis zu unterschätzen, den wir dafür bezahlen, den Ernst der Lage zu verkennen, [...]
Dokumentation zur Deutschlandfrage, hrsg. von H. v. Ziegler, Bonn 1970, Bd. VII, S. 466 und Bd. VIII, S. 167, 26.

3 Aus einem Beschluß des Bundesverfassungsgerichtes zu den Ostverträgen im Juli 1975:
Den Verträgen kann nicht die Wirkung beigemessen werden, daß die Gebiete östlich der Oder und Neiße mit dem Inkrafttreten der Ostverträge aus der rechtlichen Zugehörigkeit zu Deutschland entlassen und der Souveränität, also sowohl der territorialen als auch der personalen Hoheitsgewalt der Sowjetunion und Polen endgültig unterstellt worden seien.
Bundesverfassungsentscheidungen, Bd. 40, S. 141 ff.

1 *Fassen Sie den Hauptinhalt des „Warschauer Vertrages" zusammen.*
2 *Erstellen Sie eine Übersicht der Einwände gegen die Ostverträge. Erörtern Sie deren Berechtigung.*
3 *Erklären Sie die Bedeutung des Urteils des Bundesverfassungsgerichtes?*

Die Deutsche Frage 1949-1990

Die christlich-liberale Koalition 1982-1990

Wirtschaftsaufschwung

Die sozialliberale Koalition hatte mit ihrer Ostpolitik die Weichen auch für die achtziger Jahre gestellt, aber innenpolitisch hinterließ sie der Regierung Kohl ein schweres Erbe. Das Problem, die wirtschaftliche Stagnation zu überwinden, gelang ihr aber im ersten Anlauf. Ein neuer *Wirtschaftsliberalismus* mit einer Steuerpolitik nach dem Motto „Leistung muß sich wieder lohnen" wertete das Unternehmertum auf. Das Zutrauen in die wirtschaftliche Kompetenz der neuen Koalition traf mit einem allgemeinen weltwirtschaftlichen Aufschwung zusammen und führte zu einem dauerhaften Wirtschaftswachstum. Die Inflationsrate stagnierte und das Bruttosozialprodukt nahm stetig zu. Dieser „Kompetenzvorsprung in Wirtschaftsfragen" sicherte der christlich-liberalen Koalition die Wahlsiege 1983, 1987 und auch noch 1990.

Allerdings blieb eine Arbeitslosigkeit von etwa 2 Mio. die ganzen achtziger Jahre bestehen. Die Sozialversicherung konnte die schlimmsten Folgen dieser Misere zwar abfangen, es wuchs aber mit einer „neuen Armut" der soziale Konfliktstoff. Kritiker erblickten in der Bundesrepublik Deutschland eine „Zweidrittelgesellschaft" derer, denen es gut geht.

Ökologiebewegung

Die Wachstumspolitik der Bundesregierung rief bei der Ökologiebewegung und den Grünen heftige Kritik hervor. Angesichts des *Waldsterbens,* das eindeutig mit der Luftverschmutzung durch Industrie- und Autoabgase zusammenhängt, forderten die Umweltschützer statt quantitativen Wachstums mit umweltzerstörerischen Nebenwirkungen ein qualitatives Wachstum, d. h. es sollten Technologien gefördert werden, die Wasser, Luft, Boden und Wälder gesund erhalten. Die Grünen erzielten mit diesen Forderungen beachtliche politische Erfolge, die vorwiegend auf Kosten der Stimmen der SPD gingen.

Nach seiner Wahl zum Kanzler durch das konstruktive Mißtrauensvotum vom Oktober 1982 bestätigte die Bundestagswahl vom März 1983 Helmut Kohl (CDU) als Bundeskanzler. Die „Wende" von der sozialliberalen zur christlich-liberalen Koalition war vollzogen.

Die SPD veränderte deshalb 1986 ihr Programm und beschloß den Ausstieg aus der Atomenergie und eine grundsätzlich sozialökologische Politik. Damit schuf sie die Grundlage für Regierungskoalitionen mit den Grünen in einigen Bundesländern (Hessen, Niedersachsen, Berlin).

Unter dem Eindruck zweier großer Unglücksfälle erklärte auch die Union die Umweltpolitik zu einer Hauptaufgabe der Regierung. Ende April 1986 explodierte in *Tschernobyl* bei Kiew ein Kernreaktor. Sein radioaktiver Niederschlag überzog große Teile von Europa und verseuchte Lebensmittel. Im Herbst darauf brannte in Basel ein Chemiewerk: das Löschwasser vergiftete den ganzen Oberrhein. Nach der heftigen öffentlichen Debatte über die Umweltrisiken der Industrie fiel 1988 die Entscheidung, die atomare Wiederaufbereitungsanlage in Wackersdorf nicht in Betrieb zu nehmen.

Die Deutsche Frage 1949-1990

Industrialisierung und Wohndichte machten die Flüsse immer mehr zu Abwasserkanälen. Große Fischsterben wiesen auf die Gefährdung der Trinkwasserreservoirs hin.

Protestaktionen gegen Luftverschmutzung, die als Ursache des Waldsterbens, von Klimaveränderungen und zahlreichen Krankheiten gilt.

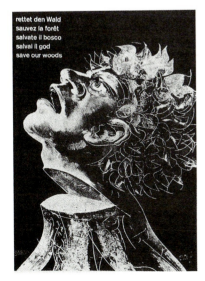

Plakat von Hans Erni, Rettet den Wald, 1983. Die alarmierenden Beobachtungen über ein beispielloses Waldsterben in Mitteleuropa mobilisierten eine ständig wachsende Umweltschutzbewegung seit den siebziger Jahren.

Abgesperrter Kinderspielplatz in Berlin nach der Reaktorkatastrophe von Tschernobyl.

Die Deutsche Frage 1949-1990

Drei Mann in einem Boot (Haitzinger 1981).

NATO-Doppelbeschluß und Friedensbewegung
Die Entspannungspolitik gegenüber den kommunistischen Ländern, die von so vielen Hoffnungen begleitet worden war, war Mitte der siebziger Jahre ins Stocken geraten. Die Sowjetunion baute ihre Raketenrüstung durch die Stationierung von SS 20 Mittelstreckenraketen in Europa aus. Unter wesentlicher Mitwirkung von Kanzler Schmidt kam im Dezember 1979 der NATO-Doppelbeschluß zustande: Wenn die Sowjets ihren Raketenvorsprung in Europa nicht abbauten, sollten amerikanische Pershing II-Raketen in Mitteleuropa stationiert werden. Eine Verhärtung der Fronten war vor allem durch den Einmarsch von sowjetischen Truppen nach Afghanistan (siehe S. 62) entstanden. Die Hoffnung auf eine wirksame Entspannung schien dahin – an die Stelle von Verhandlungen traten wieder Drohgebärden. Sollte jetzt ganz Europa zu einem Waffenlager werden?
Die Regierung Kohl übernahm diesen Beschluß und vereinbarte mit den USA die Stationierung der Pershings, falls die Sowjetunion ihre SS 20 nicht zurückziehen würde. Die Pershing II war eine Rakete von einer bisher nicht erreichten Treffsicherheit und einer Schnelligkeit, die eine Abwehr unwahrscheinlich machte.
Die *Friedensbewegung* befürchtete, daß mit dieser Raketentechnik die Schwelle, einen Atomkrieg zu riskieren, gesenkt würde. Europa und besonders Deutschland konnten dabei das Schlachtfeld sein. Deshalb kämpfte sie energisch gegen diesen Beschluß. Millionen demonstrierten in den Großstädten. Dennoch befürwortete der Bundestag im Herbst 1983 die Stationierung der Pershings in der Bundesrepublik Deutschland gegen die Stimmen der SPD und der Grünen. Die Befürchtungen, die an die neue Aufrüstung geknüpft waren, bestätigten sich nicht. Wegen der wirtschaftlichen Probleme der Sowjetunion war deren Generalsekretär Gorbatschow zu ersten wirksamen Abrüstungsschritten bereit, die 1987 mit den USA vereinbart wurden (siehe S. 63).

Die Entwicklung in der EG
Europäischer Agrarmarkt, Europäisches Parlament und europäische Einigung waren seit den siebziger Jahren alltägliche Themen in der Bundesrepublik Deutschland. Die christlich-liberale Koalition setzte die Europapolitik der sozialliberalen Koalition fort und verstand sich mit Frankreich zusammen als Motor der EG-Entwicklung. 1987 wurde die Verwirklichung des einheitlichen *EG-Binnenmarktes* bis zum 1.1.1993 beschlossen. Darüber hinaus befürwortete Bundeskanzler Kohl eine europäische Währungsunion bis 1997 und eine Stärkung der Entscheidungskompetenz des Europäischen Parlaments. In der EG allerdings gab es in diesen Fragen keine Übereinstimmung.

Asylanten und Umsiedlerproblem
Die wirtschaftliche Stabilität machte die Bundesrepublik Deutschland über die achtziger Jahre hinweg zu einem beliebten Asylland. Infolge der politischen und wirtschaftlichen Schwierigkeiten in den osteuropäischen Ländern siedelte die Bundesregierung Hunderttausende von deutschen Aussiedlern (Art. 116 GG) aus Polen, der Sowjetunion und Rumänien in der Bundesrepublik Deutschland an. Hier hatte die Einstellung des sozialen Wohnungsbaus preiswerten Wohnraum verknappt und eine Lockerung des Mietrechts die Mieten seit 1982 in die Höhe schnellen lassen. Der Zuzug von ausländischen Asylbewerbern schuf in dieser Situation eine Protestwählerschaft, die am Ende der achtziger Jahre der rechten Partei „Die Republikaner" vorübergehend Zulauf brachte. Das Asylrecht wurde von nun an zu einem Zankapfel zwischen den Parteien.

Die Deutsche Frage 1949-1990

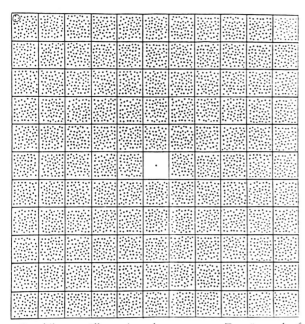

Graphik zur Illustration der atomaren Zerstörungskraft („Die Zeit", Januar 1985): Der Punkt im Quadrat in der Mitte symbolisiert die gesamte im Zweiten Weltkrieg verwendete Zerstörungskraft. Die anderen Punkte stellen in derselben Größenordnung das gegenwärtige nukleare Waffenarsenal dar. Der kleine Kreis oben links charakterisiert die Waffenkraft eines einzigen „Poseidon"-U-Bootes, das ausreicht, um die 200 größten sowjetischen Städte zu vernichten.

Über eine Million Menschen demonstrierte im Oktober 1983 gegen die Nachrüstung und brachte damit ihren Protest gegen ein Weiterdrehen an der Rüstungsspirale zwischen Warschauer Pakt und Nato zum Ausdruck. Der Höhepunkt war eine über 100 km lange „Menschenkette für den Frieden" von Ulm nach Stuttgart.

Das Verhältnis zur DDR

Das Umsiedlerproblem bedeutete für die Regierung Kohl/Genscher bereits eine nationale Herausforderung. Im Herbst 1989 tauchte für sie dann die nationale Frage völlig unerwartet in ganz neuer Weise auf.
Zunächst hatte die Bundesregierung die Ostpolitik der sozialliberalen Koalition fortgesetzt. Hans-Dietrich Genscher war ja auch der Außenminister Schmidts gewesen. Der innerdeutsche Handel wurde ausgebaut und die humanitären Hilfen für die DDR verstärkt. Erstmals wurden seit Jahren getrennte Familien wieder vereint. Die ständige Ausweitung von Besucherlaubnissen ermöglichten es auch DDR-Bürgern, Verwandte in der Bundesrepublik Deutschland zu besuchen, und jahrelang inhaftierte Oppositionelle konnten von der Bundesregierung freigekauft werden.

1983 sicherte die Bundesregierung einen Milliardenkredit für die DDR durch eine Bürgschaft ab. Als dann im Herbst 1989 die Möglichkeit entstand, durch Entwicklungen in der Sowjetunion und später in der DDR die Frage der deutschen Einheit zu aktualisieren, zögerten Bundeskanzler Kohl und Außenminister Genscher keinen Augenblick. Ihnen kam im Gegensatz zu SPD und Grünen zugute, daß die CDU/CSU und die FDP den jahrzehntelang unwirklich erscheinenden Auftrag des Grundgesetzes an das „gesamte deutsche Volk", „in freier Selbstbestimmung die Einheit und Freiheit Deutschlands zu vollenden", nie öffentlich angezweifelt hatten. Jetzt war die Gelegenheit gekommen, das zeitweise umstrittene Festhalten am Gedanken einer deutschen Einheit hatte sich nicht als trügerisch erwiesen.

Nachrüstungsdebatte 1981-1983

1 Adelbert Weinstein: Die NATO und das Atom

Q Die Atomwaffen sind politische Waffen. Ost und West sind sich einig, daß sie nicht eingesetzt werden dürfen. Man kann nur mit ihrem Einsatz drohen. […] Läßt doch die Atomkraft, militärisch genutzt, keine
5 Entscheidungsschlacht zu. […] Denn am Ende stünde nicht der Sieg, sondern der Untergang.
Was für den großen Atomkrieg gilt, gilt auch für den begrenzten Atomkrieg. Vom konventionellen Krieg gilt das noch nicht. Zu viele westliche Divisionen in Europa
10 sind deshalb keineswegs der Wahrheit letzter Schluß. Sicherheit in Europa, den Widerspruch heißt es zu akzeptieren, ist also nicht zu erlangen durch mehr klassische Bewaffnung, die eingesetzt werden kann, sondern durch Atomwaffen, die niemals militärisch
15 gebraucht werden dürfen. Dafür ist allerdings ein besonderer Preis zu zahlen: Wenn der Verstand uns aufgibt, abzuschrecken statt zu schießen, die politische Vernunft diesen Auftrag bestätigt, kann das Ergebnis strategisch nur atomare Rüstung heißen. Das mag viele
20 enttäuschen, aber die Wirklichkeit ist nun einmal nicht anders.

Frankfurter Allgemeine Zeitung vom 20.4.1982.

2 Bundeskanzler Kohl: Die Friedensbewegung als Bewegung im Niemandsland (1983)

Q Die Logik aller bisherigen Abrüstungs- und Rüstungskontrollpolitik ruhte, wo sie Erfolg hatte, stets auf Idee und Wirklichkeit des Gleichgewichts. Die politisch-militärische Doppelstrategie der Sowjetführer
5 muß begriffen werden, nirgendwo mehr als in unserem Lande. Die deutschen Friedensbewegungen dürfen im übrigen nicht vergessen, gegen sowjetische Raketen zu protestieren, die bereits aufgebaut sind, wenn sie gegen westliche marschieren, die es noch nicht gibt. Endlich
10 müssen die Friedensbewegungen wissen, daß sie in Gefahr geraten, zum Bauern auf dem Schachbrett der Sowjetführer zu werden und jene praktischen Abrüstungsziele zu verhindern, die sie doch erstreben müßten. Sie müssen sich fragen lassen, ob sie nicht das
15 Unmögliche wollen: Freiheit und Wohlstand zu den Bedingungen des Westens und Sicherheit zu den Bedingungen des Ostens.
Es ist eine Bewegung im Niemandsland, ein Kreuzzug ins Land der Träume, eine Flucht vor aller Politik, im Namen des Friedens ein Aufbruch zu Katastrophen.
20 Die radikale, eindimensionale Gesinnungsethik zielt auf Loslösung der Bundesrepublik nicht nur aus den Verankerungen ihrer Sicherheit, sondern auch aus ihrer freiheitlichen Lebensordnung.

Helmut Kohl, Die Folgen bedenken. Der Politiker und die Wirklichkeit. In: Argumente für Frieden und Freiheit, hrsg. von Hans-Joachim Veen, Melle 1983, S. 93.

3 Günter Grass: Pflicht zum Widerstand (1983)

Q Schlimmer noch: die Administration des US-Präsidenten Reagan strebt die militärische Überlegenheit des Westens an und erklärt das Totrüsten des Gegners zum Ziel. Deutlich wurde auch, daß die US-Administration
5 nach wie vor zum atomaren Erstschlag bereit ist und einen nuklear geführten Krieg – sei er auf Europa beschränkt oder werde er weltweit geführt – für gewinnbar hält.
Dazu will ich mich eindeutig äußern: ich gehöre
10 zum Westen, und es trifft mich, wenn die Politik der führenden Großmacht des Westens gemeingefährlich wird. Ich leide unter dem Zustand des großen Verbündeten. […] Weil ich zum Westen gehöre und mich für den Freiheitsbegriff der westlichen Demokratie aus-
15 spreche, sehe ich mich zum Widerstand verpflichtet. Doch zuallererst ist es deutsche Erfahrung – darunter die des 1933 versäumten Widerstandes gegen den angekündigten Völkermord, – die mir diese Entscheidung aufzwingt. Dieser Widerstand muß gewaltlos
20 sein, weil er sich gegen die Gewalt und deren Vernichtungspotential stellt. Dieser Widerstand schließt den Ungehorsam ein.

DIE ZEIT vom 29. April 1983.

1 *Stellen Sie Pro und Contra zur Nachrüstung aus den Quellen 1 bis 3 zusammen.*
2 *Erörtern Sie die Problematik zukunftsweisender Entscheidungen. Gehen Sie dabei von Ihrer Kenntnis der tatsächlichen Entwicklung in der zweiten Hälfte der achtziger Jahre aus.*

Die Deutsche Demokratische Republik

Von der Staatsgründung bis zum Mauerbau 1949-1961

Die Herrschaft der SED nach Stalins System

Bis 1949 war es der SED mit Hilfe der sowjetischen Besatzungsmacht gelungen, die politische Macht ganz in ihren Händen zu konzentrieren. Sie betonte zwar in den ersten Jahren nach der Staatsgründung immer noch die besondere Situation in der DDR als Teilstaat und forderte die nationale Einheit. Aber die praktische Bedeutung dieser Forderung für die Politik der DDR war gering.

Im Aufbau glich die SED seit 1949 der KPdSU (siehe S. 79). Die Parteispitze unter Führung *Walter Ulbrichts* bestimmte, was zu geschehen hatte. Wirkliche oder vermeintliche Opposition wurde von der *Staatssicherheit* mit aller Härte bekämpft. Weil die Fluchtwelle aus der DDR seit 1949 nicht zurückging, wurden die Grenzsicherungen nach Westen erheblich ausgebaut und die Reisemöglichkeiten stark eingeschränkt. Nur der Weg in die Westsektoren Berlins blieb offen.

Der Zwangsumbau von Staat und Gesellschaft

„Volksdemokratie" in der DDR. Zwar gab es in der DDR noch andere Parteien und Massenorganisationen neben der SED, ihre Existenz hing aber von ihrer bedingungslosen Unterordnung ab.

Die SED baute auf den jugendlichen Optimismus, als sie den „Aufbau des Sozialismus" zum Ziel erklärte. Die FDJ (Freie Deutsche Jugend) war die Jugendorganisation der SED. Funktionäre waren Leiter von Abteilungen einer Organisation.

In der Planwirtschaft wird jedem Betrieb, jeder Abteilung und jedem Beschäftigten ein Plan-Soll vorgegeben, die sogenannte Norm. Mehr als den Plan zu erfüllen, ist Ziel des „sozialistischen Wettbewerbs". Die Tafel zeigt die „Helden der Arbeit", die den Plan „übererfüllten".

Die SED wurde nicht von gewählten Volksvertretern, sondern von den Sowjets kontrolliert. Bei den Wahlen konnte nicht die Zusammensetzung der Volkskammer verändert oder eine neue Regierung gewählt, sondern nur die Zustimmung zur Regierung und Gesellschaftsordnung bekundet werden. Dieses politische System gab es in vielen von der Sowjetunion abhängigen Staaten. Weil die kommunistischen Parteien sich als Vertreter der Volksinteressen verstanden, nannte man diese Parteidiktatur „Volksdemokratie".

„Aufbau des Sozialismus". 1952 beschloß die SED den „Aufbau des Sozialismus" in der DDR. Das bedeutete die kritiklose Übernahme des stalinistischen Wirtschaftssystems der UdSSR. Die Umstellung auf die Planwirtschaft war bereits seit 1948 in Gang. Produkte, Produktionsziffern und Preise wurden nun vom Staat festgesetzt und nicht mehr den Regeln eines freien Marktes überlassen. Für die einzelnen Arbeiter gab es „Normen" für die Mindestproduktion. „Volkseigene Betriebe" (VEB) lösten das Privateigentum an Industriebetrieben ab. Jetzt sollte vor allem eine Schwerindustrie aufgebaut und die Landwirtschaft in Produktionsgenossenschaften (LPG) organisiert werden. Das Schulsystem wurde hauptsächlich auf die Ausbildung von Technikern ausgerichtet.

„Demokratischer Zentralismus". Gleichzeitig mit dem „Aufbau des Sozialismus" wurde die Auflösung der fünf Länder Mecklenburg, Brandenburg, Sachsen-Anhalt, Sachsen und Thüringen beschlossen. Damit wurden die Länderparlamente und -regierungen abgeschafft. Statt dessen wurden 14 Bezirke gebildet. Diese waren den Zentralministerien und der Regierung bzw. der SED-Spitze in Berlin unterstellt. Regionale Interessen waren zugunsten eines straffen Zentralismus ausgeschaltet. Diese Organisationsform nannte man „Demokratischen Zentralismus". Sie sollte die Produktion von Industriegütern in den VEB gegenüber 1936 verdoppeln helfen und den allgemeinen Lebensstandard über das Vorkriegsniveau heben. Aber die Reparationslieferungen an die Sowjetunion und der Vorrang des Aufbaus der Schwerindustrie verursachten katastrophale Lücken in der Konsumgüterversorgung.

Flüchtlinge aus der DDR 1949-1961. Aufstellung der deutschen Presseagentur von 1961.

Die Krise 1953

Angesichts der Fluchtbewegung und der verheerenden Versorgungslage hatte die Regierung im Juni 1953 schließlich politische und wirtschaftliche Erleichterungen versprochen („Neuer Kurs"). Kredite für Privatbetriebe und der Verzicht auf Zwangsmaßnahmen zur Eintreibung von Steuerrückständen wurden angekündigt, geflohene Bauern erhielten das Angebot, auf ihre Höfe zurückzukehren, und die Zwangsmaßnahmen gegen mißliebige Oberschüler und Studenten sollten aufgehoben werden. Für die Arbeiterschaft jedoch, die „führende Klasse", blieb der im Mai 1953 gefaßte Beschluß bestehen: Ihre Arbeitsnormen sollten um 10 Prozent heraufgesetzt werden.

Die Deutsche Frage 1949-1990

Demonstrationszug von Arbeitern aus Ost-Berlin am 17. Juni 1953 durch das Brandenburger Tor.

Sowjetische Panzer rollten am 17. Juni 1953 auf den Potsdamer Platz in Ost-Berlin, um die Streiks und Demonstrationen gewaltsam zu beenden, die am 16. Juni hier begannen und sich über die ganze DDR ausbreiteten.

Der Aufstand vom 17. Juni 1953. Empört über diese verordnete Erhöhung der Arbeitsleistung und indirekte Lohnkürzung begannen am 16. Juni Bauarbeiter in Ost-Berlin zu demonstrieren.

Am 17. Juni weiteten sich die Demonstrationen aus. Überall lauteten die Forderungen: bessere Lebensbedingungen und mehr Mitbestimmung. In fast allen Städten nahm die allgemeine Streikbewegung Formen einer offenen Revolte an. Sie richtete sich gegen die autoritäre Parteiführung, nicht aber offen gegen die Grundlagen der sozialistischen Gesellschaftsordnung. Parteizentralen der SED wurden besetzt und politische Gefangene befreit. Von der Regierung Ulbricht forderte man den Rücktritt. Trotz Bedenken der innerparteilichen Opposition ließ die Regierung am Nachmittag des 17. Juni den Aufstand durch sowjetische Panzer niederschlagen und die „Ruhe und Ordnung" wiederherstellen.

„**Neuer Kurs**". Das politische Führungspersonal mit Walter Ulbricht an der Spitze blieb. Die SED-Führung zog aber aus dem Aufstand zumindest die Lehre, in Zukunft das Entwicklungstempo den gegebenen Möglichkeiten besser anzupassen. Nach dem 17. Juni wurde der „Neue Kurs" mit politischen Lockerungen und wirtschaftlichen Zugeständnissen konsequent durchgeführt. So konnte das Ziel des wirtschaftlichen und sozialen Umbaus in der DDR bis 1955 im wesentlichen erreicht werden, auch wenn es schwere Versorgungsprobleme gab. Zugleich sorgte Ulbricht mit „Säuberungen" im Partei-, Staats- und Gewerkschaftsapparat vor: Wer dort Verständnis für die Aufständischen geäußert hatte, wurde aus den Organisationen entlassen. Der Aufbau von besonders zuverlässigen „Betriebskampfgruppen" sicherte die SED in künftigen Krisensituationen. Im Jahr der ersten großen Entstalinisierung 1956 blieben die Arbeiter in der DDR ruhig, während sie in Polen einen Regierungswechsel erzwangen und in Ungarn sogar ein offener Aufstand ausbrach.

Osteinbindung der DDR und Mauerbau in Berlin

Als Reaktion auf den Marshall-Plan hatte die Sowjetunion 1949 den *Rat für gegenseitige Wirtschaftshilfe* (RGW) gegründet, um unter ihrer Führung die Produktion aller Volksdemokratien zu verflechten. Die DDR wurde bis 1953 in diese Organisation eingegliedert.
Während die Bundesrepublik Deutschland 1955 in die NATO eintrat, band sich die DDR militärisch an die Sowjetunion. Diese hatte der DDR im September 1955 die Souveränität verliehen. Daraufhin wurde im Januar 1956 die kasernierte Volkspolizei zur Nationalen Volksarmee (NVA) umgewandelt, die dann dem *Warschauer Pakt* angehörte. Diesem Militärpakt gehörten die Armeen der sowjetabhängigen Volksdemokratien an.

Die Deutsche Frage 1949-1990

Die Mauer in Berlin.

An der Berliner Mauer und an der Grenze zur Bundesrepublik Deutschland galt für die NVA-Grenztruppen der Befehl, auf Flüchtende scharf zu schießen. Die sogenannte Republikflucht war ein hart geahndeter Straftatbestand in der DDR. Viele Flüchtlinge wurden in den Grenzanlagen getötet.

Der Mauerbau von 1961. Das Ziel vom „Aufbau des Sozialismus" wurde auch nach 1955 weiterverfolgt. Die von den Bauern heftig abgelehnte *Kollektivierung* der Landwirtschaft setzte die SED 1959/60 innerhalb weniger Monate endgültig durch. Die Bauern blieben zwar formal Eigentümer ihres Bodens, mußten aber auf ihr Verfügungsrecht zugunsten einer *Landwirtschaftlichen Produktionsgenossenschaft* (LPG) verzichten, in der sie künftig als Angestellte arbeiteten.

Ein Siebenjahresplan sollte bis 1965 ein hohes Wirtschaftswachstum garantieren. Aber wegen der immer noch hohen Flüchtlingszahlen war die Erfüllung des Plans gefährdet. Wertvolle Arbeitskräfte gingen dadurch der Volkswirtschaft verloren. Deshalb entschloß sich die DDR-Führung im Einverständnis mit der Sowjetunion, die Grenze zu West-Berlin durch den Bau einer *Mauer* am 13. August 1961 unüberwindlich zu machen. Dieses Bauwerk, das ein letztes Mittel gegen ein „Ausbluten" der DDR war, wurde von der SED als „antifaschistischer Schutzwall" gerechtfertigt. Als äußeres Zeichen einer gewaltsamen Trennung erregte sie in der ganzen Welt Verwunderung und Abscheu.

Die Ereignisse des 17. Juni 1953

1 Aus einem Brief vom 22. März 1953 aus der DDR

Q [...] Die Lage der Landwirtschaft ist katastrophal und die Aussichten für die zukünftige Ernährung entsprechend. Wir rechnen in absehbarer Zeit wieder mit Brotmarken. Auch rechne ich damit, daß, im Herbst spätestens, wir alle – auf jeden Fall aber die Frauen – als freiwillige Zwangsarbeiterinnen auf den Feldern der Kolchosen stehen. Die Verbitterung unter der Bevölkerung nimmt ständig zu; vor allem auch unter der Arbeiterschaft.

Manfred Overesch, Die Deutschen und die Deutsche Frage 1945-1955, Hannover 1985, S. 146 f.

2 Die politischen Ziele der Arbeiter in der DDR am 17. Juni 1953:

Telegramm der zentralen Streikleitung der Werktätigen aus mehreren Betrieben im Kreis Bitterfeld an die Regierung in Ost-Berlin:

Q Wir Werktätigen des Kreises Bitterfeld fordern von Ihnen:
1. Rücktritt der sogenannten Deutschen Demokratischen Regierung, die sich durch Wahlmanöver an die Macht gebracht hat,
2. Bildung einer provisorischen Regierung aus den fortschrittlichen Werktätigen,
3. Zulassung sämtlicher großen demokratischen Parteien Westdeutschlands,
4. freie, geheime, direkte Wahlen in vier Monaten,
5. Freilassung sämtlicher politischer Gefangener (direkt politischer, sogenannter Wirtschaftsverbrecher und konfessionell Verfolgter),
6. sofortige Abschaffung der Zonengrenze und Zurückziehung der Vopo,
7. sofortige Normalisierung des sozialen Lebensstandards,
8. sofortige Auflösung der sogenannten Nationalarmee,
9. keine Repressalien gegen einen Streikenden.

Der Aufstand vom 17. Juni 1953, hrsg. vom Bundesministerium für innerdeutsche Beziehungen, Bonn 1983, S. 14 f.

3 Die SED-Zeitung „Neues Deutschland"

Q Im Verlaufe des 17. Juni 1953 versuchten bezahlte verbrecherische Elemente aus West-Berlin die Bevölkerung des demokratischen Sektors zu Gewalttaten gegen demokratische Einrichtungen, Betriebe, Läden und Geschäftshäuser und gegen die Volkspolizei aufzuhetzen. Die West-Berliner Provokateure zogen plündernd und raubend durch einzelne Straßenzüge, wobei sie zu hinterhältigen bewaffneten Überfällen gegen Volkspolizei und fortschrittlich eingestellte Bevölkerungsteile übergingen. [...] Die Bevölkerung distanzierte sich von den Provokateuren und ihren verbrecherischen Handlungen und trug mit zur Festnahme einer großen Anzahl der Täter durch die Volkspolizei bei. Bei den Festgenommenen handelt es sich größtenteils um West-Berliner Provokateure aus faschistischen Organisationen.

Neues Deutschland vom 18. Juni 1953.

4 Aus der Erklärung von Bundeskanzler Adenauer vor dem Deutschen Bundestag

Q [...] Wie auch die Demonstrationen der Ostberliner Arbeiter in ihren Anfängen beurteilt werden mögen, sie sind zu einer großen Bekundung des Freiheitswillens des deutschen Volkes in der Sowjetzone und Berlin geworden. Die Bundesregierung empfindet mit den Männern und Frauen, die heute in Berlin Befreiung von Unterdrückung und Not verlangen. Wir versichern ihnen, daß wir in innerster Verbundenheit zu ihnen stehen. Wir hoffen, daß sie sich nicht durch Provokationen zu unbedachten Handlungen hinreißen lassen, die ihr Leben und die Freiheit gefährden könnten. Eine wirkliche Änderung des Lebens der Deutschen in der Sowjetzone und in Berlin kann nur durch die Wiederherstellung der deutschen Einheit in Freiheit erreicht werden.

Die Auswärtige Politik der Bundesrepublik Deutschland, hrsg. vom Auswärtigen Amt, Köln 1972, S. 240.

1 *Welche konkreten Mißstände lassen sich ableiten aus den Forderungen der Bitterfelder Arbeiter (Q 2)?*
2 *Stellen Sie aus Q 1 und Q 2 die Ursachen zusammen, die 1953 zu einem Aufstand führten.*
3 *Vergleichen Sie die Bewertung des 17. Juni aus der Sicht der Bundesregierung und der SED. Versuchen Sie, die Darstellung der SED zu erklären.*

Die Deutsche Frage 1949-1990

Das offizielle Selbstbild der DDR: Ein Hort des Friedens, aber zur Abwehr des kapitalistischen Westens militärisch zu allem entschlossen. Die hier abgebildete Glienicker Brücke – von der DDR „Brücke der Einheit" genannt – war keineswegs ein Bindeglied zwischen Ost und West, sondern lediglich ein Loch in der Mauer, das durch Agenten- und Gefangenenaustausch traurige Berühmtheit erlangte.

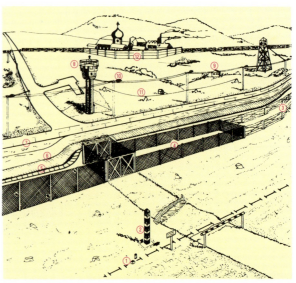

Eine unüberwindbare Grenze in Europa: Die Grenze zwischen den beiden deutschen Staaten (bis 9.11.1989).
1 Eigentlicher Grenzverlauf; 2 DDR-Markierungssäule; 3 Stacheldraht, zweireihig; 4 Metallgitterzaun (mit Selbstschußanlage bis 1984); 5 Spuren-Sicherungsstreifen 6 m; 6 Kolonnenweg; 7 Kfz-Sperrgraben; 8 betonierter Beobachtungsturm, 9 Beton-Beobachtungsbunker; 10 Lautsprecher und Lichtanlagen; 11 Hundelaufanlage; 12 Betonsperrmauer/Sichtblende; 13 Sperrgebiet (15 km tief).

Vom Mauerbau bis zur Maueröffnung am 9. November 1989

Die Stellung der DDR im „sozialistischen Lager"

Walter Ulbricht, der Generalsekretär der SED, wollte „im Schutz der Mauer" die „Vorzüge" des Sozialismus gegenüber dem westlichen Kapitalismus durch eine wissenschaftlich-technische Revolution beweisen. Ein „Neues Ökonomisches System der Planung und Leitung" berücksichtigte dabei die Bedürfnisse der einzelnen Betriebe stärker als das alte Plansystem. Tatsächlich stieg nach 1961 der Lebensstandard in der DDR erheblich.

1968 erklärte eine neue DDR-Verfassung den erreichten Entwicklungsstand als „sozialistische Gesellschafts- und Staatsordnung". Der Sozialismus wurde nun nicht mehr als kurze Übergangsphase zum Kommunismus, sondern als eigenständige Gesellschaftsform definiert.

Die Führungsrolle der SED war in dieser Gesellschaft festgeschrieben und das Recht als Mittel der Politik bestimmt. Ihre wirtschaftliche Stabilisierung verschaffte der DDR ein größeres Gewicht im RGW.

Damit wuchs auch ihre politische und militärische Bedeutung in den Staaten des sogenannten „realexistierenden Sozialismus". Das führte dazu, daß bei der Niederschlagung der tschechischen Reformbewegung durch die Truppen des Warschauer Paktes (1968) auch DDR-Truppen beteiligt waren.

Überwindung der Isolierung und innere Erstarrung

Zur Bundesrepublik Deutschland und zu anderen westlichen Staaten hatte die DDR keine offiziellen Kontakte. Erst als *Erich Honecker* 1971 Walter Ulbricht in der DDR-Führung ablöste, und die Bundesregierung eine neue Ostpolitik betrieb, entkrampften sich die Beziehungen zwischen beiden deutschen Staaten.

Die Deutsche Frage 1949-1990

Aufmarsch von Betriebskampftruppen zum 30. „Geburtstag der DDR" 1979. Solche militärischen Aufmärsche mit Fahnengepränge überdeckten für den Außenstehenden das Alltagsleben in der DDR.

Sie beruhten nun auf dem „Grundlagenvertrag" von 1972. Er regelte für fast zwei Jahrzehnte Reisebedingungen, diplomatische Kontakte und Wirtschaftsbeziehungen zwischen der Bundesrepublik Deutschland und der DDR. Gleichzeitig gab die DDR das Ziel der Vereinigung der beiden deutschen Staaten auf. In ihrer Verfassung von 1974 erklärte sie sich zur „sozialistischen deutschen Nation", die auf ewig mit der Sowjetunion und der sozialistischen Staatengemeinschaft verbunden sein sollte.

Gegenüber Künstlern und Oppositionellen begann ab 1976 eine neue Unterdrückungspolitik, die Ausweisungen und Ausbürgerungen (d. h. Abschiebung in die Bundesrepublik Deutschland) als bevorzugte Mittel einsetzte (z. B. Wolf Biermann).

Walter Ulbricht und Erich Honecker 1971:
Der alte und der neue Generalsekretär der SED.

Die Deutsche Frage 1949-1990

Das Symbol der Bürger- und Friedensbewegungen in der DDR wurde 1982 von der DDR-Regierung als „staatsfeindlich" erklärt.

Karikatur aus: Die Tageszeitung (taz vom Sommer 1989).

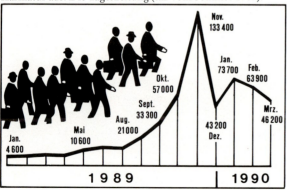

Stagnation der Wirtschaft und Gorbatschows Reformprogramm

Die DDR hatte Anfang der siebziger Jahre einen Platz unter den ersten zehn Industrienationen der Erde errungen. Um eine Zufriedenheit bei den Arbeitern zu erreichen, gab die SED mehr für Löhne und Sozialleistungen aus als für Investitionen. Die Betriebe veralteten. Die Wirtschaft stagnierte während der siebziger und achtziger Jahre. Nach Äußerungen eines engen Mitarbeiters der DDR-Regierung drohte der DDR 1983 die Zahlungsunfähigkeit; nur ein westdeutscher Kredit, den der bayerische Ministerpräsident Strauß vermittelte, half der DDR vorübergehend aus der Krise.

Gegenüber den politischen Problemen zeigte die SED ebensowenig Beweglichkeit wie in der Wirtschaftsfrage. Seit 1985 verkündete der neue Generalsekretär der KPdSU Michail Gorbatschow eine Politik der Reformen. Perestroika (siehe S. 82) und Glasnost anstelle von Kommandowirtschaft und Parteidiktatur lehnte die SED für die DDR jedoch ab. Lediglich Oppositionsgruppen beriefen sich auf Gorbatschow. Im Schutz von Kirchengemeinden stritten sie für die Einhaltung der Menschenrechte, für Umweltschutz und Abrüstung in der DDR. Von den Staatsorganen, insbesondere der Staatssicherheit (Stasi), wurden sie mit allen Mitteln verfolgt. Der Überdruß an Staat und Politik wuchs – besonders bei der jüngeren Generation.

Während in Moskau ein unübersehbarer Reformwille die Hoffnungen auf Veränderungen nährte, zeigten sich die Verantwortlichen in der DDR außerstande, neue Perspektiven aufzunehmen.

40 Jahre DDR und Massenflucht

1989 bereitete die DDR-Führung die Feiern zum 40. Staatsgründungstag im Oktober vor. Als sich im August und September DDR-Urlauber zu Tausenden in die Botschaften der Bundesrepublik Deutschland in Budapest, Prag und Warschau flüchteten, wollte die DDR-Regierung Aufsehen vermeiden und ließ die Flüchtlinge in die Bundesrepublik Deutschland ausreisen.

Übersiedler aus der DDR.

Die Deutsche Frage 1949-1990

„Montagsdemonstrationen" in Leipzig.

Neugegründete Oppositionsgruppen wie „Neues Forum" oder „Demokratie Jetzt" forderten immer lauter Reisefreiheit und Demokratisierung. Im September 1989 öffnete Ungarn seine Grenzen nach Österreich: 25 000 DDR-Urlauber flohen über Österreich in die Bundesrepublik Deutschland. Auf einer Demonstration nach dem Montagsgebet in Leipzig ertönte der Ruf: „Wir wollen raus – wir bleiben hier."
Am 6. Oktober fanden die offiziellen Staatsgründungsfeiern in Ost-Berlin statt. Gegen Demonstranten ging die Polizei in den Tagen darauf brutal vor; Tausende wurden verhaftet. Jetzt wurde die erste Oppositionspartei gegründet, die Sozialdemokratische Partei (SDP). Auf der Leipziger Montagsdemonstration am 9. Oktober ertönte unter den 70 000 Teilnehmern erstmals der Ruf: „Wir sind das Volk". Die bereitstehende Armee griff aber nicht ein, weil das sowjetische Militär seine Unterstützung in diesem Fall versagt hatte.
Überall in der DDR gab es nun Massendemonstrationen, an denen bis zu einer halben Million Menschen teilnahmen. Am 18. Oktober trat Erich Honecker zurück; Egon Krenz war sein Nachfolger im Amt des Generalsekretärs der SED. Seine Versuche, durch Zugeständnisse die Führungsrolle der SED zu erhalten, blieben erfolglos.

Karikatur zum Niedergang der DDR vom 19. Oktober 1989.

Die Deutsche Frage 1949-1990

Die Öffnung der Mauer am 9. November 1989.

DDR-Grenzsperren zwischen Hessen und Thüringen werden geöffnet.

Die „Novemberrevolution" 1989 und der Fall der Berliner Mauer

Am 4. November 1989 standen 500 000 Demonstranten in Ost-Berlin auf der Straße, die neben Reisefreiheit auch freie Wahlen forderten und den SED-Führungsanspruch ablehnten. Weil diese Forderungen nun nicht mehr verstummten, wurden Reiseerleichterungen angekündigt. Die Regierung trat zurück (7.11.). Am 9. November erklärte ein SED-Sprecher im Berliner Rundfunk, daß ein Grenzübertritt in die Bundesrepublik Deutschland für alle DDR-Bürger möglich sei. Schon abends wurde der Druck der Masse an den Grenzübergängen so stark, daß sich die Grenzbeamten erstmals nach 28 Jahren entschlossen, die Übergänge zu öffnen – nicht ohne die Ausweise der ausreisenden Bürger zu kennzeichnen. Zunächst wollte man sie nicht wieder zurücklassen. Aber nun überschlugen sich die Ereignisse: Innerhalb von 10 Tagen besuchten 3 Mio. DDR-Bürger die Bundesrepublik Deutschland. Die neue DDR-Regierung begann mit der Bundesregierung Gespräche über einen geregelten Reise- und Besucherverkehr. Zwar war mit *Hans Modrow* noch einmal ein SED-Mitglied zum Ministerpräsidenten gewählt worden, aber die alte Parteiführung wurde verhaftet, der Führungsanspruch der SED aus der DDR-Verfassung gestrichen und der Umbau der Partei mit einer Umbenennung begonnen. Sie hieß nun *PDS: Partei des Demokratischen Sozialismus*. Die Parteidiktatur der SED in der DDR war durch eine friedliche Revolution im November 1989 beendet worden! Nun tauchten erstmals auf den Demonstrationen Parolen auf, die an ein Ende der DDR denken ließen. Statt „Wir sind das Volk" hieß es nun „Wir sind ein Volk".

DDR-Alltag der siebziger und achtziger Jahre

1 Rainer Kunze: Nachhall

Q Hier wird nicht gespielt! Eure Zeit ist vorbei, geht nach Hause!
(Polizeistreife zu Jugendlichen, die am 8. August 1973, drei Tage nach Abschluß der Weltfestspiele, auf dem Alexanderplatz Gitarre spielten.)
Als Michael aus den Bierstuben kam, wirkte der Platz wie leergekippt. Unterhalb des Warenhauses sprang ein Motor an: Der Jugend-Müll wurde eben abgefahren. Und eine Scherbe schändete den Platz: Zwischen Posten, die dastanden wie schnell gewachsene Gehölze. Polizeigrün. Immergrün.
Seine Gitarre lag nicht mehr auf dem Brunnenrand. Sie hatten seine Gitarre. Sie hatten eine Geisel.
Der Polizist sagte: „Ihre Gitarre suchen Sie? Kommen Sie mit."
Während Michael im Gang des Polizeigebäudes neben den anderen stand, das Gesicht zur Wand und die Arme erhoben, wurde der Tag ausgeschrien. „Schuhe ausziehn! Wenn du nicht sofort die Schuhe ausziehst, kriegst du eins in die Schnauze, und wo *die* Pfote hinhaut, dort wächst kein Gras mehr!"
Sie hatten auf der Brunneneinfassung gesessen: Lehrlinge, Schüler, Rentner. Viele Passanten waren stehen geblieben und hatten Ihnen Beifall gespendet, vor allem den beiden Ungarn. Der eine hatte fast Funken aus den Saiten geschlagen.
Auf dem Ordnungsstrafbescheid über 10 Mark, mit dessen Entgegennahme Michael um drei Uhr morgens sein Instrument auslöste, stand: Störung des sozialistischen Zusammenlebens (Spielen mit Gitarre).

Rainer Kunze, Die wunderbaren Jahre, Frankfurt/M. 1976, S. 43.

2 Aus dem Manifest der ersten organisierten Opposition in der DDR von 1978

Q Der ostdeutsche Arbeiter kann genauso klug, erfinderisch und geschickt wie sein westdeutscher Kollege sein. Aber will er? Hat er den Ehrgeiz, die Arbeitsproduktivität höher zu treiben? Hat er den Anreiz, mehr Geld auf ehrliche Weise, durch echte Leistungssteigerung zu verdienen? Oder soll er Kraft, Werkzeug und Material aus dem Betrieb nicht besser für den privaten Job nach Feierabend einsetzen? Jeder, der in Industrie oder Landwirtschaft, im Gesundheitswesen oder Verkehr, im Handel oder als kleiner Staatsangestellter arbeitet, sieht: Die nicht arbeiten, leben am besten. Soll man es ihnen nicht nachtun? [...] Es fehlt an Ersatzteilen, die wertmäßig Pfennige ausmachen, aber ganze Produktionsabschnitte fallen dadurch aus. Zeit, Sprit und Arbeitskraft gehen massenweise verloren beim Kreuz und Quer durch die Republik, um das Nötigste an Engpässen zu überwinden. Wiederum versickern Millionen. Jeder Kapitalist ginge bei dieser Wirtschaftsweise zugrunde. Bei uns zahlt der Arbeiter und Bauer für die Unfähigkeit des bürokratischen Apparates mit niedrigerem Lebensstandard als im Westen.

Der Spiegel, Nr. 2/1978, S. 26

3 Aus einem Interview mit einer 41-jährigen Krankenschwester aus Leipzig

Q *Was ist denn für dich wichtig? Mehr Geld? Mehr Möglichkeiten?*
E.: Na, mehr mit dem Geld anfangen können...
Aber Geld ist doch nicht alles, was man im Leben haben möchte.
E.: Nein, also, ich habe Angst davor, hier krank zu werden.
Warum? Weil du das Gesundheitswesen kennst?
E.: Ja, wirklich
Du meinst, daß es sehr mangelhaft ist, unser Gesundheitswesen?
E.: Ja, es ist deprimierend für Menschen [...] Und wenn ich dann höre, daß es Stationen und Betten gibt nur für Devisen [...] Das wird uns ja auch im Gesundheitswesen bewiesen, daß wir Menschen zweiter Klasse sind [...]

Bärbel Bohley u. a., 40 Jahre DDR ...und die Bürger melden sich zu Wort, Frankfurt/M. 1989, S. 108 ff.

1 *Erstellen Sie anhand von Q 1 bis 3 eine Übersicht über die Ursachen bedrückender Wirklichkeitserfahrungen in der DDR der 70er und 80er Jahre.*
2 *Erklären Sie, weshalb trotz der deutlichen Ablehnung der Verhältnisse durch einzelne über Jahrzehnte in der DDR keine Veränderung erfolgte.*
3 *Erörtern Sie, ob die Kritikpunkte in Q 1 bis 3 mit dem Wesen des Sozialismus zusammenhängen.*

Die Deutsche Frage 1949-1990

Zur Novemberrevolution von 1989

1 Kirchliche Opposition

1a *Der Wittenberger Theologe Friedrich Schorlemmer in einem Vortrag in Leipzig am 4. September 1989:*
Q Ich war Studentenpfarrer in Merseburg, als die Schlußakte von Helsinki am 1. August 1975 abgeschlossen wurde. Da ging's los. Das Menschenrecht auf Ausreise. Wer zählt die Verluste? Ich weiß auch, wer schuld ist. Aber vielleicht sind auch die schuld, die gegangen sind, weil dann wieder mehr gehen? [...]
Ich sehe jetzt, wie die Generation meiner Tochter, die Achtzehn- bis Zwanzigjährigen fragen: Sollen wir das genauso machen wie Du und auch zwanzig Jahre warten oder gleich gehen? Das sitzt tief [...]

Die Opposition in der DDR, Berlin (West) 1989, S. 138 ff.

1b *Analyse der Ursachen der Massenabwanderung durch die Synode des Bundes der Evangelischen Kirchen in der DDR (September 1989):*
Q [...] Erwartete und längst überfällige Reformen werden offiziell als unnötig erklärt; die Mitverantwortung des einzelnen Bürgers und seine kritische Einflußnahme sind nicht ernsthaft gefragt; den Bürgern zustehende Rechte werden vielfach lediglich als Gnadenerweis gewährt; hier geweckte und von außen genährte Wohlstandserwartungen können nicht befriedigt werden; ökonomische und ökologische Mißstände erschweren zunehmend das Leben; Alltagserfahrungen und die Berichterstattung der Medien klaffen weit auseinander; eine öffentliche Aussprache über Ursachen der Krisenerscheinungen wird nicht zugelassen; [...]

Die Opposition in der DDR, Berlin (West) 1989, S. 214 ff.

1c *Leipziger Montagsdemonstration am 30.10.1989:*
Q Rund 300 000 Bürger demonstrierten gestern im Anschluß an Friedensgebete in sieben Leipziger Kirchen in der Messestadt. Auf Plakaten sowie in Sprechchören forderten sie – wie bereits bei den Demonstrationen in den vergangenen Wochen – die Zulassung des Neuen Forum, Reise- und Pressefreiheit sowie grundlegende Reformen der sozialistischen Gesellschaft. Zu hören waren Rufe wie „Stasi in die Volkswirtschaft" und „Wir wollen endlich Taten sehen!" Mit einem Aufruf über Lautsprecher forderten Vertreter des Neuen Forum freie Wahlen sowie Veränderungen in der Regierung. [...]

Sächsisches Tageblatt, 31.10.1989, S. 1.

1 *Erklären Sie die Rolle, die nach Aussagen der Quellen 1a bis 1c die Kirche der DDR übernahm. Wer erfüllt in der Bundesrepublik Deutschland diese Aufgabe? Worin sieht die Kirche bei uns ihre Aufgabe?*

2 *Nennen Sie die Gründe für die Massenauswanderung (Q 1a/b). Welche Folgen mußte eine solche Fluchtwelle für die DDR haben?*

2 Stefan Heym am 9. November 1989 vor 500 000 Menschen auf dem Berliner Alexanderplatz

Q Liebe Freunde, Mitbürger, es ist, als habe einer die Fenster aufgestoßen nach all den Jahren der Stagnation, der geistigen, wirtschaftlichen, politischen, den Jahren von Dumpfheit und Mief und bürokratischer Willkür, von amtlicher Blindheit und Taubheit. Welche Wandlung! Vor noch nicht vier Wochen: Die schön gezimmerte Tribüne, hier um die Ecke, mit dem Vorbeimarsch, dem bestellten, vor den Erhabenen. Und heute Ihr, die Ihr Euch aus eigenem freien Willen versammelt habt für Freiheit und Demokratie und für einen Sozialismus, der des Namens wert ist. [...] Aber sprechen, frei sprechen, gehen, aufrechtgehen ist nicht genug. Laßt uns auch lernen zu regieren. Die Macht gehört nicht in die Macht eines einzelnen oder ein paar weniger oder eines Apparats oder einer Partei. Alle, alle müssen teilhaben an dieser Macht. Und wer immer sie ausübt und wo immer, muß der Kontrolle der Bürger unterworfen sein. Denn Macht korrumpiert, und absolute Macht, das können wir heute noch sehen, korrumpiert absolut.

Die Tageszeitung, Berlin (West), vom 9.11.1989.

1 *Beschreiben Sie Stefan Heyms Sicht der politischen Lage in der DDR am 4. November 1989.*

2 *Erklären Sie, was Heym unter Demokratie und Sozialismus versteht. Wie schätzt er offenbar das bisherige System der DDR ein?*

3 Christoph Hein: Ein Brief an Sara, New York

Q Donnerstagabend, 9. November 1989

Am Abend bin ich mit meiner Frau bei meinem Verleger. Wir haben eigentlich über zwei Bücher von mir zu sprechen. […] Tatsächlich aber bestimmen die Veränderungen in der DDR unser Gespräch, die Demonstrationen in Leipzig und die vom 4. November in Berlin, die Wende in der Politik der bisher führenden Staatspartei, die neu entstehenden Parteien, und das tragikomische Schauspiel, das die Opportunisten nun bieten, die sich natürlich wieder bemühen, in den ersten Waggon des abgefahrenen Zuges zu springen.

Um Mitternacht gehen wir nach Hause. Es ist kein Taxi zu bekommen, selbst keins der Schwarztaxis, die sonst um diese Zeit immer zu haben sind.

Wir müssen mit der Straßenbahn fahren. […]

Daheim schalte ich den Fernseher ein, um die Spätnachrichten zu sehen. Auf allen Kanälen ist ein Volksfest zu sehen, offenbar in Westberlin. Auch die DDR-Medien berichten darüber. Die Reporter halten den jubelnden Leuten ihre großen Mikrofone vor und fragen sie nach ihrem Eindruck, nach ihrer Meinung. Fast jeder sagt nur „Wahnsinn" und winkt dann begeistert in die Kamera oder prostet einem ihm offenbar völlig Unbekannten mit einer Sektflasche zu.

Die Mauer wurde geöffnet. Eine der unüberwindlichsten Grenzen in Europa wurde zum Tanzboden der Deutschen.

So einfach war die Lösung, und so schwer war es, sie endlich durchzusetzen. Die Massenflucht, die Verzweiflung, die Trennung, alles ist schlagartig beendet. Nun wird wohl kaum einer mehr das Land verlassen, denke ich, während ich ein paar Sekunden auf dem Fernseher das Fest betrachte.

Die Mauer muß weg, schreit einer in die Kamera.

Warum denn? rufen andere belustigt.

Vermutlich wird der Minister für Touristik darauf beharren, daß der größte Teil der Mauer stehenbleibt und gut konserviert wird. Der Staat braucht Devisen, und die Berliner Mauer könnte künftig mit dem Münchner Hofbräuhaus um die amerikanischen Touristen konkurrieren. […]

Es gab Tote an dieser Mauer. Um unserer Zukunft willen dürfen wir sie nicht vergessen. […]

Freitag, 10. November

Die Tageszeitungen berichten nur knapp von einer neuen Reiseregelung. Rundfunk und Fernsehen zeigen ununterbrochen Hunderttausende von DDR-Besuchern, die Westberlin und die grenznahen Orte Westdeutschlands überfluten. […]

Die Bürger aus der DDR erhalten in Westberlin und Westdeutschland ein „Begrüßungsgeld" in Höhe von 100 DM pro Jahr. Vor den auszahlenden Banken gibt es lange Schlangen. Die DDR-Währung ist nicht konvertierbar, eine Binnenwährung, die auf dem Schwarzen Markt derzeit in einem Verhältnis von 1:10 getauscht wird. Um einen Betrag zu tauschen, für den ein westdeutscher Arbeiter eine Stunde arbeitet, muß ein DDR-Arbeiter etwa 30 Stunden arbeiten. […]

Am Tage nach der Maueröffnung sind die ersten besorgten Stimmen zu hören, die den wirtschaftlichen Kollaps der DDR befürchten. Gesetze können nicht alles regeln. Der grelle Unterschied in der Wirtschaft, dem Konsumangebot und in der Währung wird wieder eine bedrohliche Gefahr für das Land und den Staat. Der Mauerbau 1961 sollte damals die Flucht, aber auch die Gefährdung für die Wirtschaft beenden. 1989 muß dieses Problem anders gelöst werden, ganz anders. […]

Das Problem: die Regierung hat es 28 Jahre lang (die 28 Jahre, die die Berliner Mauer stand) versäumt, dafür etwas zu tun. Selbst wenn die Regierung keinen anderen Fehler machte. Allein dafür müßte sie wegen schwerer Wirtschaftssabotage angeklagt werden.

Christoph Hein, Als Kind habe ich Stalin gesehen. Essays und Reden, Berlin 1990, S. 184 ff.

1 Versuchen Sie den Eindruck zu charakterisieren, den die Öffnung der Berliner Mauer auf den Autor macht.
Wie bewertet er die Grenzöffnung der DDR insgesamt? Wo sieht er Probleme?

2 Erklären Sie die Bedeutung des Währungsproblems. Wie wirkt sich das wirtschaftliche Gefälle zwischen der DDR und der Bundesrepublik Deutschland aus?

Die Deutsche Frage

Die Deutschland-Politik der fünfziger Jahre

Karikatur von Hans Erich Köhler, 1949

Die Deutsche Frage

Infolge des Ost-West-Konfliktes waren im besetzten Deutschland zwei deutsche Staaten entstanden. Das Staatsgebiet des Deutschen Reiches in den Grenzen von 1937 war damit auf vier Staaten verteilt. Die entscheidende Frage der deutschen Politik lautete: Wie läßt sich die deutsche Einheit wieder herstellen, so wie das im Grundgesetz gefordert wird? Diese Deutsche Frage* stellte eines der schwierigsten Probleme der Weltpolitik dar, weil beide deutsche Staaten gegensätzlichen Gesellschaftssystemen und feindlichen Militärbündnissen angehörten. Man mußte befürchten, daß die Lösung der Deutschen Frage solange unmöglich sein würde, wie der Ost-West-Gegensatz bestand.

Gesamtdeutsche Initiativen

Weder die Bundesrepublik Deutschland noch die DDR hatten 1949 mit ihrer Staatsgründung den Anspruch auf eine Deutsche Einheit aufgegeben. In der *Präambel des Grundgesetzes* war der Grundsatz festgehalten, daß das „gesamte Deutsche Volk" aufgefordert bleibe, „in freier Selbstbestimmung die Einheit und Freiheit Deutschlands zu vollenden". In der DDR-Verfassung wird von Anfang an der Anspruch erhoben, es handle sich dabei um eine gesamtdeutsche Verfassung. Dennoch verfolgten weder Bundesregierung noch DDR-Regierung das Ziel einer deutschen Einheit um jeden Preis.

Vorschläge der Bundesrepublik Deutschland und der DDR. Als im März 1950 die Bundesregierung der Sowjetunion freie Wahlen zur Bildung einer verfassunggebenden Nationalversammlung vorschlug, antwortete diese nicht. Als aber im Verlauf desselben Jahres die Absicht der Westmächte deutlich wurde, eine Armee in der Bundesrepublik Deutschland aufzubauen, schlug die DDR-Regierung ihrerseits vor, einen gesamtdeutschen Rat zur Vorbereitung von freien Wahlen zu einer Nationalversammlung und gesamtdeutschen Regierung zu bilden. Sie prägte dafür das Schlagwort „Deutsche an einen Tisch".

Die Bundesregierung lehnte diesen Vorschlag ab, weil sie die DDR-Regierung nicht für berechtigt hielt, für eine Wiedervereinigung zu sprechen: Einmal fehle ihr die Legitimation als Regierung, weil sie nicht frei gewählt sei, zum andern habe sie auf die Gebiete östlich von Oder und Neiße verzichtet und damit das Ziel der Wiedervereinigung verraten.

Die Stalin-Note. Im März 1952 befand sich die Bundesrepublik Deutschland in der Schlußphase ihrer Verhandlungen mit den Westmächten über den Deutschlandvertrag und die Europäische Verteidigungsgemeinschaft (EVG). Da bot der sowjetische Staats- und Parteichef Stalin den Westmächten in einer offiziellen Note einen Friedensvertrag mit Deutschland an: Die Einheit sollte wiederhergestellt, ein Abzug der Besatzungstruppen gewährleistet und eine deutsche Armee aufgebaut werden, wenn Deutschland auf die Zugehörigkeit zu einem Militärbündnis verzichte.

Die Bundesregierung stand dem sowjetischen Vorschlag skeptischer gegenüber als die Westmächte, weil sie diese Stalin-Note nur für ein taktisches Manöver hielt, um die Bildung der EVG und damit die Bewaffnung und Westeinbindung der Bundesrepublik Deutschland zu verhindern.

Die Westmächte bemängelten an der Stalin-Note zwar, daß die Bündnisfreiheit Deutschlands beschränkt und freie Wahlen nicht vorgesehen wurden, glaubten aber, daß der Vorschlag für die Deutschen verlockend sein müsse. Die Sowjets gestanden sogar freie Wahlen für Deutschland zu, als aber der EVG-Vertrag im Mai 1952 unterzeichnet war, zeigten sie kein Interesse mehr.

Die Debatte um die Stalin-Note. Ob Stalin 1952 wirklich zu einer deutschen Wiedervereinigung bereit war, läßt sich nicht beweisen, weil die sowjetischen Archive der Geschichtsforschung noch nicht zugänglich sind. In der deutschen Öffentlichkeit aber wurde die Stalin-Note als Sensation empfunden. SPD und große Teile der Presse verlangten von der Bundesregierung, wenigstens die Ernsthaftigkeit des Angebots sorgfältig zu prüfen. Für Bundeskanzler Adenauer allerdings hatte die Westintegration Vorrang vor einer deutschen Einheit um den Preis der Neutralität. Er wollte von einer „Position der Stärke" aus mit der Sowjetunion verhandeln und vertraute darauf, daß eine attraktive Bundesrepublik Deutschland die Sowjetunion und die DDR langfristig so unter Druck setzen würde, daß sie eine Wiedervereinigung nach den Bedingungen des Westens annehmen müßten.

Der Alleinvertretungsanspruch der Bundesrepublik Deutschland

Die Regierung Adenauer hatte schon bei der Gründung der DDR im Oktober 1949 erklärt, allein die Bundesrepublik Deutschland sei befugt, für das deutsche Volk zu sprechen, weil das Fehlen freier Wahlen in der SBZ eine rechtswirksame Staats- und Regierungsbildung verhindert habe. Die DDR war also für die Bundesrepublik Deutschland der fünfziger und sechziger Jahre kein Staat. Das schlug sich auch im Sprachgebrauch nieder: Für Adenauer blieb die DDR die „Sowjetzone". Andere Bezeichnungen wie „drüben", „Ostzone", „Mitteldeutschland", „sogenannte DDR" waren bis in die siebziger Jahre gebräuchlich.

Alle sowjetischen Vorschläge zur Vorbereitung einer deutschen Einheit, die eine Anerkennung der DDR zur Voraussetzung hatten, wurden deshalb von der Bundesregierung abgelehnt. Auch die Westmächte bekräftigten beim Abschluß des Deutschlandvertrages 1954 den bundesdeutschen Alleinvertretungsanspruch.

Die Hallstein-Doktrin. Trotz dieser schroffen Haltung gegenüber der sowjetischen Politik war es der Bundesregierung 1955 gelungen, mit der Sowjetunion diplomatische Beziehungen aufzunehmen. Allerdings vereinbarte diese sogleich danach dasselbe mit der DDR. Es gab nun zwei deutsche Botschaften in Moskau. Folgende Situation war damit gegeben: Die Bundesrepublik Deutschland mußte damit rechnen, daß in allen möglichen Ländern der Erde Botschaften der DDR entstehen würden. Damit schien die DDR einen Weg zur internationalen Anerkennung gefunden zu haben. Die Antwort der Bundesregierung war die nach ihrem Erfinder genannte *Hallstein-Doktrin*: Darin äußerte die Bundesrepublik Deutschland die Absicht, mit allen Staaten die diplomatischen Beziehungen abzubrechen, die die DDR im völkerrechtlichen Sinne anerkennen würden.

Die Östliche Zweistaatentheorie

Die sowjetische Position. Im Gegensatz zur Bundesrepublik Deutschland ging die Sowjetunion davon aus, daß die Bundesrepublik Deutschland und die DDR zwei souveräne deutsche Staaten seien, denen es freigestellt sein sollte, in Abstimmung mit den Siegermächten des Zweiten Weltkrieges gemeinsame Wege zu einem Friedensvertrag und zur deutschen Einheit zu suchen. Da diese Theorie für alle praktischen Schritte die Anerkennung der DDR und ihrer Regierung vorausgesetzt hätte, war sie für die Bundesrepublik Deutschland unannehmbar.

Die Zweistaatentheorie der DDR in den fünfziger und sechziger Jahren. Bis 1966 verfolgte die DDR-Regierung das Ziel, über „gesamtdeutsche Gespräche" die „Einheit Deutschlands" herzustellen. Die „Überwindung der Spaltung der deutschen Nation" stand auch im Programm der SED von 1963. Dabei ging die DDR-Regierung davon aus, daß ein wiedervereinigtes Deutschland sozialistisch sein müsse. Solange dies nicht erreichbar schien, rechnete sie „mit einem längeren Nebeneinander der beiden deutschen Staaten".

Erst mit der neuen Ostpolitik der Großen Koalition in der Bundesrepublik Deutschland änderte die DDR-Regierung ihre Deutschland-Politik. Nun ging sie davon aus, daß es keine Wiedervereinigung mehr geben könne.

Neue Ost- und Deutschlandpolitik seit den sechziger Jahren

Auswirkungen einer neuen weltpolitischen Lage und des Mauerbaus

Mit der Entwicklung einer eigenen Wasserstoffbombe und von Interkontinentalraketen hatte die Sowjetunion im Rüstungswettlauf mit den USA am Ende der fünfziger Jahre nahezu einen Gleichstand erreicht. Die beiden Supermächte begannen nun eine vorsichtige Politik der Konfliktvermeidung durch Respektierung ihrer jeweiligen Einflußsphären (Status quo). Deshalb griffen die Westmächte nicht ein, als die Sowjetunion der DDR-Regierung erlaubte, unter Bruch des Potsdamer Abkommens die Mauer in Berlin zu errichten. Die lautstarken Proteste von westlicher Seite waren nicht mehr als Lippenbekenntnisse.

Der Mauerbau in Berlin schien 1961 das Scheitern von Adenauers Deutschlandpolitik zu bedeuten. Die Mauer hatte die Möglichkeit beseitigt, daß die DDR durch die „Magnetwirkung" des Westens „ausblutete" und wegen wirtschaftlicher Schwierigkeiten an die Bundesrepublik Deutschland fallen würde. Die Zurückhaltung der Westmächte zwang die Bundesregierung, ihre Deutschlandpolitik in Teilen zu verändern. Wollte man nicht den Verkehr der Bundesrepublik Deutschland nach West-Berlin der Willkür der DDR-Regierung aussetzen, sondern den West-Berlinern den Weg zu ihren Verwandten in Ost-Berlin eröffnen, dann mußte man mit der DDR verhandeln. Diese „Politik der kleinen Schritte" mußte der DDR-Regierung irgendwie nahegebracht werden. Tatsächlich gelang auf dem Verhandlungsweg 1963 ein „Passierscheinabkommen", das West-Berlinern den Verwandtenbesuch im Ostteil der Stadt ermöglichte. Ab 1964 konnten alle DDR-Rentner in die Bundesrepublik Deutschland reisen. Mit solchen Vereinbarungen verlor die DDR zunehmend an Glaubwürdigkeit.

Der Versuch einer neuen Deutschlandpolitik der Großen Koalition 1966 blieb ohne Erfolg. Ihre Politik der Auflockerung der Konfrontation beantwortete die DDR mit Schikanen im Transitverkehr nach Berlin. Die Besetzung der Tschechoslowakei durch die Warschauer-Pakt-Staaten 1968 drohte schließlich alle Annäherungsversuche zunichte zu machen.

Internationale Entspannungspolitik und Ostverträge

Eine Veränderung im Verhältnis der beiden deutschen Staaten wurde erst möglich, als sich eine Entspannung zwischen den Supermächten USA und Sowjetunion anbahnte. Der neugewählte US-Präsident Richard Nixon intensivierte 1969 die Bemühungen zur Beendigung des Vietnamkrieges. Dazu nahm er Verhandlungen mit der Sowjetunion und China auf.

In der neuen Atmosphäre der Entspannung wurde auch eine neue Deutschland-Politik der Bundesregierung möglich. Der Kanzler der 1969 gebildeten sozialliberalen Koalition, Willy Brandt, erklärte im Oktober 1969 die Entkrampfung des Verhältnisses zwischen den beiden Teilen Deutschlands zum Ziel seiner Regierung. „Wandel durch Annäherung" hieß die neue Politik. Über eine Aussöhnung mit den östlichen Nachbarn, einschließlich der Sowjetunion, sollte die Verhärtung gegenüber der DDR aufgebrochen und die Lage West-Berlins verbessert werden.

Ziele der Ostverträge. Die sozialliberale Koalition wollte eine realistische Politik aufgrund der Nachkriegsgegebenheiten versuchen, ohne die Grundsätze des Potsdamer Abkommens und des Grundgesetzes in Frage zu stellen. Im einzelnen strebte sie nach

– einem Offenhalten der Deutschen Frage,
– der Wahrung der Einheit der Nation,
– einer Klarstellung der Verantwortlichkeit der Vier Siegermächte des Zweiten Weltkrieges für Deutschland als Ganzes und für Berlin sowie
– nach zwischenstaatlichen Vereinbarungen im Interesse der Menschen in Deutschland.

Die Ostverträge von 1970-1973. Der Weg führte vor allem über Verhandlungen in Moskau und Warschau. Die Sowjetunion hatte als Siegermacht die Abtrennung der Gebiete östlich von Oder und Neiße an Polen veranlaßt, war neben den Westmächten in Berlin immer noch regierende Macht und hatte entscheidenden Einfluß auf die Politik der DDR-Regierung. Nur mit Zustimmung der Sowjetunion war eine neue Deutschlandpolitik der Bundesregierung sinnvoll. Diese war nur zu erhalten, wenn die Bundesrepublik Deutschland auf Kernwaffen verzichtete und die Unverletzlichkeit der bestehenden Grenzen in Europa akzeptierte, insbesondere der von Polen, Tschechoslowakei und DDR.

Deshalb unterzeichnete die Bundesrepublik Deutschland 1969 den Vertrag über die Nichtverbreitung von Kernwaffen und schloß 1970 die Verträge von Moskau und Warschau, 1972 den Grundlagenvertrag mit der DDR, 1973 den Vertrag von Prag (siehe Übersicht). In diesen Verträgen erklärte sie die bestehenden Grenzen für unverletzlich und bekräftigte, keine Gebiete zu beanspruchen.

Das Berlin-Abkommen von 1971. Die Sowjetunion ihrerseits kam der Bundesrepublik Deutschland in der Berlin-Frage entgegen. Im Viermächte-Abkommen über Berlin gab sie mit den USA, England und Frankreich ihr Einverständnis zum Ausbau der Bindungen zwischen der Bundesrepublik Deutschland und West-Berlin. Die Lebensfähigkeit dieser bis dahin gefährdeten Stadt war von nun an sicherer.

Kahlschlag (Rauschning/Brandtmeister).

Die Ost- und Deutschlandpolitik 1970-1973				
Moskauer Vertrag 1970	Warschauer Vertrag 1970	Berlin-Abkommen 1971	Grundlagenvertrag 1972	Prager Vertrag 1973
Unverletzlichkeit der bestehenden Grenzen in Europa	Respektierung der Oder-Neiße-Linie als politische Westgrenze	Sicherung der Lebensfähigkeit Berlins und seiner Zufahrtswege durch die Siegermächte	Anerkennung der staatlichen Existenz des anderen deutschen Staates	Erklärung der Nichtigkeit des Münchner Abkommens von 1938 über die Abtretung des Sudetengebietes
Keine Gebietsansprüche	Abgeltung von Rentenansprüchen und Kreditgewährung	Anerkennung der Bindung West-Berlins an die Bundesrepublik Deutschland	Respektierung des Umstandes, daß die DDR für die Bundesrepublik Deutschland kein Ausland ist	
Verzicht auf Gewaltanwendung und -androhung	Ausreise deutscher Volksangehöriger aus Polen		Regelung praktischer Fragen	

Die Deutsche Frage 1949-1990

Der Grundlagenvertrag mit der DDR 1972

Der Vertrag zwischen der Bundesrepublik Deutschland und der DDR regelte die Beziehungen zwischen den beiden Staaten in Deutschland auf der Grundlage der Gegebenheiten, die der Zweite Weltkrieg geschaffen hatte. Beide Staaten sahen sich als gleichberechtigt an, respektierten ihre Grenzen als unverletzlich, machten keine Gebietsansprüche geltend und verzichteten darauf, für den anderen sprechen zu wollen. Sie vereinbarten, gleichzeitig die Mitgliedschaft in den Vereinten Nationen zu beantragen und „Ständige Vertreter" auszutauschen.

Der Umstand, daß nicht „Botschafter", wie unter anderen Staaten üblich, ausgetauscht wurden, unterstrich, daß für die Bundesrepublik Deutschland die DDR weiterhin kein Ausland war. Sie hielt im Gegensatz zur DDR an der Einheit der deutschen Nation fest. Die Bundesrepublik Deutschland kannte nach wie vor nur eine deutsche Staatsangehörigkeit, während die DDR auf einer eigenen der DDR bestand. Schließlich waren im Vertrag noch weitere Fragen behandelt wie z. B. das Ziel der Freizügigkeit zwischen beiden Staaten, die Familienzusammenführung, die Zusammenarbeit bei Verkehr und Post und die Zollfreiheit des innerdeutschen Handels, welche für die DDR praktisch eine Annäherung an den EG-Markt bedeutete.

Im deutschen Graben (Die Zeit v. 5. 11. 1972)

Karikatur zum Grundlagenvertrag.

Ergebnis der neuen Ost-Politik. Der Preis für die Ostverträge war der Verzicht auf den Alleinvertretungsanspruch und die Respektierung der faktischen Grenzen in Europa (Gewaltverzicht). Aber alle diese Verträge wurden im klaren Bewußtsein geschlossen, daß sie die Verantwortlichkeit der Siegermächte für Deutschland als Ganzes und einen Friedensvertrag nicht ersetzen konnten. Auf friedlichem Wege waren die Grenzen also wohl veränderbar, sie waren nicht als endgültig erklärt worden. Die Einheit Deutschlands im Sinne des Grundgesetzes wurde nicht aufgegeben. Im „Brief zur deutschen Einheit", der sowohl beim Moskauer Vertrag wie beim Grundlagenvertrag den Regierungen überreicht wurde, wurde dies eindeutig festgehalten.

Ostverträge und Grundgesetz. Die Zweifel der Opposition, ob durch die Ostverträge noch das Ziel der deutschen Einheit im Sinne des Grundgesetzes gewahrt sei, wurden 1973 vom Bundesverfassungsgericht ausgeräumt. Es erklärte, weder das Wiedervereinigungsgebot noch der Grundsatz der Einheit der Nation seien durch die Verträge verletzt worden. Nach wie vor werde Deutschland als Ganzes in den Grenzen von 1937 gesehen, und die DDR als zweiter Staat auf deutschem Boden sei auch künftig kein Ausland. Damit war die Deutsche Frage auch nach den Ostverträgen offengehalten, und der Grundsatz der Einheit der Nation gewahrt. Es galt weiterhin der Auftrag in der Präambel des Grundgesetzes, „in freier Selbstbestimmung die Einheit und Freiheit Deutschlands zu vollenden".

Abkehr vom Wiedervereinigungsziel in der DDR. Auf Betreiben Honeckers wurde das Ziel der Wiedervereinigung in der DDR aufgegeben. Sprach die DDR-Verfassung von 1968 noch von der DDR als dem „sozialistischen Staat deutscher Nation", so tilgte ab 1972 die SED im Namen zahlreicher Einrichtungen und Organisationen die Worte „Deutschland" und „deutsch". Die Nationalhymne der DDR sollte nur noch instrumental vorgetragen werden, um den Appell an die nationale Einheit vergessen zu lassen („Auferstanden aus Ruinen und der Zukunft zugewandt, laß uns dir zum Guten dienen, Deutschland, einig Vaterland"). Die Verfassung von 1974 und das SED-Programm von 1976 gingen von der neuen Vorstellung einer „sozialistischen deutschen Nation" in der DDR aus.

Adenauers Deutschlandpolitik

1 Der deutschlandpolitische Auftrag in der Präambel des Grundgesetzes vom 23. Mai 1949

Q Im Bewußtsein seiner Verantwortung vor Gott und den Menschen, von dem Willen beseelt, seine nationale und staatliche Einheit zu wahren und als gleichberechtigtes Glied in einem vereinten Europa dem Frieden der Welt zu dienen, hat das Deutsche Volk in den Ländern Baden, Bayern, Bremen, Hamburg, Hessen, Niedersachsen, Nordrhein-Westfalen, Rheinland-Pfalz, Schleswig-Holstein, Württemberg-Baden und Württemberg-Hohenzollern, um dem staatlichen Leben für eine Übergangszeit eine neue Ordnung zu geben, kraft seiner verfassungsgebenden Gewalt dieses Grundgesetz der Bundesrepublik Deutschland beschlossen. Es hat auch für jene Deutschen gehandelt, denen mitzuwirken versagt war. Das gesamte Deutsche Volk bleibt aufgefordert, in freier Selbstbestimmung die Einheit und Freiheit Deutschlands zu vollenden.

Bundesgesetzblatt Nr. 1 vom 23. Mai 1949, S. 1.

- *Erklären Sie, was hier mit dem „gesamte(n) Deutsche(n) Volk" und der Vollendung der Einheit Deutschlands in freier Selbstbestimmung gemeint ist.*

2 Der Alleinvertretungsanspruch
Aus der Regierungserklärung Konrad Adenauers vom 21. Oktober 1949:

Q Ich stelle folgendes fest. In der Sowjetzone gibt es keinen freien Willen der deutschen Bevölkerung. Das, was jetzt dort geschieht, wird nicht von der Bevölkerung getragen und damit legitimiert.
Die Bundesrepublik Deutschland stützt sich dagegen auf die Anerkennung durch den frei bekundeten Willen von rund 23 Millionen stimmberechtigter Deutscher. Die Bundesrepublik Deutschland ist somit bis zur Erreichung der deutschen Einheit insgesamt die alleinige legitimierte staatliche Organisation des deutschen Volkes [...]
Die Bundesrepublik Deutschland fühlt sich auch verantwortlich für das Schicksal der 18 Millionen Deutscher, die in der Sowjetzone leben.
Sie versichert sie ihrer Treue und ihrer Sorge.
Die Bundesrepublik Deutschland ist allein befugt, für das deutsche Volk zu sprechen.
Sie erkennt Erklärungen der Sowjetzone nicht als verbindlich für das gesamte deutsche Volk an.
Das gilt insbesondere auch für die Erklärungen, die in der Sowjetzone über die Oder-Neiße-Linie abgegeben worden sind.

Ingo von Münch (Hrsg.), Dokumente des geteilten Deutschland. Bd. 1, Stuttgart 1976, S. 204.

1 *Zeichnen Sie Adenauers Verständnis von der Rolle der Bundesrepublik Deutschland in bezug auf Deutschland nach. Erläutern Sie sein Verhältnis zur DDR.*
2 *Erörtern Sie die Folgen von Adenauers Auffassung für das künftige Verhältnis der beiden Teile Deutschlands zueinander.*

3 Die Position der Westmächte zur Deutschen Frage
Aus der Schlußakte der Londoner Neunmächtekonferenz vom 3. Oktober 1954:

Q Die Regierungen der Vereinigten Staaten von Amerika, des Vereinigten Königreichs von Großbritannien und Nordirland und der französischen Republik [...] erklären, daß
1. sie die Regierung der Bundesrepublik Deutschland als die einzige deutsche Regierung betrachten, die frei und rechtmäßig gebildet wurde und daher berechtigt ist, für Deutschland als Vertreter des deutschen Volkes in internationalen Angelegenheiten zu sprechen; [...]
3. eine zwischen Deutschland und seinen früheren Gegnern frei vereinbarte friedensvertragliche Regelung für Gesamtdeutschland, welche die Grundlage für einen dauerhaften Frieden legen soll, ein wesentliches Ziel ihrer Politik bleibt. Die endgültige Festlegung der Grenzen Deutschlands muß bis zum Abschluß einer solchen Regelung zurückgestellt werden;
4. die Schaffung eines völlig freien und vereinigten Deutschlands durch friedliche Mittel ein grundsätzliches Ziel ihrer Politik bleibt;

K. Hohlfeld, Dokumente der Deutschen Politik und Geschichte von 1848 bis zur Gegenwart. Bd. 8, Berlin o. J., S. 437 f.

- *Stellen Sie die Position der Westmächte bezüglich Deutschlands dar und vergleichen Sie diese mit der der Bundesregierung.*

Die Deutsche Frage 1949-1990

Veränderte deutschlandpolitische Auffassungen nach 1960

1 Vater (V) und Sohn (S) 1965 über das Verhältnis zur DDR (aus einem Theaterstück)
Q
S   Warum sagst du es nicht rund heraus?
V   Was?
S   Daß wir das Zonenregime anerkennen sollen.
V   Sollen? Wir müssen, denke ich.
S   Und wieso denkst du, wir müssen?
V   Weil wir den Opfern der Mauer helfen wollen. Oder wollen wir nicht?
S   Wir wollen, aber nicht um diesen Preis.
V   Ein klares Wort und lautet: Nein! Was aber soll dann das Geschrei über die getrennten Familien?
S   Es soll die Aufmerksamkeit lenken auf das Unrecht und auf die Verbrecher, die es tun.
V   Welchen Sinn hätte das?
S   Unrecht anprangern ist immer gut.
V   Nicht immer.
S   Wann nicht?
V   Wenn es keine Polizei gibt und keine Gerichte und –
S   Und?
V   Wenn man selbst schuldig ist.
S   Willst du im Ernst behaupten, daß wir die Schuldigen sind und nicht die Kommunisten?
V   Denk einmal nach.
S   Was ist da nachzudenken?
V   Hast du nicht gesagt, daß das Regime da drüben sich anders nicht zu helfen wüßte?
S   Sicher.
V   Daß es da um Sein oder Nicht-Sein ging?
S   Sehr möglich.
V   Wenn nun der eine sich selbst zerstören müßte, um das Unrecht zu vermeiden, der andere aber nicht – wer ist dann der Schuldigere?

Richard Matthias Müller, Über Deutschland. 103 Dialoge, Frankfurt a. M. 1967, S. 70.

1 *Beschreiben Sie die Position des Vaters und des Sohnes zur Deutschlandpolitik. Wer vertritt hier die Auffassung der Bundesregierung?*

2 *Erklären Sie die Haltung des Vaters zur DDR.*

2 Die sozialliberale Deutschlandpolitik

2a *Aus dem Grundlagenvertrag von 1972:*
Q   [...] *Artikel 1* Die Bundesrepublik Deutschland und die Deutsche Demokratische Republik entwickeln normale gutnachbarliche Beziehungen zueinander auf der Grundlage der Gleichberechtigung.
Artikel 2 Die Bundesrepublik Deutschland und die Deutsche Demokratische Republik werden sich von den Zielen und Prinzipien leiten lassen, die in der Charta der Vereinten Nationen niedergelegt sind, insbesondere der souveränen Gleichheit aller Staaten, der Achtung der Unabhängigkeit, Selbständigkeit und territorialen Integrität, dem Selbstbestimmungsrecht, der Wahrung der Menschenrechte und der Nichtdiskriminierung.
Artikel 3 Entsprechend der Charta der Vereinten Nationen werden die Bundesrepublik Deutschland und die Deutsche Demokratische Republik ihre Streitfragen ausschließlich mit friedlichen Mitteln lösen und sich der Drohung mit Gewalt oder der Anwendung von Gewalt enthalten.
Sie bekräftigen die Unverletzlichkeit der zwischen ihnen bestehenden Grenze jetzt und in der Zukunft und verpflichten sich zur uneingeschränkten Achtung ihrer territorialen Integrität.

Bundesgesetzblatt 1973 II, S. 423 ff.

2b *Brief zur deutschen Einheit überreicht zum Grundlagenvertrag wie zum Moskauer Vertrag:*
Q   [...] beehrt sich die Regierung der Bundesrepublik Deutschland festzustellen, daß dieser Vertrag nicht im Widerspruch zu den politischen Zielen der Bundesrepublik Deutschland steht, auf einen Zustand des Friedens in Europa hinzuwirken, in dem das deutsche Volk in freier Selbstbestimmung seine Einheit wiedererlangt.

Bundesministerium für innerdeutsche Beziehungen, Texte zur Deutschlandpolitik, Bd. 11, Bonn 1973, S. 387.

1 *Wiederholen Sie die zentralen Bestimmungen des Grundlagenvertrages. Vergleichen Sie diese mit den Grundsätzen von Adenauers Deutschlandpolitik.*

2 *Erläutern Sie den Sinn des Briefes zur deutschen Einheit.*

Die Deutsche Frage 1949-1990

Stationen auf dem Weg zur deutschen Einheit

Folgen der Maueröffnung

Die Beseitigung der SED-Diktatur durch Massenflucht und oppositionelle Massendemonstrationen ließ die Deutsche Frage in der DDR erneut aufleben. Die Montagsdemonstrationen in Leipzig brachten im November 1989 das Motto „Deutschland, einig Vaterland" in die politische Diskussion. Dabei handelte es sich zunächst um die Meinungsäußerung einiger Weniger. Ein Weg zur Vereinigung der beiden deutschen Staaten war noch nicht sichtbar.

Die politische Lage nach der Maueröffnung. Die politische Entwicklung nach dem 9. November 1989 war vom Niedergang der SED geprägt und von tastenden Versuchen, das Neben- und Miteinander der beiden deutschen Staaten neu zu bestimmen. Von einer staatlichen Vereinigung war noch keine Rede.

Bundeskanzler Kohl hatte Ende November einen Plan für eine künftige Staatengemeinschaft mit der DDR vorgelegt (Zehn-Punkte-Plan). Die DDR-Regierung vom 13. November unter Hans Modrow (SED) traf sich eine Woche nach ihrer Wahl mit Kanzler Kohl, um mit der Bundesregierung über eine Vertragsgemeinschaft und Wirtschaftshilfe zu sprechen. Dann lud Modrow Vertreter der alten DDR-Parteien zusammen mit Vertretern der neuen Oppositionsgruppen wie das „Neue Forum", „Demokratie Jetzt" und die SPD an den „Runden Tisch", wo nach polnischem Vorbild gemeinsame Wege zu einer Reformpolitik gesucht wurden. Die Oppositionsbewegung engagierte sich für einen eigenständigen Weg der DDR zu einer demokratischen und sozialistischen Gesellschaft, die das stalinistische Erbe der SED beseitigen sollte, und entwarf eine neue DDR-Verfassung. Modrow plante auch Schritte zu einer „sozialistischen Marktwirtschaft" in der DDR.

Wirtschaftliche Probleme der DDR. Modrows Versuche, die DDR-Planwirtschaft über Beteiligungen westdeutscher Firmen in DDR-Betrieben zu retten, scheiterten aber an der Zurückhaltung westlicher Unternehmen und an der Weigerung der Bundesregierung, die Regierung Modrow finanziell zu unter-

Die Anstrengungen der Oppositionsbewegung und des „Runden Tisches", einen eigenständigen Weg der DDR vorzubereiten, wurden während des Wahlkampfes zur Volkskammerwahl am 18. März 1990 von der bisher schweigenden Mehrheit überrollt. Die Vereinigung der beiden deutschen Staaten, die eine Hilfe für den Osten durch die Bundesregierung bringen sollte, rückte in den Vordergrund.

stützen. Als dann der sowjetische Präsident Gorbatschow im Januar 1990 seine prinzipielle Zustimmung zu einer langfristigen Vereinigung der beiden deutschen Staaten signalisierte, steuerte die Bundesregierung energisch die staatliche Vereinigung der beiden deutschen Staaten an.

Die wirtschaftliche Lage in der DDR und die gleichbleibend hohen Zahlen von Ausreisewilligen kamen ihr dabei zu Hilfe. Im November übersiedelten noch über 130 000 DDR-Bürger in die Bundesrepublik Deutschland; bis März 1990 waren es jede Woche mehr als 10 000. Für die Zurückbleibenden lautete dann bald die Parole: „Kommt die DM, bleiben wir, kommt sie nicht, geh'n wir zu ihr!" Rückläufige Produktivität, Massenflucht, massive Forderungen der demonstrierenden Bürger und Enthüllungen über den Machtmißbrauch der SED setzten die Regierung Modrow nach dem Fall der Mauer so unter Druck, daß sie der Bundesregierung die Bildung einer Währungsunion vorschlug und *Volkskammerwahlen* für den *18. März 1990* vorbereitete.

Die Deutsche Frage 1949-1990

Am 18. März 1990 fand die erste geheime Volkskammerwahl in der DDR statt, bei der die Stimmenanteile der Parteien maßgeblich waren für die Anzahl ihrer Sitze im Parlament. Bis dahin hatte es nur gemeinsame Kandidatenlisten aller Parteien gegeben.

Die Volkskammerwahl vom 18. März 1990

Wahlgesetz und Wahlkampf. Ein neues Wahlgesetz ermöglichte am 18. März 1990 die erste freie und geheime Volkskammerwahl in der DDR, bei der die Sitze nach dem Verhältniswahlrecht ausgezählt wurden. Der frühe Wahltermin begünstigte die alten DDR-Parteien im Wahlkampf, weil die neugegründeten Oppositionsgruppen noch keine flächendeckenden Organisationen hatten aufbauen können. Wahlkämpfe konkurrierender Parteien hatte es in der DDR seit 1946 nicht mehr gegeben; jetzt beeinflußten auch die offenen Grenzen das ungewohnte Geschehen.

Die Medien der Bundesrepublik Deutschland und vor allem die Spitzenpolitiker der Bundesparteien prägten den Wahlkampf. Die Meinungen in der DDR schieden sich an der *Frage der deutschen Einheit*.

Während die PDS, die Nachfolgeorganisation der SED, und verschiedene Oppositionsgruppen für eine weitere Eigenständigkeit der DDR eintraten, favorisierten die Sozialdemokraten ein allmähliches Zusammenwachsen der Staaten. Die „Allianz für Deutschland", ein Wahlbündnis der DDR-CDU, vertrat jedoch wie die CDU/CSU in der Bundesrepublik Deutschland das Ziel einer möglichst raschen deutschen Vereinigung.

Wahlergebnis und Wählerauftrag. Bei einer Wahlbeteiligung von über 93 % kam ein überraschendes Ergebnis zustande. Obwohl noch im Februar die Wahlforschung die SPD als Sieger vorausgesagt hatte, erhielt diese nur 21 % der Stimmen. Der Wahlsieger war die CDU mit über 40 %. Die Tatsache, daß sie sich jahrzehntelang der SED untergeordnet hatte, wurde durch Hoffnungen auf Hilfen der West-CDU verdrängt. Die PDS erhielt 16 % der Stimmen.

Nach langwierigen Verhandlungen schloß sich eine Fünf-Parteienkoalition zur Regierungsbildung zusammen, die Lothar de Maizière (CDU) zum neuen DDR-Ministerpräsidenten wählte. Dieser interpretierte in seiner Regierungserklärung das Wahlergebnis als Auftrag, die beiden deutschen Staaten auf dem schnellsten Wege zu vereinigen, und zwar über den Beitritt der DDR zum Geltungsbereich des Grundgesetzes nach Artikel 23. Auch in der Bundesrepublik Deutschland entstand eine lebhafte Debatte, in der die Begriffe „Wiedervereinigung", „Beitritt" und „Anschluß" eine zentrale Rolle spielten.

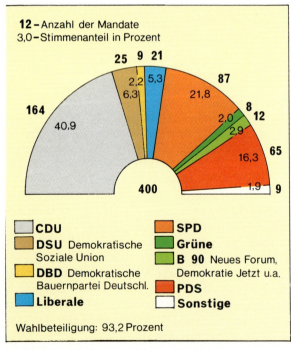

Ergebnis der Volkskammerwahlen vom 18. März 1990.

Die Deutsche Frage 1949-1990

Die Lösung der Deutschen Frage

Der Staatsvertrag. Während die SPD der DDR und der Bundesrepublik Deutschland für ein getrenntes Währungsgebiet von Ostmark und DM eintraten, beschloß die CDU der DDR mit Unterstützung der Bundesregierung die Einführung der DM in der DDR. Im „Staatsvertrag", der bereits im Mai ausgehandelt worden war, wurde darüber hinaus die Einführung der sozialen Marktwirtschaft und der sozialen Ordnungsprinzipien der Bundesrepublik Deutschland in der DDR beschlossen. Dieser „Vertrag über die Schaffung einer Währungs-, Wirtschafts- und Sozialunion" trat am 1. Juli 1990 in Kraft. Die Mark der DDR verlor an diesem Tag ihre Gültigkeit.

Der Einigungsvertrag. Mit dem Staatsvertrag war ein wichtiger Schritt zur deutschen Einheit getan. Aber die Angleichung des Rechts und die Vereinigung der Staaten war damit noch nicht erfolgt. Die Rechtsangleichung zwischen der Bundesrepublik Deutschland und der DDR wurde dann im Einigungsvertrag vom 31. August 1990 geregelt. In diesem umfangreichen Vertragswerk, das Volkskammer und Bundestag mit Zweidrittelmehrheit billigten, legten die Vertragspartner fest, daß mit dem Beitritt der DDR zur Bundesrepublik Deutschland das gesamte DDR-Recht durch Bundesrecht abgelöst wird. Als Beitrittstag wurde der *3. Oktober 1990* bestimmt; er wurde von nun an als „Tag der Deutschen Einheit" gesetzlicher Feiertag. Der Vereinigungstag wurde 1990 mit einer festlichen Feier vor dem Reichstag in Berlin begangen. Die DDR hatte zu existieren aufgehört. Bis zur *ersten gesamtdeutschen Bundestagswahl am 2.12.1990* entsandte die Volkskammer 144 Abgeordnete in den Bundestag.

Vereidigung der neuen DDR-Regierung de Maizière am 12. April 1990 durch die Volkskammerpräsidentin Bergmann-Pohl. Im Bild die Minister Meckel (SPD), Diestel (DSU), Ortleb (FDP), und Ministerpräsident de Maizière (CDU) (von links oben).

Unterzeichnung des Staatsvertrages durch die Finanzminister der DDR, Romberg, und der Bundesrepublik Deutschland, Waigel. Im Hintergrund (Mitte) Ministerpräsident de Maizière und Bundeskanzler Kohl.

Die Deutsche Frage 1949-1990

Währungsunion
- DM einzige Währung
- Deutsche Bundesbank alleinige Zentralbank
- Umtauschkurse Mark der DDR : DM
  1:1 für Löhne und Gehälter, Renten, Mieten, Pachten, Stipendien
  1:1 für Guthaben von natürlichen Personen bis zu bestimmten Höchstgrenzen
  2:1 für alle übrigen Forderungen und Verbindlichkeiten

Wirtschaftsunion
Die DDR schafft die Voraussetzungen für die soziale Marktwirtschaft:
- Privateigentum
- Freie Preisbildung
- Wettbewerb
- Gewerbefreiheit
- Freier Verkehr von Waren, Kapital, Arbeit
ein mit der Marktwirtschaft verträgliches Steuer-, Finanz- und Haushaltswesen
Einfügung der DDR-Landwirtschaft in das EG-Agrarsystem

Sozialunion
Die DDR schafft Einrichtungen entsprechend denen in der BR Deutschland:
- Rentenversicherung
- Krankenversicherung
- Arbeitslosenversicherung
- Unfallversicherung
- Sozialhilfe

Die DDR schafft und gewährleistet nach dem Vorbild der BR Deutschland:
- Tarifautonomie
- Koalitionsfreiheit
- Streikrecht
- Mitbestimmung
- Betriebsverfassung
- Kündigungsschutz

Die BR Deutschland gewährt für die Anschubfinanzierung der Sozialsysteme Mittel aus dem Bundeshaushalt und für den Haushaltsausgleich der DDR Finanzzuweisungen aus dem „Sonderfonds Deutsche Einheit" in Höhe von 115 Mrd. DM.

Der Staatsvertrag trat als „Vertrag über die Schaffung einer Währungs-, Wirtschafts- und Sozialunion" am 1. Juli 1990 in Kraft.

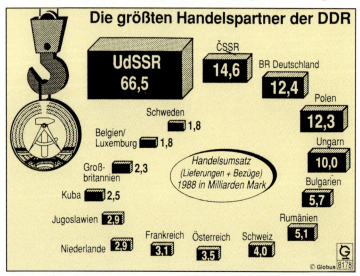

Die Anteile der Sowjetunion (ca. 40 %), ČSSR, Polens und Ungarns (je 6-10 %) am DDR-Export 1988 zeigen die Abhängigkeit der DDR vom RGW-Markt. Rechnungen in D-Mark waren für diese Handelspartner unbezahlbar. Mit der D-Mark-Einführung drohte der DDR, zwei Drittel ihres Exports zu verlieren.

Karikatur aus der satirischen Zeitschrift „Eulenspiegel" (Ost-Berlin, Winter 1989/1990).

Die Deutsche Frage 1949-1990

Die Unterzeichnung des sogenannten Friedensvertrages durch die Außenminister der 2+4-Verhandlungen am 12. September 1990. Vordere Reihe von links: Baker (USA), Hurd (GB), Schewardnadse (UdSSR), Dumas (F), de Maizière (DDR), Genscher (BRD).

Der „Friedensvertrag". Im Einigungsvertrag konnte nur vereinbart werden, was den Festlegungen der Siegermächte des Zweiten Weltkrieges im Potsdamer Abkommen, im Deutschlandvertrag oder im Berlin-Abkommen nicht widersprach. Deshalb mußten die USA, die Sowjetunion, Großbritannien und Frankreich einbezogen werden, wenn um Deutschland als Ganzes, um die Berlin-Frage und um einen Friedensvertrag verhandelt werden sollte. Der Weg dahin war aber erst frei, als Präsident Gorbatschow im Juli 1990 mit einer NATO-Mitgliedschaft eines vereinten Deutschland einverstanden war. An den betreffenden Verhandlungen der Außenminister nahmen auch die DDR und die Bundesrepublik Deutschland teil. Deshalb hießen sie „2+4-Verhandlungen". In der „abschließenden Regelung in bezug auf Deutschland" vom 12. September 1990 wurde Deutschland durch das Gebiet der Bundesrepublik Deutschland, der DDR und Berlins definiert. Die Oder-Neiße-Grenze zu Polen wurde als „endgültig" bezeichnet. Ganz Berlin ist nun ein Teil Deutschlands, und dem vereinigten Deutschland wird die Souveränität über „ganz Deutschland" zugesprochen. Damit war die Antwort auf die Deutsche Frage, die 45 Jahre lang die Weltpolitik belastete, gefunden.

Mit der Vereinigung der Bundesrepublik Deutschland und der DDR begann am 3. Oktober 1990 wieder eine neue Epoche der deutschen Geschichte.

Die Feiern zum ersten Tag der Deutschen Einheit am 3. Oktober 1990 vor dem Reichstag in Berlin: Die Vereinigung der beiden deutschen Staaten soll eingebettet sein in den Prozeß der europäischen Einigung.

Die Deutsche Frage 1949-1990

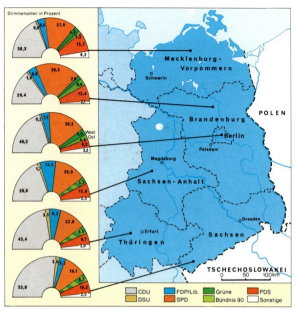

Die Wahlergebnisse in den neuen Bundesländern am 14.10.1990 und in Berlin am 2.12.1990.

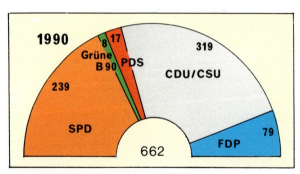

Ergebnis der Bundestagswahl und Sitzverteilung im Bundestag nach der Wahl vom 2.12.1990.

Die erste gesamtdeutsche Wahl

Die Landtagswahlen in den neuen Bundesländern. Im Rahmen der Beseitigung des SED-Staates und der Demokratisierung war schon im Juli die Wiedererrichtung der alten Länder in der DDR von der Volkskammer beschlossen worden. Landtagswahlen fanden in den neuen Bundesländern aber erst nach der Vereinigung statt. Die Wahlen bestätigten im wesentlichen die Märzwahlen; die SPD aber verbesserte sich, während die PDS Stimmen einbüßte. In Mecklenburg-Vorpommern, Sachsen-Anhalt und Thüringen kam es zu CDU-geführten Regierungen, in Sachsen erreichte die CDU eine absolute Mehrheit. Nur in Brandenburg erhielt die SPD eine Mehrheit und bildete mit der FDP und den Grünen eine sogenannte „Ampel-Koalition".

Die erste gesamtdeutsche Bundestagswahl. Mit Spannung wurde die erste gesamtdeutsche Bundestagswahl am 2. Dezember 1990 erwartet. Sie konnte als Gradmesser der Zustimmung oder Ablehnung zu diesem Weg der deutschen Einheit gelten. Der SPD-Kanzlerkandidat *Oskar Lafontaine*, der eine deutlich skeptische Haltung gegenüber der Einigungspolitik der Bundesregierung vertrat, verstand sich als Herausforderer von Bundeskanzler Helmut Kohl.

Die Opposition stellte besonders die Unkalkulierbarkeit der Kosten und soziale Ungerechtigkeiten als Gefahren dieses raschen Weges zur Einheit heraus. Diese Skepsis fand in der allgemeinen Freude über die deutsche Einigung keine Zustimmung der Mehrheit – weder in den alten noch in den neuen Bundesländern. Die vereinigte CDU erhielt 36,7 %, die vereinigte SPD 33,5 % der Stimmen im gesamten Wahlgebiet. Weil bei dieser Wahl die alten und neuen Bundesländer getrennte Wahlgebiete bildeten, kamen PDS (2,4 %) und Grüne (3,9 %) aus den neuen Bundesländern in den Bundestag. Die Grünen in den alten Bundesländern hingegen scheiterten an der 5 %-Klausel.

Zusammen mit den 11 % der Liberalen und den 7,1 % der CSU konnte die alte Regierungskoalition ihre Arbeit fortsetzen. Helmut Kohl wurde zum ersten Kanzler des vereinigten Deutschland gewählt und bildete eine erste gesamtdeutsche Regierung, in die auch führende Politiker aus den neuen Bundesländern als Minister aufgenommen wurden.

Probleme der Vereinigung

45 Jahre lang war die Zugehörigkeit der beiden Teile Deutschlands zu den verfeindeten Blöcken der östlichen und westlichen Supermacht das Hauptproblem der Deutschen Frage gewesen. Die Westmächte hatten sich zwar vertraglich zur Unterstützung der deutschen Einheit verpflichtet (Londoner Abkommen 1954), aber erst als die Sowjetunion zwischen Januar und Juli 1990 einwilligte, daß das vereinte Deutschland zum Westen und damit zur NATO gehören sollte, war der außenpolitische Weg zur Vereinigung der beiden deutschen Staaten frei. Von nun an warf die deutsche Einheit nur noch innere Probleme auf. Diese erwiesen sich teilweise als erheblich.

Folgen des Staatsvertrages. Die *Einführung der DM* brachte für die DDR-Bürger zwar eine starke Währung, die international eine hohe Zahlungskraft aufwies, aber gleichzeitig verlor die DDR-Wirtschaft einen Großteil ihrer Absatzmärkte. Ihre Haupthandelspartner Sowjetunion, ČSFR, Polen und Ungarn konnten die bestellten Waren nicht mehr bezahlen, weil die Preise in DM für sie unerschwinglich waren. Darüber hinaus setzte im Juli 1990 ein Ansturm auf westliche Waren ein, der vor allem der DDR-Landwirtschaft riesige Absatzprobleme bereitete. Nach der Vereinigung verschärfte sich die Wirtschaftskrise im Osten Deutschlands noch. Die *Abschaffung des Subventionssystems der Planwirtschaft*, der Zwang zur rentablen Produktion für den einzelnen Betrieb und die Privatisierungen im Bereich der „Volkseigenen Betriebe" machten sich in zahlreichen Betriebsschließungen bemerkbar. Die neuen Länder waren zahlungsunfähig. Die Arbeitslosenzahl überschritt im März 1991 800 000, die der Kurzarbeiter die Zwei-Millionen-Grenze. Um den dringendsten Problemen zu begegnen, mußte die Bundesregierung im März 1991 Steuererhöhungen zur Hilfe für die neuen Länder beschließen und eine deutliche Erhöhung der Arbeitslosenversicherungsbeiträge vornehmen. So konnten infolge der Sozialunion Arbeitslose und Kurzarbeiter zwar im sozialen Netz aufgefangen werden, aber das geringere Einkommen und die ungewisse Zukunft schufen spürbare Unruhe. Kann angesichts solcher Probleme die wirtschaftliche Stabilisierung der neuen Bundesländer gelingen und ein „Wirtschaftswunder" im Osten folgen?

Altlasten der DDR. Neben den Folgen der Systemveränderung belasteten noch große wirtschaftliche, soziale und politische Erbschaften des SED-Staates den Neuanfang in der ehemaligen DDR.

Umweltprobleme durften in der DDR weder benannt noch bekämpft werden. Die Braunkohlekraftwerke und die Chemieindustrie waren über Jahrzehnte gigantische Umweltverschmutzer gewesen. Die Atomkraftwerke der DDR waren ähnlich unsicher wie der Unglücksreaktor in Tschernobyl. Die Modernisierung dieser Industriezweige erfordert enorme Investitionen auf Jahre hinaus. Ähnliche Probleme verursachte der Zustand des Straßen-, Schienen- und Telefonnetzes. Hier war die DDR praktisch auf dem Vorkriegsstand stehengeblieben. Auch die Altbauten waren meist seit dem Krieg nicht mehr renoviert worden, so daß ihre Sanierung eine der größten Herausforderungen in den neuen Bundesländern darstellte. Das Gesundheitswesen der DDR mußte umgestellt und in großem Maße modernisiert werden. Ob angesichts dieser ungeheueren Aufgaben das Ziel der einheitlichen Lebensverhältnisse in den alten und neuen Ländern der Bundesrepublik Deutschland noch vor dem Jahr 2000 hergestellt werden kann, ist eine offene Frage.

Ein ungeklärtes politisches Problem stellte auch der Umgang mit dem Erbe des *DDR-Ministeriums für Staatssicherheit* dar. 40 Jahre lang hatte die SED mit Hilfe der „Stasi" die DDR-Bürger bespitzelt und unter Druck gesetzt. Sie hat Angaben über 6 Mio. der 17 Mio. Bewohner der DDR gespeichert. Ihre 80 000 offiziellen und über 100 000 getarnten Mitarbeiter wirkten auch in der Bundesrepublik Deutschland als Spione und Attentäter. Terroristische Anschläge in der Bundesrepublik Deutschland waren nachweislich von der Stasi unterstützt worden. Sollte unter dieses unaufgearbeitete Kapitel einfach ein Strich des Vergessens gezogen werden?

Am 20. Juni 1991 entschied der Bundestag mit knapper Mehrheit, daß künftig Berlin die Hauptstadt – also der Sitz von Regierung und Parlament – sein sollte. Das war auch eine Erklärung des Willens, die Kluft zwischen den alten und neuen Bundesländern zu überbrücken. Das „Provisorium Bonn" hatte mehr als seine Schuldigkeit getan, es war zu einem bemerkenswerten Kapitel der deutschen Geschichte geworden.

1 Aus dem Staatsvertrag vom 21. Juni 1990

Q *Artikel 1* (1) Die Vertragsparteien errichten eine Währungs-, Wirtschafts- und Sozialunion.
(2) Die Vertragsparteien bilden, beginnend mit dem 1. Juli 1990, eine Währungsunion mit einem einheitlichen Währungsgebiet und der Deutschen Mark als gemeinsamer Währung. [...]
(3) Grundlage der Wirtschaftsunion ist die soziale Marktwirtschaft als gemeinsame Wirtschaftsordnung beider Vertragsparteien. Sie wird insbesondere bestimmt durch Privateigentum, Leistungswettbewerb, freie Preisbildung und grundsätzlich volle Freizügigkeit von Arbeit, Kapital, Gütern und Dienstleistungen; [...]
(4) Die Sozialunion bildet mit der Währungs- und Wirtschaftsunion eine Einheit. Sie wird insbesondere bestimmt durch eine der sozialen Marktwirtschaft entsprechenden Arbeitsrechtsordnung und ein auf den Prinzipien der Leistungsgerechtigkeit und des sozialen Ausgleichs beruhendes umfassendes System der sozialen Sicherung.

Presse- und Informationsamt der Bundesregierung (Hrsg.), Bulletin Nr. 63, S. 517 f. vom 18. Mai 1990.

2 Aus dem Einigungsvertrag vom 31. August 1990

Q *Artikel 1* (1) Mit dem Wirksamwerden des Beitritts der Deutschen Demokratischen Republik zur Bundesrepublik Deutschland gemäß Artikel 23 des Grundgesetzes am 3. Oktober 1990 werden die Länder Brandenburg, Mecklenburg-Vorpommern, Sachsen, Sachsen-Anhalt und Thüringen Länder der Bundesrepublik Deutschland. [...]
(2) Die 23 Bezirke von Berlin bilden das Land Berlin.
Artikel 2 (1) Hauptstadt Deutschlands ist Berlin. Die Frage des Sitzes von Parlament und Regierung wird nach der Herstellung der Einheit Deutschlands entschieden.
(2) Der 3. Oktober ist als Tag der Deutschen Einheit gesetzlicher Feiertag. [...]

Presse- und Informationsamt der Bundesregierung (Hrsg.), Bulletin Nr.104, S. 877 f. vom 6. September 1990.

1 *Untersuchen Sie, welche Veränderungen der Staatsvertrag und der Einigungsvertrag in Deutschland brachten, und wer hauptsächlich von ihnen betroffen war.*

2 *Erörtern Sie, welche Vor- und Nachteile die Währungsunion für die DDR brachte.*
3 *Untersuchen Sie, welche Folgen die Geltung des Grundgesetzes für die neuen Bundesländer hatte.*
4 *Schlagen Sie den Wortlaut der seit dem 3. Oktober 1990 neu gefaßten Präambel des Grundgesetzes nach. Vergleichen Sie diese mit der Fassung von 1949 (S. 133, Q 1).*

3 Aus dem sogenannten Friedensvertrag vom 12. September 1990

Q *Artikel 1* (1) Das vereinte Deutschland wird die Gebiete der Deutschen Demokratischen Republik, der Bundesrepublik Deutschland und ganz Berlins umfassen. Seine Außengrenzen werden die Grenzen der Deutschen Demokratischen Republik und der Bundesrepublik Deutschland sein und werden am Tage des Inkrafttretens dieses Vertrages endgültig sein. Die Bestätigung des endgültigen Charakters der Grenzen des vereinten Deutschlands ist ein wesentlicher Bestandteil der Friedensordnung in Europa.
(2) Das vereinte Deutschland und die Republik Polen bestätigten die zwischen ihnen bestehende Grenze in einem völkerrechtlich verbindlichen Vertrag.[1]
Artikel 7 (1) Die Französische Republik, die Union der Sozialistischen Sowjetrepubliken, das Vereinigte Königreich von Großbritannien und Nordirland und die Vereinigten Staaten von Amerika beenden hiermit ihre Rechte und Verantwortlichkeit in bezug auf Berlin und Deutschland als Ganzes. [...]
(2) Das vereinigte Deutschland hat demgemäß volle Souveränität über seine inneren und äußeren Angelegenheiten.

[1] abgeschlossen am 13. November 1990

Presse- und Informationsamt der Bundesregierung, (Hrsg.), Bulletin Nr.109 vom 14. September 1990, S. 1153 f.

1 *Vergleichen Sie die Definition von Deutschland im sogenannten Friedensvertrag mit den Aussagen im Potsdamer Abkommen bzw. in den Ostverträgen. (S. 19 und S. 107).*
2 *Erörtern Sie die Bedingungen der Siegermächte des Zweiten Weltkrieges für die Lösung der Deutschen Frage.*

4 Meinungen im Ausland zur deutschen Vereinigung (in Prozent)

1. Sind Sie für oder gegen die deutsche Vereinigung?

	GB	F	Polen	USA
Dafür	45	61	41	61
Dagegen	30	15	44	13
Weder noch	19	19	14	9
Weiß nicht	6	5	1	17

2. Sind Sie besorgt, daß ein wiedervereinigtes Deutschland die dominierende Macht in Europa werden könnte?

	GB	F	Polen	USA
Ja, wäre besorgt	50	50	69	29
Nein, wäre nicht besorgt	37	43	25	62
Würde nicht passieren	10	4	6	1
Weiß nicht	3	3	0	8

The Economist im März 1990.

1 Fassen Sie das Ergebnis der Meinungsumfrage zusammen.
2 Diskutieren Sie, ob die Vorbehalte gegen die Vereinigung Deutschlands berechtigt erscheinen.

5 Innere Probleme der deutschen Einigung

5a *Beobachtungen einer Ost-Berliner Journalistin ein Jahr nach dem Fall der Mauer:*
Ende der Entmündigung, der ängstlichen Bescheidung. Neubeginn persönlicher Verantwortung. Das Ich tritt aus der Anonymität heraus, es organisiert sich wieder selbst. Der HO-Verkaufsstellenleiter macht einen Gemüseladen auf, die Schneiderin eine Modeboutique, der Kellner eine Pizzeria […]
Die Unterwerfung des Käufers unter den Verkäufer, die Unterdrückung des Gastes durch den Kellner, die Anbiederung des Kunden an Schuster/Schlachter, Klempner und Friseure gehören seit kurzem einer anderen Epoche an. Dienstleistung ist keine Gnade mehr, eine Schande auch nicht. Ein Verhältnis vom Kopf auf die Füße gestellt – der eine leistet einen Dienst, der andere zahlt. Wer zahlt, darf fordern, wer das Geld hat, hat die Macht, selbst wenn sie nur für hundert Gramm Leberkäse reicht. […]
Zeitnot. Improvisation. Nachholbedarf. Reisebüros werden gebraucht, leerstehende Läden, meist in Nebenstraßen, hastig eingerichtet. […] Versicherungen, Bausparkassen, Vermögensberatungen, Quelle-Versand – alle improvisieren. Anfänge im Osten wie einst im Westen, nur missionarischer. […]
ZEIT-Magazin, Nr.46 vom 9. November 1990, S. 12 ff.

1 *Welche Veränderungen fallen der Journalistin auf? Womit hängen sie zusammen?*
2 *Welche Gefahren entstehen durch die „Improvisationen", von denen die Journalistin berichtet?*

5 b *Die wirtschaftlichen und sozialen Folgen der Vereinigung 1990:*
Die Bilanz zum Jahresende ist somit für die westdeutsche Wirtschaft höchst erfreulich. Die Wachstumsrate von etwa vier Prozent liegt über allen Prognosen […]. Überdies kamen binnen Jahresfrist gut 700 000 Arbeitsplätze neu hinzu, dank derer die Arbeitslosigkeit endlich wieder klar unter der Zwei-Millionen-Grenze liegt.
In Ostdeutschland ist die Lage dagegen katastrophal. Das Wort von der „gespaltenen Konjunktur" ist eher eine Beschönigung der Verhältnisse. Amtlich wurden im November etwa 600 000 Arbeitslose gezählt, doch in Wahrheit sind darüber hinaus viele der 1,8 Millionen Kurzarbeiter ohne Job und werden auch bald als Arbeitslose gezählt werden. Der Rückgang des Sozialprodukts hat sich seit Mitte 1990 in den fünf neuen Bundesländern eindeutig beschleunigt, am Jahreswechsel ist noch keine Wende zu erkennen. Optimisten erhoffen sie für Mitte 1991.
DIE ZEIT, Nr. 2, 1991, S. 15.

1 *Beschreiben Sie die Auswirkungen der Währungs- und Wirtschaftsunion für die alten und neuen Länder der Bundesrepublik Deutschland.*
2 *Stellen Sie die Ursachen für diese Auswirkungen zusammen.*
3 *Erläutern Sie den Begriff „Sozialunion".*

Wichtiges zusammengefaßt

Der Ost-West-Konflikt hatte 1949 zur Gründung zweier Staaten in Deutschland geführt. In der DDR errichtete die SED auf der Grundlage von Sozialisierung, Planwirtschaft und Volksdemokratie eine Diktatur. Gegen diese erhoben sich am **17. Juni 1953** Arbeiter und Studenten. Die sowjetische Besatzungsmacht schlug diesen Aufstand nieder. Immer mehr Menschen flohen über die offene Grenze in Berlin in die Bundesrepublik Deutschland. Deshalb errichtete die DDR *1961* die *Mauer um West-Berlin*. Nach einer Stabilisierung in den sechziger Jahren verlor die DDR während der achtziger Jahre ihre wirtschaftliche Wettbewerbsfähigkeit. Eine neue Fluchtbewegung löste eine Regierungskrise aus, die am **9. November 1989** zur *Öffnung der innerdeutschen Grenze* und dann rasch zum Ende der SED-Herrschaft in der DDR führte.

Die Bundesrepublik Deutschland entwickelte sich zur ersten stabilen deutschen parlamentarischen Demokratie. Ihre Einbindung in ein europäisches Wirtschaftsbündnis eröffnete ihr die Möglichkeit, zu einer der führenden Industrienationen zu werden. Der Beitritt zur NATO 1955 verschaffte ihr die innere Souveränität. *1963* wurde die Westintegration der Bundesrepublik Deutschland mit dem *Deutsch-Französischen Freundschaftsvertrag* besiegelt.

Die erste Wirtschaftskrise 1966 und die Verabschiedung der Notstandsgesetze lösten *1968* eine studentische *Protestbewegung* aus (APO), die den Anstoß für wichtige politische Bewegungen der künftigen Jahrzehnte gab. Im *Grundlagenvertrag* mit der DDR verzichtete die Bundesrepublik Deutschland *1972* auf ihren *Alleinvertretungsanspruch*, ohne die DDR als Ausland anzuerkennen.

Nach dem Ende der SED-Diktatur fanden am 18. März 1990 freie Wahlen in der DDR statt. Die demokratisch gewählte DDR-Regierung schloß mit der Bundesregierung einen Staats- und Einigungsvertrag. Nach der Zustimmung der Siegermächte des Zweiten Weltkrieges konnte am **3. Oktober 1990** der *Tag der deutschen Einheit* im vereinten Deutschland gefeiert werden.

Nach einem Wort von Konrad Weiß, einem der Sprecher der DDR-Opposition, wurde der Weg in den Herbst 1989 im Juni 1953 begonnen. Er führte durch zwei Generationen über die (verfolgten) Anhänger des Prager Frühlings bis zu den Friedens-, Umwelt- und Menschenrechtsgruppen der achtziger Jahre.

Stefan Heym, Emigrant aus Hitler-Deutschland und Rückkehrer als US-Offizier, seit 1952 Schriftsteller in der DDR, hat den Aufstand vom Juni 1953 in einem Roman geschildert, der in der DDR nie erscheinen durfte. Sein Held Witte ist SED-Mitglied und Gewerkschaftsleiter in einem Industriebetrieb. Er wird von seinem Betrieb zur Regierung nach Berlin geschickt, um sich für die Rücknahme der 10-prozentigen Normerhöhung einzusetzen.

Dienstag, 16. Juni 1953; 12.30 Uhr näherte sich Witte, von der Leipziger Straße her kommend, dem Haus der Ministerien. [...]

Vor dem Haupteingang war es schwarz von Menschen, auf der Kreuzung Leipziger und Wilhelmstraße war ein einziges Gedränge; aus den Hunderten, die über den Alexanderplatz marschiert kamen, waren Tausende geworden. Witte erkannte das Transparent wieder, das er dort gesehen hate; weitere waren hinzugekommen mit neuen, politischen Losungen; auch hatte die Zusammensetzung der Menge sich verändert: die Bauarbeiter waren jetzt in der Minderheit, andere Arbeiter hatten sich ihnen zugesellt, vor allem aber war die Zahl der Mitläufer gewachsen, darunter viele sichtlich Westberliner Herkunft. [...]

Er kam nicht weiter, wußte auch nicht, ob er überhaupt noch Einlaß finden würde in den Ministerien. Die Fenster entlang der Vorderfront jedenfalls waren trotz der Mittagshitze fest geschlossen; hinter dem Glas ließen sich, schattenhaft, Gesichter eher vermuten als erkennen. [...]

Doch war es, als erzeugte der stumme Bau gerade durch seine ungeheure Gleichgültigkeit eine ständig steigende Erregung. Die Sprechchöre gewannen an Mitrufern; die Arbeiter begannen sich zu beteiligen; die Rufe, abprallend an der gesichtslosen Mauer, schufen immer neues Echo.

„Nieder mit den Normen!"

„...den Preisen!"

„Wir fordern Wahlen!"

„...freie Wahlen!"

„...den Sektorengrenzen"

„...ein einiges Deutschland!"

Da war sie schon, dachte Witte, die Eskalation von den Normen in die Politik, die Aufforderung an die erste deutsche Arbeiterregierung, aus Arbeitermund, sich gefälligst aufzuhängen.

Eine Stimme, schneidend:

„Ab mit Bart und Brille!

Das ist des Volkes Wille!"

Das Tabu war berührt worden, die Ikonen entheiligt; wenn jetzt der Blitz nicht niederfuhr und den Lästerer traf, waren die Götter entgottet. Aber die Sekunden tickten vorbei, nichts geschah, das Warten würde nicht mehr lange dauern. [...]

Der Eingang war verschlossen und vergittert. Solide Arbeit, das Gitter, sah er, da war nicht gespart worden. Und er stand davor und spürte den Hohn der Leute hinter seinem Rücken und die Feindseligkeit.

„Nieder mit der Regierung!"

Witte wandte sich dem nächstbesten zu, einem Bauarbeiter, ruhiges Gesicht, kritische Augen. „Nieder mit der Arbeiterregierung. Das wollt ihr?"

„In unserm Block", sagte der Mann, „haben sie die Kellen hingeschmissen. Dann sind sie von den Gerüsten gestiegen. Hätt ich vielleicht dableiben sollen und weitermauern?"

„Genau das."

Der Mann zuckte die Achseln. „Bei den Normen?"

„Siehst du denn nicht, was hier gespielt wird?"

„Laß mich mit der Politik zufrieden", sagte der Mann. „Davon versteh ich nichts."

Die Chöre wieder. „Streik!"

„Generalstreik!"

Die Stimmung, auch die der Arbeiter, wurde merklich böser. Etwas Abenteuerliches lag in der Luft: Seit über zwanzig Jahren hatte es das nicht mehr gegeben, daß man die Arbeit hinschmiß, demonstrierte gegen die Obrigkeit, unter den Nazis war es verboten gewesen, und nachher auch. Das Neuartige, das zunächst beunruhigend und beängstigend gewesen war, schuf jetzt den besonderen Reiz - eine Kraftprobe: mal sehen, was passiert.

Stefan Heym, 5 Tage im Juni, Fischer Verlag, Frankfurt am Main 1977, S. 151 ff.

4. Entkolonialisierung und „Dritte Welt"

„Satyagraha"- so heißt der zentrale Begriff, mit dem Mahatma Gandhis Kampf gegen die britische Kolonialherrschaft in Indien umschrieben wird. Man hat diesen Begriff oft mit „passiver Widerstand" übersetzt, doch diese Übersetzung bedarf der Ergänzung. Wörtlich bedeutet „Satyagraha" soviel wie „Festhalten an der Wahrheit": Das Wort beinhaltet ein Programm, das zu einem gewaltfreien, aber dennoch mutigen Einsatz für die eigenen Rechte auffordert.
Wer war dieser Mahatma Gandhi?
1869 kam er in Westindien zur Welt. Er entstammte der Hindukaste der Kaufleute. Das Studium der Rechte führte ihn nach London. Nach der Rückkehr in die indische Heimat blieben ihm große Erfolge als Rechtsanwalt versagt. 1893 siedelte er nach Südafrika über und wurde zu einem Anwalt der dort lebenden indischen Minderheit. 1915 kehrte er wieder nach Indien zurück. Das Konzept der „Satyagraha" hatte Gandhi in Afrika entwickelt. Jetzt war er bemüht, es auf Indien zu übertragen. Daneben rückte sein Manifest „Hind Swaraj" immer mehr in den Vordergrund, in dem den britischen Kolonialherren die Bereitschaft zur Zusammenarbeit aufgekündigt wurde.
Eine der bekanntesten Widerstands-Aktionen Gandhis war der „Salzmarsch" von 1930. Gandhi hatte mit seinem Beharren auf dem Prinzip der Gewaltlosigkeit die Kritik einer immer größer werdenden Gruppe Ungeduldiger auf sich gezogen, die andere Mittel für den Befreiungskampf als erforderlich ansahen. Diese Gruppe wollte er wieder auf seine Seite bringen, gleichzeitig die Bevölkerung gewinnen und den Briten die Bereitschaft zum Widerstand vor Augen führen. Nach längerer Askese hatte er den Entschluß gefaßt, mit einer Salzdemonstration seine Ziele zu verdeutlichen.
Wiederholt war Gandhi mit der Bitte an den britischen Vizekönig herangetreten, die unangemessen hohe Besteuerung des Salzes fallen zu lassen - ohne Erfolg! Wagte es jemand, die Steuern unrechtmäßig zu umgehen, zog das harte Strafen nach sich. Zudem verboten Gesetze die Gewinnung von Salz aus Meerwasser. Um auf den Mißstand des britischen Salzmonopols aufmerksam zu machen, beschloß Gandhi, einen Demonstrationszug zum Meer durchzuführen. Im März des Jahres 1930 brach er mit etwa 80 Begleitern auf – 400 Kilometer Fußmarsch lagen vor ihnen. Sicher wäre die Gruppe rascher vorangekommen, hätte Gandhi nicht allerorts zu den Menschen gesprochen. Das Ziel, die Bevölkerung zu gewinnen, war erreicht. Gandhi brachte seine Vorstellungen unter das Volk. Hinweise zur körperlichen Hygiene gehörten dazu, aber auch die Aufforderung, das Spinnrad zu benutzen, um von britischen Produkten unabhängig zu werden. Tausende folgten dem Zug, selbst solche, die bisher mit der britischen Verwaltung eng zusammengearbeitet hatten. Mit größter Sorge beobachteten die britischen Verwaltungsbeamten die Vorgänge, doch Gandhi gelang es, auch nach der Ankunft vieler Tausender am Meer, eine Eskalation zu vermeiden. Als er im Meerwasser stehend nach Salzkörnern griff, sahen die begeisterten Menschen in Gandhi ihren „Befreier". Nur seine Ausstrahlung hatte bewirkt, daß bei aller Entschlossenheit zum Widerstand eine Gewaltanwendung ausblieb. Erst nach der Aktion wurden die Briten tätig: 60 000 Inder wurden verhaftet, auch Gandhi war unter ihnen.
Gandhi hat die Unabhängigkeit Indiens noch erlebt. Daß er als Erfinder der „Satyagraha" 1948 das Opfer eines Mordanschlages wurde, gehört zu den erschütterndsten Ereignissen der Geschichte der Entkolonialisierung. Von Arbeit eingenommen, hatte er sich verspätet auf den Weg zu einem Gebetstreffen gemacht und zu seinen Begleitern gesprochen: „Wenn man einem Patienten zu spät Arznei verabreicht, kann er sterben. So ist es auch mit dem Gebet. Es stört mich sehr, wenn ich zu spät zum Gebet komme." Unmittelbar danach fielen die tödlichen Schüsse. Der Mörder war Mitglied einer fanatischen Hindugruppe, die eine auf Ausgleich bedachte Politik Gandhis nicht akzeptierte.
Gandhi wurde nicht nur ein Sinnbild für den Prozeß der Befreiung der ehemaligen Kolonien, sein Tod verweist auch auf die Probleme, die in den ehemaligen Kolonien nach dem Erlangen der Selbständigkeit auftraten.
1984 fiel die indische Premierministerin Indira Gandhi einem Attentat zum Opfer und das gleiche Schicksal traf ihren Sohn Rajiv 1991.

Mahatma Gandhi und seine Begleiter auf dem Weg zur Meer-Salzdemonstration 1930.

Entkolonialisierung und Dritte Welt

Der Prozeß der Entkolonialisierung

Hoffnung auf Selbstbestimmung

Zu Beginn des 20. Jahrhunderts hatte der Imperialismus nach der Aufteilung Afrikas den Höhepunkt erreicht. Die Macht war ungleich verteilt: Einige starke Staaten beherrschten dank ihrer industriellen und militärischen Überlegenheit die schwächeren Regionen der Welt. Die Völker außerhalb Europas und Nordamerikas waren entweder einer direkten Kolonialherrschaft unterworfen oder sie waren – wie Lateinamerika – wirtschaftlich abhängig, denn die mächtigen Industriestaaten bestimmten auch den Weltmarkt.

Die Aufteilung der Welt war aber kaum abgeschlossen, als in abhängigen Gebieten der Wunsch nach Selbstbestimmung wuchs. Länger als ein halbes Jahrhundert dauerte der Kampf, der den ehemaligen Kolonien schließlich die Unabhängigkeit brachte.

Britische und französische Kolonialpolitik

Obwohl die Politik der Kolonialmächte in vielen Zielsetzungen übereinstimmte, finden sich – was die Organisation der Herrschaft in den Kolonien betrifft – auch erhebliche Unterschiede.

Die britische Kolonialpolitik. Wie geschickt es die Briten verstanden, mit möglichst geringem Aufwand ihre Oberherrschaft zu sichern, zeigt ein Beispiel in Nordnigeria: Nur 250 britischen Kolonialbeamten gelang es, 10 Millionen Menschen zu beherrschen. Ein Geheimnis des Erfolgs war das System der „indirect rule". Danach beließen die Briten die Ausübung von Machtbefugnissen weitgehend den einheimischen Emiren und Häuptlingen. Diese „Chiefs" verfügten z.B. über eigene Finanzen und übten auch die Gerichtsbarkeit aus. Wurde die Todesstrafe verhängt, so mußte allerdings der britische Gouverneur zustimmen.

Das Portrait eines niederländischen Gouverneurs wird aus dem Regierungspalast Indonesiens getragen.

Die willkürlichen Grenzziehungen, die eine Spaltung der zusammengehörigen Stämme nach sich zogen, wurden bewußt aufrechterhalten, um eine gemeinsame Frontbildung gegen die Kolonialmacht zu erschweren.
Die französische Kolonialpolitik. In den französischen Besitzungen übernahmen dagegen Kolonialoffiziere die Verwaltung in Eigenregie. Wurden „Chiefs" in die Verwaltung einbezogen, so stammten diese aus einer weit entfernten Region. Entscheidend war zudem, daß sie französisch sprachen und sich bereits als zuverlässige Stützen der Kolonialmacht bewährt hatten. Vor allem mit zivilisatorischen Anliegen rechtfertigte Frankreich die Kolonialpolitik. Eine Folge davon waren die Assimilationsbestrebungen, d. h. die Kolonialvölker sollten der französischen Zivilisation und Kultur angepaßt werden. Maßstab für die *Assimilation* war in erster Linie die Beherrschung der französischen Sprache.

Die Kolonien nach dem Ersten Weltkrieg

Der Erste Weltkrieg ließ das Leben in den Kolonien nicht unberührt. Allein aus Indien mußten zwischen 1914 und 1918 mehr als eine Million Soldaten und Arbeiter auf der Seite der Briten kämpfen.
Aber das Ende dieses Krieges weckte bei vielen Kolonialvölkern die Hoffnung auf Unabhängigkeit. Im 14-Punkte-Programm des amerikanischen Präsidenten Wilson war der Gedanke des *Selbstbstimmungsrechts* aller Völker aufgetaucht, der zu einem leitenden Prinzip für den Aufbau einer neuen Friedensordnung der Nachkriegszeit werden sollte. Die Kolonialfrage wurde dabei nicht ausgeklammert: Angestrebt waren unparteiische Regelungen. In vielen Verlautbarungen wurde betont, daß die Interessen der betroffenen Bevölkerung in allen Kolonialgebieten berücksichtigt würden.
Aber rasch zeigte sich eine tiefe Kluft zwischen dem Gedanken der Selbstbestimmung und der politischen Wirklichkeit. Nahezu alle Kolonialmächte benützten denselben Argumentationsansatz: Derzeit seien die in den Kolonien lebenden Völker nicht imstande, unter den bestehenden Bedingungen in der Welt wirtschaftlich und politisch zurechtzukommen.
Neuansätze in der britischen Kolonialpolitik. Wie schwierig es für die Kolonialmächte werden konnte, einen Ausgleich zu finden, zeigt das Beispiel Großbritannien: Im Jahre 1916 war es in Kämpfe gegen das Osmanische Reich verwickelt. Um die Araber als Verbündete zu gewinnen, versprachen ihnen die Engländer weitgehende Unabhängigkeit. Nur deshalb beteiligten sich arabische Stämme zugunsten Englands an der Niederwerfung des Osmanischen Reiches. Um am Ende des Krieges nicht als wortbrüchig zu erscheinen, wurde von den Siegern die Errichtung von „Mandaten" beschlossen. In wichtigen Fragen entschied immer noch die ehemalige Kolonialmacht, jetzt „Mandatar" genannt. Neu war die Absichtserklärung, den Mandaten immer mehr Selbstverwaltung zu gewähren. Tatsächlich wurden die Mandatsgebiete aber ähnlich wie einst die Kolonien behandelt.
Die Kolonien derjenigen Staaten, die nach dem Krieg auf der Verliererseite standen, wurden wie unmündige Kinder einem Vormund, dem *Völkerbund,* unterstellt. Mit dieser Neuordnug blieb das traditionelle Kolonialsystem noch weitgehend in den alten Bahnen.
Die „Inwertsetzung" Afrikas. Infolge des Ersten Weltkrieges waren Frankreich und Großbritannien bei den USA hoch verschuldet. Was lag da näher, als die Kolonien wirtschaftlich noch stärker für sich „in Wert zu setzen", um Schulden zurückzahlen zu können.
Allerdings standen einer wirtschaftlichen Ausbeutung der Kolonien in Afrika erhebliche Schwierigkeiten entgegen. Die extremen klimatischen Bedingungen und der Mangel an fruchtbarem Boden verhinderten eine extensive landwirtschaftliche Nutzung. Bodenschätze gab es zwar, aber es mangelte an Verkehrsverbindungen, da auch die Flüsse wegen der Stromschnellen nicht schiffbar waren. Der Bau von Eisenbahnstrecken wurde erforderlich, um die wirtschaftliche Erschließung des Landes vorantreiben zu können. Einerseits boten die Kolonialverwaltungen den Einheimischen jetzt ökonomische Anreize, verzichteten aber andererseits nicht auf Zwangsmaßnahmen, die zunehmend die überlieferte Kultur der afrikanischen Stämme gefährdeten. Da Steuern gezahlt werden mußten, waren die Bauern gezwungen, landwirtschaftliche Produkte auf den Märkten anzubieten, die auf dem Weltmarkt gefragt waren, z. B. Baumwolle, Bananen, Erdnüsse und Sisal. Durch diese Orientierung am Export wurde die Versorgung der einheimischen Bevölkerung gefährdet. Aber Händler und Spekulanten in London, Paris und New York verdienten riesige Summen.

Die Kolonien im Zweiten Weltkrieg

Auch der Zweite Weltkrieg hatte für die Kolonien spürbare Auswirkungen. Er war gleichsam ein äußerer Anstoß, der den Prozeß der Entkolonialisierung nachdrücklich unterstützen sollte. Durch die Tatsache, daß der Krieg in die Kolonien hineingetragen wurde und die Bevölkerung auf der Seite der Kolonialmächte zu kämpfen hatte, entstanden Spannungen, zumal die Kolonien in der Frage des Kriegseintritts nicht mitentscheiden konnten. Der Ruf nach Selbständigkeit wurde in dieser mißlichen Lage immer lauter.

In Asien hielt ein Großteil der Bevölkerung nicht zu den französischen Kolonialherren. Viele sympathisierten sogar offen mit den Japanern, die ihrerseits die einheimischen Regierungen gegen die Kolonialmacht unterstützten und so den Nationalismus in den Ländern Südostasiens für ihre Zwecke nutzten.

Wie im Ersten Weltkrieg, so kam für die Kolonien auch im Zweiten Weltkrieg eine große Hoffnung aus den USA. Präsident Roosevelt sprach sich offen gegen jeden Fortbestand kolonialer Abhängigkeiten aus. Die Frage lautete nun, ob mit der Atlantik-Charta (siehe S. 17) endlich der Weg in die Unabhängigkeit für alle ehemaligen Kolonien gewiesen war.

Kurzzeitig bekundete auch die britische Regierung ihre Bereitschaft, die rasche Befreiung aller Kolonialvölker zu akzeptieren. Frankreich war durch den Krieg geschwächt und sah ebenfalls Vorteile darin, die Unabhängigkeitsbestrebungen in Afrika zu fördern. Doch der Sieg über Deutschland und Japan veränderte die Situation einschneidend: Der Versuch der Neuordnung der Welt auf den Konferenzen am Ende des Krieges schloß die Frage nach dem Fortbestehen von Kolonien nicht aus, aber die erhoffte eindeutige Lösung wurde nicht herbeigeführt.

In Jalta einigten sich die USA, Großbritannien und die Sowjetunion darauf, daß die UNO in der Nachfolge des Völkerbundes die Treuhandschaft über die ehemaligen Mandatsgebiete übernehmen sollte. Nur auf Drängen der USA ist schließlich in die Satzung der UNO ein Passus aufgenommen worden, der den abhängigen Staaten bessere Zukunftsperspektiven eröffnete: Danach sollten die Kolonien endgültig zur Selbstregierung geführt werden, wobei es als wichtige Aufgabe galt, die Kultur der Völker zu achten. Nun stellte sich die Frage, wie weit die Bereitschaft der ehemaligen Kolonialherrn tatsächlich entwickelt war, auf Herrschaftsansprüche in den Kolonien zu verzichten.

Kriegsschauplatz Asien.

Indiens Weg in die Unabhängigkeit

1945 schien Indien bereits kurz vor dem Gewinn der staatlichen Unabhängigkeit. Dies war die Folge des Widerstandes, der untrennbar mit dem Namen *Mahatma Gandhi* verbunden ist. Als Gandhi 1945 zu Verhandlungen mit Vertretern des britischen Königshauses erschien, gab Churchill einen Kommentar ab, der die Abneigung gegen Gandhi widerspiegelt: Es ist ein „Übelkeit erregendes und erniedrigendes Schaustück dieses aufrührerischen Fakirs, wie er halbnackt die Stufen zum Palast des Vizekönigs hinaufsteigt, um dort unter gleichen Bedingungen mit dem Vertreter des Königs und Kaisers Verhandlungen zu führen."

Gandhi beginnt den Unabhängigkeitskampf

Mit Scheinzugeständnissen hatte sich nach 1918 die aufkeimende Unabhängigkeitsbewegung, die in Gandhi einen Führer fand, nicht mehr unterdrücken lassen. Von 1920 an begann Gandhi mit gewaltfreien Aktionen. Meditation und Askese wurden seine Mittel. Daneben forderte er die Menschen auf, die Zusammenarbeit mit dem Kolonialregime zu verweigern. Das selbstgesponnene Tuch, der einfache Webstuhl und die Spindel wurden zu Symbolen des gewaltfreien Widerstandes. Gandhi empfahl eine bescheidene Lebensweise. Er war aber auch darauf bedacht, die hygienischen Verhältnisse zu verbessern, die Kleinindustrie auf dem Lande zu fördern und Maßnahmen zur Geburtenkontrolle bekanntzumachen. Daß neben christlichen Einflüssen auch hinduistische Überzeugungen sein Weltbild bestimmten, belegen seine Bestrebungen, den Schutz der Kuh als eines heiligen Tieres zu fördern.

Die friedlichen Proteste Gandhis wurden von den Briten zuweilen mit Gewalt beantwortet. Gandhi wurde mehrere Male ins Gefängnis geworfen, wo er meditierend die religiöse Besserung des Menschen herbeisehnte. Aber bald schon nahmen die Auseinandersetzungen andere Formen an: Bauernverbände organisierten sich und Textilarbeiter begannen zu streiken. Die Unzufriedenheit wuchs, da die Hoffnung auf Zugeständnisse seitens der Briten unerfüllt blieb.

Die Forderung nach der vollständigen Unabhängigkeit Indiens wurde seit 1929 laut erhoben. Mit einer Veränderung des Verwaltungssystems versuchte die britische Regierung dieser Forderung auszuweichen.

Mahatma Gandhi am Spinnrad. Das Spinnrad galt als eines der Symbole des gewaltfreien Widerstandes.

Indien wird unabhängig

Zweifellos übernahm Indien die Vorreiterrolle im Prozeß der Entkolonialisierung. Gandhi vertraute darauf, durch zivilen Ungehorsam langfristig die Macht der Briten brechen zu können.

Der Indische National-Kongreß. Noch in den dreißiger Jahren wollte die britische Kolonialmacht mit Zugeständnissen die volle Selbständigkeit Indiens aufhalten. Aber der Indische National-Kongreß war von dem Ziel, ein unabhängiges Gesamtindien zu gründen, nicht mehr abzubringen. Während des Zweiten Weltkrieges forderte die Kongreßpartei im Jahre 1942 die sofortige Selbständigkeit. Noch einmal zeigten die Briten Härte: Führende Persönlichkeiten der Unabhängigkeitsbewegung – unter ihnen Gandhi – ließ der britische Vizekönig verhaften. Landesweite Unruhen, bei denen über 3000 Menschen den Tod fanden, waren die Folge.

Der Gegensatz zwischen Hindus und Moslems. Zunächst hatten in der Kolonie Indien Hindus und Moslems gemeinsam den Widerstand gegen die Kolonialmacht Großbritannien aufgebaut. Je wahrscheinlicher aber ein unabhängiges Gesamtindien wurde, desto mehr wuchsen die Spannungen zwischen den Angehörigen der verschiedenen Religionsgemeinschaften. Bei den Moslems kam die Furcht auf, daß sie in einem unabhängigen Gesamtindien von der Hindu-Mehrheit unterdrückt werden könnten. Hinzu kam, daß viele Führer der Moslems Großgrundbesitzer waren, die schon lange die Politik Gandhis mit Mißtrauen betrachteten. Sie sahen die Gefahr, daß Indien sozialistisch werden könnte und sie ihre Privilegien und ihr Land verlieren würden.

Aus diesen Gründen unterstützte 1942 die *Moslem-Liga* die Briten im Kampf gegen die indische Kongreßpartei. Schon zwei Jahre davor hatte diese Moslem-Liga einen eigenen islamischen Staat *Pakistan* gefordert. Die politische Absicht der Moslems war eindeutig: Als Gegenleistung für die Unterstützung erhofften sie sich ein Entgegenkommen der Briten in der Frage nach einem eigenen islamischen Staat.

1945 erklärte der britische Indienminster, daß die Verfassung des unabhängigen Indiens von den Indern selbst – gemeinsam von den Moslems und Hindus – erarbeitet werden müsse. Eine Verfassunggebende Versammlung sollte die Probleme lösen.

Die Teilung Indiens. Die Moslem-Liga war in dieser Situation zu keinem Kompromiß bereit. Sie boykottierte die Verfassunggebende Nationalversammlung und rief zu Aktionen gegen die Hindus auf: Bei den folgenden Unruhen starben fast 5000 Menschen. Ohne in den Krieg einzugreifen, beschloß das britische Parlament 1947 die Unabhängigkeit Indiens. Aus der britischen Kolonie wurden zwei unabhängige Staaten: Indien und Pakistan.

Etwa eine halbe Million Menschen wurden während der Unruhen in der Folgezeit getötet. Viele Millionen verließen ihre Heimat oder wurden vertrieben.

Angesichts dieser Ereignisse wird man nicht von einer erfolgreichen Entkolonialisierung Indiens sprechen. Andererseits zog sich Großbritannien ohne einen Kolonialkrieg aus diesem Gebiet zurück. Auch die Tatsache, daß Indien bei allen Schwierigkeiten, die das Land erschütterten und auch noch heute erschüttern, an der demokratischen Regierungsform festhält, spricht nicht gegen diese Art der Entkolonialisierung.

Proklamation der Unabhängigkeit Indiens durch Ministerpräsident Nehru in Anwesenheit des britischen Vizekönigs Mountbatten und der Vizekönigin.

Entkolonialisierung und Dritte Welt

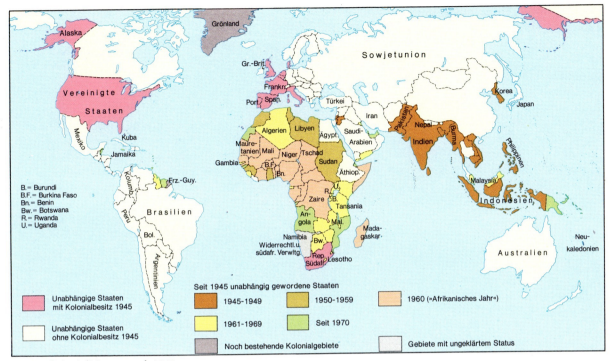

Die Entkolonialisierung nach 1945.

Die Auflösung der Kolonialreiche

Frankreichs Kampf um seine Besitzungen

Frankreich war lange darum bemüht, die Unabhängigkeit der afrikanischen Staaten zu verhindern. Guinea wählte 1958 zuerst bei einer freien Abstimmung die Unabhängigkeit. Die Verbitterung der französischen Kolonialherrn war groß: Bei ihrem Abzug verbrannten sie Geburtsurkunden von Einheimischen und zerstörten Elektrizitätsleitungen.

Dramatisch verlief die Entwicklung in *Algerien*. Seit 1881 gehörte es zum französischen Mutterland. Damit konnten die Algerier grundsätzlich die französische Staatsbürgerschaft erwerben, was aber durch meist unerfüllbare Einzelbedingungen erschwert wurde.

1945 war auch in Algerien der Ruf nach Unabhängigkeit nicht mehr zu überhören. Frankreich reagierte darauf mit einem Statut, das den Algeriern in der Nationalversammlung größeren Einfluß zuwies.

Schon während des Zweiten Weltkrieges hatte sich in Algerien eine Freiheitsbewegung gebildet. Am 1. Mai 1945 rief sie zu einer Großdemonstration gegen die französische Herrschaft auf. Unter grün-weißen Fahnen forderten die Demonstranten die nationale Unabhängigkeit. Frankreich antwortete mit einer Strafexpedition, die 40 000 Algeriern den Tod brachte.

In der Folgezeit bereitete die *Nationale Befreiungsfront (FLN)* den Widerstand auf breiter Basis vor. Mehr als 30 000 bewaffnete Algerier kämpften seit 1954 im Algerienkrieg gegen eine französische Übermacht. Für Frankreich waren 500 000 Soldaten im Einsatz, die einen radikalen Vernichtungskampf führten. Erst 1959 gewannen die französischen Truppen eine eindeutige militärische Überlegenheit, aber die FLN hatte inzwischen in der „Dritten Welt" Anerkennung und Unterstützung gefunden. Da auch in den anderen französischen Kolonien in Afrika die Unruhe wuchs, sah sich Präsident *Charles de Gaulle* zum Einlenken veranlaßt. 1962 wurde in einer Volksabstimmung die französische Fremdherrschaft in Algerien abgewählt.

Unabhängigkeit in ganz Afrika

Nach dem Ende des Zweiten Weltkrieges gab es auf dem afrikanischen Kontinent gerade vier selbständige Staaten: Äthiopien war als christliches Kaiserreich (Abessinien) nur kurz unter italienischer Oberherrschaft gestanden. Liberia, eine Ansiedlung amerikanischer Negersklaven, erreichte die Selbständigkeit schon 1847. Südafrika, ein von Weißen besiedeltes und regiertes Land, wurde 1910 weitgehend unabhängig. Ägypten war seit 1922 selbständiges Königreich, sah sich aber während des Zweiten Weltkrieges wieder einer britischen Kontrolle unterworfen. Alle anderen Gebiete Afrikas waren am Ende des Weltkrieges Kolonien.

Die Siegermächte waren zunächst nicht bereit, ihre Gebiete in Afrika aufzugeben. Zu bedeutend waren offensichtlich die Vorteile, die der Besitz von afrikanischen Kolonien mit sich brachte. Und die Aufstände seit dem Beginn des 20. Jahrhunderts, die gegen die wirtschaftlichen Ungerechtigkeiten gerichtet waren, hatten die imperialen Wünsche der Engländer und Belgier, der Franzosen und Portugiesen offenkundig nicht entscheidend dämpfen können.

Seit Mitte der fünfziger Jahre war der Druck in der europäischen Öffentlichkeit gegen Kolonialbesitzungen immer stärker geworden. Nach dem Vorbild anderer Regionen sollte auch in Afrika die Entkolonialisierung ihren Verlauf nehmen.

Das ehemals britische *Ghana* erreichte 1957 auf friedlichem Wege als erster der schwarzafrikanischen Staaten die Selbständigkeit. Im Anschluß daran gab es weitere Freiheitserklärungen. Alle Versuche, diese Bewegungen zu unterdrücken, mußten früher oder später scheitern. Das Jahr 1960 wurde zum „Afrikanischen Jahr": Eine beachtliche Zahl der afrikanischen Staaten erklärte die Unabhängigkeit. Bis 1966 folgten fast alle restlichen Staaten – mit Ausnahme der portugiesischen Besitzungen. Die politische Landkarte der Welt hat sich damit verändert. In der UNO erhielt die „Dritte Welt" ein großes Gewicht: nach der Stimmenzahl geriet die „Erste" und „Zweite Welt" sogar in die Minderheit. Natürlich blieb das Verhältnis zwischen den ehemaligen Kolonialmächten und den nun selbständigen Staaten auch von der Haltung der Kolonialmächte während des Unabhängigkeitskampfes bestimmt.

Jomo Kenyatta (zweiter von rechts), ein Vorkämpfer des afrikanischen Nationalismus, wird 1961 aus der Haft entlassen. Schon 1963 wurde er Ministerpräsident des unabhängigen Kenia.

Das Ende der Kolonialherrschaft in Indien: Alte und neue Probleme

1 Indiens Schritt in die Selbständigkeit

Rede des britischen Premierministers Clement Attlee über die Unabhängigkeit Indiens im Juli 1947:

Q Zu Anfang beschäftigten wir uns besonders mit Handel, der Gelegenheit bot, Reichtümer anzuhäufen. Im 18. Jahrhundert hatten die britischen Bürger, die aus Indien zurückkehrten, oft große Vermögen angesammelt und wurden „Nabobs" genannt. Aber als die Zeit verging, gewann man mehr Bewußtsein von der Verantwortung, die in der Regierung durch die Ostindische Kompanie lag, eine Verantwortung für das Leben der vielen Millionen, die Gerechtigkeit und ruhiges Leben suchten. Der britische Verwaltungsbeamte in Indien richtete sich mehr und mehr am Wohlergehen des indischen Volkes aus, am Wohlergehen dieses großen Völkergemisches auf dem Kontinent, das durch Rasse, Kaste, Sprache und Religion getrennt ist. [...]

Wenn wir über Jahre zurückblicken, sind wir sehr stolz auf die Arbeit, die unsere Mitbürger in Indien getan haben. Natürlich gab es Fehler, gab es Fehlschläge, aber wir können bekräftigen, daß unsere Herrschaft über Indien den Vergleich mit der jeder anderen Nation aushält. [...]

Darf ich hier an etwas erinnern, das man oft vergißt: So wie Indien seine Einheit und Freiheit von äußerer Aggression den Briten verdankt, so war der indische „National Congress" gegründet und angeregt von Menschen unserer eigenen Rasse, und schließlich, daß jede Beurteilung unserer Regierung in Indien durch Inder nicht auf der Grundlage dessen geschieht, was für die indische Vergangenheit galt, sondern aufgrund der Prinzipien, die wir ihnen selbst eingeflößt haben. Ich weiß sehr wohl, daß viele von denen, die eng mit Indien verbunden waren, sich Gedanken über die Zukunft der Millionen machen, für die wir jetzt die Verantwortung aufgeben. Ich kann ihre Sorgen verstehen, sie fürchten, daß die Arbeit, der sie sich für so viele Jahre gewidmet haben, zunichte gemacht wird. Sie sorgen sich um diejenigen, die am meisten von einem Zusammenbruch der Verwaltung belastet würden – die ärmsten Gruppen der Gemeinschaft.

C. Philips, Select Documents, London 1962, S. 403-404.

2 Bericht über den indischen Unabhängigkeitstag, den 15. August 1947, in einem historischen Sachbuch

Q Von den Wänden ringsum waren die würdevollen Porträts der indischen Vizekönige entfernt worden. An diesem Abend füllten grün-weiß-orangefarbene Fahnen die Goldrahmen aus. Auf den voll besetzten Bänken der Halle drängten sich in Saris und im Khadi, in fürstlichen Gewändern und im Smoking die Repräsentanten der Nation, die in dieser Nacht geboren werden sollte.

Die Bevölkerung, die sie vertraten, bildete ein Amalgam[1] von Rassen und Religionen, Sprachen und Kulturen, von einer so bunten und kontrastreichen Vielfalt wie nirgends sonst auf dem Globus. Sie lebte in einem Land erhabenster Spiritualität und tiefsten Elends; in einem Land, dessen größte Reichtümer in seinen Paradoxen lagen, dessen Bewohner fruchtbarer waren als seine Felder; einem Land, das von der Religion besessen war und von Naturkatastrophen heimgesucht wurde, die an Grausamkeit und in ihren Ausmaßen ihresgleichen suchten; in einem Land der glorreichen Vergangenheit, einer sorgenerfüllten Gegen-wart und einer Zukunft, die von Problemen verdüstert war. [...]

Das Indien, das diese Männer und Frauen vertraten, würde in wenigen Minuten zu einer Nation werden, die 275 Millionen Hindus, 50 Millionen Moslems (Muslime), sieben Millionen Christen, sechs Millionen Sikhs, 100 000 Parsen[2] und 24 000 Juden umschloß, deren Vorfahren einst aus der babylonischen Verbannung in dieses Land geflohen waren. Nur wenige Menschen in der Halle konnten sich miteinander in ihrer Muttersprache verständigen, sie waren auf das Englische angewiesen, die Sprache der Kolonialherren, deren Herrschaft in dieser Stunde zu Ende ging. In ihrem Staat würde es 15 offizielle Sprachen und 845 Dialekte geben. [...]

Dieses Indien beherbergte ebensoviele Leprakranke, wie die Schweiz Einwohner hatte; ebensoviele Priester, wie Belgier in Belgien lebten; ein Heer von Bettlern, mit dem man ganz Holland hätte bevölkern können; 15 Millionen Sadhus, heilige Männer; 20 Millionen Nachkommen der Ureinwohner, von denen manche, wie die Nagas in Nagaland, noch Kopfjäger waren.

Entkolonialisierung und Dritte Welt

10 Millionen Inder waren nicht seßhaft und übten Berufe wie Schlangenbeschwörer, Weissager, Jongleur, Brunnenbauer, Zauberer, Seiltänzer, Kräuterverkäufer aus, die sie ständig von einem Dorf zum andern führten. Jeden Tag wurden 38 000 Inder geboren, von denen die Hälfte nicht fünf Jahre alt wurde. Jedes Jahr starben außerdem 10 Millionen an Unterernährung und Krankheiten wie den Pocken, die in den meisten Gegenden der Welt ausgerottet waren.

Der gewaltige Subkontinent war die Geburtsstätte einer der großen Weltreligionen, des Buddhismus, die Heimat des Hinduismus und stark vom Islam beeinflußt. In verwirrender Vielfalt der Formen und Gestalten zeigten sich seine Götter. Die religiösen Gebräuche reichten vom Yoga und der intensivsten Selbstversenkung, deren der menschliche Geist fähig ist, bis zum Tieropfer. [...]

In diesem Indien lebten einige der reichsten Männer der Welt und ebenso 300 Millionen Bauern, die am Rande des Existenzminimums dahinvegetierten und über ein Gebiet verteilt waren, das eine der fruchtbarsten Gegenden der Erde hätte sein können, und doch eine der ärmsten war. 90 Prozent der Einwohner waren Analphabeten. Das Pro-Kopf-Einkommen betrug 20 Pfennig pro Tag. Ein Viertel der Bewohner der beiden großen Städte aß und schlief auf den Straßen. [...]

So hätte es in dieser Augustnacht den erwartungsvoll gespannten Männern und Frauen im Parlamentsgebäude von Neu-Delhi wahrhaftig erscheinen können, daß Sorgen und Probleme die einzige Erbschaft seien, die ihnen die scheidenden Kolonialherren hinterließen. Doch keine derartigen melancholischen Gedanken bewegten die Versammlung.

Drinnen in der Halle krochen die Uhrzeiger über der Präsidententribüne auf die römische XII zu. Niemand regte sich, als die zwölf schweren Schläge das Ende eines Tages und einer Epoche verkündeten. Während das Echo des zwölften Schlages verhallte, ertönte ein urtümliches Signal aus „spurlos dahingegangenen Jahrhunderten". Für die Repräsentanten des indischen Volkes verkündete der klagende Ton der Schneckenmuschel die Geburt ihres Staates. Für die Welt spielte sie die Retraite³ für ein versinkendes Zeitalter...

Ein endloser Strom von Menschen, Nationen und Kulturen hatte 450 Jahre lang den Kolonialismus über sich ergehen lassen müssen. Er hatte sie dezimiert, hatte ihnen Armut gebracht, Erziehung und Bekehrung, kulturelle Bereicherung oder Verkümmerung, wirtschaftliche Ausbeutung oder Stimulierung, sie aber in jedem Fall unwiderruflich verändert.

Und nun hatten die hungernden Massen eines Kontinents durch ihre Gebete den Baumeistern des größten Imperiums, das jene Jahrhunderte hervorgebracht hatte, eines Weltreiches, das mit seinen Dimensionen, seiner Bevölkerung und Bedeutung die Reiche Roms, Babylons, Karthagos und Alexanders des Großen auf den Rang von Zwergstaaten verwies, ihre Freiheit abgerungen. Nachdem die Asiaten aus der Krone des Britischen Empire das Juwel ausgebrochen hatten, das ihnen gehörte, würde kein anderes Kolonialreich sich mehr lange behaupten können. Mochten ihre Beherrscher auch mit großen Worten und mit Waffen versuchen, die dahinschießende Flut der Geschichte aufzuhalten, dieser Augenblick würde ihre Bemühungen zu sinnlosen, blutigen Gesten machen.

Die Unabhängigkeit Indiens setzte einen endgültigen Schlußpunkt unter ein Kapitel aus der Geschichte der Menschheit. Mit dem Ruf der Schneckenmuschel in dieser Augustnacht im Parlamentsgebäude von Neu-Delhi begann die Nachkriegsgeschichte der Erde.

1 Quecksilberlegierung, im übertragenen Sinn unauflösliches Gemisch
2 Anhänger einer Religionsgemeinschaft, die sich auf die Lehren des altiranischen Propheten Zarathustra berufen und Kampf jedes einzelnen für das Gute predigen
3 den Zapfenstreich

L. Collins/D. Lapierre, Um Mitternacht die Freiheit, Gütersloh 1978, S. 265–270.

1 *Welche Entwicklung der britischen Herrschaft über Indien wird in Quelle 1 geschildert?*

2 *Wie beurteilt Attlee die britische Kolonialherrschaft? Vergleichen Sie diese Einschätzung mit den Folgen der Kolonialherrschaft, wie sie in Text 2 geschildert werden.*

3 *Erläutern Sie, vor welchen Problemen der neue Staat Indien nach der Rückgewinnung seiner Unabhängigkeit stand. Ordnen Sie die Aussagen unter witschaftlichen, sozialen, religiösen, kulturellen und politischen Gesichtspunkten.*

4 *Untersuchen Sie Sprache und Darstellungsweise von Text 2. Inwiefern geht er über eine sachliche Information hinaus?*

Entkolonialisierung und Dritte Welt

3 Südasien nach dem Zweiten Weltkrieg

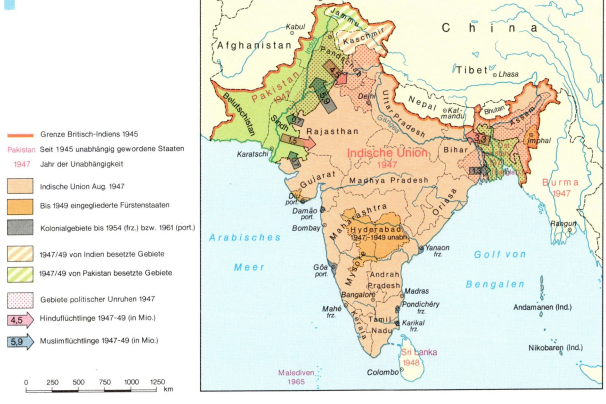

Grenze Britisch-Indiens 1945
Pakistan Seit 1945 unabhängig gewordene Staaten
1947 Jahr der Unabhängigkeit
Indische Union Aug. 1947
Bis 1949 eingegliederte Fürstenstaaten
Kolonialgebiete bis 1954 (frz.) bzw. 1961 (port.)
1947/49 von Indien besetzte Gebiete
1947/49 von Pakistan besetzte Gebiete
Gebiete politischer Unruhen 1947
4,5 Hinduflüchtlinge 1947-49 (in Mio.)
5,9 Muslimflüchtlinge 1947-49 (in Mio.)

4 Die Entwicklung Indiens nach der Unabhängigkeit in den Jahren 1947-1949

Q Die Bildung zweier Staaten führte zu einem gegenseitigen Hinmorden der Minderheiten, der Flucht von Millionen, dem Moslemaufstand in Delhi, bei welchem die neue indische Regierung im Regierungsviertel bela-
5 gert wurde, dem Zerfall der bisher gemischten Verwaltung und Armee, dem Einfall der afghanischen Grenzstämme, welcher sich in den Krieg um Kaschmir entwickelte, der Unruhe unter den sich selber überlassenen Fürsten, die sich auf die eine oder andere Seite schlugen
10 und teilweise sogar von Eroberungen träumten.
Das allgemeine Chaos und Elend, vor allem die Ermordung Mahatma Gandhis am 30. Januar 1948 wirkten ernüchternd, die Hinduextremisten schieden aus der indischen Regierung aus. Nehru gelang es, [...] die Ver-
15 waltung zu reorganisieren, die gemäßigten Moslems im Lande zu halten als Garantie eines überkonfessionellen Staates, die uneinigen Fürsten nacheinander zur Abdankung zu bringen. Ein paar Fürsten wurden Gouverneure; Hyderabad und Junagadh, zu Pakistan neigend, wurden durch die Armee besetzt. Die Provinzen und 20 früheren Fürstenstaaten wurden in eine Anzahl von Föderalstaaten umgewandelt.

H. Goetz, Der indische Subkontinent, Teil I: Geschichte, Informationen zur politischen Bildung, Nr. 112, Bonn 1965, S. 20-21.

1 Stellen Sie in einer Tabelle zusammen, welche Konflikte nach Karte 3 und Text 4 die Entwicklung Indiens nach der Unabhängigkeit geprägt haben.
2 Nehmen Sie zu der Meinung Stellung, daß angesichts der Schwierigkeiten in Indien trotz der Konflikte von einem erfolgreichen „Start" in die Unabhängigkeit gesprochen werden kann.

5 Tradition im modernen Indien

In einer Untersuchung über das Kastensystem, wie es auch heute noch in den meisten südindischen Dörfern existiert, heißt es:

Q Die etwa 30 Kasten, die sich in der südindischen Region feststellen ließen, können in sieben Hauptgruppen gegliedert werden:
1. Oberkasten wie Priester, die die religiösen Zeremonien ausführen, und Krieger und Händler;
2. Bauernkasten, wozu auch wohlhabende Hirten gehören;
3. Handwerkerkasten, z. B. Grobschmied, Zimmermann, Goldschmied;
4. Dienstkasten, deren Mitglieder meist auch Handwerke ausüben, aber niedrigeres Prestige haben, z. B. Wäscher, Töpfer, Weber, Barbier;
5. Moslems, die von der hinduistischen Mehrheit im Dorf entgegen dem moslemischen Gleichheitsdenken in die Kastenordnung an relativ niedriger Stelle eingeordnet werden;
6. Volksstämme, die ursprünglich nicht an den Hinduismus, sondern an Naturgottheiten glaubten;
7. Harijans („Unberührbare"), die „unreine Berufe" wie Lederarbeiten ausüben und zu denen ein Sechstel der dörflichen Bevölkerung gehört.

Bäuerliche Arbeit leisten dabei heute fast alle diese Gruppen, nicht nur diejenigen, die in der Kastenordnung ursprünglich diese Aufgaben hatten. Das Kastensystem ist nicht nur ein System, in dem Achtung und Verachtung festgelegt werden, sondern es ist auch eine Regelung der Zusammenarbeit. Früher galt ganz streng, daß jede Kastengruppe das Recht und die Pflicht hatte, bestimmte gesellschaftliche Aufgaben zu erfüllen, die für die anderen verboten waren. Wer der Kaste der Grobschmiede angehörte, hatte sich für die notwendigen Reparaturen an den Geräten der Bauern bereitzuhalten. Er führte sie jederzeit aus, auch wenn er eigene Erntearbeit zurückstellen mußte. Dafür erhielt er von jeder Familie nach der Ernte eine genau festgelegte Leistung in Getreide oder anderen Gütern – gleichgültig, wie oft ihn die jeweilige Familie in Anspruch genommen hatte.

H. K. Mäding, Südindische Bauern, Tübingen 1980, S. 113 ff.

6 Befragung über das Kastensystem

Befragt wurden ein Barbier, 55 Jahre alt, Analphabet (A), ein Harijans, 30 Jahre alt, Analphabet (B) und ein Angehöriger einer Bauernkaste, 25 Jahre alt, 4 Jahre Schulbesuch (C):

Q *Frage 1*: Haben sich die Kastenunterschiede in diesem Dorf in den letzten fünf Jahren sehr geändert?
A: Niemand respektiert die höheren Kasten mehr. Ich bevorzuge ein Verhalten, das weniger zeremoniell als früher ist.
B: Im Kastensystem hat sich nicht viel verändert: Wir Harijans leiden viel wegen Mangel an Essen und Arbeit.
C: Das Kastensystem hat sich in den letzten fünf Jahren nicht verändert.
Frage 2: Einige Leute sagen, die niedrigeren Gruppen hätten heute eine sehr viel bessere soziale Stellung als vor fünf Jahren?
A: Ja.
B: Wir haben keine verbesserte soziale Stellung.
C: Die niedrigeren Gruppen haben eine sehr viel bessere soziale Stellung erhalten.
Frage 3: Bitte geben Sie einige Beispiele.
A: Die Harijans erhielten Land von der Regierung. Jetzt sind sie Landeigentümer.
B: Bei der Verteilung des Landes, das uns die Regierung gab, werden wir vom Dorfnotar ausgebeutet.
C: Die Harijans erhielten Häuser von der Regierung. Wenn man unter einem großen Baum sitzt, gibt er zwar Schatten, aber er gibt keine Nahrung. So ist auch die Überlassung von Häusern.
Frage 4: Ist es besser, wenn die Kasten gleichrangig werden oder sollen die Unterschiede bestehen bleiben?
A: Die Unterschiede sollen bleiben.
B: Wir wünschen Gleichheit.
C: Die Unterschiede zwischen den Gruppen sollen bleiben. Wie die Finger der Hand unterschiedlich sind, müssen auch die Kasten unterschiedlich sein.

H. K. Mäding, Südindische Bauern, Tübingen 1980, S. 113 ff.

1 *Nach welchen Prinzipien ist das Kastensystem geordnet?*
2 *Beschreiben Sie, welche Auswirkungen die Kastenordnung auf die wirtschaftliche und soziale Entwicklung Indiens hat.*

Entkolonialisierung und Dritte Welt

Entwicklungen in der „Dritten Welt"

Hauptprobleme der Entwicklungsländer

1975 mußte sich die Kolonialmacht Portugal nach langen Kämpfen aus Mozambik, Angola und von den Kapverdischen Inseln zurückziehen. Über 30 Jahre hat es seit der *Atlantik-Charta* (1941) gedauert, bis das Ende des Kolonialismus erreicht war. Weltweit gibt es nur noch einige kleine Inseln in Kolonialbesitz: So glaubt z. B. Frankreich, auf militärische Stützpunkte in der Karibik und im Südpazifik nicht verzichten zu können. Der bedeutendste britische Kolonialbesitz ist die Stadt *Hongkong*, die 1997 an China fallen wird.

Politische Krisen im Inneren

Das Beispiel der Streitigkeiten zwischen Hindus und Moslems in Indien zeigt allzu deutlich, welche Folgeprobleme auf die befreiten Kolonien zukamen. Abgesehen von den mehr als einer Million Menschenleben, die erbitterte Kämpfe in Indien forderten, kennzeichnen Bevölkerungsbewegungen ungeheuren Ausmaßes die Jahre nach dem Rückzug der Briten: Aus den pakistanischen Gebieten flohen etwa acht Millionen Hindus und Sikhs nach Indien. Eine entsprechende Fluchtbewegung der Moslems fand in die Gegenrichtung statt. Im Nordwesten Indiens entstand Westpakistan, im Mündungsgebiet von Ganges und Brahmaputra besiedelten die Moslems ein kleines Gebiet, das sich 1971 von Pakistan trennte und sich den Namen *Bangla Desh* gab. Die religiösen Führer *Gandhi* und *Ali Khan* fielen Mordanschlägen von Extremisten zum Opfer; eine Stabilisierung im Inneren wurde nicht erreicht.
1960 bis 1963 – unmittelbar nach der Erlangung der Unabhängigkeit – wütete im ehemaligen *Kongo* ein verheerender Bürgerkrieg. Was waren die Ursachen? Zum Teil war dieser Krieg das Ergebnis des Versuchs, unterschiedliche Stämme in einem Staat, dem heutigen *Zaire*, zusammenzufassen. Ost und West unterstützten die verschiedenen Gruppierungen. UNO-Truppen wurden eingesetzt – mit geringem Erfolg. Erst 1967 konnte die staatliche Einheit hergestellt werden.
Auch in anderen afrikanischen Staaten wuchsen nach dem Gewinn der Unabhängigkeit die politischen Probleme, die vor allem durch die Rivalität zwischen den Freikeitskämpfern und den alten Häuptlingen entstanden. In vielen Staaten, z. B. in Algerien, mündeten innenpolitische Krisen schließlich in Militärdiktaturen, deren erstes Anliegen der Ausbau der politischen Macht und nicht die Verbesserung der sozialen Situation der Bevölkerung war (vgl. Karte S. 160).

Bevölkerungsentwicklung und Ernährungslage

Besonders bedrückend wurden in der „Dritten Welt" die materiellen Überlebensprobleme. Dabei stellt sich die Frage, wie angesichts der Bevölkerungsentwicklung die Ernährung sichergestellt werden kann und wie notwendige Reformen durchzuführen wären.

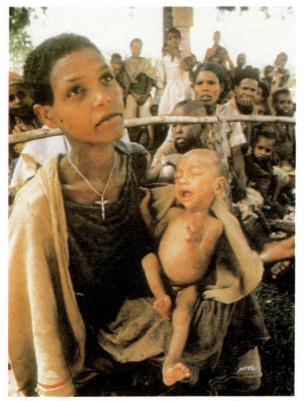

Junge Mutter mit ihrem unterernährten Säugling (Äthiopien).

Entkolonialisierung und Dritte Welt

Die politische Entwicklung der afrikanischen Staaten von der Unabhängigkeit bis 1991.

Entkolonialisierung und Dritte Welt

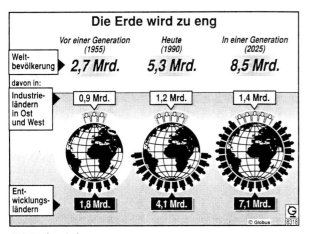

Die Erde wird zu eng.

Auf dem Gebiet der heutigen Republik Indien lebten im Jahr 1900 236 Millionen Menschen, 1984 waren es bereits 735 Millionen. Um derartige Entwicklungen zu beschreiben, hat man den Begriff *Bevölkerungsexplosion* geprägt. Für das Jahr 2025 schätzt man eine Weltbevölkerung von über acht Milliarden Menschen.

Die Bevölkerung der „Dritten Welt" umfaßt mit über vier Milliarden Menschen derzeit etwa drei Viertel der Erdbevölkerung. Da sie doppelt so schnell zunimmt wie die Bevölkerung der Industriestaaten, fordert die UNO einschneidende Maßnahmen zur Familienplanung. Aus meist religiösen Gründen wird aber in vielen Ländern, v.a. in den islamischen Staaten, eine Geburtenkontrolle abgelehnt.

Schneller als in allen anderen Kontinenten wächst die Bevölkerung in Afrika. Während sich zur Kolonialzeit die afrikanischen Staaten noch weitgehend selber ernähren konnten, kennzeichnen Hungersnöte die Lage in vielen Entwicklungländern: In Äthiopien starben im Jahr 1984 300 000 Menschen an Hunger, 900 000 Menschen waren in lebensgefährdender Weise unterernährt. Auch im Sahel, im Sudan, in Kenia und Mozambik hungern Millionen von Menschen. Täglich sterben in der „Dritten Welt" über 40 000 Kinder.

Alle Versuche, den Ärmsten in der Welt zu helfen, konnten bisher keine befriedigenden Lösungen einleiten. Haben die reichen Staaten angesichts der großen humanen Herausforderung im letzten Drittel des 20. Jahrhunderts nicht kläglich versagt?

Entwicklungshilfe und Entwicklungspolitik

In der Zeit der Entkolonialisierung ist bei vielen Menschen das Bewußtsein gewachsen, daß die wohlhabenden Industrienationen verpflichtet seien, die armen Länder in ihrem Überlebenskampf zu unterstützen.

Problematische Formen der Hilfe. Nicht alle Versuche zu helfen, sind erfolgreich: Wenn z.B. Westeuropa und die USA ihre Getreideüberschüsse in Entwicklungsländern verteilen, brechen dort die Preise zusammen. Dann bauen die Einheimischen weniger an, weil es billiger ist zu importieren.

Eine andere Problematik der Entwicklungshilfe wurde schon in den fünfziger Jahren deutlich, als die Industriestaaten einigen Ländern der „Dritten Welt" vollständige Industrieanlagen lieferten. Die modernen Fabriken forderten von den Menschen völlig ungewohnte Verhaltensweisen und bedingten tiefgreifende soziale Umstellungen. Zudem wurden die Empfängerländer mit sehr hohen Folgelasten, z. B. für Reparaturen und Energieversorgung, konfrontiert.

Zuweilen zeigte sich die Tendenz, daß Industriegesellschaften, die unter Absatzschwierigkeiten und Arbeitslosigkeit leiden, dazu neigen, ihre Industrieprodukte in Entwicklungsländer zu exportieren. Damit wird aber keinesfalls dem Aufbau einer Infrastruktur gedient, die eine Grundlage für die Bewältigung der Krisen darstellen könnte. Unter manchen Aspekten erscheint es als vorteilhaft, daß Hilfsprojekte nur auf Anforderung des Entwicklungslandes durchgeführt werden. Ausgeschlossen ist damit aber nicht, daß die einheimischen Eliten diese Hilfen benutzen, um ihren privaten Luxus und ihre persönliche Macht zu fördern.

Entwicklungspolitik statt Entwicklunghilfe. Die Erfahrungen der letzten Jahrzehnte zeigen, daß Erfolge erzielt werden, wenn bei den Maßnahmen die Grundbedürfnisse der einheimischen Bevölkerung im Vordergrund stehen. Dazu gehörten in erster Linie die Sicherstellung der Ernährungsgrundlagen und die Verbesserung des Gesundheitswesens.

Daneben muß aber auch der Ausbildung von Kleinbauern, Landarbeitern und Armen in den Städten ein hoher Stellenwert zugeschrieben werden. Da sich die Probleme in den einzelnen Ländern unterschiedlich gestalten, müssen alle Maßnahmen sehr genau auf die lokalen Bedürfnisse und Bedingungen ausgerichtet sein.

Entkolonialisierung und Dritte Welt

Konflikte zwischen Nord und Süd

In Anlehnung an die Bezeichnung Ost-West-Konflikt entstand mit Blick auf die spannungsreichen Unterschiede zwischen den industrialisierten Ländern und den Entwicklungsländern der Begriff *Nord-Süd-Konflikt.*

Daß es sich bei dieser Bezeichnung um eine ungenaue Festlegung handelt, zeigt das Beispiel Neuseeland: Obwohl auf der südlichen Hälfte der Erdkugel gelegen, zählt Neuseeland zu den industrialisierten Ländern.

Ursachen des Nord-Süd-Konflikts sind die unterschiedlichen Lebensbedingungen in den Industrieländern einerseits und in den Länder der „Dritten Welt" andererseits. Es geht dabei einmal um gegensätzliche wirtschaftliche Möglichkeiten und zum anderen um Unterschiede in der Einflußnahme auf weltpolitische Fragen.

In erster Linie ruft die Ausbeutung der Bodenschätze in den Entwicklungsländern, die vorwiegend den Industrienationen Vorteile bietet, große Spannungen hervor. Viele vergleichen diese Probleme mit einer „Zeitbombe", die in absehbarer Zukunft zu einer ernsten Bedrohung des Friedens werden könnte.

Lateinamerika – ein „Hinterhof"

Die Bilder, die unsere Vorstellungen von Mittel- und Südamerika prägen, zeigen unterschiedliche Welten. So erscheint es fragwürdig, ob man diese Großregion überhaupt als Einheit sehen kann. Trotz der Unterschiede lassen sich wichtige Gemeinsamkeiten erkennen: In allen Staaten haben sich langfristig Gesellschaften ausgebildet, die durch eine massenhafte Armut charakterisiert sind. Wie in Afrika, so ist auch in Lateinamerika die Bevölkerungsexplosion eines der ungelösten Probleme, das hier vor allem zur Bildung von Elendsvierteln an den Rändern der Großstädte und zu einer hohen Arbeitslosigkeit führte.

Politische Einflußnahmen. Die politische Entwicklung der einzelnen Staaten verlief zwar unterschiedlich, doch lassen sich auch hier gemeinsame Elemente entdecken: Einflußreiche Gruppen versuchten – obwohl in der Minderheit – die Politik nach ihren Vorstellungen zu lenken. Das Mittel der Korruption wurde dabei oft bedenkenlos eingesetzt. Putschversuche von linker und rechter Seite waren in den letzten Jahrzehnten keine Seltenheit. Versuche, eine parlamentarische Demokratie aufzubauen, führten häufig zu Militärdiktaturen, die in einigen Staaten lange Bestand hatten.

Slumviertel vor dem Hintergrund einer südamerikanischen Stadt.

Nicht nur im Falle *Kuba* zeigte sich das große Interesse der USA, jede Ausdehnung des Kommunismus auf dem amerikanischen Kontinent zu unterbinden.

Als einer der unruhigsten Staaten gilt *Nicaragua*. In einem Bürgerkrieg wurde dort 1978/79 die Herrschaft der Familie *Somoza* beseitigt, die seit den dreißiger Jahren im Zusammenwirken mit dem Militär und der Wirtschaft den Staat diktatorisch bestimmte. Voller Verachtung sah die Weltöffentlichkeit 1973 auf diese Familie, weil sie Hilfsgüter, die für Erdbebenopfer bestimmt waren, veruntreute. Nach dem Sturz der Somozas übernahm die *sandinistische Befreiungsfront* eine wichtige Rolle bei der sozialistischen Umformung des Staates. Die rechtsorientierten *Contras*, die in den Folgejahren gegen das sandinistische Regime einen Guerillakrieg führten, konnten sich jederzeit auf die Hilfe der USA stützen. Erst am Ende der achtziger Jahre kam allmählich eine Demokratisierung in Gang. 1990 gelangten die Konservativen durch freie Wahlen an die Macht, wodurch die Verbindung Nicaraguas zu den USA wieder enger wurde. Ähnlich von Krisen geschüttelt zeigte sich in den letzten Jahrzehnten *El Salvador*. Auch hier nahmen die USA erheblichen Einfluß.

Wirtschaftliche Abhängigkeiten. Daß trotz der reichen Rohstoffvorkommen viele Länder Lateinamerikas zur „Dritten Welt" zu zählen sind, hat viele Gründe. Dazu gehören die Abhängigkeit von fremden Unternehmern und einseitige Handelsbeziehungen.

Große Konzerne haben schon frühzeitig Möglichkeiten gefunden, mit Staaten Mittel- und Südamerikas gewinnbringende Geschäfte zu machen. Von großer Bedeutung war z. B. die *United Fruit Company*, die jahrzehntelang den Welthandel mit Bananen beherrschte. Der Jahresgewinn dieses Unternehmens überstieg zeitweise deutlich die Staatseinnahmen von Costa Rica. Allein dadurch wird verständlich, daß es eine derartige Company relativ leicht hatte, ihre Interessen zumindest gegen Kleinstaaten durchzusetzen.

Auch im industriellen Bereich gelang den Staaten Lateinamerikas kein Durchbruch zur Selbständigkeit. Lange mußten sie ihre Industriegüter von außen beziehen. Zahlen konnten sie nur mit Rohstoffen. Die Weltwirtschaftskrise 1929 traf besonders diejenigen, die wie die südamerikanischen Staaten vom Außenhandel abhängig waren.

Das Beispiel Brasilien. Seit den sechziger Jahren versuchte Brasilien mit Hilfe ausländischer Firmen und moderner Technik den Fortschritt voranzutreiben. Eine der Maßnahmen bestand z. B. darin, große Staudämme zu errichten. Zudem wurden für die Energieversorgung Kernkraftwerke mit ausländischer Unterstützung gebaut. Und tatsächlich verzeichnete Brasilien zwischen 1968 und 1974 ein erhebliches Wirtschaftswachstum. Es wurde zu einem *Schwellenland,* war also im Begriff, sich zu einem modernen Industriestaat zu entwickeln. Aber entsprechend dem Wirtschaftswachstum stieg auch die Inflation, und die Menschen konnten bald für ihr Geld gerade noch das Allernötigste kaufen. Beim Versuch, eine konkurrenzfähige Industrie aufzubauen, verschuldete sich Brasilien bei den Industriestaaten hoch. Das Ansteigen des Zinsniveaus stürzte das Land in eine tiefe Wirtschaftskrise. Alle Bemühungen, mit großzügigen Stadtanlagen das Hinterhofmilieu abzustreifen, sind zunächst gescheitert. Die sozialen Probleme des Landes zeigen sich deutlich in den Slums vor den Großstädten. Aber auch die erschreckend hohe Kinderkriminalität verdeutlicht die Schwierigkeiten dieses Landes.

Abholzung des Regenwaldes: Welche ökologischen Rückwirkungen dieser Raubbau nach sich ziehen wird, kann heute kaum ermessen werden.

Entkolonialisierung und Dritte Welt

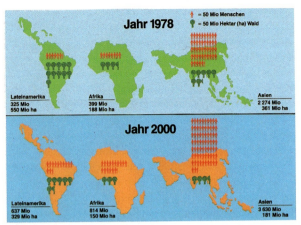

Zunahme der Bevölkerung und Abnahme der Waldbestände in der „Dritten Welt".

Waffen für die Entwicklungsländer.

Rohstoffe gegen Rüstungsgüter

Vielen Ländern in der „Dritten Welt" ergeht es heute wie Brasilien: Die Zinslasten übersteigen die Gelder der Entwicklungshilfe um ein Vielfaches. Um Schulden zurückzahlen oder Maschinen und Konsumgüter einführen zu können, müssen diese Länder ihre Rohstoffe auf dem Weltmarkt anbieten.

Im Laufe des 20. Jahrhunderts wurden die Rohstoffe der „Dritten Welt" immer rascher abgebaut. In weniger als 30 Jahren sind nach Schätzungen internationaler Organisationen die Weltvorräte an zahlreichen mineralischen Rohstoffen erschöpft: Fluor, Silber, Zink, Quecksilber, Schwefel, Blei und Zinn. Allein die Vernichtung von vielen tausend km² Regenwald pro Jahr im Amazonasgebiet mit den Rückwirkungen auf das Klima in Brasilien und in der ganzen Welt zeigt, daß Probleme in Entwicklungsländern rasch zu weltweiten Herausforderungen werden.

Aber nicht nur der Raubbau an natürlichen Ressourcen und die damit häufig verbundene Zerstörung der Umwelt haben in der „Dritten Welt" bedrohliche Ausmaße angenommen. Die Abhängigkeit vom Weltmarkt, der auf die Probleme und Bedürfnisse der Entwicklungsländer nicht die notwendige Rücksicht nimmt, und Konflikte der Staaten untereinander stellen ernstzunehmende Risiken für den Weltfrieden dar.

Seit 1945 hat es weltweit mehr als 150 Kriege gegeben, in denen mehr als 20 Millionen Menschen ums Leben kamen. Kriegerische Auseinandersetzungen in der Golfregion haben vorübergehend die Tatsache überdeckt, daß es in den letzten Jahrzehnten zahlreiche andere Kriegsschauplätze in der „Dritten Welt" gab. Eine Vielzahl dieser Staaten gibt mehr als doppelt soviel Geld für Waffen als für Bildung und Gesundheit aus. Rund ein Drittel der weltweiten Rüstungskosten entfallen auf Länder der „Dritten Welt". Von der Mitte der siebziger bis zur Mitte der achtziger Jahre stiegen dort die Ausgaben für Rüstungsgüter doppelt so rasch wie in den hochgerüsteten Industriestaaten.

Da die Entwicklungsländer selbst keine modernen Waffen herstellen können, bedeutet Aufrüsten für diese Länder, moderne Waffen von den Industrienationen zu kaufen. Daß dabei ein hohes Maß an Verantwortung von den Industriestaaten gefordert ist, liegt auf der Hand: Oft sind es die Waffenlieferungen aus den Industrieländern, die Kriege in der „Dritten Welt" verlängern oder gar erst ermöglichen.

Jahrzehnte nach der Entkolonialisierung stehen die Länder vor einer ungewissen Zukunft, die Zerstörung, aber auch einen Fortschritt bringen kann, der ein menschenwürdiges Dasein ermöglicht. Ein menschenwürdiges Leben zu ermöglichen, bedeutet für diese Menschen, die eigene Kultur entfalten und politisch mitbestimmen zu können. Und Mitbestimmung meint hier eine Mitsprache im Inneren, aber auch einen angemessenen Einfluß in der ganzen Welt.

Entkolonialisierung und Dritte Welt

Die Bewegung der Blockfreien

Als sich Frankreich 1954 nach einer vernichtenden Niederlage gegen die vietnamesischen Widerstandskämpfer aus Indochina zurückziehen mußte und der Befreiungskrieg in Algerien entbrannte, wollte man immer noch nicht erkennen, daß ein Ende der Kolonialherrschaft unabwendbar geworden war. Doch die Verwirklichung des Rechts auf Selbstbestimmung wurde auch von Kolonialländern mit guten Gründen eingefordert. Aber es fehlte unmittelbar nach dem Zweiten Weltkrieg der „Dritten Welt" ein Gremium, das Chancen eröffnen konnte, die gemeinsamen Interessen international zur Geltung zu bringen. Um ein derartiges Gremium zu schaffen, kamen 1955 die Staatsoberhäupter und Führer der Unabhängigkeitsbewegungen aus 23 asiatischen und sechs afrikanischen Staaten zu einer *Konferenz in Bandung* (Indonesien) zusammen. Die Teilnehmer der Konferenz wandten sich gegen Kolonialismus und Rassendiskriminierung. Ihre Kritik richtete sich zudem gegen die USA und Großbritannien, die in Asien und Afrika ein militärisches Stützpunktsystem aufbauten. Damit sollte auch ein deutliches Signal gesetzt werden, daß sich die Asiaten und Afrikaner aus dem Kalten Krieg heraushalten wollten. Ein Ziel mußte es außerdem sein, eine andauernde Zusammenarbeit der *blockfreien Staaten* zu organisieren.

Mehr als 100 Staaten gehören heute der Bewegung der Blockfreien an. Nach dem Erreichen der politischen Unabhängigkeit versuchten diese Staaten, auch wirtschaftlich selbständig zu werden.

Mit Nachdruck wurde auf der *Konferenz von Belgrad* (1961) die Forderung erhoben, daß die Blockfreien ihr politisches und soziales System selbst bestimmen wollen. Das war eine klare Absage an all diejenigen, die versuchten, auf wirtschaftlichen Wegen einen *Neokolonialismus* zu erzeugen. Aber auch der Wunsch nach einer allgemeinen Abrüstung, nach einer Einstellung der Atomversuche und einer gewaltlosen Lösung der Deutschen Frage beschäftigte diese Konferenz.

Daß es für die Blockfreien schwer werden würde, sich gegen die Industrienationen zu behaupten, war den Kräften dieser Bewegung jederzeit bewußt: In Afrika wurde 1963 die *Organization for African Unity* (OAU) gegründet, die vorwiegend die Solidarität der afrikanischen Staaten stärken will. Aber Absichtserklärungen

Ägyptens Präsident Nasser, Indiens Premierminister Nehru und Jugoslawiens Staatspräsident Tito (von links) bei der Konferenz der „Blockfreien" in Bandung (1955).

konnten die Probleme nicht lösen. Zwischenstaatliche Konflikte und nachkoloniale Wirtschaftsbedingungen zwangen die Staaten der „Dritten Welt", Bindungen mit den Großmächten einzugehen. Auf den Gipfelkonferenzen der *Bündnisfreien in Lusaka (1970) und Algier (1973)* wurde deshalb v.a. die Sorge vor politischer Bevormundung und neokolonialer Ausbeutung laut. Ob es im Rahmen der Ost-West-Entspannung den jungen afro-asiatischen Staaten künftig gelingt, eigenständige politische und soziale Systeme zu entwickeln, ist eine offene Frage.

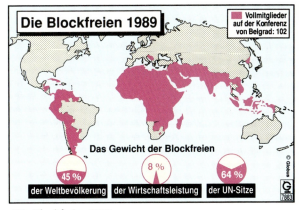

Die Blockfreien 1989.

165

Entkolonialisierung und Dritte Welt

„Erste, Zweite und Dritte Welt"

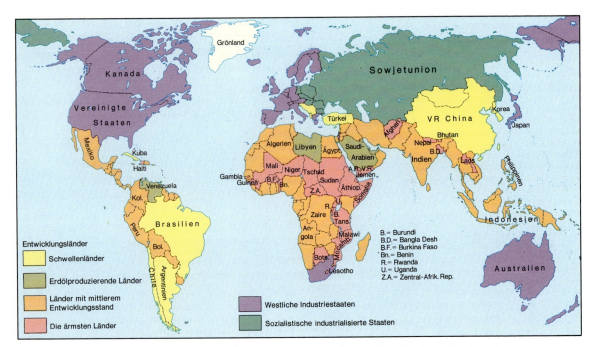

D Die Dreiteilung der Welt hat historische Gründe. Größtenteils ist sie das Ergebnis der Industrialisierung. Zuerst entwickelten sich die westeuropäischen Länder, dann die USA und Japan zu hochindustrialisierten Staaten. Sie bilden die „Erste Welt". Marktwirtschaft und parlamentarische Demokratie herrschen hier vor.
Zur „Zweiten Welt" wurden bisher die Sowjetunion und die anderen sozialistischen Länder in Osteuropa gerechnet. Die Industrialisierung begann hier später. Einparteienwirtschaft und zentrale Planwirtschaft waren die besonderen Kennzeichen.
Die „Dritte Welt" umfaßt die weniger industrialisierten Staaten in Asien, Afrika, Lateinamerika und im Pazifik. Nur in einigen davon existiert eine Demokratie, in vielen kam es zur Ausbildung von Militärdiktaturen.
Innerhalb der „Dritten Welt" haben sich bis heute entsprechend dem Entwicklungsstand drei Gruppen ausgebildet:
– die „Schwellenländer", also diejenigen, die schon an der Schwelle zur Industriegesellschaft stehen,
– die erdölproduzierenden Länder,
– die „unterentwickelten", armen Länder.
Eine entscheidende Frage bei der Einteilung in „Erste, Zweite und Dritte Welt" ist, woran der Entwicklungsstand gemessen wird. Es reicht nicht aus, das Land am „entwickeltsten" zu bezeichnen, das am meisten produziert. „Entwicklung" daran zu messen, ob ein Land in der Lage ist, den Lebensunterhalt aller seiner Bewohner zu sichern und ihnen eine freie persönliche Entfaltung zu gewähren. „Entwicklung" kann jedenfalls nicht bedeuten, daß sich die Menschen in der „Dritten Welt" genauso verhalten sollen wie die Menschen in den Industriegesellschaften. Die industrielle Entwicklung, wie sie in Westeuropa entstanden ist, kann nicht allein entscheidender Maßstab für die Entwicklung der übrigen Welt sein. Im Sinne ihrer eigenen Kultur sind die außereuropäischen Länder keineswegs „unterentwickelt".
Aufgabe der „Ersten Welt" muß es deshalb sein, die Bedeutung dieser Kulturen nicht nur nach eigenen Kategorien zu bewerten.

Helfen – aber wie?

1 Aus einem Bericht des Internationalen Katholischen Missionswerks Missio München

1a *Die Flucht von Pasqualine:*

Q Pasqualine war Vollwaise und wuchs in der Großfamilie des Onkels auf. So wie es in Burkina Faso eine alte und ihrem Kern nach wohl auch eine sinnvolle Tradition ist, wurde sie schon als Kind einem Mann versprochen, den ihre Familie für sie ausgesucht hatte. Als sie siebzehn Jahre alt war, sollte nach Ansicht der Familie die Hochzeit stattfinden. In der Familie ihres „Verlobten" erhielt Pasqualine Geschenke, vor allem Kleider, Ohrringe und eine Kette aus Kupfer. Sie kam dann auch voll Freude nach zwei Wochen wieder nach Hause zurück und zeigte jedermann ihre Geschenke. Nun blieben noch zehn Tage bis zur endgültigen Hochzeit. Doch dann kam in Pasqualine etwas hoch, das sie schon seit langem beunruhigt hatte: Bisher hatte sie sich, ohne viel zu überlegen, in die Tradition gefügt. Jetzt aber quälten sie neue Gedanken. Wer war denn überhaupt dieser Mann, mit dem sie ihr zukünftiges Leben verbringen sollte? Wie würde es sein, mit einem Mann verheiratet zu sein, der schon Frau und Kinder hatte und überdies sehr viel älter war als sie? Immer mehr reifte in ihr der Entschluß, daß die bisherige Tradition für sie nicht der richtige Weg war und daß sie diesen Mann nicht heiraten wollte. Deshalb floh sie wenige Tage vor der Hochzeit, verließ ihre Familie und ließ alle Geschenke zurück.
Zunächst flüchtete sie sich zum Katechisten im Dorf. Sie wußte, daß sie von ihm Hilfe erwarten konnte. Schon öfter hatte sie auch von einem Zentrum für junge Mädchen, die die gewohnte Form der Verheiratung für sich nicht übernehmen wollten, gehört, und dieses Zentrum wollte sie nun aufsuchen. [...] Es war am 28. März 1985, als Pasqualine bei uns ankam. Natürlich hatten die Familie des Mädchens und die Familie ihres „Verlobten" inzwischen von ihrem Zufluchtsort erfahren. Bald kamen sie zu uns ins Zentrum und versuchten, Pasqualine zur Rückkehr zu bewegen. Flehentliche Bitten der beiden Mütter, Drohungen mit Unglück und Vertreibung aus dem Stamm von seiten der Väter. Aber vergeblich. Pasqualine war „aufgewacht".

1b *Schwestern engagieren sich:*

Q Ein besonderes Zeichen hat die Kirche der Diözese Kaya in Burkina Faso gesetzt. Einheimische Schwestern gründeten hier eine Zufluchtsstätte für Mädchen, die vor der Zwangsehe fliehen. Sie nehmen die jungen Frauen zunächst auf und geben ihnen dadurch Schutz vor den sie meist verfolgenden Familien.
Dieses Zentrum existiert seit 1976 und bietet Platz für etwa 100 junge Frauen zwischen fünfzehn und zwanzig Jahren. Meist leben sie ein bis zwei Jahre bei den Schwestern. In dieser Zeit erhalten sie Unterricht in Schreiben und Lesen und werden in Handarbeiten und Hauswirtschaft, in Landwirtschaft, Näherei und Weberei ausgebildet. Außerdem arbeiten sie auf den zu dem Zentrum gehörenden Feldern und tragen so zu dessen Unterhalt bei. Nicht zuletzt bietet diese Zeit, in der die jungen Frauen nicht unter der direkten Kontrolle ihrer Familien stehen, ihnen die Möglichkeit, einen Mann ihrer Wahl kennenzulernen und zu heiraten.
Aber nicht nur in dieser konkreten Hilfe liegt die Bedeutung des Zentrums. Meist treffen die jungen Frauen in den Schwestern auch zum erstenmal auf Frauen, mit denen sie frei von familiärer Autorität und konventionellen Zwängen über ihre Probleme sprechen können. Hier wird ihnen ein Bild von der Würde des Menschen, also auch von der Würde der Frau, vermittelt, das es ihnen möglich macht, sich in ganz neuer Weise mit ihrer Situation auseinanderzusetzen.
Wichtig dabei ist vor allem, daß sie sich so auch von den Schuldgefühlen freimachen können, die durch die Auflehnung gegen die Werte der Tradition und der Familie entstanden. Hatte am Anfang oft nur ein spontaner Entschluß gestanden, eine erzwungene Ehe nicht eingehen zu wollen, so kann nun ein Bewußtseinsprozeß sich entwickeln, der zu einem ganz neuen Selbstbewußtsein führt.

1 *Beschreiben Sie die Situation, in der sich junge Afrikanerinnen vor ihrer Verheiratung befinden.*
2 *Ergründen Sie Ursachen, die zu einem „Aufwachen" der Afrikanerinnen führen.*
3 *Welche Bedeutung kommt in diesem Beispiel der christlichen Entwicklungsarbeit zu?*

1c *Mädchen in Marokko lernen, mit dem Webstuhl umzugehen*

1d *Die schwierige Lebenssituation der Frauen:*
Q Man versteht die heutige Situation der Frauen in Schwarzafrika nur, wenn man sieht, daß die Neuzeit mit Kolonialisierung, Christianisierung, nationaler Unabhängigkeit und Entwicklungshilfe weit mehr Positives für die Männer gebracht hat als für die Frauen. Während es für die Männer ein, wenn auch zweifelhafter Fortschritt war, sich als Beamte, Polizisten oder Soldaten unter der Herrschaft der Weißen neue Positionen schaffen zu können, hatten die Frauen keinen Zugang zu diesen „Privilegien". Es war gerade die von den Kolonialregierungen eingesetzte einheimische Eigenverwaltung und Eigengerichtsbarkeit, die den Frauen jenen gesellschaftlichen Einfluß raubten, den sie zuvor in den Dorfgemeinschaften durchaus gehabt hatten.

So ist die gegenwärtige Situation der Unterdrückung der Frauen also durchaus differenziert zu sehen. Zu ihrem Schaden haben sich traditionelle Unterordnung unter die Männer und moderne Entrechtung und Verdrängung aus den angestammten Positionen in Familie und Dorf miteinander verbunden. Die alten Einflußmöglichkeiten sind ihnen genommen und neue, die auf Bildung und gesellschaftlichem Aufstieg beruhen, bleiben ihnen vorerst verschlossen. Auch die Befreiung vom Kolonialismus und die damit beginnende Unabhängigkeit afrikanischer Staaten haben die Gleichberechtigung der Frauen nicht verwirklicht. Die Politiker waren und sind mehr an europäischen Maßanzügen und Luxuslimousinen interessiert als an der Emanzipation der afrikanischen Frau. Und nicht zuletzt ist oft auch die Entwicklungshilfe für die gesellschaftliche Entmündigung der Frauen verantwortlich zu machen, da sie aufgrund der bestehenden wirtschaftlichen Strukturen in erster Linie, wenn nicht gar ausschließlich, den Männern zugute kommt. Industrialisierung und neue Formen der Arbeit haben in sehr vielen Fällen dazu geführt, daß die Männer fern von ihren Familien leben und arbeiten - oft mehr für sich als für ihre Angehörigen. Die Frauen stehen mit der Erziehung ihrer Kinder ebenso wie mit der Feldarbeit auf den Dörfern allein.

Alle Quellen 1 a-1 d: Seid meine Zeugen, hrsg. v. Missio, München 1990, S. 4-8.

1 Fassen Sie zusammen, welche Fähigkeiten die Afrikanerinnen in der Zufluchtsstätte der Diözese Kaya erwerben sollen.

2 Erläutern Sie die Ursachen, die eine Emanzipation der Frau in Afrika erschweren (1 d).

3 Informieren Sie sich über weitere Aktionen und Schwerpunkte der kirchlichen Entwicklungsarbeit.

Entkolonialisierung und Dritte Welt

2 „Welt-Hunger-Hilfe"

2a *Die Last der Welt*

2b *Hilfe für die Sahel-Zone (1977)*

Q Norbert Vollmann, Oberleutnant im Luftwaffentransportgeschwader 63, berichtet: „Unter uns wurde der Bodenwuchs immer spärlicher. Als unsere Maschine auf dem behelfsmäßigen Landeplatz aufsetzte, zog sie eine riesige Staubfahne hinter sich her. Hier hatten wir 46 Grad. [...]

Immer wenn ich die Gesichter der Menschen sah, die uns auf dem Rollfeld empfingen, mußte ich an meine Kindheit denken. Ich wohnte damals in Berlin. 1949, da hatten wir die Blockade in Westberlin. Über ein Jahr lang versorgten uns die Westalliierten in der Riesenstadt über eine Luftbrücke. Getreide, Fleisch, Milchpulver, Kohlen – alles kam per Flugzeug. Wir guckten immer ganz unwillkürlich nach oben, wenn wir das Brummen der Flugzeugmotoren hörten. Wir Kinder nannten die Maschinen „Rosinenbomber", weil sie uns was zu essen brachten. Den Erwachsenen vermittelten sie ein Gefühl, nicht im Stich gelassen zu sein."

Dem Berliner Jungen Norbert Vollmann war es nicht im Traum eingefallen, daß er einmal eine ähnliche Rolle spielen würde wie die alliierten Piloten. Die Landeziele hießen jetzt Agadez, die Stadt im Herzen Afrikas, wo sich die Karawanenstraßen kreuzen, Arlit, im Westen des Staates Niger, und Maradi. [...] Überall hatten sich die Menschen in Ruhe und Gelassenheit in ihr Schicksal gefügt. Sie standen in langen Reihen und warteten, bis sie ihre Lebensmittelrationen erhielten: Hirse, Mais, Reis, manchmal Milchpulver. In Tausenden von Flugstunden brachten Flugzeuge der Bundeswehr in den Jahren 1973 und 1974 viele tausend Tonnen Hilfsgüter in die Dürregebiete der afrikanischen Sahel-Zone. Die Lebensmittelspenden und Medikamente kamen aus vielen Teilen der Welt. [...]

Norbert Vollmann erzählt: „Ich mußte dabei oft an die Zeit denken, als meine Eltern und ich, so wie der größte Teil der Westberliner Bevölkerung, Schlange standen nach unseren Zuteilungen. So, wie nun die Menschen im Sahel.

Wir waren in Afrika 14 bis 18 Stunden im Einsatz. Für mich war es, rein körperlich gesehen, der schwerste Einsatz. Aber es war der interessanteste. Ich hatte das Gefühl, ein bißchen helfen zu können, die Not zu lindern."

Politik der Partner, hrsg.: v. BMZ, Bonn 1978, S. 87, 83.

1 *Erklären Sie die Aussage der Karikatur.*
2 *Erscheint Ihnen der Vergleich zwischen der Berlin-Blockade und der Notlage in der Sahel-Zone angebracht? Erkundigen Sie sich, welche Gebiete zur Sahel-Zone gehören.*
3 *Fassen Sie zusammen, welche Bedingungen eine wirksame Entwicklungshilfe erschweren.*

Der Nahe Osten – Brennpunkt der Weltpolitik

Staaten entstehen

Die Staaten der Arabischen Halbinsel und ihre unmittelbaren Nachbarn bilden einen Hauptkonfliktherd der internationalen Politik. Die geschichtlich weit zurückreichende Bedeutung der Region als Handelsplatz und *Bindeglied zwischen Europa, Asien und Afrika* erfuhr im 20. Jahrhundert noch einmal eine Steigerung: Hier liegen die bedeutendsten *Lagerstätten der Weltrohölreserven*. Damit spielt der „Nahe Osten" eine Schlüsselrolle in der Weltpolitik. Jede lokale Auseinandersetzung, jede Verschiebung der Kräfteverhältnisse in diesem Raum enthält deshalb den Keim zur internationalen Krise. Nach dem Zerfall der arabischen Reiche aus der Frühzeit des Islam wurden die Nachfolgestaaten ab 1500 vom *Osmanischen Großreich* unterworfen, das sich, mit der Türkei als Zentrum, vom Balkan bis nach Nordafrika erstreckte. Über Jahrhunderte lebten die arabischen Stammesverbände unter türkischer Herrschaft. Erst am Ausgang des 19. Jahrhunderts entwickelte sich durch die Berührung des Orients mit der westlichen Nationalstaatsidee der arabische Nationalismus. Aber innere Krisen des Osmanischen Reiches nutzten die Großmächte aus und brachten immer größere Teile unter ihre Kontrolle.

Ägyptens Bedeutung

Ägypten war bereits im 19. Jahrhundert der Kontrolle des Osmanischen Reiches weitgehend entrückt, blieb aber tributpflichtig. Gleichzeitig verschaffte sich Großbritannien in Ägypten entscheidenden Einfluß, um die Handelsverbindungen nach Asien zu sichern. Die mit dem Bau des *Suez-Kanals* (eingeweiht 1869) noch gewachsene strategische Bedeutung für die Sicherung des britischen Kolonialreiches machte das Land zu einem Angelpunkt der britischen Kolonialpolitik.
Nach dem Ausbruch des Ersten Weltkriegs wurde 1914 ein britisches Protektorat in Ägypten errichtet. Auch nach der Gründung des formell unabhängigen Königreiches Ägypten im Jahre 1922 blieben zahlreiche koloniale Vorrechte bestehen, vor allem die britische Herrschaft über die Kanalzone.

Mandate statt souveräner Staaten

Von Großbritannien geweckte Hoffnungen auf staatliche Unabhängigkeit für die arabische Welt bewegten *Hussein,* den Herrscher über das Gebiet um *Mekka* – als Sherif („Nachkomme Mohammeds") mit großem Ansehen ausgestattet – im Ersten Weltkrieg zum offenen Kampf gegen die Türken. Ihm gelang zwar die Eroberung von Damaskus, doch sein Traum von einem groß-syrischen Reich erfüllte sich nicht.
Noch während des Krieges hatten britische und französische Diplomaten einen Geheimvertrag (1916) abgeschlossen, der die Aufteilung der arabischen Teile des Osmanischen Reiches in eine britische und eine französische Interessensphäre vorsah.
Ein Jahr später versprach der britische Außenminister *Lord Balfour* dem jüdischen Volk die Errichtung einer „nationalen Heimstätte" in Palästina trotz der dortigen arabischen Mehrheit. Damit wurde für die Zukunft ein zusätzlicher Konfliktherd geschaffen.
Die Araber lehnten die Aufteilung ihrer Halbinsel und die *Balfour-Deklaration* ab und proklamierten im März 1920 *Syrien* und *Irak* als unabhängige Staaten. Unbeeindruckt von diesen arabischen Souveränitätsbestrebungen, versuchten Frankreich und Großbritannien die Kontrolle über die arabischen Gebiete zu behalten. Durch Beschluß der alliierten Siegermächte ließen sie sich im April 1920 die arabischen Territorien als *„Mandate"* zuteilen. Syrien wurde dreigeteilt in Palästina, Libanon und Rest-Syrien. Libanon und Rest-Syrien unterstanden dem französischen, Irak und Palästina dem britischen Mandat.
Formal handelte es sich bei den „Mandaten" um die treuhänderische Verwaltung im Auftrag des Völkerbundes, die zur allmählichen Selbstverwaltung der Völker führen sollte. Tatsächlich wurden die Mandatsgebiete aber behandelt wie Kolonien.
Gegen den bewaffneten arabischen Widerstand übernahmen französische Truppen in ihrem Mandatsgebiet die Kontrolle und vertrieben *König Feisal* aus Damaskus ins Exil.

Entkolonialisierung und Dritte Welt

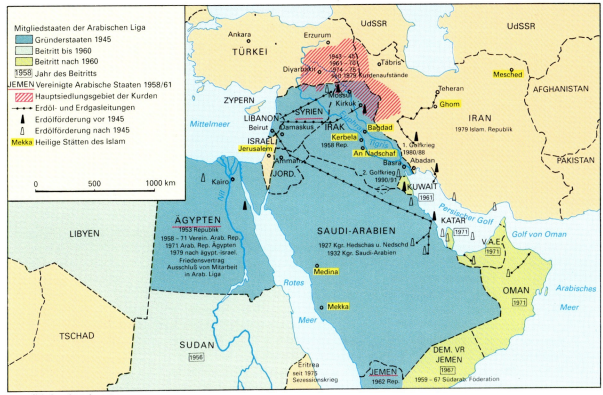

Konfliktherd Naher Osten.

Auf dem Weg zur Unabhängigkeit

Irak. Im britischen Mandatsgebiet Irak kam es zu fortdauernden Aufständen, die nicht unter Kontrolle zu bringen waren. Deshalb bot Großbritannien dem von den Franzosen aus Syrien vertriebenen Feisal an, die Herrschaft im Irak zu übernehmen. Feisal akzeptierte diesen Vorschlag gegen Proteste radikaler Nationalisten und schaffte es in Verhandlungen, die Periode britischer Oberhoheit abzukürzen. 1932 wurde der Irak als erster formal unabhängiger arabischer Staat in den Völkerbund aufgenommen.

Jordanien. Östlich des Jordan, in einem Teil des Mandatsgebietes Palästina, setzten die Briten 1921 einen anderen Sohn Husseins, den *Emir Abdallah*, als Statthalter ein, behielten sich aber die direkte Kontrolle von Militär, Verwaltung, Finanzen und Außenpolitik vor. Schrittweise wurden diesem „Emirat Transjordanien"

Souveränitätsrechte zugestanden. Dennoch endete die britische Mandatsherrschaft erst 1946 mit der Proklamation Abdallahs zum König. Die finanzielle Abhängigkeit von Großbritannien blieb bestehen; sie ging später auf die USA über.

Nach dem arabisch-israelischen Krieg von 1947/48 hielten jordanische Streitkräfte den Ostteil Jerusalems und einen Landstreifen westlich des Jordan („Westbank") besetzt. Vertreter der Palästinenser aus diesem Gebiet entschlossen sich mehrheitlich zur Union mit dem Königreich Transjordanien. 1950 wurde die formelle Vereinigung beider Teile zum heutigen *Königreich Jordanien* beschlossen.

Saudi-Arabien. Der territorial größte und aufgrund seiner Erdölvorkommen wirtschaftlich mächtigste Staat der Arabischen Halbinsel, gab sich 1932 den Namen nach der herrschenden Saud-Dynastie.

Ein Prinz dieser Fürstenfamilie, *Ibn Saud*, hatte sich am Anfang dieses Jahrhunderts nach langwierigen Kämpfen gegen arabische Mitkonkurrenten und ihre türkischen Verbündeten durchgesetzt. Mit zeitweiliger Unterstützung Großbritanniens gelang es ihm, durch Übereinkünfte oder militärische Unterwerfungsaktionen das heutige Staatsterritorium zu sichern. Auf saudiarabischem Staatsgebiet liegen die beiden heiligen Stätten des Islam, *Mekka* und *Medina*, als deren Schutzherr der jeweilige König eine besondere Rolle in der islamischen Welt spielt.

Am Küstenrand Saudiarabiens entstanden eine Reihe kleinerer Staaten, die sich in der Regel unter einer britischen Herrschaft aus Stammesdynastien zu abgeschlossenen Staaten entwickelten und zum Teil erst nach 1960 ihre Unabhängigkeit erreichten.

Nationalismus und Fundamentalismus

Die Staatenbildung auf der arabischen Halbinsel vollzog sich im Wechselspiel zwischen kolonialen Ansprüchen und regionaler Machtpolitik. Eine Erlangung der Souveränität im völkerrechtlichen Sinn bedeutete noch nicht eine wirkliche Unabhängigkeit von den alten kolonialen Mächten.

Die Grenzen der neuen Staaten zerrissen im arabischen Osten alte regionale Gemeinsamkeiten. Monarchische Regime stützten sich in der Regel auf eine kleine städtische Elite. Es gelang ihnen allerdings nicht, einen Ausgleich zwischen den unterschiedlichen Bevölkerungsgruppen zu schaffen. Vor allem die ländlichen und kleinstädtischen Bevölkerungsanteile sowie ethnische und religiöse Minderheiten, die von einer politischen Beteiligung weitgehend ausgeschlossen blieben, gerieten in wachsenden Gegensatz zu ihren Regierungen.

In dieser Situation entstand nach dem Zweiten Weltkrieg das Streben nach einer einheitlichen arabischen Nation. Das Gefühl der Zusammengehörigkeit aller Araber wurzelt in traditionellen, religiösen und wirtschaftlichen Verbindungen. Es erhält seine aggressive Haltung durch die Ablehnung der westlichen kolonialen oder halbkolonialen Herrschaft. Typisch für dieses arabische Zusammengehörigkeitsgefühl ist auch der Anspruch auf gemeinsame Nutzung der natürlichen Bodenschätze vor allem des Öls. Im Traum von der arabischen Einheit spiegelt sich auch die Sehnsucht der armen Araber nach sozialer Verbesserung wider.

Deshalb verband sich der *arabische Nationalismus* in verschiedenen Schattierungen mit sozialistischen, aber auch mit traditionell islamischen Traditionen, wobei sich auch Mischformen herausbildeten. Teilweise schlug sich dieses Gedankengut in Parteibildungen wie der Baath- (= Wiedererweckungs-) Partei nieder, teilweise vermochten sich charismatische Führer eine breite Unterstützung ihrer Bevölkerung zu sichern. Der machtpolitische Hebel zu Veränderungen war in vielen Fällen die Armee, in der die oppositionellen Schichten ein Übergewicht hatten.

So kam 1952 in Ägypten der Offizier Gamal Abdul *Nasser* durch einen Militärputsch zumeist jüngerer Offiziere an die Macht. Militär- oder Einparteiregime nach Militärerhebungen entstanden auch im Irak (1958) und im Jemen (1962). In Syrien übernahm auf diese Weise 1963 die *Baath-Partei* die politische Macht.

Vor allem in ihrer Anfangszeit versuchten diese Regime durch innere Reformen die soziale Lage zu verbessern und erreichten teilweise eine beträchtliche Popularität. Ihre rhetorischen Bekundungen zur arabischen Einheit verblaßten aber mit der Zeit durch die Absicherung ihrer eigenen nationalstaatlichen Herrschaft. Die „arabischen Brüder" waren eben auch Mitkonkurrenten! In Kämpfen innerhalb des Militärs und in den Parteifraktionen vermischten sich neue und alte Eliten. Ausländische Einflüsse, vorübergehend zurückgedrängt, verstärkten sich wieder, Reformen versandeten, und die Masse der Bevölkerung blieb von der politischen Beteiligung weitgehend ausgeschlossen.

So begegnen wir heute reichen, monarchisch regierten Ölstaaten und ärmeren, in der Regel ebenfalls autoritär regierten Staaten mit großen inneren Problemen. Neben dem *panarabischen Nationalismus* wurde der *islamische Fundamentalismus* zur Zuflucht der enttäuschten arabischen Massen. Dabei handelt es sich um eine diffuse, aus unerfüllten Bedürfnissen erwachsene Erwartungshaltung, die selbsternannte Führergestalten mit ihrer Propaganda für sich nutzbar machen. Typisch dafür war die politisch-propagandistische Kriegsführung des irakischen Präsidenten Saddam Hussein im Golfkrieg 1991.

Der israelisch-palästinensische Konflikt

Nach der massenhaften Vertreibung der Juden aus ihrem alten Staatsgebiet durch die Römer im 2. Jahrhundert n. Chr. war nur noch eine jüdische Minderheit in dem mehrheitlich von arabischen Palästinensern bewohnten Gebiet geblieben.

Hoffnung auf Heimkehr

Die Unterdrückung der Juden im alten Osteuropa und die Gefahr der Verschmelzung der jüdischen mit der westlich-europäischen Kultur brachten im 19. Jahrhundert die politische Bewegung des *Zionismus* hervor, die in *Theodor Herzl* einen hervorragenden Vertreter fand. Diese wandte den Gedanken der nationalen Selbstbestimmung und Selbstbefreiung auf das zerstreute jüdische Volk an und sah nur in einem eigenen jüdischen Staat die Chance zur Wiedergewinnung bzw. Bewahrung einer eigenen jüdischen Identität. Dabei stützte sich der Zionismus auf die religiöse Hoffnung der Juden, in ihr biblisches Ursprungsland zurückkehren zu können.

Zion, der Name der alten Davids-Burg, den die Propheten auf die Stadt Jerusalem übertragen hatten, wurde zum Symbol dieser Hoffnung und schließlich auch zum konkreten territorialen Ziel der politischen Bewegung. Mit der Verbreitung des Zionismus entstand zu Beginn des Jahrhunderts eine *Einwanderungsbewegung* nach Palästina, vor allem aus Osteuropa. Die Briten sahen sich als Mandatsmacht in einem Dilemma: Einerseits hatten sie sich mit der Balfour-Deklaration (1917) für eine Heimstatt der Juden in Palästina ausgesprochen, andererseits den Palästinensern mehrfach die Unabhängigkeit und das Selbstbestimmungsrecht zugesichert. Ihre zwiespältige Politik entsprang ihrem Interesse, in der Region durch Zersplitterung der Kräfte die politische Kontrolle zu erhalten. Damit trugen die Briten wesentlich zur Entstehung des israelisch-palästinensischen Konfliktes bei.

Als nach dem Beginn der nationalsozialistischen Verfolgungs- und Vernichtungspolitik eine Masseneinwanderung von Juden nach Palästina begann, entwickelte sich ein unversöhnlicher Gegensatz zwischen jüdischen und arabischen Nationalisten, die beide Palästina als Staat für sich beanspruchten. Die Unterschiede in Religion und Sprache sowie im sozialen und kulturellen Leben entsprechen verschiedenen Denkweisen und ließen eine Verständigung beider Volksgruppen immer unwahrscheinlicher werden. Waren für die Palästinenser die Juden unerwünschte Eindringlinge in ihr angestammtes Land, so erschienen umgekehrt die Ansprüche der Palästinenser den Juden als Haupthindernis einer Rückkehr in das Land ihrer Väter.

Jüdische Einwanderer, die im Hafen von Haifa von den Briten gehindert werden, an Land zu gehen, 1946.

Entkolonialisierung und Dritte Welt

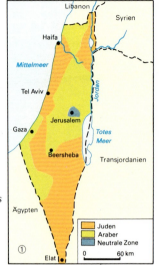

Entwicklung des Staates Israel
① UN-Teilungsplan von 1947
② Israel 1949
③ Israel 1988

Die Schaukelpolitik der britischen Diplomatie, die zunächst jüdische Einwanderungen möglich machte, dann durch ein striktes Einwanderungsverbot weitere Juden von Palästina fernzuhalten versuchte, machte die Briten zu Gegnern beider Völker. Schließlich versuchten jüdische Untergrundorganisationen mit Terroranschlägen, das britische Einwanderungsverbot zu brechen.

Die Gründung des Staates Israel

Als Ausweg erschien 1947 nur noch eine Kompromißlösung durch die UNO, die damit gleich in ihrer Anfangszeit vor ein schwieriges Problem gestellt wurde. Konnte man einem Volk, das durch den Holocaust unsägliches Leid erfahren hatte, ein gesichertes Gebiet verweigern? Wie konnte man aber gleichzeitig die legitimen Rechte der arabischen Palästinenser garantieren?

Die Mehrheit der UNO-Mitglieder, darunter die USA und die Sowjetunion, entschied sich für die *Teilung des Landes* in einen jüdischen und einen arabischen Staat. Während die Juden den Teilungsplan, der auch Jerusalem betraf, akzeptierten, lehnten ihn die Araber leidenschaftlich als Völkerrechtsverletzung ab.

Noch bevor der Teilungsplan realisiert wurde, überschlugen sich die Ereignisse: Zwischen Juden und Arabern begann ein offener bewaffneter Konflikt. Nach dem Anschlag auf das Dorf Deit Jasin setzte eine Massenflucht der Palästinenser ein. Am 14. Mai 1948 gaben die Briten ihr Völkerbundmandat an die UNO zurück und verzichteten damit auf alle Ansprüche in Palästina. *David Ben Gurion*, zionistischer Untergrundkämpfer und späterer Ministerpräsident Israels, hatte bereits in der Nacht zum 14. Mai 1948 den selbständigen Staat Israel proklamiert. Die Reaktion der arabischen Staaten war vorhersehbar: Mit Waffengewalt widersetzten sie sich der Teilung und griffen Israel an. Im folgenden *Ersten Palästinakrieg* konnte sich die israelische Armee jedoch behaupten und sogar das Staatsgebiet über die im UN-Teilungsplan vorgesehenen Grenzen hinaus ausweiten. Der Waffenstillstand 1949 brachte keinen Frieden: Bis heute sind die Grenzen Israels nicht endgültig festgelegt, und die Palästinenser, die aus dem israelischen Staatsgebiet vertrieben wurden, blieben ohne eigene staatliche Heimat.

Kriege in Nahost

Nach der Niederlage im Ersten Palästinakrieg verstärkten die arabischen Staaten ihre Rüstung. Die beiden nach dem Zweiten Weltkrieg bestimmenden politischen Großmächte, die USA und die Sowjetunion, engagierten sich immer stärker in dem Konflikt. Während die Sowjetunion trotz ihrer Zustimmung zur Gründung des Staates Israel mit der Lieferung modernen

Entkolonialisierung und Dritte Welt

Kriegsgeräts an Ägypten begann, wurden die USA zur Schutzmacht Israels. Israel selbst sah sich durch die arabischen Staaten fortdauernd in seiner Existenz bedroht und baute mit amerikanischer Hilfe eine starke, hochmoderne Armee auf.

1956: Der Suez-Krieg. Die komplizierte Verflechtung internationaler und regionaler Interessenstränge zeigte sich beim *Suez-Krieg* im Herbst 1956. Die Verstaatlichung der Suez-Kanalzone durch den ägyptischen Staatspräsidenten Nasser führte zur militärischen Intervention Großbritanniens und Frankreichs. Gleichzeitig mit diesem Konflikt, in dem es um die Beseitigung kolonialer Überreste ging, eskalierte der Streit zwischen Juden und Arabern erneut zur kriegerischen Auseinandersetzung.

Israelische Soldaten besetzten die Halbinsel Sinai und sicherten den Zugang zum Hafen Elat, der von den Ägyptern blockiert worden war. Nach sowjetischen Drohungen, mit Atomwaffen in den Krieg einzugreifen, zwangen die USA ihre westlichen Bündnispartner Frankreich und Großbritannien zur Einstellung der Kämpfe und zum endgültigen Rückzug aus Ägypten. Unter dem Druck der UNO räumte danach Israel den Großteil der neu besetzten Gebiete, UN-Truppen übernahmen die Sicherung der israelisch-arabischen Grenzen und die USA garantierten die Sicherheit des Hafens Elat. Die Sowjetunion verstärkte ihren Einfluß unter den arabischen Staaten; vor allem Ägypten und Syrien erhielten neue umfangreiche Waffenlieferungen. Die vorhandenen Gegensätze blieben in unveränderter Schroffheit bestehen.

1967: Der Sechs-Tage-Krieg. Nach dem Abzug der UN-Truppen kam es 1967 erneut zum Krieg. Infolge arabischer Drohungen und der erneuten ägyptischen Blockade des Hafens Elat eröffnete Israel mit einem Präventivschlag den Sechs-Tage-Krieg, der die eindeutige militärische Überlegenheit der Israelis in waffentechnologischer und strategisch-taktischer Hinsicht demonstrierte. Der Ostteil von Jerusalem, die Sinai-Halbinsel, die syrischen Golanhöhen und die jordanische „Westbank" wurden nun von den Israelis dauerhaft besetzt. Eine neue massenhafte Fluchtbewegung der Palästinenser vergrößerte das Elend in der Region. Die internationalen Hilfsorganisationen konnten nur die allergrößte Not lindern.

Ein palästinensisches Kind im Gazastreifen auf der Suche nach Lebensmitteln. Foto von 1987.

Die PLO. Die Palästinenser drohten zu einem vergessenen Volk zu werden, das auch bei den arabischen Staaten meist nur verbale Unterstützung fand. Immer größere Bedeutung gewann deshalb die 1964 gegründete *Palästinensische Befreiungsorganisation (PLO)*, die sich in einem längeren Prozeß als einzige anerkannte Vertreterin des palästinensischen Volkes zunächst in der arabischen Staatenwelt und schließlich auch in den Vereinten Nationen durchsetzen konnte.

Innerhalb der palästinensischen Bewegung entstanden mit zunehmender Radikalisierung eine Reihe terroristischer Gruppen. Mit Entsetzen blickte 1972 die Welt nach München, als während der Olympiade bei einer Geiselnahme durch ein palästinensisches Kommando elf israelische Sportler ihr Leben verloren. Seitdem erregten immer wieder terroristische Aktionen wie Flugzeugentführungen und Bombenattentate das Aufsehen der Weltöffentlichkeit. Den politischen Ansprüchen der Palästinenser schadeten die Aktionen der Terrorgruppen erheblich. Die nach der Niederlage 1967 tief empfundene Schmach, versuchten die Syrer und Ägypter 1973 zu tilgen.

1973: Der Jom-Kippur-Krieg. Im Oktober, am Tag des jüdischen Versöhnungsfestes Jom-Kippur, starteten sie einen *Angriff* auf die von Israel besetzten Gebiete und erzielten zunächst Teilerfolge. Die arabischen Ölförderländer – zusammengeschlossen in der OPEC – unterstützten die militärische Aktion durch einen Lieferstop gegenüber den Verbündeten Israels.

Mit dem Einsatz der „Ölwaffe" und den daraus entstehenden Preiserhöhungen, die sich nachhaltig auf die Weltwirtschaft auswirkten, erlangten die arabischen Staaten neues internationales Gewicht. Nach dem Waffenstillstand, der Ägypten einen Teilerfolg auf der Sinaihalbinsel brachte, arbeitete die amerikanische Diplomatie intensiv an einer Friedenslösung für die arabische Halbinsel. Trotz Erfolgen in der Abstimmung mit dem sowjetischen Rivalen und verschiedener UN-Resolutionen scheiterte eine Gesamtlösung immer wieder an den anspruchsvollen Positionen der Israelis und Palästinenser.

Die Suche nach friedlichen Lösungen

Ein Teilerfolg gelang 1979, als durch amerikanische Vermittlung der ägyptische Präsident *Sadat* und der israelische Präsident *Begin* in *Camp David* in der Nähe von Washington ein Abkommen schlossen, das den Frieden zwischen ihren beiden Staaten sicherte. Danach räumte Israel die besetzten Teile der Sinaihalbinsel; Ägypten erkannte die staatliche Existenz Israels an. Die ablehnende Haltung der arabischen Staaten gegenüber Israel war damit durchbrochen. Ägypten erlangte sein Territorium zurück und kam zusätzlich in den Genuß verstärkter amerikanischer Wirtschaftshilfe. Im arabischen Lager blieb Ägypten deshalb über Jahre hinweg isoliert. Doch dieser Teilfriede bedeutete noch nicht das Ende der Krise im Nahen Osten.

Nach zunehmenden Terroranschlägen von palästinensischen Stützpunkten im Süden Libanons aus marschierte die israelische Armee 1982 in den Libanon ein. Ihr Ziel war nicht nur die Zerstörung der Terrorstützpunkte, sondern die Vernichtung der PLO-Basis in Beirut. Der erhoffte schnelle militärische Totalerfolg blieb aus; die PLO-Führung konnte mit ihren Truppen Beirut unter ausländischem (französischem) Schutz verlassen und agiert seitdem relativ erfolgreich von Tunis aus. Eine wesentliche Rolle spielt seit Dezember 1987 die palästinensische Aufstandsbewegung *Intifada* in den von Israel besetzten Gebieten. Sie lenkte die Aufmerksamkeit der Welt auf die Lage der Palästinenser und brachte Israel in erhebliche moralische Verlegenheit. Der Druck auf Israel, seinerseits den Palästinensern entgegenzukommen, ließ erst nach, als der Chef der PLO, *Yassir Arafat*, im Golfkrieg 1991 (S. 177) eindeutig für den Irak Partei ergriff und damit in eine internationale Isolation geriet.

Trotz dieses Verlustes an diplomatischem Einfluß scheint eine Friedensregelung im Nahen Osten ohne eine Lösung der Palästinenserfrage mit dem Einverständnis der PLO als ihrer anerkannten Vertretung undenkbar.

Neue Konfliktherde

Neben dem Dauerkonflikt um Palästina prägen zahlreiche weitere soziale und zwischenstaatliche Konfliktherde den besonderen Charakter des *Krisenraumes Naher Osten*.

Der Sieg des islamischen Fundamentalismus im Iran

Einen tiefen Einschnitt in der Geschichte der Region brachte die islamische Revolution im Iran, dem östlichen Nachbarstaat der arabischen Halbinsel. Hier formierte sich in den Jahren 1978/79 ein breiter Widerstand gegen das als diktatorisch empfundene Regime des *Schah Reza Pahlewi*, der seine monarchische Herrschaft in der Tradition der persischen Großkönige der vorchristlichen Zeit begründet sah.

Zur Symbolfigur der Massenbewegung gegen den Schah wurde der im Pariser Exil lebende geistliche Führer (*Ayatollah*) Khomeini.

Nach dem Sieg der Opposition und der Flucht des Schah im Frühjahr 1979 kehrte Khomeini in den Iran zurück und prägte die neu entstehende staatliche Ordnung. Innerhalb der Opposition, die ein breites Spektrum von sozialistischen, über westlich-demokratisch orientierte bis hin zu islamisch-fundamentalistischen Gruppen umfaßte, setzten sich die Anhänger Khomeinis durch. Der Iran wurde durch Volksabstimmung zur „*Islamischen Republik*". Von nun an bestimmte das islamische Recht das staatliche Zusammenleben. Die islamischen Geistlichen (*Mullahs*) erhoben ihre religiösen Lehren zu gesellschaftlichen Normen. Andersdenkende wurden zunächst politisch ausgeschaltet, schließlich verfolgt und ebenso brutal unterdrückt wie zu Zeiten der Schah-Herrschaft. Aus dem revolutionären Aufbruch war die *Mullah-Diktatur*

Entkolonialisierung und Dritte Welt

Demonstration von Frauen vor der besetzten amerikanischen Botschaft in Teheran im Dezember 1979.

entstanden, die sich als Führungsmacht der islamischen Welt verstand und sich scharf gegen die westlichen Staaten, vor allem gegen die USA, abgenzte.

Der irakisch-iranische Krieg (1981-1988)

Die Durchsetzung der religiösen Ideen der Mullahs mit staatlichen Terrormaßnahmen brachte die „Islamische Republik" ins internationale Abseits. Diese Situation versuchte der Nachbarstaat Irak zu nutzen, um 1981 durch offenen Krieg gegen den Iran alte Grenzstreitigkeiten im eigenen Interesse zu entscheiden und die iranische Erdölprovinz Khusistan zu erobern. Doch das militärische Vorhaben scheiterte, weil es den Mullahs im Iran gelang, das eigene Volk zum „Heiligen Krieg" aufzurufen. Nach der Zurückschlagung des irakischen Angriffs ging nun der Iran seinerseits in die Offensive. Die technische Überlegenheit des Irak wurde durch die religiös begründete Opferbereitschaft auf iranischer Seite wettgemacht. Viele Jugendliche und Kinder wurden dazu benutzt, als „menschliche Minenräumer" Breschen für die Soldaten zu schlagen! Der äußerst verlustreiche Krieg brachte keine militärische Entscheidung. Ost und West unterstützten durch Waffenlieferungen an beide Staaten die lange Dauer des Kampfes. Erst 1988 kam es zum Waffenstillstand. Der Expansionsdrang des irakischen Präsidenten, *Saddam Hussein*, erhielt eine empfindliche Niederlage. Die „Islamische Republik" vermochte sich zu behaupten. Doch beide Staaten litten schwer unter den wirtschaftlichen und sozialen Folgen des Krieges.

Der „Golfkrieg" 1991

Nach dem Waffenstillstand mit dem Iran betrieb der Irak unter Saddam Hussein vor allem die rasche Wiederaufrüstung. Sein Ziel blieb die Ausdehnung der irakischen Macht in der Region. Ein besserer Zugang zum Golf, die hohe Verschuldung gegenüber den Ölstaaten, insbesondere Kuwait, sowie das Motiv, von zunehmenden innenpolitischen Problemen abzulenken, trieben den Diktator Hussein zur gewaltsamen Annektierung Kuwaits im August 1990. Er spekulierte dabei darauf, daß sich die internationalen Reaktionen auf verbale Proteste und wenig wirksame Boykottmaßnahmen beschränken würden. Doch der einstimmigen Verurteilung der irakischen Aktion durch den *UNO-Sicherheitsrat* folgte die *Entsendung einer internationalen Streitmacht* unter amerikanischer Führung. Ihr gehörten auch Truppen arabischer Staaten an. Ausdrücklich wurde vom UNO-Sicherheitsrat der Einsatz militärischer Mittel für den Fall gebilligt, daß sich der Irak nicht aus Kuwait zurückziehen würde. So handelten die an der Militäraktion beteiligten Staaten mit Rückendeckung der Weltorganisation, ohne jedoch formal der UNO zu unterstehen. Es war US-Präsident Bush, der nach Konsultation mit den Alliierten den Angriffsbefehl gab.

Nach Ablauf eines Ultimatums begann am 16./17. Januar 1991 die „*Operation Wüstensturm*" der multinationalen Truppen. Durch wochenlange massive Luftangriffe wurde der Irak zermürbt, so daß die alliierten Truppen beim Beginn der Landoffensive am 24. Februar nur auf geringen Widerstand trafen. Nach zwei Tagen begann der irakische Rückzug aus Kuwait. Doch die irakischen Truppen setzten zuvor die Ölquellen in Brand. Verbrannte Erde in Kuwait, fortdauernde riesige Rußwolken über dem Land, gigantische Verschmutzung der Golfgewässer durch absichtlich vom Irak eingeleitetes Öl und immense menschliche Opfer und wirtschaftliche Schäden durch die Bombardements im Irak waren Folgen des Krieges, in den Israel trotz der Raketenangriffe des Irak nicht eingegriffen hatte.

Saddam Hussein blieb soviel Macht, daß er Aufstände der kurdischen und schiitischen Opposition im Land niederschlagen konnte. Millionen kurdischer und schiitischer Flüchtlinge schufen neue Probleme. Der Nahe Osten kommt nicht zur Ruhe.

Die UNO: Eine Friedensorganisation

Der Wunsch, den Weltfrieden herzustellen und zu sichern, war am Ende des Zweiten Weltkrieges weit verbreitet. Um diesem brennenden Wunsch nachzukommen. mußte eine politische Organisation geschaffen werden, in der möglichst viele Staaten zusammenwirken sollten. Im Völkerbund hatte die UNO zwar einen Vorläufer, doch sollte die neue Organisation wirksamer als der Völkerbund den Verletzungen des Völkerrechtes entgegentreten können.

Die Initiative zur Gründung der UNO (*United Nations Organization*) ging vom amerikanischen Präsidenten Truman aus. Angesichts der Schrecken des Zweiten Weltkrieges unterzeichneten 51 Staaten im Jahr 1945 die Charta der neuen Friedensorganisation mit Sitz in New York. Bis Mitte der achtziger Jahre nahm die Mitgliederzahl rapide zu. Fast alle unabhängigen Staaten gehören heute der UNO an. Die Bundesrepublik Deutschland und die ehemalige DDR wurden erst 1973 aufgenommen. Voraussetzung dafür war der *Grundlagenvertrag* gewesen, in dem u.a. der Wille bekundet wurde, daß zwischen den deutschen Staaten gutnachbarliche Beziehungen aufgebaut werden sollten.

Zielsetzungen der UNO

„Wir, die Völker der Vereinten Nationen, sind entschlossen, die kommenden Generationen vor der Geißel des Krieges zu bewahren, die zu unseren Lebzeiten zweimal unsagbares Elend über die Menschheit gebracht hat." Mit dieser Zukunftsvorstellung, die aus einem Blick zurück auf die Weltkriege erwachsen ist, leitet die UNO-Verfassung ein. Die Zielvorstellung, die hinter dieser Formulierung steht, entspricht der europäischen Tradition, Kriege durch den Aufbau einer internationalen Ordnung zu vermeiden.

Um dem Ziel der Friedenssicherung gerecht zu werden, haben die Mitglieder gemeinsame Grundsätze als Leitlinien ihrer Politik akzeptiert: So hat die Außenpolitik der Mitgliedstaaten dem Interesse der gemeinsamen Sicherheit zu dienen. Nicht nur tatsächliche Aggressionen, sondern auch Angriffsdrohungen werden als Mittel der Politik konsequent abgelehnt. Schließlich verständigten sich die Mitglieder darauf, jedem Aggressor gemeinsam entgegenzutreten.

Neben der UN-Charta von 1945 erlangte v. a. die *Internationale Deklaration der Menschenrechte* größte Bedeutung, die 1948 von der UN-Vollversammlung gebilligt wurde. Seit diesem Zeitpunkt hat die UN-Vollversammlung immer wieder Mitgliedstaaten zur Achtung der Menschenrechte aufgefordert. 1966 hob die UNO z. B. das Mandat Südafrikas über Namibia auf, weil es zu Diskriminierungen der Schwarzen durch die weiße Regierung Südafrikas gekommen war.

Um den politischen Forderungen Nachdruck zu verleihen, stellten die Vereinten Nationen 1956 eine *Friedenstruppe* auf. Die „Blauhelme", wie die Soldaten genannt werden, sind allerdings dazu verpflichtet, strikte Neutralität zwischen gegnerischen Parteien zu wahren und Waffen nur zu Zwecken der Verteidigung einzusetzen.

Obwohl durch den Einsatz der Friedenstruppen in vielen Konfliktfällen eine erfolgreiche Vermittlung möglich wurde, erscheint die Wirksamkeit, gemessen an den hochgesteckten Zielen der UNO, fraglich. Verlustreiche Kriege konnten auch nach 1945 nicht verhindert werden. Zu berücksichtigen ist aber bei einer Bewertung der UNO auch die Arbeit der Hilfsorganisationen, die vor allem notleidenden Flüchtlingen in der ganzen Welt und den hungernden Kindern in der „Dritten Welt" zugute kommt.

UN-Soldat im Libanon.

Entkolonialisierung und Dritte Welt

Die Organisation

Unter den zahlreichen Gremien, aus denen sich die UNO zusammensetzt, fällt dem *Sicherheitsrat* die besondere Aufgabe zu, für die Erhaltung oder Herstellung des Friedens einzutreten. Das Veto eines der fünf ständigen Mitglieder genügt, um einen Beschluß zu verhindern. Dadurch wurde die Handlungsfähigkeit in den letzten Jahrzehnten stark eingeschränkt, weil v. a. die Weltmächte USA und UdSSR häufig verschiedene Positionen vertraten.

In der *Generalversammlung* treffen sich einmal im Jahr alle Mitgliedstaaten, um die aktuellen Probleme der internationalen Politik und unterschiedliche Standpunkte zu erörtern. Jedes Mitglied hat nur eine Stimme. Das Votum des bevölkerungsreichsten Mitgliedstaates China mit mehr als einer Milliarde Einwohnern gilt nicht mehr als das der Inselgruppe Tuvalu im Pazifischen Ozean, wo etwa 800 Menschen leben.

Neben diesen beiden Gremien hat v. a. das *Weltkinderhilfswerk* (*UNICEF*) große Anerkennung gefunden.

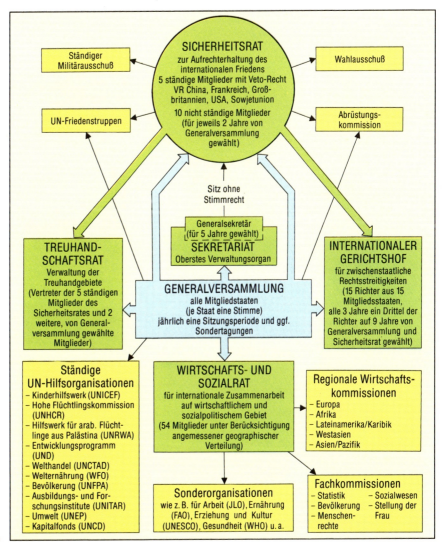

Der Aufbau der Vereinten Nationen.

Entkolonialisierung und Dritte Welt

Israeli und Palästinenser: Eine Feindschaft für immer?

1 Die palästinensische Fluchtbewegung 1947/48

2 Die Stunde der Palästinensischen Befreiungsorganisation (PLO)

Q Als am 10. Juni 1967 die dritte militärische Auseinandersetzung zwischen Israel und den Arabern beendet war, hatten israelische Truppen die Sinai-Halbinsel, den Gaza-Streifen, Westjordanien, Ost-Jerusalem und die syrischen Golanhöhen besetzt. Der „Blitzkrieg" brachte zwar den arabischen Staaten und ihren Führern eine katastrophale Niederlage bei, leitete aber gleichzeitig den Aufstieg der palästinensischen Guerillaorganisationen ein [...] Nach der Niederlage wurde die Masse der Palästinaflüchtlinge ihrer schon 20 Jahre andauernden Illusion beraubt, sie bräuchten nur in ihren Lagern sitzen und abzuwarten, bis die arabischen Brüder die Schande von 1948 auslöschen würden. Der von den arabischen Staaten – besonders von Ägypten – jahrelang versprochenen Lösung des Palästinenserproblems waren neues Flüchtlingselend, Besetzung statt Befreiung gefolgt. Nasser (ägyptischer Staatspräsident) hatte seinen Ruf als Retter und Führer der Araber vorerst eingebüßt und einen schweren Prestigeverlust erlitten.
Der Juni-Krieg zerstörte die Träume der Palästinenser von arabischer Einheit und großartigem Reich. Der frühere jordanische Außenminister Turkian, einer der führenden Palästinenser in Westjordanien, zog ein Fazit: „Der Juni-Krieg brachte für uns einen wesentlichen Impuls. Die palästinensische Persönlichkeit entstand nach dem Krieg." So bewirkte die Niederlage der arabischen Staaten eine tiefe Zäsur im politischen Bewußtsein der Palästinenser, die zur psychologischen Emanzipation von den arabischen Staaten führte, weil man sich von ihnen im Stich gelassen fühlte. Yassir Arafat erklärte: „Unsere Massen erlauben nur den Kommandos, die zu den Waffen gegriffen und ihr Leben riskiert haben, in ihrem Namen zu sprechen." Der Zusammenbruch der arabischen Staaten schuf der bewaffneten Kerntruppe des palästinensischen Widerstandes eigentlich die Voraussetzung, das Anliegen der Palästinenser von neuem, jetzt unter anderen Vorzeichen vorzutragen. Während die arabische Welt noch vom Schock der Niederlage gelähmt war, unternahmen die palästinensischen Guerillas bereits kurz nach Kriegsende neue politische und militärische Initiativen gegen Israel. Als Speerspitze trat wiederum El Fatah (Kampforganisation der PLO) in Erscheinung, um als „Sachwalter der arabischen Ehre" das schwer angeschlagene Selbstbewußtsein der Araber wieder herzustellen und Israel zu bezwingen.

Rolf Tophoven, Guerilla ohne Grenzen, München 1975, S. 33.

1 *Erläutern Sie mit Hilfe der Karte die Bedeutung der Gründung Israels für die Palästinenser.*
2 *Fassen Sie zusammen, welche Rückwirkungen der Krieg von 1967 auf das Selbstverständnis der PLO und auf die Beziehungen zwischen den Palästinensern und den arabischen Staaten hatte.*

3 Haß in Palästina

Q Wie lange kann ein Land in einem Zustand wirtschaftlicher, auch politisch-moralischer Überanstrengung leben, ohne daß es zu einer gewaltsamen Entladung dieser Anstrengung kommt? Seit mehr als
5 vierzig Jahren, seit der Staatsgründung, ist Israel eine Festung in feindlicher Umgebung. Weil das Land in einem Belagerungszustand lebt, spielt in der israelischen Gesellschaft das Militärische eine herausragende Rolle, von der Wirtschaftsstruktur bis hin zum Fami-
10 lienleben. Es ist fast ein Wunder, daß unter diesen Umständen Demokratie und Rechtsstaatlichkeit überleben können.
Mit der Intifada, dem Aufstand der Palästinenser in den während des Juni-Krieges 1967 besetzten Gebieten
15 Westjordanland und Gaza, haben sich die Probleme noch verschärft. Nicht mehr nur die in den umliegenden arabischen Staaten aufmarschierten Truppen sind nun der Feind; der Gegner wohnt in den Dörfern und Städten nebenan; seine Strategie richtet sich nicht
20 nach Generalstabsplänen, seine Bewegungen sind nicht mit Hilfe elektronischer Aufklärung zu überwachen; er kämpft nicht mit Flugzeugen und Panzern und läßt sich von der eindrucksvollen israelischen Militärmaschine nicht abschrecken.
25 Weil der Gegner überall sein kann und seine Aktionen schwer berechenbar sind, muß die israelische Armee, vorbeugend, ebenfalls allgegenwertig sein. Das schafft eine Atmosphäre, in der der Sinn für das Recht geschwächt wird. Haß und die Bereitschaft, Gewalt
30 anzuwenden, nehmen auf beiden Seiten zwangsläufig zu. Vor zweieinhalb Jahren hat der Aufstand in den besetzten Gebieten begonnen. Politisch ist seither nichts geschehen, was die Lage hätte entspannen können [...] Mit einer Besatzungspolitik der harten Hand
35 will die israelische Regierung den Palästinensern demonstrieren, daß der Aufstand keine Aussicht auf politischen Erfolg bietet.
Israel scheint auch nicht bereit zu sein, in Verhandlungen [...] nach einer Lösung zu suchen. Der „Friedens-
40 plan" Premierminister Schamirs diente letztlich dazu, den Beginn von Gesprächen mit der politischen Vertretung der Palästinenser, der PLO, zu verhindern. Die Vorschläge seines Rivalen Peres klingen konstruktiver; doch es ist zweifelhaft, ob Peres für ernsthafte
45 Zugeständnisse an die Araber in seiner Arbeiterpartei eine Mehrheit finden könnte. Israel wirkt politisch wie erstarrt; weder in der Innenpolitik noch in der Diplomatie gibt es Zeichen der Kompromißbereitschaft.
50 Eine friedliche Lösung im Nahen Osten müßte es ermöglichen, daß zwei Völker verschiedener Herkunft und verschiedenen Glaubens, zwei Gesellschaften, die sich auf einem unterschiedlichen Stand politischer, wirtschaftlicher und technischer Entwicklung befin-
55 den, auf einem schmalen Küstenstreifen am Mittelmeer zusammenleben, auf den beide rechtens Anspruch erheben. Doch das ist, heute mehr denn je, eine Utopie.

Günther Nonnenmacher, Frankfurter Allgemeine Zeitung, 25. Mai 1990.

4 Saddam Hussein und die PLO gegen Israel

Aus der Stellungnahme der Botschaft des Staates Israel in Bonn anläßlich der Vorgänge am Golf (1990):
Q 1. [...] Der erklärte Kampf gegen Israel ist Teil eines strategischen Propaganda-Slogans Husseins, der ihm die Führerschaft in der arabischen Welt sichern soll. Ein williger Helfer ist ihm dabei PLO-Chef
5 Yassir Arafat [...] In einem Glückwunschtelegramm Arafats an Saddam Hussein [...] bezeichnete der PLO-Führer den irakischen Überfall auf Kuwait als „den ersten Schritt zur Befreiung Palästinas durch Sie, und wir glauben an Sie".
10 2. Die Vernichtungsdrohungen Saddam Husseins gegen Israel müssen unbedingt ernst genommen werden. Sie sind ein neuerlicher Beweis dafür, daß es im israelisch-arabischen Konflikt nicht um territoriale Kompromisse, sondern um die Existenz Israels insgesamt geht.
15 Saddam Hussein, mit dessen Ziele und menschenverachtenden Methoden sich weite palästinensische Kreise identifizieren, [...] will nicht weniger als die Auslöschung Israels [...].

Informationen der Botschaft des Staates Israel, Blickpunkt Israel Nr. 2, August/September 1990.

1 *Fassen Sie die Probleme zusammen, die für Israel aus der „feindlichen Umgebung" erwachsen (Q 3).*
2 *Verdeutlichen Sie, welche Konsequenzen die Verbindung des PLO-Führers Arafat mit Saddam Hussein für die Palästinenser hatte (Q 4).*
3 *Stellen Sie Argumente zusammen, die eine Bewertung des Palästina-Problems erschweren.*

Führungsmächte in Ostasien

Der Weg Chinas

Die imperialistischen Staaten des 19. Jahrhunderts machten vor den alten Kulturnationen in Ostasien nicht halt. Auch das chinesische Kaiserreich mit seiner Jahrtausende alten Tradition war nicht in der Lage, das Eindringen der Kolonialmächte zu verhindern: Es sank fast zu einer Kolonie herab, bevor Reformbewegungen und revolutionäre Umbrüche im 20. Jahrhundert ein sozialistisches China schufen.

Revolutionäre Bewegungen bis 1949

Mit dem Vorhaben, „drei Volksprinzipien" durchzusetzen, war es revolutionären Kräften 1911 zwar gelungen, das alte chinesische Kaisertum zu beseitigen und eine Republik einzurichten, aber diese Bewegung unter Führung des Arztes *Sun Yatsen* blieb nach wenigen Monaten stecken. Die „Volksprinzipien" blieben eine Zielvorstellung: Die nationale Befreiung gelang nicht, eine stabile Staatsordnung konnte nicht durchgesetzt werden, und auch Reformen nach dem Grundsatz der Gleichheit verliefen im Sande. Erst als am 4. Mai 1919 bekannt wurde, daß sich die Großmächte in Versailles darauf geeinigt hatten, den deutschen Kolonialbesitz in Ostasien an Japan zu übertragen, erwachte in China eine politische Opposition, die *Vierte-Mai-Bewegung*. Mußte sich China nicht betrogen fühlen? 1917 war es auf der Seite der Alliierten in den Krieg gegen Japan eingetreten, um die Unabhängigkeit zu erlangen, die jetzt wieder vorenthalten werden sollte.

Kommunisten und Guomindang. Das als Verrat empfundene Verhalten der Westmächte bestärkte viele revolutionäre Kräfte, in der sowjetischen Entwicklung ein Vorbild für eigene Zielvorstellungen zu suchen. In den Städten entstanden immer mehr marxistische Studienzirkel, bevor 1921 in Shanghai die *Kommunistische Partei Chinas (KPCh)* gegründet wurde, die kurz darauf in die Komintern eintrat. Ziel dieser Partei war es, das rückständige Agrarland China in einen modernen sozialistischen Staat umzuwandeln.

Neben der KPCh entwickelte auch die Partei Sun Yat-sens, die *Guomindang (Nationale Volkspartei, GMT)*, Zukunftsperspektiven: Die Industrialisierung Chinas sollte dem westlichen Beispiel folgen.

Neben diesen politischen Gruppierungen versuchten die alten Militärmachthaber, „Warlords" genannt, in ihren Provinzen eine überkommene „Cliquenherrschaft" zu retten. Deshalb lehnten sie jede politische und gesellschaftliche Veränderung ab.

Die Lebensbedingungen. Aber nur durch gesellschaftliche und wirtschaftliche Reformen konnten die katastrophalen Lebensbedingungen verändert werden. Die Armut der Bauern in dieser Zeit ist unbeschreiblich. Immer mehr von ihnen flohen vor unbeugsamen Steuereintreibern und Wucherern in die Städte. Als Zugkräfte vor Frachtkähnen oder als Hilfsarbeiter lebten sie unter unmenschlichen Bedingungen. „Auf den Bürgersteigen [...] liegen jetzt am Morgen oft Matten aus Stroh [...] Manchmal sind die Matten etwas klein und die Beine sind nicht ganz bedeckt. Die Fußgänger steigen darüber hinweg." Was ein deutscher Diplomat mit diesen Sätzen beschrieb, gibt einen Einblick in das Schicksal vieler ehemaliger Bauern, die als Obdachlose in Shanghai starben.

Eine chinesische Mutter bietet ihre Kinder zum Verkauf an.

Entkolonialisierung und Dritte Welt

In dieser ausweglosen Situation vereinbarte Sun Yatsen eine enge Zusammenarbeit mit der Sowjetunion beim Aufbau einer schlagkräftigen Armee und einer straff organisierten Partei. Viele Kommunisten traten in die GMT ein. Es schien ein starkes Bündnis zu entstehen, das eine Reform gewährleisten konnte.

Das Auseinanderbrechen der Reformbewegung. Nach dem Tode Sun Yatsens im Jahre 1925 vollzog sich unter seinem Nachfolger *Jiang Kaishek* eine folgenschwere Wandlung: Er setzte auf die Großgrundbesitzer, Militärs und reichen Geschäftsleute in den Städten. Gestützt auf diese Gruppen, konnte Jiang Kaishek aber keine zukunftsweisenden Reformen ins Auge fassen. Mit ihnen kämpfte er gegen die Kommunisten.

Die neue Politik Maos und der „Lange Marsch". Die Reformvorschläge Jiang Kaisheks wurden nicht umgesetzt, wodurch sich den chinesischen Kommunisten Handlungsmöglichkeiten eröffneten. Mit Mao Zedong (Mao-Tse-tung), der 1931 die Führung der Kommunisten übernahm, vollzog sich eine Abwendung von der Komintern. Mao hatte erkannt, daß er sich nicht auf ein Industrieproletariat stützen konnte. Seine Prophezeiung war: „Wer das Agrarproblem löst, wird die Bauern gewinnnen; und wer die Bauern gewinnt, wird China gewinnen." An dieser Einschätzung orientierte sich seine Politik.

Jiang Kaishek sah in Maos Ansätzen eine Gefährdung seiner Machtansprüche, weswegen er in mehreren Vernichtungsfeldzügen gegen die Kommunisten vorging. Mit ihrem legendären „Langen Marsch"(1934/35), der sie unter größten Strapazen und auf Umwegen in den Norden Chinas führte, entzogen sich die Kommunisten ihren Todfeinden. In den Augen Maos war dieser „Lange Marsch" aber mehr als nur eine Flucht: „Der Lange Marsch ist eine Sämaschine, die über elf Provinzen unzählige Samen ausgestreut hat, die aufgehen, grünen, blühen, Frucht ansetzen und in Zukunft die Ernte bringen werden."

 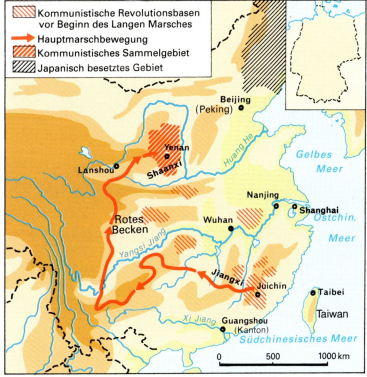

Mao Zedong beim Studium von Stalins Werken.   Der „Lange Marsch" der chinesischen Kommunisten.

Der Sieg der Kommmunisten im Bürgerkrieg. Den kommunistischen Zielen stellte Jiang Kaishek eine 1934 geschaffene Bewegung „Neues Leben" entgegen, eine Ideologie, die in vielen Elementen den Diktaturen in Europa entsprach. Der Entscheidungskampf zwischen den Kommunisten Maos und den Guomindang Jiang Kaisheks schien unausweichlich. Doch der Krieg gegen den japanischen Aggressor, der 1937 begann, drängte die Gegensätze noch einmal zurück. Gemeinsam kämpften die unterschiedlichen Gruppen gegen die grausame Besatzungsherrschaft der Japaner. Ihr kompromißloser Einsatz brachte vor allem den Kommunisten einen breiten Zulauf aus der chinesischen Bevölkerung.

Mit der Kapitulation Japans 1945 war auch für China der Weltkrieg beendet. Die aus der Not erwachsene Einheitsfront zerfiel wieder. Alle Versuche, den Bürgerkrieg zu verhindern, waren zum Scheitern verurteilt. Vier Jahre lang dauerte der Kampf, bevor die *Volksbefreiungsarmee*, wie sich die Rote Armee Maos jetzt nannte, die Armee Jiang Kaisheks auf die Insel Formosa (Taiwan) vertrieben hatte. Am 1. Oktober 1949 proklamierte Mao Zedong die *Volksrepublik China*.

Die Entwicklung des chinesischen Sozialismus

Zielstrebig begannen die Kommunisten nach 1949, einen neuen Sozialismus aufzubauen. Mao lehnte sich dabei an die Lehren des Marxismus-Leninismus an, veränderte aber einige Grundgedanken: Nicht etwa ein städtisches Proletariat, sondern die Bauern sollten in dem durch Bürgerkrieg geschwächten Land die Träger einer revolutionären Umgestaltung werden. Auch die Rolle der Partei umschrieb Mao neu. Sie sollte nicht als „Vorreiter" die Massen lenken, sondern in engster Verbundenheit mit den Massen wirken. „Aus den Massen schöpfen, in die Massen hineintragen", war eine Parole seiner Revolution.

Revolutionäre Veränderungen. Mit großen Reformen begann die Umgestaltung der Gesellschaft: Ein neues Ehegesetz sicherte die Gleichberechtigung der Frau. Damit war die patriarchalische Familienstruktur abgeschafft. Im Rahmen einer allgemeinen Bodenreform wurden die meisten Großgrundbeitzer enteignet. Die etwa 50 Millionen ha Land verteilten die Kommunisten an Landarbeiter und Kleinbauern. Zahlreiche Großgrundbesitzer stellte man vor Volksgerichte: Die meisten wurden verurteilt und hingerichtet.

Großgrundbesitzer vor einem Volksgericht.

Die Reform blieb nicht ohne Rückwirkungen: Infolge der Armut nutzten die neuen Grundbesitzer die gewonnenen Felder dazu, ihren Eigenbedarf zu sichern. Dies ging vor allem auf Kosten der Verbraucher in den Großstädten. Erst ab 1954 führte die Regierung das Land in Gemeinbesitz über. Nur eine kleine Parzelle durften die Bauern für ihren privaten Anbau behalten. In Richtung *Planwirtschaft* nach sowjetischem Vorbild wiesen auch Verstaatlichungen in den Bereichen Industrie, Banken und Handel.

Schon 1953 war der *Erste Fünfjahresplan* in Kraft getreten. Gezielte Investitionen in der Schwerindustrie führten zu einer beachtlichen Produktionssteigerung. Doch die hungernde Bevölkerung verlangte nach Konsumgütern und äußerte Kritik an der Regierung. Ermutigt durch das „Tauwetter" in der Sowjetunion, lockerte auch die chinesische Regierung die Zügel. Mao forderte im Mai 1956 mit der Massenkampagne „Laßt hundert Blumen blühen" das Volk auf, die Meinung frei auf Wandzeitungen zu äußern. Was die Regierung zu lesen bekam, war deutlicher als erwartet. Die Kritik richtete sich hauptsächlich gegen den Herrschafts- anspruch der Partei. Und gerade die Führung der KPCh war es, die nach einem Jahr die kurze Phase der freien Meinungsäußerung abbrach und radikal gegen die oppositionellen Wortführer vorging.

Der „Große Sprung nach vorn". Nach Ablauf des ersten Fünfjahresplans war die Regierung mit dem Fortschritt nicht zufrieden. Die Industrie konnte zwar jährlich eine Produktivitätssteigerung von 18 % vorweisen, aber in der Landwirtschaft betrug die Rate nur 4,5 %. Den Grund für diese Entwicklung sah man in der einseitigen Begünstigung der Schwerindustrie. Industrie und Landwirtschaft wurden jetzt in gleicher Weise gefördert – China sollte „auf beiden Beinen stehen".

Die allmähliche Verbesserung der ökonomischen Verhältnisse stellte die Kommunisten Chinas nicht zufrieden. Mao zeigte sich enttäuscht von der Masse, die ein kommunistisches Bewußtsein weitgehend vermissen ließ. Deshalb entschloß sich Mao 1958 zu einem radikalen Schritt. In einem „Großen Sprung", so verkündete er, müsse es China gelingen, den Kommunismus zu verwirklichen. Eine Massenkampagne sollte individuelles Gewinnstreben überwinden und ein neues, revolutionäres Kollektivbewußtsein schaffen. Als geeignetes Mittel hierfür sah die Parteiführung die Errichtung von Volkskommunen an. Innerhalb von acht Wochen wurden 127 Millionen bäuerliche Haushalte und 700 000 landwirtschaftliche Produktionsgenossenschaften in 26 000 Volkskommunen übergeführt. In diesen galt das kommunistische Prinzip: „Jeder nach seinen Fähigkeiten, jedem nach seinen Bedürfnissen".

Tausende von Menschen bilden auf einer Tribüne in einem Stadion mit kleinen Fähnchen ein Portrait Maos.

In Wirklichkeit entsprach diese geplante Lebensform nicht den Wünschen der Menschen. Maos Versuch, die gesamte Gesellschaft wie eine Armee zu organisieren, war darauf ange-legt, das politische Bewußtsein der Bauern zu verändern. Aber die vollständige Enteignung von Haus und Hof bis hin zum Kochtopf war nicht so leicht zu vermitteln. Ausschließlich in Gemeinschaftsbaracken zu schlafen und in Kantinen zu essen, die Einweisung der Alten in „Heime des Glücks" und der Kleinkinder in Säuglingsheime, waren Forderungen, gegen die sich der innere Widerstand zu regen begann. Die Opposition richtete sich auch gegen die „Roten Funktionäre", die z. B. streng überwachten, ob nicht eine Mutter heimlich in ein Säuglingsheim schlich, um nach ihrem Kind zu sehen.

Viele Kommunen waren nur unzureichend ausgestattet. Der „Große Sprung" konnte von der Partei vor allem organisatorisch nicht bewältigt werden. Und die beabsichtigten Industrieprogramme wie z. B. die Stahlkampagne – in Kleinhochöfen sollte überall auf dem Lande Stahl produziert werden – schlugen fehl. Die Wirtschaft erlitt schwere Rückschläge, die Unzufriedenheit stieg, man kritisierte dieses Experiment als „kleinbürgerlichen Fanatismus". Viele Maßnahmen nahm Mao daraufhin zurück, was mit einem Verlust an Ansehen verbunden war.

Die „Große proletarische Kulturrevolution". Um seine Macht nach der mißlungenen Kampagne des „Großen Sprungs" in der Partei wieder zurückzugewinnen, setzte Mao jetzt mehr auf die Jugend. Sein Mißtrauen richtete sich vorwiegend gegen die Bürokraten und Funktionäre, die nach dem „Großen Sprung" durch die Unterstützung von Bauern und Arbeitern immer mehr Einfluß gewannen: Sie verteilten an die Bauern wieder Privatland, dessen Erträge diese auf dem Markt verkaufen durften, und den Industriearbeitern gewährten sie Prämien für besondere Leistungen.

Mit Hilfe der Jugend traten die Maoisten an, um die „Widersprüche zwischen Volk und Partei" zu lösen. Nicht Fachleute, sondern Revolutionäre sollten das Sagen haben. Eine neue revolutionäre Kampagne sollte alles, was noch von der alten Kultur vorhanden war, auslöschen. Träger der Kampagne wurden Maos Rote Garden, die seit 1966 den politischen Willen Maos auf die Straße brachten. Begleitet wurde der Beginn der

Ein von Roten Garden angeprangerter Parteifunktionär wird durch die Straßen von Peking geführt (1967).

Kulturrevolution von einer rücksichtslosen Säuberungsaktion: Künstler, Professoren, Lehrer, Partei- und Staatsfunktionäre wurden öffentlich angegriffen, terrorisiert und hingerichtet. Über den „Druck der Straße" gelang es Mao, seine Gegner zu entmachten.

Die Konsequenzen der Kulturrevolution waren sehr bald nicht mehr zu übersehen. Bürgerkriegsähnliche Zustände in den Großstädten legten die Arbeit der Verwaltung nahezu lahm. Die Armee stellte sich nach anfänglicher Zurückhaltung gegen die Roten Garden. Auch Mao selbst distanzierte sich von den „revolutionären Rebellen" und ließ 1969 das Ende der Kulturrevolution verkünden. Die politische Krise war damit freilich nicht beendet. Zweifellos hatten Mao und seine Anhänger Einfluß verloren. Da aber in der Partei unterschiedliche Gruppen miteinander rivalisierten, hatte Mao dennoch die Chance, die beherrschende Stellung in der Partei zu halten. Die Staatsgeschäfte übernahm aber *Zhou Enlai,* der einen Kurs zwischen zwei Linien steuerte: Auf dem X. Parteitag 1973 erklärte er, daß der Kampf zwischen den „Revolutionären" (Anhängern der unverfälschten Lehre) und den „Pragmatikern" (die bei der Lösung anstehender Probleme auch einmal von der Lehre abweichen) fortbestehen müsse. Aus beiden Linien wurden aber mehr und mehr zwei sich widersprechende und bekämpfende Richtungen.

„Neuer Kurs" und „Demokratiebewegung".

Nach dem Tode Maos im Jahr 1976 setzte der Kampf um seine Nachfolge ein, den schließlich die Pragmatiker gewannen. Den Vorsitz der KPCh übernahm *Hua Kuofeng,* seine Stellvertretung *Deng Xiaoping,* der während der Kulturrevolution zu den Verfolgten zählte und auf dem Lande untergetaucht war. Maos politische Vorstellungen wollte die sogenannte „Viererbande", zu der auch die Mao-Witwe Jiang Qing zählte, durchsetzen. Wegen ideologischer Abweichung wurde dieser Gruppe 1977 der Prozeß gemacht. Das Urteil, das zunächst die Todesstrafe für die Führer der Linken vorsah, wandelte man in eine lebenslange Haftstrafe um. Außerdem entfernte die neue Führung alle Maoisten aus den Parteiämtern. Den Schwerpunkt der kommunistischen Parteiarbeit verlagerten die Anhänger des pragmatischen Kurses vom Klassenkampf auf die Modernisierung. Unter der Führung von Deng Xiaoping sollte China den Anschluß an den industrialisierten Westen erreichen. Die „vier Modernisierungen" – von Landwirtschaft, Industrie, Verteidigungswesen sowie Wissenschaft und Technik – sahen Privatisierungen, Förderung der Konsumgüterindustrie und die Entwicklung modernster technischer Geräte vor.

Im Ausbildungswesen stand nicht mehr das Studium von Maos Schriften im Mittelpunkt, jetzt legte man auf Begabung und Leistung mehr Gewicht.

Materielle Anreize und private Initiativen sollten Wirtschaft und Industrie beleben. Die Beziehungen zum Westen intensivierten sich jetzt nicht nur auf dem wirtschaftlichen Sektor, sondern auch im Bereich der Ausbildung: Tausende von Studenten begannen ein Studium im westlichen Ausland. Reformen, die eine Öffnung nach außen und eine Liberalisierung im Inneren zum Ziele hatten, brachten aber nicht immer die gewünschten Erfolge. Infolge der Liberalisierung wurden Probleme, z. B. eine verbreitete Korruption, sichtbar, die man bisher nicht gekannt oder nicht wahrgenommen hatte. An der Spitze der Demonstrationszüge standen seit 1986 vorwiegend Studenten, die eine Demokratisierung des Staatswesens forderten. Nach anfänglichem Zögern zerschlug die Armee die *Demokratiebewegung* im *Juni 1989.* Auf dem Pekinger „Platz des Himmlischen Friedens" überrollten Panzer wehrlose Demonstranten, denen man eine Gefährdung des sozialistischen Systems zutraute. Die Weltöffentlichkeit verfolgte mit Entsetzen diesen Vorgang, der einen Rückschlag für die Reformpolitik anzeigte.

Im Juni 1989 wurde die „Demokratiebewegung" in Peking blutig niedergeschlagen.

Entkolonialisierung und Dritte Welt

Zwischen Weltrevolution und Realpolitik

Chinas Beziehungen zu den Supermächten. Trotz ideologischer Abweichungen unterhielt China nach dem Sieg der Kommunisten im Bürgerkrieg gute Beziehungen zur Sowjetunion. Doch schon Mitte der fünfziger Jahre entwickelte es mehr Selbstbewußtsein gegenüber dem mächtigen Nachbarn. Die Sowjetunion hatte Probleme mit Ungarn und Polen, woraus Mao einen Nachweis für seine Ansicht bezog, daß China, und nicht die Sowjetunion den richtigen Weg zum Sozialismus gehe. Mao war in dieser Zeit sichtlich bemüht, in der Weltpolitik mehr Gewicht zu erlangen. Von der Sowjetunion forderte er gar Atombomben und ermunterte die sowjetische Führung, den amerikanischen „Papiertiger" schärfer zu bekämpfen.

Die Sowjetunion sah ihrerseits durch China den kommunistischen Führungsanspruch in der Welt zunehmend gefährdet. Moskau zog aus diesem Grunde die sowjetischen Fachkräfte aus China ab, wonach es 1963 zum offenen Bruch kam. Die Gegensätze spitzten sich zu. Bewaffnete Zwischenfälle am Grenzfluß Ussuri führten 1970 sogar zu einem ernsten Konflikt.

Seither betont China ein lebhaftes Interesse an einem starken Euopa als Gegengewicht zur Sowjetunion. Gegenüber Japan wurde 1984 erklärt, daß die stärkste Bedrohung der chinesischen Sicherheit von der Sowjetunion ausgehe. Bis zur Mitte der sechziger Jahre wäre ein derartiger Ausspruch undenkbar gewesen, denn seit der amerikanischen Unterstützung für Jiang Kaishek standen die USA als außenpolitischer Hauptfeind fest. Nach dem Ende der Kulturrevolution begann man in China aber allmählich, die Beziehungen zu den USA zu überdenken. Im Jahr 1972 besuchte erstmals ein amerikanischer Präsident, Richard Nixon, Peking. Schon ein Jahr davor überwand die Volksrepublik China mit der Aufnahme in die UNO ihre Isolation.

China und die Dritte Welt. 1955 nahm China an der Konferenz der Blockfreien in Bandung (siehe S. 163) teil und knüpfte dabei enge Kontakte zu jungen Staaten der „Dritten Welt". In der Folgezeit trat es immer wieder mit Vorschlägen an die Länder der "Dritten Welt" heran, wie sie sich gegen die Großmächte behaupten könnten. Während der Kulturrevolution wurde zeitweise ein weltrevolutionäres Konzept entwickelt: Die „Weltdörfer" – damit sind Länder der „Dritten Welt"

Chinesisches Plakat aus dem Jahre 1955: „Viel Kupfer produzieren, schnell Kupfer produzieren, die amerikanischen Wölfe heiß übergießen!"

gemeint – sollten die „Weltstädte" – die Industrienationen – „revolutionsreif" hungern. Als Beispiel des revolutionären Kampfes sollte der Kampf der kommunistischen Befreiungsarmee in ihrem Kampf gegen Jiang Kaishek dienen. So könnte die „Dritte Welt" der Volksrepublik China auf dem Weg zum Sozialismus folgen. Wichtiger als die ideologischen Ratschläge sind für die Entwicklungsländer die wirtschaftlichen Hilfen Chinas geworden. Nach der „Drei-Welten-Theorie", die Deng Xiaoping 1974 vor der UN-Vollversammlung erläuterte, bilden die Supermächte die „Erste Welt", die entwickelten Staaten in Ost und West die „Zweite" und die unterentwickelten Staaten – einschließlich Chinas – die „Dritte Welt". Auf der Grundlage dieser Theorie sah sich China zu Hilfsleistungen für die Entwicklungsländer verpflichtet und baute seine Kontakte zu der sogenannten „Zweiten Welt" aus, um damit ein Gegengewicht gegen die Großmächte zu schaffen.

Entkolonialisierung und Dritte Welt

Japans Aufstieg nach 1945

Wandlungen Japans seit der Niederlage 1945

Hatte das Ende des Ersten Weltkrieges erhebliche Gewinne für Japan in Ostasien gebracht, so führte das Jahr 1945 zu einer Katastrophe in der japanischen Geschichte. Der Überraschungsangriff auf den amerikanischen Flottenstützpunkt Pearl Harbour 1941 und der schnelle Vorstoß nach Südostasien schienen zwar die Kalkulationen des einflußreichen japanischen Militärs aufgehen zu lassen, doch schon seit 1942 bewies das Kriegsgeschehen im Pazifik, daß Japan die Stärke der USA unterschätzt hatte. Mit dem Abwurf der Atombomben auf *Hiroshima* und *Nagasaki* im August 1945 kam das Ende der „Neuen Ordnung" Japans, die von den Militärs errichtet worden war. Die japanische Führung hatte keine andere Wahl, als die Niederlage einzugestehen.

Der Versuch, die Folgen der Weltwirtschaftskrise mit einer imperialistischen Gewaltpolitik zu beheben, hatte also in die bedingungslose Kapitulation gemündet. Wie in Deutschland waren Städte und Industrieanlagen zerstört. Erschwert wurde der wirtschaftliche Wiederaufbau auch durch die 6,5 Millionen Japaner, die mit leeren Händen aus den ehemaligen Kolonialgebieten zurückkehrten und wieder in die Gesellschaft eingegliedert werden mußten. Außerdem war das Land besetzt. Da die Sowjetunion erst wenige Tage vor dem Ende in den Krieg gegen Japan eingetreten war, gelang es den Westmächten, sie von einer Besetzung Japans fernzuhalten. So bestimmten in Japan die Amerikaner über das künftige Schicksal des Landes.

Mit der allgemeinen Zielsetzung, die Wurzeln des Faschismus „auszumerzen", wurden in Japan – wie in Deutschland – grundlegende politische und gesellschaftliche Reformen veranlaßt:

Die japanische Expansion 1919-1942.

Amerikanisches Flugblatt zur Umerziehung der Japaner 1945.

Das öffentliche Leben sollte demokratisiert werden. Etwa 18 000 Personen, die an der japanischen Expansionspolitik mitgewirkt hatten, wurden aus der Verwaltung, der Wirtschaft und aus dem Erziehungswesen entfernt. Ein alliiertes Kriegstribunal verhandelte über die Schuld von Kriegsverbrechern. Und eine weitgehende Entmilitarisierung des Landes strebten die Alliierten ebenso an wie eine Beschränkung des Einflusses der Großkonzerne. Die Basis für eine demokratische Gesellschaftsordnung sollte eine Bildungsreform gewährleisten: Die Schulpflicht erhöhte man von vier auf neun Jahre. Das Bildungssystem orientierte sich an amerikanischen Gegebenheiten. Neu war auch, daß die Mädchen im Erziehungswesen den Jungen gleichgestellt wurden.

Zum Reformprogramm der USA gehörte auch die Gründung von Gewerkschaften und neuer politischer Parteien. Daß die Gewerkschaften zunächst wenig erreichten, lag an organisatorischen Schwierigkeiten, zum anderen auch an den traditionellen Betriebsstrukturen und an einem Mangel an öffentlicher Unterstützung.

Im Rahmen einer umfassenden Bodenreform mußten die Großgrundbesitzer einen Teil ihres Landes an den Staat abtreten, der es an Kleinbauern und Pächter weitergab. Der Anteil der gepachteten Nutzfläche sank dadurch von 46 auf 10 Prozent.

Um die Gesellschaft von innen her zu demokratisieren, schaffte man alle Gesetze ab, die eine patriarchalische Stellung des Ehemanns und Vaters schützten. Zudem verkündete man die Gleichheit der Eheleute vor dem Gesetz.

Der staatsrechtlich wichtigste Schritt zur Demokratisierung des Staatswesens war die Verabschiedung einer neuen Verfassung im Jahr 1947. Der Entwurf hierfür kam aus dem amerikanischen Hauptquartier und fand im wesentlichen die Zustimmung der Japaner. Durch diese Verfassung wurde Japan eine parlamentarische Demokratie: Der Premierminister und sein Kabinett waren künftig dem Parlament gegenüber verantwortlich und nicht mehr dem Kaiser. Die Befugnisse des Kaisers drängte man durch die Verfassung auf repräsentative Aufgaben zurück. Die Frauen erhielten das Wahlrecht, Bürger- und Menschenrechte wurden in der Verfassung verankert.

Die Wiedererlangung der Souveränität

Wie eng Japan auch durch die Verfassung an die USA gebunden wurde, zeigt Artikel 9. In ihm heißt es, daß „das japanische Volk für alle Zeiten auf den Krieg als ein souveränes Mittel, internationale Streitigkeiten zu regeln, verzichtet". Damit war klargestellt, daß Japan einen Teil seiner Selbständigkeit verloren hatte.

Die weltpolitische Situation des sich abzeichnenden Kalten Krieges veranlaßte die USA, das Reformprogramm nicht mit der geplanten Konsequenz durchzuführen. Zunehmend bekamen sicherheitspolitische Interessen Vorrang vor der Demokratisierung von Wirtschaft und Gesellschaft. Auch der Sieg der Kommunisten in China im Jahr 1949 verstärkte die Intention der USA, mit Japan einen zuverlässigen Bündispartner aufzubauen. Noch 1949 erließen die Amerikaner die festgesetzten Reparationsschulden.

Um die Ausdehnung des sowjetischen Einflußbereichs in Ostasien zu verhindern und Japan in das westliche Bündnis einzubinden, bereitete die amerikanische Regierung seit Anfang 1950 den Abschluß eines Friedensvertrages der Japaner mit seinen ehemaligen Kriegsgegnern vor. 1951 unterzeichneten die Betroffenen den Friedensvertrag von San Francisco – mit Ausnahme der Sowjetunion und der Volksrepublik China. Mit diesem Vertrag kehrte Japan als gleichberechtigter Partner in die Gemeinschaft der Völker zurück.

Parade von Rekruten der japanischen „Selbstverteidigungsstreitkräfte" (1974).

Da die Verfassung vorsah, daß Japan keine eigenen Steitkräfte unterhalten sollte, kam es zu Sonderabkommen mit den USA. Zunächst gestatteten die Amerikaner den Aufbau einer „Nationalen Polizeireserve", ausgerüstet mit Panzern, Flugzeugen und Marineeinheiten. Die USA durften ihrerseits auch über das Ende der Besatzungszeit hinaus ihre Militärbasen erhalten. Diese Lösung gab wiederholt Anlaß zu heftigen innenpolitischen Kontroversen in Japan.

Japan – ein Wirtschaftsriese
Mit Erstaunen verfolgte die Welt nach 1945 den Aufschwung von Japans Wirtschaft. Wie konnte es dem vom Krieg zerstörten Land gelingen, innerhalb kurzer Zeit zum Wirtschaftsgiganten aufzusteigen?

Das Jahr 1945 wurde innen- und wirtschaftspolitisch nicht die radikale Zäsur, die viele im Sinne einer Neuordnung forderten. Politische Stabilität und wirtschaftlicher Wiederaufbau wurden bald die ersten Zielsetzungen. In Politik, Verwaltung und Wirtschaft griff man bald wieder auf die alte und erfahrene Elite zurück. Seit 1948 regierte in Japan die „Liberaldemokratische Partei", die sich vor allem durch ihre wirtschaftspolitischen Maßnahmen notwendige Mehrheiten sichern konnte.

Auch im Denken und in den Wertvorstellungen der Japaner blieb eine Kontinuität erhalten. Noch heute ist die Treue zum Herrn, und das ist der Arbeitgeber, selbstverständlich. Viele Japaner antworten, wenn sie nach ihrem Beruf gefragt werden, mit dem Namen der Firma, in der sie beschäftigt sind. Und der Betrieb setzt die Arbeitskräfte dort ein, wo sie gerade benötigt werden.

Anders als in den Industriestaaten Westeuropas konnte der Gedanke der Interessenvertretung und die Bereitschaft zu Kampfmaßnahmen gegen die Betriebsführung nur ansatzweise Fuß fassen.

Der unmittelbare Wirtschaftsaufschwung setzte in Japan mit dem Koreakrieg ein. Die UN-Truppen kauften vieles in Japan, wodurch die Wirtschaft angekurbelt wurde. Mitte der fünfziger Jahre war bereits der Vorkriegsstand erreicht, und auch die Folgejahre charakterisiert ein phänomenales Wachstum. Die westliche Welt fürchtet die japanischen „Exportoffensiven", mit denen das Land beachtliche Überschüsse erzielt.

Natürlich hat auch das japanische Wirtschaftswunder mehrere Ursachen: Der als fleißig und genügsam geltende Japaner spart einen Teil seines Einkommens und stellt es der Industrie als billiges Kapital für Investitionen zur Verfügung. Die Löhne sind in Japan beinahe so hoch wie in den westlichen Industrieländern, aber die Lebensqualität ist niedriger. Die Lebenshaltung ist relativ teuer, die Wohnungen sind in der Regel sehr klein und die Arbeitszeit übertrifft die in den westlichen Industrieländern ganz erheblich.

Toyota-Werk in Toyota-City: Personenwagen „made in Japan" stellen eine Konkurrenz für die Automobilindustrie der westlichen Welt dar.

Erziehung in China und Japan

1 Der Kampf zweier Linien im Erziehungswesen in der Volksrepublik China

Im Gespräch mit Besuchern erklären chinesische Bauern, wie sie bei dem Bau eines Dammes vorgingen:

Q Ja, hier haben wir uns niedergelassen, hier oben in den Bergen, wo elf Monate lang bei scharfem Wind die Sonne vom Himmel niederbrennt und es einen Monat lang schüttet. Aus dem Regen wurden solche Fluten, daß 79 unserer 84 Häuser einfach weggespült wurden. Unsere Ernte verdarb entweder wegen Wassermangel oder wurde zusammen mit den Häusern weggeschwemmt.

Aber ehrlich gesagt, halten Sie das nicht für ein Zeichen dafür, daß Sie den falschen Ort für den Aufbau Ihrer Brigade gewählt haben; vielleicht wäre eine etwas wirtlichere Gegend sinnvoller gewesen?

Genau das war die Einstellung, mit der wir zu kämpfen hatten, diese typisch bürgerliche Haltung. Wir mußten diesen Gedanken in uns selbst bekämpfen, und ich gebe zu, wir dachten alle ein bißchen in dieser Richtung, nämlich daß die Natur unseren Anstrengungen Hindernisse in den Weg stellte. Aber wir machten weiter, wir wollten das Wasser bezähmen, einmal um zu verhindern, daß es alles zerstörte, was wir machten und bauten, und zum andern, um das kostbare Wasser in den trockenen Monaten zur Verfügung zu haben.

Und was taten Sie?

Wir machten die Abflüsse an den richtigen Stellen tiefer und bauten einen Damm. Das Ergebnis war dasselbe: Der Regen strömte herab, der Damm brach, und wieder wurden 79 von 84 Häusern vom Wasser mitgerissen. Zu diesem Zeitpunkt zogen etliche fort, andere beschlossen nicht aufzugeben, sie errichteten einen neuen Damm, diesmal erheblich stabiler.

Mit welchem Ergebnis?

Das gleiche – das Wasser brach ein, wieder eine fast völlige Verwüstung. Nun beschlossen wir, der Angelegenheit wirklich auf den Grund zu gehen. Vom Vorsitzenden Mao haben wir gelernt, daß man, falls eine Situation schwierig und die Probleme unlösbar scheinen, immer nach einer Lösung an Ort und Stelle suchen muß. Wir betrachteten uns deshalb unsere örtlichen Gegebenheiten, und einige von uns wiesen darauf hin, daß seit unvordenklichen Zeiten die Tradition besteht, Häuser in die Berge hineinzubauen, gleichsam als Höhlen. Diese Häuser hatten sämtlich gekrümmte Dächer, und niemals war es geschehen, daß der Berg die Dächer durchschlagen hätte. In diesen gekrümmten Dächern erblickten wir die Weisheit des chinesischen Volkes, und es kam uns die Idee, daß unser Fehler vielleicht darin bestand, daß wir den Damm gerade bauten, also bauten wir unseren nächsten Damm in einer Kurve zum Wasser hin.

Und diesmal vermochte er das Wasser abzuhalten?

Ja, diesmal ging alles gut, und seit damals geht es jedes Jahr gut. Wir fanden die Lösung nach der richtigen Analyse der bestehenden Widersprüche und indem wir aus den örtlichen Gegebenheiten lernten.

Aber diese Lösung [...] hätten Sie doch sofort erfahren können, wenn Sie sich an die Abteilung für Ingenieurwesen an irgendeiner Universität gewandt hätten.

Ja, das hätten wir tun können. Und es gab einige, die sagten, wir sollten es so machen. Wären wir aber so vorgegangen, dann wären wir die Füße und die Arme eines Körpers geworden, dessen Kopf sich in Peking oder Schanghai oder in irgendeiner anderen größeren Stadt befände.

J. Galtung/F. Nishimura, Von China lernen?, Frankfurt/M. 1980, S. 98.

1 *Mit welcher Begründung versuchen die Bauern ihr Verhalten zu rechtfertigen?*
2 *Erörtern Sie, welche Rückwirkungen ein derartiges Verhalten auf die Entwicklung eines Landes haben muß.*

2 Programm der Pekinger Roten Garden vom August 1966

Q 1. Jeder Bürger soll manuelle Arbeit verrichten.
2. In allen Kinos, Theatern, Buchhandlungen, Omnibussen usw. müssen Bilder Mao Zedong aufgehängt werden.

3. Überall müssen Zitate Mao Zedong an Stelle der bisherigen Neonreklamen angebracht werden.
4. Die alten Gewohnheiten müssen verschwinden.
5. Die Handelsunternehmungen müssen reorganisiert werden, um Arbeitern, Bauern und Soldaten zu dienen.
6. Eine eventuelle Opposition muß rücksichtslos beseitigt werden.
7. Luxusrestaurants und Taxis haben zu verschwinden.
8. Die privaten finanziellen Gewinne sowie die Mieten müssen dem Staat abgegeben werden.
9. Die Politik hat vor allem den Vorrang.
10. Slogans müssen einen kommunistischen Charakter aufweisen.
11. Die revisionistischen[1] Titel haben zu verschwinden.
12. In allen Straßen sollen Lautsprecher aufgestellt werden, um der Bevölkerung Verhaltensmaßregeln zu vermitteln.
13. Die Lehre Mao Zedongs muß schon im Kindergarten verbreitet werden.
14. Die Intellektuellen sollen in Dörfern arbeiten.
15. Die Bankzinsen müssen abgeschafft werden.
16. Die Mahlzeiten sollen gemeinsam eingenommen werden, und es soll zu den Sitten der ersten Volkskommunen im Jahr 1958 zurückgekehrt werden.
17. Auf Parfüms, Schmuckstücke, Kosmetik und nichtproletarische Kleidungsstücke und Schuhe muß verzichtet werden.
18. Die Erste Klasse bei den Eisenbahnen und luxuriöse Autos müssen verschwinden.
19. Die Verbreitung von Photographien von sogenannten hübschen Mädchen soll eingestellt werden.
20. Die Namen von Straßen und Monumenten müssen geändert werden.
21. Die alte Malerei, die nicht politische Themen zum Gegenstand hat, muß verschwinden.
22. Es kann nicht geduldet werden, daß Bilder verbreitet werden, die nicht dem Denken Mao Zedongs entsprechen.
23. Bücher, die nicht das Denken Mao Zedongs wiedergeben, müssen verbrannt werden.

[1] von maoistischer Lehre abweichende politische Linie.
R. Machetzki, O. Weggel, Die Volksrepublik China, Informationen zur politischen Bildung, Nr. 198, Bonn 1983, S. 15.

3 Aus einem Artikel aus der „Peking-Rundschau" vom Juni 1966

Q Das ZK der KP Chinas und Vorsitzender Mao Zedong haben immer wieder die Notwendigkeit einer gründlichen Umbildung des alten bürgerlichen Erziehungssystems, einschließlich des Systems bei den Aufnahmeprüfungen, hervorgehoben. [...] da unter diesem System vielen hervorragenden Söhnen und Töchtern von Arbeitern, armen Bauern und von den Unterschichten der Mittelbauern, von revolutionären Kadern, revolutionären Soldaten und Offizieren und gefallenen Revolutionären die Türe vor der Nase zugeschlagen und der Bourgeoisie Tür und Tor geöffnet wurde, um ihre eigenen Nachkommen auszubilden.

Peking-Rundschau vom 28.6.1966, S. 17.

4 Holzschnitt zur „Großen Proletarischen Kulturrevolution" in Shanghai

„Uns Arbeitern, Bauern und Soldaten stehen heute die Tore der Hochschulen offen. Am Eingang werden wir herzlich begrüßt, von liebevoller Fürsorge der Genossen umgeben."

1 *Erarbeiten Sie aus dem Programm der Roten Garden (Text 2), welche Erziehungsziele angestrebt werden.*
2 *Welche Maßnahmen wurden ergriffen, um diese Ziele zu erreichen (Q 3 und 4)?*

5 „Die neue Generation".
Holzschnitt von Ren Shangyong, 1975

6 Richtlinien des stellvertretenden Ministerpräsidenten Deng Xiaoping zur Erziehungspolitik von 1978

Q 1. Qualität und Niveau der Erziehung, insbesondere der naturwissenschaftlich-technischen, müssen in der Erziehungspolitik vorrangige Wertposition einnehmen. Die Ausbildung des moralisch, geistig und körperlich entwickelten Menschen mit sozialistischem Bewußtsein ist das Ziel aller Erziehung. Politische Erziehung ist notwendig, aber sie muß begrenzt bleiben. Hauptaufgabe des Schülers und Studenten ist das wissenschaftlich-kulturelle Lernen.
2. Aus diesen Gründen muß an jede Ebene der Erziehung der Maßstab der strengen Erfolgskontrolle durch das Prüfungsinstrumentarium gelegt werden.
3. Ordnung und Disziplin müssen beschleunigt auf allen Ebenen des Erziehungssystems hergestellt werden. Die Autorität des neun Millionen starken Lehrpersonals muß gewährleistet und gesteigert werden.
4. Die gesamte Erziehungspolitik muß in ihren Schwerpunkten auf die Anforderungen der nationalen Modernisierung ausgerichtet werden. Dies gilt insbesondere für die Verbindung des Studiums mit körperlicher Arbeit, die sinnvoll mit der Unterrichtsgestaltung zu verbinden ist.
5. Die gesamte Erziehung ist in ihrer Perspektivplanung als wichtiges Element in den allgemeinen Volkswirtschaftsplan aufzunehmen und durch die staatliche Planungskommission in Zusammenarbeit mit dem Erziehungsministerium zu gestalten.

Peking-Rundschau vom 9. Mai 1978, S. 6.

7 Stundentafel für städtische Grund- und Mittelschulen seit 1976

Fach	Wochenstunden pro Klasse									
	Grundschule				Mittelschule					
	1.	2.	3.	4.	5.	6.	7.	8.	9.	10.
Chinesisch	13	13	9	7	7	6	6	6	6	6
Mathematik	7	7	7	7	7	6	6	6	6	6
Fremdsprache	-	-	4	4	4	6	5	5	5	5
Politik	-	-	-	2	2	2	2	2	2	2
Sport	2	2	2	2	2	2	2	2	2	2
Kunst	2	2	2	1	1	1	1	-	-	-
Musik	2	2	2	1	1	1	1	-	-	-
Naturkunde	-	-	-	2	2	-	-	-	-	-
Physik	-	-	-	-	-	-	3	3	4	6
Chemie	-	-	-	-	-	-	-	3	3	5
Biologie	-	-	-	-	-	2	1	2	-	2
Geographie	-	-	-	-	-	3	2	-	-	-
Geschichte	-	-	-	-	-	-	-	2	2	3
Wochenstd.	26	26	26	26	26	29	31	31	31	33

W. Pfennig, H. Franz, E. Barthel, VR China, Berlin 1983, S. 107.

1 *Vergleichen Sie die Erziehungsziele, die Deng Xiaoping vertritt (Q 6), mit den Zielen von 1966 (Q3).*
2 *Inwiefern spiegelt der Holzschnitt (Q 5) eine veränderte Situation wider?*
3 *Vergleichen Sie die Stundentafel (Q 7) mit der bei uns üblichen. Welche Schwerpunktsetzungen lassen sich erkennen?*

Das Schulwesen in Japan

1 Stundentafel für Grund und Mittelschulen in Japan

Fach	Wochenstunden pro Klasse								
	Grundschule				Mittelschule				
	1.	2.	3.	4.	5.	6.	7.	8.	9.
Japanisch	8	8	8	8	7	7	5	4	4
Mathematik	4	5	5	5	5	3	3	4	4
Soziale Fächer (Politik, Geschichte)	2	2	3	3	3	3	4	4	4
Sport	3	3	3	3	3	3	3	3	3
Kunst	3	2	2	2	2	2	2	2	1
Musik	2	2	2	2	2	2	2	2	1
Naturkunde (Biologie, Geographie, Physik, Chemie)	2	2	3	3	3	3	3	3	4
Moralerziehung	1	1	1	1	1	1	1	1	1
Haushaltsführung bzw Werken	-	-	-	-	2	2	2	2	3
Wahlfächer[1]	-	-	-	-	-	-	4	4	4
Wochenstunden	24	25	27	29	29	29	32	32	32

[1] Fremdsprachen (hauptsächlich Englisch), Berufsfächer und Fächer, die von lokalen Schulbehörden im Hinblick auf die örtlichen Erfordernisse festgelegt werden.

Zusammengestellt nach: Erziehung in Japan, hrsg. vom japanischen Außenministerium, Tokio 1990.

2 Über das japanische Schulwesen heißt es in einem zusammenfassenden Überblick

Q Das Gros der Grund- und Mittelschüler geht auf öffentliche Schulen. Fast alle aber richten ihr Augenmerk auf die große Hürde: das Eintrittsexamen zur Oberschule. Nun müssen die Mütter aktiv werden. Man engagiert einen Hauslehrer oder bucht einen Platz in der Juku, der Nachhilfeschule. Die meisten Kinder werden auf die eine oder andere Art – vielleicht auch auf beide – zusätzlich geschult, speziell auf die Eintrittsexamen getrimmt […] Kinder dieses Alters sieht man nicht mehr auf der Straße spielen, sie lernen bis spät in die Nacht. Und dann stellen sie sich den Tests, mehreren, an Schulen verschiedener Schwierigkeitsgrade. Bei der besten, wo sie bestehen, treten sie ein […] Über der Schulzeit eines Japaners liegt der anfeuernde Ruf seiner Eltern, Lehrer und Mitschüler: „gambatte kudasai!" („Kämpfe, halte durch, reiß dich zusammen!"); und er antwortet ergeben: „gambarimasu" – „Ich schaffe es!"

Japan. Daten, Bilder, Perspektiven, hrsg. von H.Colsman-Freyberger u.a., München und Luzern 1982, S. 106-108.

3 Ein japanischer Wirtschaftswissenschaftler über die Konsequenzen des japanischen Arbeitslebens für das Bildungswesen

Q Der Wettbewerb, dem man sich aussetzen muß, wenn man sich bei einem japanischen Großunternehmen bewirbt, ist erwartungsgemäß hart. Die Einstellungsprüfung eines Großunternehmens kann man nur einmal im Leben machen. Da man wenig Aussicht hat, von einer Firma eingestellt zu werden, wenn man nicht von einer guten Schule oder einer guten Universität kommt, gibt es bereits beim Eintritt in die guten Universitäten einen heftigen Wettbewerb, folglich auch harten Wettbewerb beim Eintritt in gute höhere Schulen und so weiter, bis hinunter zur niedrigsten Stufe der Ausbildung. In extremen Fällen ist der Wettbewerb so rücksichtslos, daß er schon beginnt, wenn man ein Kind in den Kindergarten schickt: Man versucht, das Kind in einen guten Kindergarten zu geben, und damit dies gelingt, erhalten einige Kinder schon zuhause Vorbereitungsunterricht.

M. Morishima, Warum Japan so erfolgreich ist. Westliche Technologie und japanisches Ethos, München 1985, S. 179.

1 *Vergleichen Sie die Stundentafeln für Grund- und Mittelschulen in Japan und China. Welche Rückschlüsse lassen sich aus diesem Vergleich ziehen?*
2 *Mit welchen Zielsetzungen wird dem Wettbewerb im japanischen Ausbildungswesen (Q 2 und Q 3) eine besondere Bedeutung zugewiesen?*
3 *Diskutieren Sie die Konsequenzen, die ein derartiges Ausbildungssystem für den einzelnen und für das gesamte Staatswesen haben kann.*

Wichtiges zusammengefaßt

1945 1950 1955 1960 1965 1970 1975 1980 1985 1990

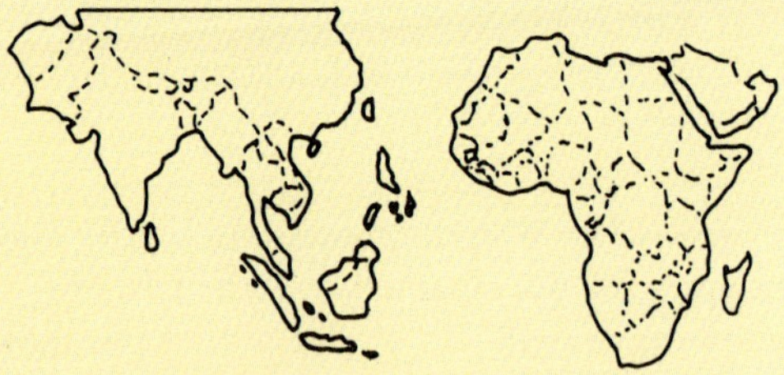

Entkolonialisierung in Asien und Afrika

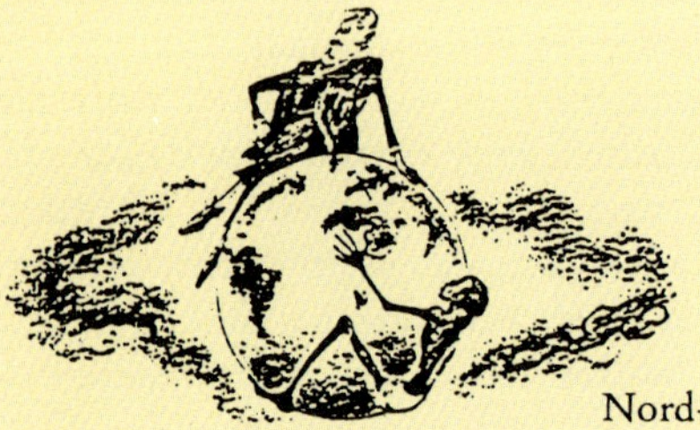

Nord-Süd-Gefälle

Mao Zedong

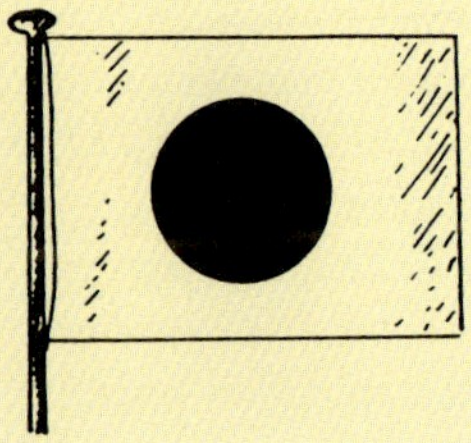

Wirtschaftsmacht Japan

Schon nach dem Ersten Weltkrieg regten sich in den Kolonialreichen Kräfte, die eine *Entkolonialisierung* zum Ziele hatten. Besondere Bedeutung kommt dem gewaltlosen Befreiungskampf in Indien zu, der von Mahatma Gandhi angeführt wurde. Nach jahrzehntelangem Ringen wurde Indien 1947 von Großbritannien in die Unabhängigkeit entlassen.

Bis zum Beginn der sechziger Jahre erkämpften auch die meisten afrikanischen Staaten die politische Selbständigkeit. Dabei kam es z. B. in Algerien zu kriegerischen Auseinandersetzungen zwischen den ehemaligen Kolonialmächten und den aufstrebenden Unabhängigkeitsbewegungen.

Mit dem Gewinn der politischen Autonomie waren die Probleme der *„Dritten Welt"* noch lange nicht gelöst. Bürgerkriege im Inneren, die häufig zu Militärdiktaturen führten, und eine Bevölkerungsexplosion stellten und stellen besondere Belastungen für die Entwicklungsländer dar. Die wachsende wirtschaftliche Abhängigkeit von den reichen Industrienationen führte zu Spannungen, die mit dem Begriff *„Nord-Süd-Konflikt"* umschrieben werden.

Vor allem die Gebiete, in denen Kolonialherrschaften existierten, wurden nach 1945 zu Krisenräumen der Weltpolitik. Einer dieser Krisenherde ist der Nahe Osten. *Die Gründung des Staates Israel im Jahre 1948* mündete in den Palästina-Krieg. Weitere Kriege folgten, in denen Israel umstrittene Gebiete besetzte.

Mit dem Sieg der *islamischen Revolution im Iran (1979)* trat eine Macht auf, die nicht nur zu einer Bedrohung für Israel wurde, sondern die Weltpolitik vor neue Probleme stellte.

In Ostasien entwickelten sich nach 1945 China und Japan zu Führungsmächten. Beide Staaten gingen dabei unterschiedliche Wege. Revolutionäre Umbrüche begleiteten die neueste Geschichte Chinas und erschwerten den wirtschaftlichen Aufschwung. Japan hingegen gelang es trotz der Niederlage im Zweiten Weltkrieg, rasch zu einer führenden Industrienation zu werden.

Mahatma Gandhi hat einen Teil seiner Biographie in den Aufzeichnungen „Aus meinem Leben" dargestellt. Der folgende Text stammt aus dem Kapitel „Schulzeit".

Ein Knittelvers von Normad[1] war damals bei uns Schuljungen im Schwange:
Schau den gewaltigen Englischmann,
Der macht dem kleinen Inder bang,
Denn weil er ein Fleischesser ist,
Ist er fünf Ellen lang.
All das übte natürlich die gebührende Wirkung auf mich, und zu guter Letzt erlag ich. Ich fing an, mir selber einzureden, Fleischessen sei gut; es würde mich stark und mutig machen, und wenn das ganze Land sich dazu bekehrte, würde es Kraft bekommen, die Engländer zu überwinden.
So wurde denn also ein Tag festgesetzt, an dem das Experiment beginnen sollte. Das mußte natürlich im geheimen geschehen. Die Gandhis waren Vaishnavas. Meine Eltern waren besonders streng in ihrem Glauben. Die Familie hatte sogar ihre eigenen Tempel. Auch der Jainaismus[2] war sehr stark in Gujarat und sein Einfluß allenthalben und bei jeder Gelegenheit zu spüren. Nirgendwo in Indien oder außerhalb Indiens herrschte ein so starker Widerstand und Abscheu gegen Fleischgenuß wie in Gujarat bei den Jainas und Vaishnavas. In dieser religiösen Tradition war ich aufgewachsen und zudem meinen Eltern inbrünstig zugetan. Ich wußte: in dem Augenblick, wo sie erfahren hätten, daß ich Fleisch gegessen hatte, wäre das ein tödlicher Schlag für sie gewesen. Dazu kam als besondere Hemmung meine Wahrheitsliebe; denn mir war wohl bewußt, daß ich meine Eltern würde belügen müssen, wenn ich Fleisch zu essen begönne. Aber ich war nun einmal auf „Reform" versessen. Irgendwelches Gelüste war dabei nicht im Spiel. Ich dachte mit keinem Gedanken daran, daß Fleisch etwa einen besonderen Wohlgeschmack hätte. Ich wollte einfach nur stark und mutig werden, so daß wir imstande wären, die Engländer zu schlagen und Indien zu befreien. Das Wort „Swaraj" (Selbstregierung) hatte ich damals noch nicht gehört, aber ich wußte, was Freiheit hieß. Reformeifer verblendet mich, und ich redete mir ein, ein Tun lediglich vor meinen Eltern geheimzuhalten, sei noch keine Unwahrheit.
So kam dann der große Tag. Mein Zustand ist schwer zu beschreiben. Da war auf der einen Seite eben der „Reform"-Eifer, zusammen mit dem neuen Gefühl, an einer bedeutungsvollen Wendung meines Lebens zu stehen. Da war auf der andern Seite die Scham darüber, daß ich mich dazu wie ein Dieb verbergen mußte. Welche von den beiden Empfindungen vorherrschend in mir war, ist schwer zu sagen. Wir suchten ein entlegenes Versteck am Fluß auf, und hier bekam ich denn zum ersten Mal in meinem Leben Fleischnahrung zu Gesicht. Wir hatten auch auf englische Art gebackenes Brot mit. An keinem von beiden vermochte ich Geschmack zu finden. Das Ziegenfleisch war zäh wie Leder, und ich bekam es einfach nicht hinunter. Ja, mir war dermaßen übel, daß ich mich angewidert von dem Mahl davonschleichen mußte.
Die Nacht darauf erging es mir schlimm. Ein fürchterlicher Alptraum ängstigte mich. Immer wieder, sobald ich einschlief, war es mir, als hörte ich eine lebendige Geiß in mir blöken, und immer wieder fuhr ich empor, von Gewissensqualen gehetzt. Aber dann hielt ich mir vor, daß ich ja nur aus Pflicht gehandelt hätte, und das beruhigte mich einigermaßen. Mein Freund war nicht der Mann, der seine Sache so leicht aufgegeben hätte. Er begann jetzt, allerlei Leckereien mit dem Fleisch zu kochen und recht appetitlich herzurichten. Und die Stätte unserer Mahlzeiten wurde von dem Versteck am Fluß in den Speisesaal eines Staatshauses verlegt, mit richtigen Tischen und Stühlen.
Mein Freund hatte das im Einverständnis mit dem Küchenchef angeordnet. Dieser Köder zog. Ich überwand meine Abneigung gegen englisches Brot, schwor meinem Mitgefühl mit den Ziegen ab und fand Geschmack an mit Fleisch zubereiteten Gerichten, wenn nicht gar am Fleisch selber. Das ging etwa ein Jahr so. Aber alles in allem kam nicht mehr als ein halbes Dutzend solcher Gelage zustande, denn das Staatshaus war nicht jeden Tag zugänglich […]
Mahatma Gandhi, Mein Leben, Suhrkamp Verlag, Frankfurt am Main 1978, S. 20 f.

1 Bedeutender Dichter. – 2 Die Jaina-Religion wurde in Indien zur selben Zeit begründet wie der Buddhismus. Eine ihrer Hauptlehren ist das strenge Verbot, irgendeinem lebendigen Wesen das Leben zu nehmen.

5. Die Entwicklung der europäischen Integration

„Meine Herkunft ist mein Schicksal" – so formulierte der elsässische Dichter René Schickele seine Lebenssituation. René Schickele wurde 1883 in Elsaß-Lothringen geboren, das damals zum Deutschen Reich gehörte. Schickele war also Deutscher.

Mit einer französischen Mutter und einem deutschen Vater sprach er zu Hause französisch, mit den Freunden den elsässischen Dialekt, in der Schule lernte er die deutsche Schriftsprache.

Als 1919 Elsaß-Lothringen zu Frankreich kam, wurde Schickele französischer Staatsbürger. Da er sich jedoch während des Ersten Weltkrieges neutral verhalten und den Krieg abgelehnt hatte, und er seine Bücher schließlich in der deutschen Sprache schrieb, wurden ihm in Frankreich Deutschfreundlichkeit und mangelnder Patriotismus vorgeworfen. Vielen galt er als Feind Frankreichs. In Wirklichkeit fühlte Schickele sich weder als Deutscher noch als Franzose; er war Elsässer und er war Europäer.

Als „elsässischen Juden" verfemten ihn die Nationalsozialisten, 1935 beschlagnahmten und verboten sie seine Bücher. René Schickele starb im Januar 1940, nur wenige Monate bevor seine elsässische Heimat erneut ihre nationale Zugehörigkeit wechselte und wieder zu einem Teil Deutschlands wurde.

René Schickele war ein Vorkämpfer Europas – zwangsläufig. Für ihn war der Rhein keine Grenze, sondern ein Strom, der zwei Länder vereinte.

Seine Herkunft und die Erfahrungen seines Lebens hatten ihm deutlich gemacht, daß das Gegeneinander der Völker und Nationen Europa auf Dauer zerstören würde. Die Zukunft Europas, das war seine Überzeugung, lag in der Überwindung des Nationalismus.

Diese Überzeugung Schickeles, daß es über den verschiedenen Nationen ein gemeinsames Europa gab, war keineswegs neu. Vage Vorstellungen ebenso wie konkrete Entwürfe zu einem vereinten Europa gab es seit Jahrhunderten. Der Berufung auf die Gemeinsamkeit der abendländischen Christenheit, der Erinnerung an das europäische Kaisertum, den Plänen eines europäischen Reichstages, ihnen allen lag die Sehnsucht nach Harmonie und Frieden zugrunde.

Es dauerte lange, bis diese Sehnsucht konkrete Gestalt annahm. Erst nach zwei Weltkriegen, nach Vernichtung und Zerstörung ungekannten Ausmaßes war ein Punkt erreicht, an dem mit dem Aufbau eines vereinten Europas wirklich begonnen wurde. Die Lage im Jahre 1945 war trostlos: Millionen Menschen waren Opfer von Krieg und Verfolgung geworden, große Teile des Kontinents waren verwüstet, die Wirtschaft lag darnieder, Millionen Menschen waren heimatlos geworden, Hunger und Armut herrschten.

Welche Hoffnung konnte in dieser Situation die Idee eines vereinten Europas bieten?

Wo lag überhaupt dieses Europa, von wo bis wo reichte es?

Konnten der durch Krieg und Verbrechen entstandene Haß, konnte das gegenseitige Mißtrauen wirklich überwunden werden?

Waren Sieger und Besiegte gleichberechtigt?

Wie sollte dieses vereinte Europa konkret aussehen?

War es ratsam, sofort einen einheitlichen europäischen Bundesstaat zu gründen, oder sollte man besser langsam, Schritt für Schritt vorgehen?

Mußte es eine europäische Hauptstadt geben?

Welche Sprache sollte gesprochen werden?

Wie konnte man die alten nationalen Vorurteile überwinden?

Das folgende Kapitel will zeigen, wie die Idee von der europäischen Einigung Form annahm, welche Widerstände und Schwierigkeiten sich ergaben, ob und wie sie überwunden wurden. Die europäische Integration ist kein abgeschlossenes Kapitel Geschichte, sondern ein Prozeß, der noch andauert.

Das Plakat entstand 1948 im Zusammenhang mit der Marshall-Plan-Hilfe.

Beweggründe für die europäische Einigung

Europa: Idee und Hoffnung

Heimat Europa

„Während dieser ganzen Zeit, da wir hartnäckig und schweigend nur unserem Land dienten, haben wir eine Idee und eine Hoffnung nie aus den Augen verloren, sie stets in uns lebendig gehalten: Europa."
Diese Zeilen schrieb im April 1944 der französische Schriftsteller *Albert Camus* aus dem von Deutschland besiegten und besetzten Frankreich an einen deutschen Freund. Aber was ist dieses Europa, das für Camus zum geistigen Halt wurde, zum Orientierungspunkt für eine bessere Zukunft in einer barbarischen Gegenwart? Überblickt man die Jahrhunderte europäischer Geschichte, so scheint diese vor allem eine Geschichte von Kriegen zu sein: Hundertjähriger Krieg, Dreißigjähriger Krieg, Siebenjähriger Krieg, Deutsch-Französischer Krieg.
Aber Europa ist mehr als nur die Erinnerung an Gewalt und kriegerische Auseinandersetzungen, es ist auch die verbindende Tradition der Antike mit ihren Werten, der gemeinsame christliche Glaube, der Schatz einer europäischen Kultur, die immer über die Grenzen einzelner Nationen hinausreichte. Mit Europa verbunden ist auch die Entwicklung eines Menschenbildes mit der Forderung nach Freiheit, Gleichheit, Brüderlichkeit, das Ideal einer demokratischen Staatsordnung. All das ist es, was Camus meint, wenn er in seinem Brief fortfährt: „Ich gehe wieder auf die Pilgerfahrten, die ich mit allen abendländischen Menschen unternommen habe: die Rosen in den Kreuzgängen von Florenz, die goldenen Zwiebeldächer von Krakau, der Hradschin mit seinen toten Palästen, die barocken Statuen auf der Karlsbrücke über der Moldau, die lieblichen Gärten von Salzburg. All die Blumen und die Steine, die Hügel und die Landschaften, in denen die Zeit der Menschen und die Zeit der Welt die alten Bäume mit den Bauwerken haben verwachsen lassen! Mein Gedächtnis hat die übereinandergelagerten Bilder verschmolzen, um ein einziges Antlitz daraus zu machen, das meiner großen Heimat. [...]"

A. Camus, Kleine Prosa, Hamburg 1963, S. 93–94.

Die Erfahrung der beiden Weltkriege

Häufig war dieses friedliche Europa, diese gemeinsame Heimat nur eine Idee, eine Hoffnung, und es ist nicht verwunderlich, daß diese Idee gerade dann wichtig wurde, wenn die Wirklichkeit in Europa ihr entgegenstand.
Schon im Mittelalter ist nachweislich ein europäisches Bewußtsein gewachsen. Bereits Karl den Großen hat man „Vater Europas" genannt. Nach der Auflösung des Karolingischen Reiches und den Auseinandersetzungen zwischen Kaisern und Päpsten verstärkte sich angesichts der Uneinigkeit der Wunsch nach einem geeinigten Europa. Seit dem 18. Jahrhundert entstanden die Vorstellungen von einem modernen Europa: Die Forderungen nach der Verwirklichung der Menschenrechte und das Streben nach Volkssouveränität sind europäische Errungenschaften aus dieser Zeit.
Nach den Leiden des Ersten Weltkrieges gewann der Gedanke einer europäischen Einigung besondere Kraft; zahlreiche Organisationen entstanden, die eine europäische Verständigung zum Ziel hatten. Die bedeutendste dieser Gruppen war die *Paneuropa-Union*, 1923 von dem österreichischen Grafen Coudenhove-Kalergi gegründet. Die Vereinigten Staaten von Europa nach dem Vorbild der USA waren das Ziel der Union, ihr Engagement und ihr Einfluß waren beträchtlich. *Aristide Briand*, der mit dem Friedensnobelpreis ausgezeichnete französische Außenminister, wurde 1927 ihr Ehrenpräsident.
Mehr noch als 1918 erstarkte der Europagedanke nach dem Zweiten Weltkrieg. Angesichts der furchtbaren Greueltaten, die von Deutschland ausgingen und ganz Europa heimsuchten, war die Sehnsucht nach einer besseren Welt größer denn je. Die Ordnung Europas nach der Niederlage Deutschlands, davon war man überzeugt, mußte ein wirklicher Neubeginn sein. Die alte nationalstaatliche Ordnung durfte nicht einfach wiederhergestellt werden.
Diese Ansicht war nicht auf bestimmte politische Richtungen begrenzt, es gab sie bei den Konservativen ebenso wie bei den Liberalen, bei den Sozialdemokraten und den demokratischen Sozialisten.

Europäische Integration

Ein vereintes Europa, die Schaffung eines Europäischen Parlamentes und einer Europäischen Regierung forderten die Teilnehmer an einer Kundgebung am 7. August 1950. Dabei wurden in einer symbolhaften Demonstration für die Abschaffung der europäischen Grenzen Schilder und Grenzpfähle abmontiert und verbrannt.

Ein übernationales Europa statt europäischer Nationalstaaten

Nie wieder Krieg in Europa

Eine Teilung Europas in zahlreiche selbständige Staaten, die einander – eingebunden in wechselnde Bündnisse – bekriegten und den Kontinent mit Zerstörung überzogen, diese Ordnung Europas hatte sich offensichtlich nicht bewährt und erschien vielen als überholt. Um weitere Kriege in Europa zu verhindern, schien es deshalb notwendig, die nationalstaatliche Souveränität einzuschränken.

Elemente eines föderativen Europa sollten die Einzelstaaten übergreifen und einschränken. Bereits 1943 sprach Churchill von der Notwendigkeit, einen *Europäischen Rat* zu schaffen, in dem sämtliche europäische Nationen Mitglieder wären. Diesem Rat müsse ein *Europäischer Gerichtshof* beigeordnet sein, der strittige Fragen schlichten und entscheiden könne. Zur Durchsetzung seiner Entscheidungen wären eigene europäische Streitkräfte notwendig. Der Europarat sollte neben einem Amerikanischen Rat und einem Asiatischen Rat Mitglied der künftigen UNO werden.

Andere Entwürfe für eine europäische Einigung unterschieden sich von dem Churchills in vielen Punkten – gemeinsam war ihnen allen der grundsätzliche übernationale Anspruch.

Europa als dritte Kraft

Der Verlauf des Zweiten Weltkrieges hatte mehr und mehr gezeigt, daß die Welt nach Kriegsende vor allem von den beiden großen Siegermächten dominiert werden würde: den USA und der Sowjetunion. Es war zu befürchten, daß Großbritannien, Frankreich und die übrigen europäischen Staaten zu zweitrangigen Mächten herabsinken würden. Das Ende der Vorherrschaft Europas in der Welt hatte sich schon nach dem Ersten Weltkrieg abgezeichnet.

Ein vereintes Europa jedoch, so die Meinung vieler europäischer Politiker, könne zu einer dritten Kraft werden. Damit wäre es möglich, zwischen den beiden Großmächten eine Art Brückenfunktion zu übernehmen, ohne zum Spielball der Großmachtinteressen zu werden. Vor allem in der britischen Labour Party fand das Konzept von einem Europa als dritter Kraft zunächst großen Anklang.

Die Angst vor einer erneuten Übermacht Deutschlands

Die Kapitulation Deutschlands hatte den Krieg in Europa beendet. Für die Alliierten ging es nun darum, nach dem Krieg auch den Frieden zu gewinnen. Von den zahllosen Problemen, die gelöst werden mußten, war die *Deutsche Frage* am schwersten zu lösen. Nicht um Rache ging es, sondern darum, daß nie mehr von einem deutschen Staat Krieg ausgehen solle. Vor allem Deutschlands Nachbarstaaten suchten nach Garantien, nach Sicherheiten vor einer zukünftigen deutschen Gefahr, vor einer erneuten Dominanz eines unruhigen Deutschlands in Europa.

Gebietsabtretungen, Rüstungsbeschränkungen, künstliche Reduzierungen deutscher Industrieproduktion, scharfe Kontrollen – all dies konnte auf Dauer den Frieden nicht sichern: Das hatte der Versailler Vertrag gezeigt. Eine *europäische Integration* jedoch bot die Möglichkeit, dieses Problem zu lösen, zumindest zu entschärfen: Die Internationalisierung wichtiger Wirtschaftsbereiche wie etwa der Schwerindustrie im europäischen Rahmen, die Integration zukünftiger deutscher Streitkräfte in ein europäisches Militärsystem, die Unterstellung unter ein europäisches Oberkommando und die Schaffung übernationaler europäischer Einrichtungen mit eigenen politischen Befugnissen – damit sollte das zukünftige Deutschland auf eine Weise eingebunden und integriert werden, daß es seine Bedrohlichkeit für Europa und seine Nachbarn verlieren würde.

Ein weiterer Vorteil einer solchen europäischen Lösung bestand darin, daß es keine Sonderstellung für Deutschland geben würde, da ja auch die übrigen europäischen Länder auf Teile ihrer nationalen Souveränität verzichten wollten.

Der Marshall-Plan:
Hilfe zum europäischen Wiederaufbau

Am 5. Juni 1947 verkündete der amerikanische Außenminister George C. Marshall in einer Rede in der Harvard-Universität den Plan eines von den USA finanzierten Wiederaufbauprogramms. Dieses Hilfsprogramm bedeutete einen weiteren Impuls für die europäische Einigung. Die USA drängten nämlich darauf, daß eine *supranationale* europäische Einrichtung geschaffen werde, welche über eine zielgerichtete Verteilung der Hilfsgelder zu entscheiden habe. Der Wiederaufbau Europas, den die USA damit fördern wollten, sollte kein Wiederaufbau getrennter nationaler Volkswirtschaften sein, sondern der eines gemeinsamen Europas. Zollunion, Währungsunion, supranationale Planung der wirtschaftlichen Zusammenarbeit und am Ende des Einigungsprozesses die „Vereinigten Staaten von Europa" nach dem Vorbild der USA – mit dieser Vision wollten Präsident Truman und sein Außenminister Marshall die Zustimmung des amerikanischen Parlamentes zum Hilfsprogramm erreichen.

Die Gelder des Marshall-Planes sollten sämtlichen europäischen Staaten, auch denen im sowjetischen Einflußbereich, zur Verfügung stehen, die Sowjetunion jedoch lehnte ab. Die Einschränkung der Hilfe auf die westeuropäischen Länder begünstigte in der Folgezeit die Integration des westlichen Europa.

Der Kalte Krieg: Statt der Einigung Europas die Integration Westeuropas

Mit dem Scheitern der alliierten Zusammenarbeit und der zunehmenden Entfremdung zwischen den drei westlichen Alliierten und der Sowjetunion scheiterten auch alle Pläne einer gemeinsamen Neuordnung Deutschlands, Europas und der Welt. Die Durchsetzung des kommunistischen Machtmonopols in den osteuropäischen Staaten weckte Furcht vor einer weiteren Ausdehnung des sowjetischen Machtbereichs. Der Schutz der westeuropäischen Staaten konnte auf Dauer von den USA allein nicht gewährleistet werden. Mehr und mehr wurde die Einigung Europas deshalb als Abwehrmaßnahme angesehen: als ein gemeinsames europäisches Bollwerk gegen mögliche Expansionsbestrebungen der Sowjetunion. Damit erhielt der Prozeß der europäischen Einigung zusätzliche Antriebskraft, nahm allerdings auch eine andere Richtung. Aus der Vision eines geeinten Europas als einer dritten Kraft zwischen den beiden Weltmächten wurde die Perspektive eines vereinten Westeuropas als Teil des westlichen Lagers. Die *Ost-West-Konfrontation* bedingte insofern auch die Teilung Europas: Polen, die Tschechoslowakei, Ungarn, Rumänien, Bulgarien und auch Jugoslawien waren vom Prozeß der europäischen Integration von vornherein ausgeschlossen.

Europäische Integration

Beginnende Kooperation in Westeuropa

OEEC und Europarat – die europäische Integration beginnt

Die OEEC. Die erste europäische Einrichtung wurde am 16. April 1948 gegründet: die *Organisation für europäische wirtschaftliche Zusammenarbeit* (Organisation for European Economic Cooperation – OEEC). In ihr hatten sich siebzehn europäische Staaten zusammengeschlossen. Die drei westlichen Besatzungszonen Deutschlands (später die Bundesrepublik Deutschland) waren ebenfalls beteiligt. Aufgabe der OEEC war vor allem die Verteilung der Mittel, die im Gefolge des Marshall-Planes nach Europa gelangten. Eine wirtschafts- und währungspolitische Zusammenarbeit der beteiligten Länder wurde darüberhinaus angestrebt. Zwar besaß die Organisation ein Generalsekretariat und einen Exekutivausschuß, aber wirkliche Entscheidungsbefugnis hatte sie nicht.

Sämtliche wichtigen Beschlüsse wurden von einer Vollversammlung der Regierungsvertreter der beteiligten Staaten gefaßt; nur bei Einstimmigkeit waren die Beschlüsse gültig.

Der Europarat. Eine Trennung von bisher selbstverständlichen nationalen Hoheitsrechten und ihre Übertragung auf supranationale Behörden fiel den einzelnen Staaten noch immer sehr schwer. Das zeigte sich auch, als ein Jahr nach der Einrichtung der OEEC, am 5. Mai 1949, von zehn europäischen Ländern der *Europa-Rat* gegründet wurde.

In seinen Organen wird der Kompromißcharakter dieser Organisation deutlich: Neben einem Generalsekretariat gibt es eine parlamentarische Versammlung – die politischen Rechte jedoch werden nicht durch diese Versammlung ausgeübt, sondern liegen bei den einzelnen Mitgliedsstaaten, deren Minister zu gemeinsamen Beratungen zusammentreffen.

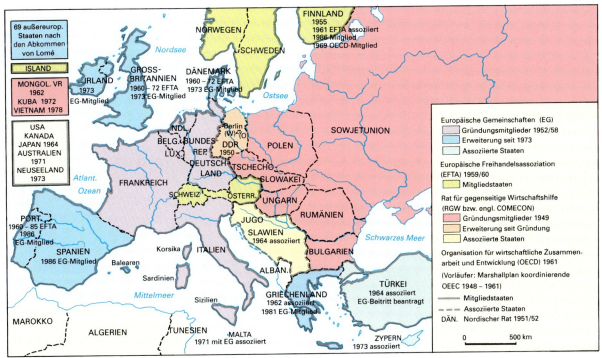

Wirtschaftliche Zusammenschlüsse in Europa 1945-1989.

So erhielt der Europa-Rat keinerlei gesetzgeberische Rechte, er ist eine rein beratende Einrichtung. Dennoch konnte er Erfolge erzielen, vor allem im Bereich des Rechtswesens. 1950 verabschiedete der Europarat eine Konvention der Menschenrechte. Im Zusammenhang damit wurde auch ein *Europäischer Gerichtshof für Menschenrechte* gebildet, vor dem Klage gegen Menschenrechtsverletzungen erhoben werden kann. Wenn dem Europarat auch Entscheidungsbefugnisse fehlen, so besitzt er doch große moralische Autorität.

Der Sitz des Europäischen Gerichtshofes befindet sich ebenso wie der des Europarates in Straßburg.

Der Schuman-Plan: Ein erster Schritt zu einem vereinten Europa

Großbritanniens schwierige Situation

Bereits bei der Gründung des Europarates hatte sich gezeigt, daß vor allem von Seiten Großbritanniens Widerstand gegen eine schnelle europäische Integration ausging. Dieser Widerstand hing mit der besonderen Rolle Großbritanniens zusammen: Jahrhundertelang hatten sich die Briten in erster Linie als eine Weltmacht, erst in zweiter Linie als Europäer gefühlt. Obwohl Großbritannien als Weltmacht seit dem Ersten Weltkrieg erheblich an Bedeutung eingebüßt hatte, bestand dieses Selbstverständnis auch noch nach 1945. Auf der einen Seite nur das Mitglied einer europäischen Gemeinschaft, auf der anderen Herr des Commonwealth – ließ sich das miteinander vereinbaren? Bedeutete die Integration in ein supranationales Europa nicht den Verlust der noch vorhandenen Rolle als Weltmacht? Gab es nicht eine spezielle angelsächsische Solidarität, in zwei Weltkriegen erprobt, die Großbritannien viel enger mit den USA verband, als es sich je mit Europa verbunden gefühlt hatte?

Mit diesen Fragen waren die britische Öffentlichkeit und ihre Politiker beschäftigt, und so lange diese Fragen unbeantwortet blieben, verhielt sich Großbritannien gegenüber allen Schritten zu einer europäischen Vereinigung abwartend, sogar ablehnend.

Die deutsche Bereitschaft zu einer europäischen Integration

Die 1949 gegründete Bundesrepublik Deutschland war noch kein souveräner Staat, wichtige Hoheitsrechte wurden ihr durch ein Besatzungsstatut vorenthalten. Der erste Kanzler der Bundesrepublik Deutschland, Konrad Adenauer (CDU), war ein entschiedener Befürworter einer europäischen Integration. Mehrere Beweggründe hatten ihn dazu gebracht. Der wichtigste war die Sorge vor einer weiteren Ausdehnung der sowjetischen Macht nach Westeuropa. Nur ein „wirtschaftlich und geistig gesundes Westeuropa", so formulierte er bereits 1946 in einem Brief, könne einem Vordringen der Sowjetunion widerstehen. Darüberhinaus war Adenauer der Überzeugung, daß nur eine europäische Integration Furcht und Mißtrauen vor Deutschland für immer beseitigen könne.

Kernstück einer solchen Integration mußte nach Adenauers Ansicht die Aussöhnung und Freundschaft zwischen Frankreich und Deutschland sein: Aus dem angeblichen „Erbfeind" Frankreich mußte ein enger Vertrauter und Partner werden.

Trotz des heftigen Widerstandes der oppositionellen SPD und ihres Vorsitzenden Kurt Schumacher war Adenauer zu großen Zugeständnissen bereit, wenn dafür die europäische Einigung vorangebracht werden konnte. Von Schumacher wurde er deshalb als „Kanzler der Alliierten" bezeichnet.

Die Abgabe nationaler Hoheitsrechte zugunsten europäischer Einrichtungen war bereits im Grundgesetz als eine Möglichkeit vorgesehen. Der Artikel 24 des Grundgesetzes gestattet zur Wahrung des Friedens und zur Sicherung einer dauerhaften Ordnung in Europa und der Welt eine Beschränkung der nationalen Souveränität.

Natürlich war es für die Bundesrepublik Deutschland leichter als für andere europäische Staaten, die Souveränitätsansprüche der alten Nationalstaaten zur Diskussion zu stellen, hatte man doch hier die schlechtesten Erfahrungen mit nationalen Ansprüchen gemacht. Ein vereintes Europa bot jetzt die Chance, dieser Vergangenheit zu entrinnen.

Frankreichs Initiative

Zwischen den deutschen und amerikanischen Wünschen nach einer europäischen Einigung einerseits und dem britischen Zögern und Verzögern andererseits blieb Frankreich lange unsicher und unschlüssig. Hinzu kamen ungeklärte Fragen wie das Saarproblem, Frankreichs Schwierigkeiten in seinen Kolonien u. a. So schien die europäische Integration in eine Sackgasse geraten zu sein. In dieser Situation wagte der französische Außenminister Robert Schuman einen Durchbruch. Am 9. Mai 1950 präsentierte er der Öffentlichkeit den von der französischen Regierung bereits gebilligten Plan einer *Montanunion*. Dieser Plan sah die Verschmelzung der deutschen und der französischen Kohle- und Stahlindustrie vor. Andere europäische Staaten wurden zum Beitritt eingeladen. Aufgabe dieser Union sollte die Modernisierung der beteiligten Industrien sein, die Abstimmung des gemeinsamen Kohle- und Stahlmarktes, der gleiche Zugang aller Beteiligten zu diesen Bereichen sowie eine gemeinsame Exportpolitik. Einer Obersten Aufsichtsbehörde waren weitreichende Entscheidungsbefugnisse zugedacht, ihre Entscheidungen waren bindend. Dazu mußten die beteiligten Länder nationale Souveränitätsrechte in hohem Maße an diese übernationale Behörde abtreten.

Während Großbritannien sich ablehnend verhielt, waren Italien sowie die Niederlande, Belgien und Luxemburg zu einer Mitarbeit bereit.

Das entsetzte Mädchen.

Konrad Adenauer hatte ebenfalls dem Schumanplan sogleich zugestimmt. Am 13. Juli 1951 wurde der Vertrag über die *„Europäische Gemeinschaft für Kohle und Stahl* (EGKS)", wie die Montanunion offiziell hieß, von allen sechs teilnehmenden Ländern unterzeichnet. Neben der Obersten Behörde gab es den Rat der Minister der beteiligten Länder, eine parlamentarische Versammlung sowie einen Gerichtshof.

Die Europäische Verteidigungsgemeinschaft (EVG) – deutsche Wiederbewaffnung?

Am 25. Juni 1950 hatte mit dem Überfall nordkoreanischer Truppen auf Südkorea der Koreakrieg begonnen. Der Einsatz von Amerikanern in Korea und die Diskussion über einen Abzug der amerikanischen Soldaten aus Europa hatten der Frage einer deutschen Wiederbewaffnung und eines deutschen Beitrags zur militärischen Sicherung Europas neue Dringlichkeit gegeben. Nach wie vor bestand jedoch bei vielen Staaten Westeuropas der Zwiespalt zwischen der Furcht vor einer militärischen Aggression der Sowjetunion einerseits und dem Mißtrauen vor einer neuen deutschen Militärmacht andererseits. Die Erinnerung an die deutsche Wehrmacht, an die deutsche Besetzung und deutsche Kriegsverbrechen war noch keineswegs verschwunden, sondern zum Teil in den persönlichen Schicksalen der Beteiligten gegenwärtig. So war etwa der französische Verteidigungsminister Jules Moch nicht zuletzt deshalb ein Gegner der deutschen Wiederaufrüstung, weil sein Sohn von Deutschen umgebracht worden war.

Trotz aller Bedenken kamen die sechs Partnerstaaten der Montanunion 1952 überein, eine europäische Verteidigungsgemeinschaft zu gründen, in der ein wiederbewaffnetes Deutschland Mitglied sein sollte. Allerdings müßten die neuen deutschen Truppen in eine europäische Armee integriert werden.

Der von den sechs Staaten ausgehandelte und unterschriebene EVG-Vertrag scheiterte aber an Frankreich: Am 30. August 1954 lehnte das französische Parlament den Vertrag ab. Nicht nur die Angst vor einer deutschen Wiederbewaffnung war der Grund, auch die Spannungen zwischen Frankreich und den USA führten zu dieser Entscheidung.

Europäische Integration

Frankreich fürchtete nämlich einen vollständigen Rückzug der US-Truppen für den Fall des Aufbaus einer europäischen Armee. Zudem hatte Frankreich die Gründung einer eigenen Atomstreitmacht beschlossen, die es keinesfalls einem europäischen Kommando unterstellen wollte.

Nach dem Scheitern der EVG wurde die Bundesrepublik Deutschland noch im gleichen Jahr Mitglied der NATO (siehe S. 93). In ihrem Rahmen vollzog sich die Wiederbewaffnung, der Aufbau der Bundeswehr.

Ein weiterer Ausbau der wirtschaftlichen Integration: die Europäische Wirtschaftsgemeinschaft (EWG)

Vorteile eines gemeinsamen Marktes

Die sechs Mitgliedsstaaten der Montanunion hatten seit der Gründung der Kohle- und Stahlgemeinschaft feststellen müssen, daß die damit verbundenen Erwartungen nur teilweise erfüllt werden konnten. Ein wesentliches Hindernis bestand darin, daß nur die Kohle- und Stahlindustrie als gemeinsamer, integrierter Bereich organisiert war, alle anderen Wirtschaftsbereiche jedoch weiterhin nationaler Souveränität unterstanden. Dadurch kam es immer wieder zu Reibungen und Konflikten. Eine Lösung war nur möglich, wenn der gemeinsame Markt auf weitere Wirtschaftssektoren ausgedehnt würde, am besten auf alle Wirtschaftsbereiche.

Nur ein integrierter europäischer Wirtschaftsraum bot zudem die Chancen, in der Entwicklung moderner Produktionsbereiche wie der Atomindustrie, der Computertechnologie, der Raumfahrt u. a. den Anschluß an die Großmächte nicht zu verlieren.

Zwar hatten sich in Europa, und ganz besonders im westlichen Europa, die Lebensbedingungen der Bevölkerung seit Kriegsende beträchtlich verbessert, den Lebensstandard der USA jedoch hatte auch Westeuropa noch lange nicht erreicht. In einem einheitlichen europäischen Wirtschaftsraum, so hoffte man, könnte dieses Ziel erreicht werden, da ein vergrößerter Markt, ein intensiver Wettbewerb und andere Vorzüge eine kostengünstigere Produktion versprachen.

Die Römischen Verträge

Durch das Scheitern der militärischen Integration Europas fühlten sich die sechs beteiligten Länder erst recht angetrieben, einen weiteren Schritt zu einer europäischen Einigung zu unternehmen.

Am 25. März 1957 wurde deshalb in Rom der Vertrag über die Gründung einer *Europäischen Wirtschaftsgemeinschaft* unterzeichnet. Gründungsmitglieder waren die sechs Staaten der Montanunion. Großbritannien hatte eine Teilnahme strikt abgelehnt. Die Länder der EWG unterschrieben am gleichen Tag einen Vertrag über eine *Europäische Atomgemeinschaft* (Euratom).

Ziele der EWG waren:
– die beteiligten Volkswirtschaften zu einem gemeinsamen Markt ohne Zölle oder andere Handelsschranken zusammenzufügen,
– gegenüber Drittländern einen gemeinsamen Außenzoll zu erheben,
– eine integrierte Union, in der sich die einzelnen Wirtschaftsbereiche (Handel, Verkehrspolitik, Sozialpolitik, Landwirtschaft usw.) nach gemeinsamen Regeln entwickeln würden, und
– am Ende einer stufenweisen Angleichung ein völlig freier, gemeinsamer Wirtschaftsraum.

Jene sieben Staaten Europas, die sich wie Großbritannien zu einer Mitgliedschaft in der EWG nicht bereit gefunden hatten, organisierten sich 1960 in einer gemeinsamen Freihandelszone, der EFTA.

Das Mädchen Europa zwischen EWG und EFTA.

Von der wirtschaftlichen zur politischen Gemeinschaft

Die Dynamik der wirtschaftlichen Einigung

Lebensstandard und soziale Sicherheit nehmen zu

Nicht nur wirtschaftliche Motive standen am Beginn der EWG, auch wenn sie dominierten. Schon in der Präambel des EWG-Vertrages ist die Sprache vom „festen Willen, die Grundlagen für einen immer engeren Zusammenschluß der europäischen Völker zu schaffen". Die wirtschaftliche Integration aber sollte der Motor sein für die weitergehende Einigung. Was die gemeinsamen wirtschaftlichen Entwicklungen betrifft, so wurden die Erwartungen erfüllt, teilweise sogar übertroffen. Und bald war der Nachweis erbracht, daß der eingeschlagene Weg in eine Zukunft mit höherem Lebensstandard und mehr sozialer Sicherheit wies. 1968 wurde die Zollunion in der EWG verwirklicht. Über ein Jahr früher als vereinbart, waren sämtliche Zölle zwischen den Partnerstaaten abgeschafft. Der Außenhandel der Mitgliedsstaaten hatte sich im gleichen Zeitraum verdoppelt, der Handel der Mitglieder untereinander war bereits bis 1966 um 238 % gestiegen. Die Bürger der EWG-Staaten hatten ihre Kaufkraft bis 1971 um 74 % gesteigert, in England, das außerhalb stand, betrug die Steigerungsrate lediglich 31 %. Auch in Bereichen Wirtschaftswachstum, Volkseinkommen, Auswahl für den Verbraucher, soziale Sicherheit war die Entwicklung positiv.

1967 wurden die drei Gemeinschaften – EWG, EGKS, Euratom – zur Europäischen Gemeinschaft (EG) zusammengefaßt.

„Ei, ei, wer kommt denn da?"

Vom Europa der Sechs zum Europa der Zwölf

Die Attraktivität der EWG wuchs mit ihren Erfolgen. 1961 und 1967 hatte Großbritannien um Beitritt nachgesucht:. Beide Male hatte sich der französische Staatspräsident de Gaulle gegen eine Aufnahme ausgesprochen. Nach langwierigen Verhandlungen wurde Großbritannien 1973 Mitglied, ebenso Dänemark und Irland. In Norwegen hatte die Bevölkerung gegen eine Mitgliedschaft gestimmt. 1981 trat Griechenland als zehntes Mitglied der Europäischen Gemeinschaft bei, 1986 schlossen sich Spanien und Portugal an.

Wirtschaftlicher Riese – Politischer Zwerg: Gibt es eine europäische Außenpolitik?

Aus den einzelnen Europäischen Gemeinschaften (EGKS, Euratom, EWG) war die *Europäische Gemeinschaft* geworden. Als einheitlicher Wirtschaftsraum übt die EG auch nach außen erheblichen Einfluß aus. Über die Festlegung gemeinsamer Außenzölle, die Bestimmung von Einfuhrbeschränkungen, die gemeinsame Entwicklungshilfe – darüber entscheidet die EG nicht nur wirtschaftlich, sondern auch politisch. Sollte dieses vereinte Europa nicht seine wirtschaftliche Macht auch politisch nutzen? Könnte nicht eine gemeinsame Außenpolitik wirkungsvoller sein als die eines einzelnen Staates? Wäre ein europäischer Beitrag z.B. zur Abrüstung, zur Friedenssicherung, zur Lösung des Nord-Süd-Konfliktes nicht hilfreich in der Welt? Grundsätzlich enthalten die EG-Verträge keine Vereinbarungen über eine gemeinsame Außenpolitik der Mitgliedsstaaten. Im Jahre 1972 beschlossen deshalb die Regierungen die Entwicklung einer „Gemeinsamen europäischen Zusammenarbeit". In regelmäßigen Treffen, mindestens viermal im Jahr, besprechen die Außenminister die politische Situation, klären ihre Standpunkte und versuchen, zu einer gemeinsamen Haltung zu gelangen und gemeinsam zu handeln. Nationale Sonderinteressen allerdings treten gerade in der Außenpolitik immer wieder offen zutage. Eine Verbesserung der außenpolitischen Zusammenarbeit kann jedoch nicht nur Sache der Regierungen sein, sie muß auch vom Europäischen Parlament getragen werden.

Europäische Integration

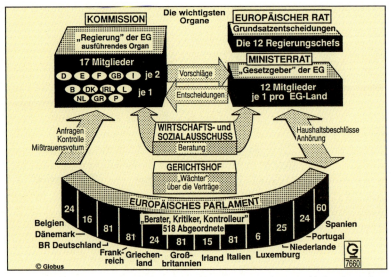

Zusammensetzung und Funktionsweise der EG-Organe. Die Zahl der deutschen Abgeordneten im Europäischen Parlament soll – nach der deutschen Vereinigung – erhöht werden.

Das Europäische Parlament

Mehr Mitbestimmung für Europa. Die Direktwahl eines Europäischen Parlamentes war bereits 1957 in den Römischen Verträgen vorgesehen, doch erst im Juni 1979 fand sie statt. Jedem Mitgliedsland war eine bestimmte Anzahl von Abgeordnetensitzen zuerkannt worden. Die zusätzliche Legitimation der EG durch direkte Wahlen zu einem gemeinsamen Parlament bedeutete eine neue Stufe der europäischen Einigung. Die Mitglieder des Parlaments sind für fünf Jahre gewählt und besitzen bisher relativ wenige Rechte. Mit der Entscheidungsbefugnis über den EG-Haushalt haben sie jedoch eine weitreichende politische Macht.

Schwierigkeiten auf dem Weg zur Integration

Mehrheit oder Einstimmigkeit? Im Jahre 1966 hatte Frankreich sechs Monate lang sämtliche Sitzungen des EWG-Rates boykottiert. Grund war die Weigerung, sich dem Mehrheitsprinzip zu beugen. Schließlich lenkten die übrigen Mitgliedstaaten ein: Das Einstimmigkeitsprinzip wurde für alle wichtigen Fragen beibehalten. Dieses Prinzip hat neben seinen Vorzügen jedoch auch nachteilige Folgen: Beschlüsse werden nicht schnell getroffen, sondern oft erst nach langen Verhandlungen herbeigeführt. Manche wichtige Entscheidung kommt überhaupt nicht zustande, da kein Kompromiß gefunden wird. Kompromisse sind nicht selten mit vielen Einzelzugeständnissen behaftet. 1985 beschlossen die EG-Regierungen, für bestimmte Bereiche wieder zu Mehrheitsentscheidungen überzugehen.

Die Landwirtschaft im vereinten Europa

Etwa zwei Drittel der EG-Haushaltsmittel werden für den gemeinsamen europäischen Agrarmarkt ausgegeben. Das zeigt die besondere politische Bedeutung dieses Bereiches. Dennoch fällt es schwer, eine gemeinsame Landwirtschaftspolitik zu entwickeln. So werden den Bauern in der EG feste Erzeugerpreise garantiert, die jährlich neu festzulegen sind. Zudem sind die landwirtschaftlichen Produkte vor der Konkurrenz des Weltmarktes durch EG-Einfuhrzölle geschützt.

Die Folgen dieser Politik waren zunächst nicht absehbar:

Obwohl die Zahl der Bauern abnahm, stieg die landwirtschaftliche Produktion ungeheuer. Bei einzelnen Produkten überschritt die Erzeugung den Bedarf bei weitem, so daß die EG zur Lagerung und zum subventionierten Verkauf gezwungen wurde. Eine Lösung dieser Probleme ist schwierig, weil sichere Einkommen für die Bauern ebenso garantiert werden müssen wie eine sichere landwirtschaftliche Versorgung zu angemessenen Verbraucherpreisen, und weil gleichzeitig die großen regionalen Unterschiede in der EG zu berücksichtigen sind. Durch die Beitritte Griechenlands, Portugals und Spaniens sind diese regionalen Unterschiede noch zusätzlich gewachsen.

Die Regelung des landwirtschaftlichen Sektors muß auch mit der Umweltpolitik abgestimmt werden. Der Schutz unserer Umwelt ist zu einer politischen Herausforderung für ganz Europa geworden.

Europäische Integration

Die Perspektive einer Zusammenarbeit ganz Europas

Die Umwälzungen in Ost-, Mittel- und Südosteuropa

Die gesellschaftlichen Veränderungen in der Sowjetunion (siehe S. 82) wirkten sich auch auf die Staaten im sowjetischen Machtbereich aus. Sowohl der Warschauer Pakt als auch die Wirtschaftsgemeinschaft dieser Staaten, der Rat für gegenseitige Wirtschaftshilfe (RGW bzw. Comecon) lösten sich auf. Die kommunistischen Parteien mußten auf ihren Führungsanspruch verzichten, die kommunistischen Regierungen in Polen, in der Tschechoslowakei und in anderen Staaten des ehemaligen Ostblocks wurden abgewählt. Diese Auflösung beendete einerseits die erzwungene Anbindung an die Sowjetunion, andererseits eröffnete sie neue Wege, auch den Weg nach Europa.

Bei der Bewältigung der großen wirtschaftlichen Schwierigkeiten, die der Übergang zu einem marktwirtschaftlichen System mit sich brachte, erhoffen sich die betroffenen Staaten Rat und Hilfe von der EG.

Die Menschen in diesen Ländern haben nicht nur einen ungeheuren wirtschaftlichen Nachholbedarf: Große Teile Europas waren ihnen jahrzehntelang verschlossen gewesen, einen großen Teil der europäischen Kultur, des europäischen Geisteslebens haben sie nicht kennenlernen dürfen. Das westliche Europa erschien ihnen als die Verkörperung von Freiheit und Wohlstand. An all dem wollten sie nun teilhaben.

Ein gemeinsames Europa vom Atlantik bis zum Ural?

Was nach dem Zweiten Weltkrieg von vielen Menschen erhofft worden war und sich durch den Kalten Krieg zerschlagen hatte, ist jetzt wieder diskussionswürdig geworden: eine Europäische Gemeinschaft, die alle Staaten Europas umfaßt. Die Schwierigkeiten, die dem entgegenstehen, sind allerdings gewaltig. Es sind nicht nur die großen wirtschaftlichen Unterschiede, die die ohnehin in der EG schon vorhandenen Ungleichgewichte noch weiter verstärken müßten. Eine jahrzehntelange zwanghafte Einbindung der osteuropäischen Staaten in den sowjetischen Machtbereich hatte auch das nationale Selbstgefühl unterdrückt. Die Bereitschaft zum Verzicht auf nationale Souveränität ist für die Bürger dieser Staaten deshalb nicht so selbstverständlich wie für uns. Hinzu kommt, daß mit einer wachsenden Zahl von EG-Mitgliedern auch die politische Verständigung und die Entscheidungsfindung immer schwerer werden wird. Die gesamteuropäische Integration wird deshalb ein langer, mühseliger Weg sein. Eine gesamteuropäische Zusammenarbeit der EG-Staaten mit den neutralen europäischen Ländern und den Staaten aus dem ehemaligen sowjetischen Machtbereich hat allerdings eine reale Perspektive.

Europa-Fahnen:
1954 führte der Europarat eine offizielle Flagge ein, die zwölf goldene Sterne, kreisförmig angeordnet, auf blauem Grund zeigt. Im Jahre 1986 wurde sie durch einen Beschluß des EG-Ministerrates auch die offizielle Flagge der Europäischen Gemeinschaft.
Die zweite Fahne, weißes „E" auf grünem Grund, ist die Fahne der Europäischen Bewegung.

Europäische Integration

Der Weg zu einem geeinigten Europa

1 Die europäische Einigung im Überblick:

1948 März: Brüsseler Vertrag: Die Benelux-Staaten, Frankreich und Großbritannien schließen einen militärischen Beistandspakt und einen Vertrag über wirtschaftliche, kulturelle und soziale Zusammenarbeit

April: Gründung der „Organisation für wirtschaftliche Zusammenarbeit in Europa" (OEEC) zur Verteilung der Marshallplanhilfe.

1949 April: Gründung der „North Atlantic Treaty Organisation" (NATO) als militärischer Sicherheitspakt von 12 europäischen Staaten, den USA und Kanada.

Aug.: Gründung des Europarats (zuerst 10, heute 21 Mitgliedstaaten) zur Verwirklichung der europäischen Einheit und Wahrung der Menschenrechte; erster Zusammenschluß zu einer ständigen politischen Einrichtung.

1951 April: Gründung der „Europäischen Gemeinschaft für Kohle und Stahl" (EGKS, Montanunion) durch die Benelux-Länder, Bundesrepublik Deutschland, Frankreich und Italien zur Schaffung eines gemeinsamen Marktes für Montanindustrie; erster Zusammenschluß, bei dem nationale Hoheitsrechte auf eine übernationale Institution (Hohe Behörde) übertragen werden.

1954 Okt.: Pariser Verträge: Die Bundesrepublik Deutschland und Italien werden zusammen mit den Staaten des Brüsseler Vertrages Mitglieder der neugeschaffenen „Westeuropäischen Union" (WEU); Aufhebung des Besatzungsstatuts in den drei Westzonen und Beitritt der Bundesrepublik Deutschland zur NATO nach Inkrafttreten der Verträge (5. Mai 1955).

1957 März: Römische Verträge: Gründung der „Europäischen Wirtschaftsgemeinschaft" (EWG) und der „Europäischen Atomgemeinschaft" (EURATOM) durch die Mitgliedstaaten der EGKS zur Schaffung eines gemeinsamen Marktes und einer Zoll- und Wirtschaftsunion; Ziel ist die politische Einigung.

1958 März: Konstituierende Sitzung des Europäischen Parlamentes in Straßburg als gemeinsame parlamentarische Vertretung der drei Gemeinschaften EGKS, EWG und EURATOM.

1960 Jan.: Gründung der „Europäischen Freihandelsassoziation" (EFTA) als Gegengewicht zur EWG durch Großbritannien, Dänemark, Norwegen, Österreich, Portugal, Schweden und die Schweiz; Ziel ist, eine wirtschaftliche Spaltung Westeuropas nach Gründung der EWG zu verhindern.

Dez.: Umwandlung der OEEC in die „Organisation für wirtschaftliche Zusammenarbeit und Entwicklung" (OECD); neben den 17 OEEC-Mitgliedstaaten gehören auch die USA, Kanada, Japan, Australien und Neuseeland der OECD an; Ziel ist die Koordinierung der Wirtschafts- und Entwicklungshilfepolitik.

1963 Jan.: Unterzeichnung des Vertrages über die deutsch-französische Zusammenarbeit.

1968 Juli: Zollunion in der EG.

1972 Jan.: Unterzeichnung des Beitrittsvertrages zur EG durch Dänemark, Großbritannien, Irland und Norwegen (Norwegen tritt nach ablehnender Volksabstimmung der EG nicht bei).

1974 Dez.: Errichtung des „Europäischen Rates" der Staats- und Regierungschefs der EG-Mitgliedstaaten zur besseren politischen Zusammenarbeit.

1979 Juni: Erste Direktwahlen zum „Europäischen Parlament".

1981 Jan.: Griechenland wird 10. Mitglied der EG.

1985 Dez.: Unterzeichnung der „Einheitlichen Europäischen Akte" durch die Staats- und Regierungschefs der EG. Beschlossen wurde damit u.a. die Verwirklichung des freien EG-Binnenmarktes bis 1992 sowie die Ausweitung der Rechte des Europäischen Parlamentes.

1986 Jan.: Durch Beitritt von Portugal und Spanien umfaßt die EG jetzt zwölf Mitglieder.

1 Beschreiben Sie anhand dieses Überblicks den Prozeß der europäischen Einigung unter den Aspekten der wirtschaftlichen, politischen und militärischen Zusammenarbeit. Welche Zusammenhänge können Sie feststellen?

2 Welche Schwierigkeiten auf dem Weg zum geeinten Europa kann man aus der Tabelle erkennen?

3 Stellen Sie in einem Schaubild die Organisationen der europäischen Zusammenarbeit dar.

Europäische Integration

2 Der ehemalige britische Premierminister Winston Churchill in einer Rede am 19. September 1946 in Zürich:

Q Wir müssen etwas wie die Vereinigten Staaten von Europa schaffen. Nur so können Hunderte von Millionen schwer arbeitender Menschen wieder die einfachen Freuden und Hoffnungen zurückgewinnen, die das Leben lebenswert machen. Das Verfahren ist einfach. Was wir benötigen, ist der Entschluß von Hunderten von Millionen Männern und Frauen, Recht statt Unrecht zu tun und als Lohn Segen statt Fluch zu ernten. […] Um dies zu erreichen, bedarf es eines Glaubensaktes, an dem sich Millionen von Familien, die viele Sprachen sprechen, bewußt beteiligen müssen.
Ich spreche jetzt etwas aus, das Sie in Erstaunen setzen wird. Der erste Schritt bei der Neugründung der europäischen Familie muß eine Partnerschaft zwischen Frankreich und Deutschland sein. Nur auf diese Weise kann Frankreich die moralische Führung Europas wiedererlangen. Es gibt kein Wiederaufleben Europas ohne ein geistig großes Frankreich und ein geistig großes Deutschland. Die Struktur der Vereinigten Staaten von Europa, wenn sie gut und echt errichtet wird, muß so sein, daß die materielle Stärke eines einzelnen Staates von weniger großer Bedeutung ist. Kleine Nationen zählen ebensoviel wie große und erwerben sich ihre Ehre durch ihren Beitrag zu der gemeinsamen Sache. […] Ich muß Sie aber auch warnen. Die Zeit ist vielleicht knapp. Gegenwärtig haben wir eine Atempause. Die Geschütze schweigen. Der Kampf hat aufgehört, aber nicht die Gefahren. Wenn es uns gelingen soll, die Vereinigten Staaten von Europa oder welchen Namen auch immer sie tragen werden, zu errichten, müssen wir jetzt damit beginnen.

Einigung und Spaltung Europas 1942–1965, hrsg. von C. Gasteyger, Frankfurt/M. 1965, S. 41–42.

3 Der britische Historiker Arnold J. Toynbee in einer Vorlesung im Mai 1947:

Q In einer Europäischen Union, die sowohl die Sowjetunion als auch die USA ausschlösse – und das ist der hypothetische Ausgangspunkt für den Versuch, eine europäische Dritte Großmacht zu konstruieren –, muß Deutschland früher oder später auf diesem oder jenem Wege die Führung übernehmen, und zwar selbst dann, wenn dieses Vereinte Europa mit einem Deutschland gegründet werden würde, das entwaffnet und dezentralisiert oder sogar geteilt wäre.
In diesem Raum, der zwischen den USA und der Sowjetunion liegt, hält Deutschland eine beherrschende Mittellage besetzt: Die deutsche Nation ist eineinhalb Male so groß wie die nächstgroße Nation Europas; das deutsch bewohnte Herz Europas (dabei sind weder Österreich noch der deutschsprachige Teil der Schweiz berücksichtigt) enthält einen vorherrschenden Anteil des gesamten schwerindustriellen Potentials von Europa – an Rohstoffen, Fabrikanlagen und Fachkräften; und die Deutschen sind ebenso leistungsfähig, sowohl Menschen als auch sonstiges Kriegsmaterial zur Kriegsführung zu organisieren, wie sie andererseits unfähig zum Versuch sind, sich selbst zu regieren und unerträglich als Herrscher über andere Völker. Gleichgültig, zu welchen Bedingungen Deutschland zu Beginn in ein Vereintes Europa einbezogen würde, […] auf die Dauer gesehen würde es ein solches Europa beherrschen; und sogar dann, wenn die Vorherrschaft, die es gewaltsam in zwei Kriegen vergeblich zu gewinnen versucht hatte, ihm diesmal friedlich und schrittweise zufallen würde, wird kein nichtdeutscher Europäer glauben, daß die Deutschen – sobald sie erfaßt haben, daß sich diese Macht in ihrer Reichweite befände – so weise wären oder sich selbst beherrschen könnten, ohne Peitschenschwingen und Quälereien auszukommen. Diese Deutsche Frage würde sich als unüberwindliches Hindernis bei der Errichtung einer europäischen dritten Großmacht herausstellen. […]
Besonders in Westeuropa (und Westeuropa ist das Herz Europas) sind die Traditionen nationaler Individualität so stark, daß die engste Europäische Union, die auch durchführbar wäre, noch zu lose verbunden sein würde, um mehr als eine unwichtige Figur im Machtspiel zu sein.

A. J. Toynbee, Kultur am Scheideweg, Wien-Zürich 1949, S. 148–149.

1 *Welche unterschiedlichen Erwartungen werden in den beiden Texten an ein vereinigtes Europa geknüpft?*
2 *Wie erklären Sie sich die unterschiedlichen Beurteilungen? Beachten Sie dabei, daß der eine der beiden Autoren Politiker, der andere Historiker ist.*

Europäische Integration

4 Der belgische Politiker Paul-Henri Spaak, der führenden Anteil am Zustandekommen der EWG hatte, erinnert sich in seinen Memoiren:

Q Am 25. März 1957 unterzeichneten wir in Rom die beiden Verträge – den über die Gründung des Gemeinsamen Marktes und den über die Gründung von Euratom. Es war eine unvergeßliche Feier. Die Italiener hatten alles hervorragend arrangiert. [...] Alle Mitarbeiter an dem großen Werk, das wir einweihen sollten, waren anwesend: die Minister, die es gewünscht hatten, die Delegationsführer, die eine gewaltige Arbeit vollbracht hatten, die Fachleute, die uns geholfen hatten. Die Glocken von Rom läuteten mit aller Macht zum Gruß für die Geburt des neuen Europa. Meine Erregung, meine Freude und meine Hoffnungen waren eins. [...] Die Verträge von Rom stellten den Sieg des Geistes der Zusammenarbeit und die Niederlage des egoistischen Nationalismus dar. Die Menschen, die das Unternehmen zum Erfolg geführt hatten, waren von den gleichen Überzeugungen und dem gleichen Ideal beseelt. Ohne ihre Ergebenheit für ihr eigenes Vaterland im geringsten zu verleugnen, verkündeten sie die Notwendigkeit, die Länder untereinander so zu vereinigen, um ihre wirtschaftliche Kraft und darüber hinaus ihre politi-sche Macht zu sichern. Sie waren sicher, durch diese Handlungsweise den Niedergang einer Kultur aufzuhalten und dem europäischen Kontinent seinen Rang und seine Ausstrahlung wiederzugeben. Sie beabsichtigten nicht, ihre Bemühungen auf diesen unmittelbaren Erfolg zu beschränken. Sie hofften, daß sich ihnen eines Tages andere Länder anschließen würden. Sie glaubten auch, daß die wirtschaftliche Integration sie unfehlbar zur politischen Vereinigung führen würde. Ihr Endziel war die Schaffung eines Europas, das kein Satellit Amerikas, sondern dessen vollwertiger Partner in einer west-lichen Welt werden sollte, die zur Verteidigung einer bestimmten Lebensform organisiert und vereint war.
Sie erkannten sehr wohl die Wichtigkeit der wirtschaftlichen Veränderungen, die sie vorgenommen hatten, doch so bedeutend sie waren, ihnen erschienen diese Veränderungen doch nur als nebensächlich oder als die erste Etappe auf dem Weg zu einer noch bedeutenderen politischen Revolution.

P.-H. Spaak, Memoiren eines Europäers, Hamburg 1969, S. 320-329.

5 Bundeskanzler Konrad Adenauer schreibt in seinen Erinnerungen:

Q Die Unterzeichnung der Verträge war ein Ereignis von größter wirtschaftlicher und politischer Bedeutung. Bei der Entwicklung, die in der Welt nach dem Kriege eingetreten war, konnte auf die Dauer die Wirtschaft eines europäischen Landes auf sich allein gestellt nicht gesund bleiben, weil das Wirtschaftsgebiet eines jeden einzelnen europäischen Landes für sich zu klein ist. Kein europäisches Land, es mochte heißen wie es wollte, selbstverständlich auch ein wiedervereinigtes Deutschland nicht, würde für sich allein weder in der Weltwirtschaft noch in der Weltpolitik eine Rolle spielen können, weil es allein viel zu schwach hierzu sein würde. Nur die Zusammenfassung zu einem gemeinsamen europäischen Wirtschaftsraum konnte auf die Dauer die Länder Europas gegenüber anderen Wirtschaftsgebieten auf der Erde konkurrenzfähig machen und erhalten. [...]
Wir konnten die Güter, die die Europäer von unseren Vorfahren in langen Jahrhunderten übernommen hatten: europäisches Denken, abendländisches Denken, christliches Denken nur dann wieder zur Geltung bringen und den europäischen Ländern in der Weltwirtschaft und in der Weltpolitik nur dann wieder eine Rolle verschaffen, wenn Europa zu einer Einheit zusammengeschlossen sein würde. Dafür einzutreten, daß Europa ein kraftvolles, geeintes Europa würde, war die dringende Aufgabe der jetzt lebenden Europäer. [...]
Der wirtschaftliche Zusammenschluß würde, so hofften die Unterzeichnerstaaten, auch politische Folgen nach sich ziehen. Ich war mir klar darüber, daß die Entwicklung Zeit brauchte. Das Ziel selbst aber mußte, auch wenn Jahre dahingehen sollten, bis es erreicht sein würde, unverrückt im Auge behalten werden: die politische Einheit Europas. [...] Ich mußte immer wieder daran zurückdenken, wie im vorigen Jahrhundert Deutschland in eine große Anzahl von Staaten zerfallen war und wie allmählich der Zollverein eine wirtschaftliche und schließlich eine politische Einheit oder Einigung herbeigeführt hatte. Ich glaubte, eine derartige Entwicklung durfte man auch von dem Vertragsabschluß erwarten, der am 25. März 1957 in Rom vollzogen wurde.

K. Adenauer, Erinnerungen 1955-1959, Stuttgart 1967, S. 265-274.

6 Der deutsche Politiker Walter Hallstein, der von 1958 bis 1967 Präsident der Kommission der EWG war, schreibt:

Q Es wäre falsch, Interessenunterschiede, ja -gegensätze zu leugnen. Es gibt sie in reichem Maße. Ein Mitgliedstaat orientiert sich nach Afrika, ein anderer nach Südamerika, ein dritter nach Asien. Ein Mitgliedstaat glaubt, daß Währungsreserven vor allem aus Gold bestehen sollten, ein anderer akzeptiert in großem Umfang auch Devisen. Es gibt Unterschiede in der Agrarpolitik; der eine fördert die Grundproduktion, der andere die Veredelungswirtschaft. [...]
Es ist nicht paradox zu sagen, daß selbst Interessengegensätze ein konstitutives Element der Gemeinschaft sind. Die elementarste Kraft jeder Gemeinschaft ist die Verschiedenheit der Partner. Es gibt auch in einer Gemeinschaft wie der unseren keine Kraftentfaltung und -entwicklung ohne Widerstand. Jeder Sieg des Gemeinsamen über das Besondere macht sie stärker.
Daß der Fortschritt der Gemeinschaft ein wohlverstandenes Eigeninteresse von hohem Wert war – dieser Gedanke begann öfter hinter partikularem Nutzen zurückzutreten.

7 Der amerikanische Politiker George W. Ball, der in den fünfziger und sechziger Jahren wesentlich die amerikanische Europapolitik mitbestimmt hat, schreibt über die Einschätzung der europäischen Einigung in den USA:

Q Während der ersten Jahre der Gemeinschaft beobachten die Amerikaner mit Faszination und Beifall die sich erhebende politische Architektur eines neuen Europas, und es war weithin anerkannt, daß es für die Vereinigten Staaten von vitaler Bedeutung war, Europas entschlossenen Vormarsch zur Einheit zu ermutigen. Heute ist diese Ansicht Kritteleien ausgesetzt, aus Gründen, die sorgfältig geprüft werden sollten.
Der erste ist einfach ein Nachlassen der Überzeugung, daß sich Europa wirklich auf die Einheit zubewegt – in anderen Worten, der Zweifel daran, daß mehr als ein gegen amerikanische Interessen gerichteter defensiver Handelsblock zustande kommt. Nicht bereit, der Tatsache ins Auge zu sehen, daß die Schwächung unserer Wettbewerbsteilung weithin unsere eigene Schuld ist und nicht der Unfairneß von Ausländern zur Last gelegt werden kann, nehmen einige Amerikaner ihre Zuflucht zu einer armseligen und unwürdigen Selbstbemitleidung. In einer Zeit, wo Sündenböcke sehr gefragt sind, ist es leicht, unsere schwierige Lage dem europäischen Gemeinsamen Markt vorzuwerfen und besonders der gemeinsamen Agrarpolitik der Gemeinschaft.

Quelle 6 und 7: W. Hallstein, Die europäische Gemeinschaft, Düsseldorf-Wien 1973, S. 94-97 und S. VII-XI.

1 Worin wird in den Quellen 4 bis 7 die historische Bedeutung der europäischen Einigung gesehen?
2 Welche unterschiedlichen Ansprüche an den Prozeß der europäischen Einigung kommen bei den einzelnen beteiligten Politikern zum Ausdruck?

8 Anteile der verschiedenen Ausgaben am Gesamthaushalt der EG 1990

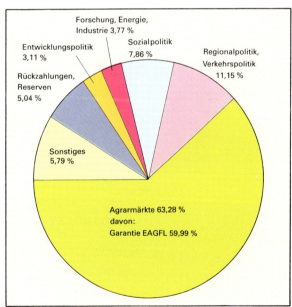

1 Erläutern Sie anhand des Schaubildes, inwieweit der gemeinsame Agrarmarkt eines der Hauptprobleme der Europäischen Gemeinschaft darstellt (Vgl. auch S. 208).
2 Überlegen Sie, welche Haushaltsbereiche bei einem eventuellen EG-Beitritt der mittel- und osteuropäischen Staaten besonders betroffen wären.

Wichtiges zusammengefaßt

1945 1950 1955 1960 1965 1970 1975 1980 1985 1990

Deutsch-französische Annäherung
Römische Verträge

Symbol der europäischen Einheit

Aufhebung der Zollschranken

Die Idee einer Einigung Europas, die schon zwischen den beiden Weltkriegen viele Befürworter hatte, fand nach 1945 weite Zustimmung bei den Völkern Europas. An die Stelle von Nationalismus und nationalstaatlichen Rivalitäten sollte ein vereintes Europa treten, das allen Völkern des Kontinents Frieden und Wohlfahrt garantieren könnte.

Der Kalte Krieg und die sowjetische Vorherrschaft über große Teile Ost- und Mitteleuropas führten jedoch dazu, daß aus der geplanten Einheit Europas zunächst lediglich eine Vereinigung Westeuropas wurde.

Nach der Gründung der Montanunion (Europäische Gemeinschaft für Kohle und Stahl, 1951) wurde die im Jahre *1957* errichtete *Europäische Wirtschaftsgemeinschaft* (EWG) zur Keimzelle einer fortschreitenden *europäischen Integration*. Den Gründungsstaaten Frankreich, Deutschland, Italien, Niederlande, Belgien, Luxemburg schlossen sich in den folgenden Jahrzehnten Großbritannien, Irland, Dänemark, Griechenland, Spanien und Portugal an. Weitere Staaten haben inzwischen Aufnahmeanträge gestellt. 1967 wurden die EWG, die Montanunion und Euratom zur *Europäischen Gemeinschaft (EG)* zusammengefaßt.

Mit der *ersten Wahl zum Europäischen Parlament* im Jahre *1979* wurde ein wichtiger Schritt von der wirtschaftlichen zur politischen Einigung getan. Neben der wirtschafts- und währungspolitischen Integration gibt es auch eine politische, die in der Europäischen Politischen Zusammenarbeit ihren Ausdruck gefunden hat. Der Prozeß der Einigung Europas ist keineswegs abgeschlossen, sondern strebt eine intensivere Zusammenbindung der europäischen Staaten an. Das Ziel ist eine Europäische Union, ein wirtschaftlich und politisch vereintes Europa.

Der *Umbruch in den Ostblockländern* im *Jahre 1989* hat die Möglichkeit gesamteuropäischer Zusammenarbeit eröffnet. Eine Integration des gesamten Europas ist nun nicht mehr ausgeschlossen.

Der Schriftsteller Stefan Zweig berichtet über seine Gedanken zu Europa vor seiner Emigration im Jahre 1936.

Und es war gerade die Sorge um Europa, diese schmerzhaft auf unsere Nerven drückende Sorge, die mich in diesen Jahren zwischen Hitlers Machtergreifung und dem Ausbruch des Zweiten Weltkriegs viel reisen und sogar zweimal über den Ozean fahren ließ. Vielleicht drängte mich das Vorgefühl, daß man sich, solange die Welt offenstand und Schiffe friedlich ihre Bahn über die Meere ziehen durften, für dunklere Zeiten an Eindrücken und Erfahrungen aufspeichern sollte, soviel das Herz zu fassen vermochte, vielleicht auch die Sehnsucht zu wissen, daß, während unsere Welt sich durch Mißtrauen und Zwietracht zerstörte, eine andere sich aufbaute [...].

Die letzten Stunden in Europa vor dieser Reise gaben noch bedenkliche Mahnungen auf den Weg mit. In jenem Sommer 1936 hatte der spanische Bürgerkrieg begonnen, der oberflächlich gesehen nur ein innerer Zwist dieses schönen und tragischen Landes, in Wirklichkeit aber schon das vorbereitende Manöver der beiden ideologischen Machtgruppen für ihren künftigen Zusammenstoß war. Ich war von Southampton mit einem englischen Schiff abgefahren und eigentlich der Meinung, der Dampfer werde, um dem Kriegsgebiet auszuweichen, die sonst übliche erste Station Vigo vermeiden. Zu meiner Überraschung fuhren wir dennoch in den Hafen ein, und es wurde uns Passagieren sogar gestattet, für einige Stunden an Land zu gehen. Vigo befand sich damals in den Händen der Franco-Leute und lag weit ab von dem eigentlichen Kriegsschauplatz. Dennoch bekam ich in diesen wenigen Stunden einiges zu sehen, was berechtigten Anlaß zu bedrückenden Gedanken geben konnte. Vor dem Rathaus, von dem die Flagge Francos wehte, standen, meist von Priestern geführt, junge Burschen in ihren bäuerlichen Gewändern aufgereiht, offenbar aus den nachbarlichen Dörfern herangeholt. Ich verstand im ersten Augenblick nicht, was man mit ihnen vorhatte. Waren es Arbeiter, die man anwarb für irgendeinen Notdienst? Waren es Arbeitslose, die dort verköstigt werden sollten? Aber nach einer Viertelstunde sah ich dieselben jungen Burschen verwandelt aus dem Rathaus herauskommen. Sie trugen blitzblanke, neue Uniformen, Gewehre und Bajonette; unter der Aufsicht von Offizieren wurden sie auf ebenfalls ganz neue und blitzblanke Automobile verladen und sausten durch die Straßen aus der Stadt hinaus. Ich erschrak. Wo hatte ich das schon einmal gesehen? In Italien zuerst und dann in Deutschland! Da und dort waren plötzlich diese tadellosen neuen Uniformen dagewesen und die neuen Automobile und Maschinengewehre. Und wieder fragte ich mich: wer liefert, wer bezahlt diese neuen Uniformen, wer organisiert diese jungen, blutarmen Menschen, wer treibt sie gegen die bestehende Macht, gegen das gewählte Parlament, gegen ihre eigene legale Volksvertretung? Der Staatsschatz befand sich, wie ich wußte, in den Händen der legalen Regierung, und ebenso die Waffendepots. Es mußten also diese Automobile, diese Waffen aus dem Ausland geliefert worden sein, und sie waren zweifellos aus dem nahen Portugal über die Grenze gekommen. Aber wer hatte sie geliefert, wer sie bezahlt? Es war eine neue Macht, die zur Herrschaft kommen wollte, ein und dieselbe Macht, die da und dort am Werke war, eine Macht, die Gewalt liebte, Gewalt benötigte, und der all die Ideen, denen wir anhingen und für die wir lebten, Friede, Humanität, Konzilianz als antiquierte Schwächlichkeiten galten. [...] Es war der Wille zur Gewalt, der mit einer neuen, subtileren Technik die alte Barbarei des Krieges über unser unseliges Europa bringen wollte. Immer hat ein einziger optischer, sinnlicher Eindruck mehr Macht über die Seele als tausend Zeitungsartikel und Broschüren. Und nie stärker als in dieser Stunde, da ich sah, wie diese jungen, unschuldigen Burschen von geheimnisvollen Drahtziehern im Hintergrunde mit Waffen versehen wurden, die sie gegen ebenso unschuldige junge Burschen ihres eigenen Vaterlandes wenden sollten, überkam mich eine Ahnung dessen, was uns, was Europa bevorstand. Als dann das Schiff nach einigen Stunden Aufenthalts wieder abstieß, ging ich rasch hinab in die Kabine. Es war mir zu schmerzlich, noch einen Blick auf dieses schöne Land zu tun, das durch fremde Schuld grauenhafter Verwüstung anheimgefallen war; todgeweiht schien mir Europa durch seinen eigenen Wahn, Europa, unsere heilige Heimat, die Wiege und das Parthenon unserer abendländischen Zivilisation.

Stefan Zweig, Die Welt von gestern. Erinnerungen eines Europäers, Fischer Verlag, Frankfurt/M. 1961, S. 431 ff.

Abrüstung. In Konferenzen und Verhandlungen versuchten die Regierungen im 20. Jahrhundert immer wieder, Rüstung zu vermindern und zu kontrollieren. Auf den Haager Friedenskonferenzen von 1899 und 1907 kam es neben allgemeinen Erklärungen zur Abrüstung und Regelungen des Kriegsrechts zu keinen konkreten Schritten. Auch die Abrüstungsbemühungen nach dem Ersten Weltkrieg im Zuge der Pariser Friedenskonferenz 1919 und – ausgehend vom Völkerbund – in den zwanziger und Anfang der dreißiger Jahre brachten keine wesentlichen Erfolge. Die Entwicklung von Atomwaffen seit dem Zweiten Weltkrieg, weitere konventionelle Aufrüstung, der Einzug moderner Elektronik in die Rüstungsindustrie sowie die Einsatzmöglichkeit bakteriologischer, chemischer und Weltraumwaffen ließen bis zu den Abrüstungsverhandlungen zwischen den USA und der UdSSR im Jahr 1987 (siehe S. 63), die mögliche Vernichtung menschlicher Zivilisation wahrscheinlicher werden. Mit der Auflösung des Warschauer Paktes im Jahr 1991 und der veränderten politischen Situation in den osteuropäischen Ländern und in der UdSSR hat sich die Gefahr einer militärischen Auseinandersetzung in Europa entscheidend reduziert.

Abschreckung ist ein militärpolitisches Konzept, das nach dem Zweiten Weltkrieg entstanden ist; nach ihm werden nukleare und konventionelle Streitkräfte soweit ausgebaut, daß sie den möglichen Gegner von einem Angriff abhalten, da ein solcher die Vernichtung auch des eigenen Landes nach sich ziehen würde (→ Gleichgewicht). Die Abschreckung wurde in den USA zu Beginn des → Kalten Krieges entwickelt und ist Bestandteil der NATO-Politik. Die *nukleare Abschreckung* beruht v.a. auf der nicht kalkulierbaren Eskalation atomarer Vergeltungsschläge.

Befreiungsbewegungen sind Widerstandsorganisationen, die mit gewaltfreien Mitteln oder durch bewaffneten Kampf die Loslösung und staatliche Unabhängigkeit, z. B. von der Fremdherrschaft oder von einem Gesamtstaat, erstreben. Im 20. Jahrhundert bildeten sich Befreiungsbewegungen vor allem in den Ländern der Dritten Welt gegen die Kolonialherrschaft.

Bevölkerungsentwicklung. Zahlenmäßige Zu- oder Abnahme der Bevölkerung einer Stadt, einer Region, eines Staates oder auf der ganzen Welt. Im 20. Jahrhundert ist die Bevölkerungsentwicklung gekennzeichnet durch ein explosionsartiges Anwachsen der Bevölkerung in Ländern der Dritten Welt und ein geringes Wachstum in den Industriestaaten. Um der Gefahr einer weltweiten Überbevölkerung (1950: 2501 Mio.; 1960: 2986 Mio.; 1970: 3678 Mio.; 1980: 4336 Mio.) zu begegnen, wird die Hebung des Lebensstandards in der Dritten Welt angestrebt.

Blockfreie Staaten. 1955 auf der Konferenz von Bandung gegründeter Zusammenschluß von unabhängigen Staaten v. a. der Dritten Welt, die damit für die Vertretung ihrer Interessen eine eigene internationale Plattform bildeten (siehe S. 165). Die blockfreien Staaten sind gegen eine Ausweitung der weltweiten Blockbildung durch die USA und UdSSR und bezeichnen sich im Ost-West-Konflikt als neutral. Zu ihnen gehören u. a. Jugoslawien, Indien, Ägypten, aber auch Kuba.

Bundesstaat. Im Gegensatz zum Staatenbund (z. B. Deutscher Bund 1815-1866) ein Zusammenschluß von souveränen Staaten unter Aufgabe von Teilen der Souveränität – meist von Außenpolitik und Verteidigung – an die gemeinsame Bundesorganisation. So besitzt in der Bundesrepublik Deutschland der Bund im wesentlichen die Verfügung über Außen- und Verteidigungspolitik alleine, während die Länder über das Bildungswesen bestimmen (Kulturhoheit der Länder). In allen anderen Bereichen müssen Bund und Länder sich einigen (vgl. Gesetzgebungsverfahren). Das historische Vorbild des Bundesstaates sind die USA.

Demokratie. Herrschaftsform, in der das Volk der Souverän ist. Die Herrschaft kann direkt über Volksabstimmungen oder indirekt über Volksvertreter (→ parlamentarische Demokratie) ausgeübt werden. In der Zeit nach dem Zweiten Weltkrieg gibt es die indirekte Demokratie hauptsächlich in zwei Erscheinungsformen. Die westlichen freiheitlichen Demokratien wie in den USA, England, der Bundesrepublik Deutschland zeichnen sich durch Wahlen zu einem Parlament aus, in denen die Parteien um die Zustimmung der Wähler konkurrieren. Die in den Wahlen stimmenstärkste Partei wird mit der Regierungsbildung betraut. Die sogenannte → Volksdemokratie wie in der DDR, in Ungarn und Polen kennzeichnete bis in die achtziger Jahre die Führungsrolle der marxistisch-leninistischen Partei, der sich alle anderen Parteien unterzuordnen hatten. Dabei konnte die Wahl nach sogenannten Einheitslisten zu keiner Veränderung der Regierung führen, weil die Sitzverteilung im Parlament stets schon vor den Wahlen feststand.

Deutsche Frage. Nach dem Zweiten Weltkrieg versteht man unter der Deutschen Frage das Problem der Vereinigung der Teile des Deutschen Reiches von 1937, welche seit 1945 auf verschiedene Herrschaftsgebiete verteilt waren (1945-1949 auf Besatzungszonen, 1949-1990 auf die vier Staaten Bundesrepublik Deutschland, DDR, Volksrepublik Polen, UdSSR). Auch wenn der Ost-West-Gegensatz eine Vereinigung Deutschlands über Jahrzehnte unmöglich machte, so war doch das Wiedervereinigungsziel in der Präambel des Grundgesetzes seit 1949 verbindlich festgeschrieben. Mit dem sogenannten Friedensvertrag vom 12. September 1990 ist die Deutsche Frage gelöst: Deutschland ist durch die Grenzen der Bundesrepublik und der DDR einschließlich Berlins definiert. Die Gebiete östlich von Oder und Neiße gehören nun nicht mehr zu Deutschland.

Diktatur ist ein auf Gewalt beruhendes, uneingeschränktes Herrschaftssystem eines einzelnen, einer Gruppe oder Partei. In modernen Diktaturen ist die Gewaltenteilung aufgehoben; staatliche Überwachung dringt in alle Lebensbereiche vor, jegliche Opposition wird unterdrückt. Typische Merkmale von Diktaturen im 20. Jahrhundert sind staatliche Propaganda mit Aufbau von Feindbildern sowie Abschaffung der Presse- und Meinungsfreiheit; politische Machtmittel sind Terror und Gewalt. Beispiele für Diktaturen sind der Nationalsozialismus unter Hitler, die Alleinherrschaft Mussolinis und Francos in Italien und Spanien, der → Stalinismus in der UdSSR.

Diktatur des Proletariats. Nach marxistischer Auffassung versteht man darunter die demokratische Herrschaft der Mehrheit (d. h. des Proletariats) über die Minderheit (die Bourgeoisie) in der revolutionären Umwandlungsperiode vom Kapitalismus zum Kommunismus. Heute wird besonders in den kommunistischen Parteien der westlichen Länder (z. B. KPI) die Diktatur des Proletariats als notwendige revolutionäre Übergangsphase angezweifelt.

Eindämmungspolitik. Auf die von Kooperationsbereitschaft gegenüber der UdSSR getragene Politik des amerikanischen Präsidenten Roosevelt folgte seit 1946 eine Politik der Eindämmung und „Festigkeit" unter Präsident Truman gegen die angenommene sowjetische Angriffs- und Ausdehnungspolitik. Einer der Hauptbegründer der Eindämmungspolitik war der amerikanische Diplomat George F. Kennan (siehe S. 28). Die Eindämmungspolitik markiert den Beginn des → Kalten Krieges.

Entnazifizierung. Verfahren der Siegermächte des Zweiten Weltkrieges zur Säuberung der deutschen Gesellschaft vom Nationalsozialismus. Maßnahmen dazu waren die Entfernung ehemaliger Nationalsozialisten aus staatlichen, politischen und wirtschaftlichen Stellungen und deren gerichtliche Aburteilung; Verbot der NSDAP, ihrer Organisationen und jeder nationalsozialistischen Betätigung; Ausrottung nazistischen Gedankenguts aus dem Erziehungs- und Bildungswesen. Nach dem sogenannten „Befreiungsgesetz" wurden die Betroffenen eingestuft in Hauptschuldige (Kriegsverbrecher), Belastete, Minderbelastete, Mitläufer und Entlastete. 98% der ca. 6 Millionen Betroffenen wurden als Mitläufer eingestuft. Ergebnisse bzw. Erfolg der Entnazifizierung gelten als zweifelhaft (siehe S.21).

Entspannung. Verminderung des Risikos eines Krieges zwischen den beiden Weltmächten. Als Gegenbegriff zum → Kalten Krieg aufgenommen, der seit Anfang der sechziger Jahre durch Vereinbarungen zur Friedenssicherung, Rüstungskontrolle und den Ausbau politischer, wirtschaftlicher und kultureller Beziehungen begrenzt wurde. Die politischen Spannungen zwischen den Machtblöcken der UdSSR und der USA verminderten sich (→ Koexistenz).

Entwicklungsländer. Bezeichnung für die Staaten der → Dritten Welt, die im Vergleich zu den Industriestaaten wirtschaftlich und technisch „unterentwickelt" sind. Drei Viertel der Weltbevölkerung lebt in Entwicklungsländern Afrikas, Asiens und Lateinamerikas, ständig bedroht durch Armut, Krankheit, Hunger und Tod. Kennzeichen bzw. Ursachen sind: Über 50 % der Bevölkerung sind in der Landwirtschaft tätig, eine hohe Analphabetenrate, ein geringer Lebensstandard, oft feudale Gesellschaftsformen; Abhängigkeit von Industrienationen, geringe Industrialisierung, hohe Auslandsverschuldung und Kapitalmangel. Der Export ist in der Regel beschränkt auf billige Rohstoffe und Agrarerzeugnisse (Monokulturen).

Föderalismus bezeichnet den Grundsatz in einem Bundesstaat, den Gliedstaaten begrenzte Selbst- und Mitbestimmungsrechte zu gewähren, so daß sie eine gewisse Souveränität besitzen. Der Kampf zwischen Zentralisten und Föderalisten ist seit dem 19. Jahrhundert ein fester Bestandteil der deutschen Geschichte. Im Deutschen Reich hatte Preußen zwar die Führung nach außen, die Souveränität der Einzelstaaten blieb in diesem Staatenbund jedoch prinzipiell unangetastet. In der Weimarer Republik und der Bundesrepublik Deutschland wurde bzw. wird den Ländern dagegen nur ein gewisses Maß an Selbstbestimmung und Eigenkompetenzen zugestanden (z. B. die Kulturhoheit). Die Gesamtstaatsvertretung nach außen ist ausschließlich der Zentralgewalt vorbehalten.

Friede(n), oft nur als Verhalten von Staaten definiert, die gegenseitig auf die Anwendung von Gewalt verzichten, beinhaltet auch das umfassende und andauernde Wohl eines Staates und seiner Bürger in einer legitimen Rechtsordnung. Kennzeichen sind ein länger andauernder Zustand von Gewaltfreiheit in sowie zwischen Staaten bzw. Staatengruppen, die Lösung von Interessengegensätzen auf friedlichem Wege, d. h. mit gegenseitigen diplomatischen Beziehungen, Abschlüssen von Staatsverträgen zur Friedenssicherung und → Abrüstung, völkerrechtlichen Sicherungen. Zum Frieden gehört auch die Förderung der gegenseitigen kulturellen, wirtschaftlichen und rechtlichen Beziehungen zwischen den Völkern, um ein wechselseitiges

Verständnis zu fördern. Die großen Friedensorganisationen des 20. Jahrhunderts sind der Völkerbund und die UNO als Instrumente zur Wahrung und friedlichen Beilegung von zwischenstaatlichen Konflikten.

Gleichgewicht ist das Konzept, die Macht souveräner Staaten oder Staatengruppen so in der Waage zu halten, daß keine Hegemonie entsteht und so der Frieden gewahrt werden kann. Die im 18. und 19. Jahrhundert vorherrschende Gleichgewichtspolitik der europäischen Mächte scheiterte im Ersten Weltkrieg und konnte auch durch das Konzept der kollektiven Sicherheit des Völkerbundes nicht aufrechterhalten werden. Nach dem Zweiten Weltkrieg und mit der atomaren Aufrüstung der Supermächte entstand das bipolare *Gleichgewicht des Schreckens* zwischen UdSSR und USA (siehe S. 42). Gleichgewichtspolitik mußte von da an weltweit und nicht nur im europäischen Rahmen konzipiert werden. (→ Abschreckung)

Grundrechte sind die verfassungsmäßigen, individuellen Rechte des Bürgers gegenüber dem Staat. Im engeren Sinn sind die Grundrechte die → Menschen- und Bürgerrechte im Grundgesetz der Bundesrepublik Deutschland. Sie sollen die unantastbare Würde des Menschen schützen (Art. 1 Abs. 1). Alle staatliche (vollziehende) Gewalt, Gesetzgebung und Rechtssprechung sind an die Grundrechte als unmittelbar geltendes Recht gebunden (Art. 1 Abs. 3), d. h. Gesetze gelten nur, wenn sie im Einklang mit dem Grundgesetz stehen. Kontrollorgan zur Einhaltung der Grundrechte ist das Bundesverfassungsgericht.

Kalter Krieg. Phase des Ost-West-Konfliktes nach dem Zweiten Weltkrieg bis Anfang der sechziger Jahre. Gekennzeichnet sind dabei die Beziehungen der beiden Lager durch machtpolitische und ideologische Auseinandersetzungen, die unter wirtschaftlichem und militärischem Druck, mit propagandistischen, diplomatischen und geheimdienstlichen Mitteln geführt wurden und bis an die Schwelle des „Heißen Krieges", d. h. offener Gewaltanwendung zwischen den Supermächten, gingen. Höhepunkte des Kalten Krieges waren die Berlin-Blockade 1948/49 und der Koreakrieg 1950-53. Die „Politik am Rande des Krieges" beherrschte bis zur Kubakrise 1962 die Weltpolitik und wurde dann von einer Phase der → Entspannung abgelöst.

Koexistenz. Von der UdSSR vertretene Theorie des friedlichen Nebeneinanders von Staaten mit kommunistischen und kapitalistischen Gesellschaftsordnungen. Die von Chruschtschow als Alternative zum → Kalten Krieg 1956 geforderte *friedliche Koexistenz* als Leitlinie sowjetischer Außenpolitik wollte auf die militärische Konfrontation verzichten, ohne die ideologische Auseinandersetzung und die wirtschaftliche Konkurrenz zu vernachlässigen.

Kollektivierung. Überführung der privaten Produktionsmittel, besonders von landwirtschaftlichem Boden, in genossenschaftlich bewirtschaftetes Gemeineigentum, v. a. in der UdSSR nach 1927 und den Volksdemokratien nach 1945. Im Gegensatz zur *Sozialisierung* geht bei der Kollektivierung das Privateigentum nicht in Staatsbesitz über, sondern in Genossenschaftsbesitz (z. B. der *Kolchosen* in der UdSSR, *LPG* in der DDR).

Kommunismus. Der Begriff hat mehrere Bedeutungen: Einerseits kennzeichnet er die von Marx und Engels entwickelte politische Theorie einer klassenlosen Gesellschaftsform ohne Privatbesitz an Produktionsmitteln; andererseits wird als Kommunismus auch die weltweite politische Bewegung bzw. die seit der Oktoberrevolution 1917 in Rußland an die Macht gekommene Herrschaftsform bezeichnet. Oft wird der Begriff stellvertretend für Sozialismus verwendet. Nach der politischen Lehre des Kommunismus wird die Aufhebung der bürgerlich-kapitalistischen Ordnung mit einer Revolution eingeleitet und nach einer Übergangsphase der → Diktatur des Proletariats vollendet. Seit 1918/19 trennte sich die kommunistische von der sozialistischen Bewegung. Seitdem prägte die UdSSR die kommunistischen Bewegungen. Vom Sowjetkommunismus abweichende Herrschaftsformen und relativ eigenständige Modelle entstanden z. B. in China unter Mao Zedong (*Maoismus*) und in Jugoslawien unter Tito (*Titoismus*).

Konsumgesellschaft. Form der modernen kapitalistischen Wohlstands- und Industriegesellschaft. Sie ist v. a. durch eine relativ hohe Massenkaufkraft und materiellen Wohlstand breiter Bevölkerungsschichten sowie durch Massenproduktion von Verbrauchs- und Gebrauchsgütern geprägt. Infolge der weitgehend gesicherten Befriedung existentieller Bedürfnisse (Lebensmittel u. ä.) richtet sich in der Konsumgesellschaft das Ansehen der Bürger teilweise nach Konsumgewohnheiten, sie gelten als Anzeichen für soziale Gruppenzugehörigkeit. Mit Konsumgesellschaft bezeichnet man heute deshalb auch abwertend eine Gesellschaft, in der die Steigerung der Produktion und der Verbrauch von Gütern ein Übermaß an Aufmerksamkeit finden.

Kulturrevolution. Auf Lenin zurückgehende Konzeption zur Umwandlung der bürgerlichen in eine proletarisch-sozialistische Kultur nach der Oktoberrevolution von 1917. Seit 1965 wurde in China unter Führung Mao Tse-tungs die „Große proletarische Kulturrevolution" entfacht. Sie war der Versuch, durch die Schaffung eines revolutionären Bewußtseins v. a. mit Hilfe der Jugend (Rote Garden) die erstarrte Partei- und Staatsorganisation aufzubrechen und die alten Lebens- und Denkgewohnheiten zu ändern. Es kam zu bürgerkriegsähnlichen Zuständen, die bis zum Ende der sechziger Jahre andauerten.

Marktwirtschaft. Wirtschaftsordnung, in der Produktion, Wirtschaftskreislauf, Preisbildung und Konsum über den freien Markt geregelt werden. Auf der Grundlage des Privateigentums an Produktionsmitteln basierend sind ihre wichtigsten Merkmale: freier unternehmerischer Wettbewerb, freie Wahl des Arbeitsplatzes, Gewerbe- und Vertragsfreiheit. Damit ist die Marktwirtschaft Gegenmodell zur → Planwirtschaft. In der *sozialen Marktwirtschaft* ist der Staat verpflichtet, durch marktgerechte Maßnahmen (Kredite, Subventionen, Sozialpolitik) unerwünschte wirtschaftliche und soziale Folgen des freien Wettbewerbs zu korrigieren.

Menschen- und Bürgerrechte sind die auf die Aufklärung zurückgehenden angeborenen und unantastbaren Rechte jedes Bürgers ohne Unterschied der Rasse, Religion, Herkunft und Geschlecht zum Schutz vor staatlichen Übergriffen und zur Sicherung der Menschenwürde. Zu ihnen gehören das Recht auf Leben, Glaubens- und Meinungsfreiheit, Versammlungs- und Vereinigungsfreiheit, Freizügigkeit, persönliche Sicherheit, Eigentum und Widerstand im Fall der Verletzung von Menschenrechten. Später wurden auch soziale Menschenrechte formuliert, so das Recht auf Arbeit, soziale Sicherheit und Bildung. In Deutschland wurden die Menschen- und Bürgerrechte erstmals in der Weimarer Verfassung verbürgt, waren aber außer Kraft zu setzen. Im Grundgesetz der Bundesrepublik Deutschland wurden sie dann als „unverletzliche und unveräußerliche" → Grundrechte aufgenommen (siehe S. 36). Durch die UNO wird heute versucht, die Einhaltung der Menschenrechte auch weltweit zu garantieren.

Menschenwürde. Grundlegend für eine menschenwürdige Existenz ist, nicht wie ein Tier leben zu müssen. Die Menschenwürde ist deshalb nur dann gesichert, wenn ein Leben frei von physischer und psychischer Not möglich ist. Aus dem Grundsatz der Menschenwürde in Art. 1 GG leiten sich die Menschenrechte und das Rechtsstaatsprinzip ebenso ab wie das Sozialstaatsprinzip.

New Deal (engl. = neue Runde im Kartenspiel) heißt die Wirtschaft- und Reformpolitik, mit der Präsident Roosevelt in den dreißiger Jahren den Folgen der Weltwirtschaftskrise in den USA begegnete. Die amerikanische Wirtschaft sollte durch Arbeitsbeschaffungsprogramme, Verringerung der Überproduktion in Industrie und Landwirtschaft, Arbeitszeitverkürzungen, Erhöhung der Mindestlöhne und sozialstaatliche Maßnahmen belebt werden. Der New Deal löste den bis dahin in den USA vorherrschenden Wirtschaftsliberalismus ab und stellt den Anfang des Aufbaus eines Wohlfahrtsstaates dar.

Ostverträge. Um das Verhältnis der Bundesrepublik Deutschland zu seinen östlichen sozialistischen Nachbarstaaten zu entkrampfen, schloß die sozial-liberale Bundesregierung zwischen 1970 und 1973 Verträge mit der UdSSR, der VR Polen, der DDR und der CSSR, in denen die Grenzen nach dem Zweiten Weltkrieg in Europa als unverletzlich bezeichnet und deren gewaltsame Veränderung ausgeschlossen wurde. Weil eine endgültige Anerkennung der Grenzen laut Potsdamer Abkommen einem Friedensvertrag vorbehalten blieb (→ Deutsche Frage) und trotz Aufgabe des Alleinvertretungsanspruchs der Bundesrepublik die DDR nicht als Ausland anerkannt wurde, verstießen die Ostverträge nicht gegen das Wiedervereinigungsgebot des GG.

Parlamentarische Demokratie. Form der Demokratie, in der das Parlament nicht nur die Gesetze beschließt, Staatsausgaben bewilligt und die Regierung kontrolliert, sondern auch – im Gegensatz zur Präsidialdemokratie – die Regierung wählt.

Parteien. Politische Organisationen, die dauerhaft Einfluß auf die politische Willensbildung und die Regierung eines Staates nehmen wollen. Entstanden im 19. Jahrhundert haben die Parteien im 20. Jahrhundert im Zusammenhang mit der Entwicklung der repräsentativen Demokratie zunehmend an Macht und Bedeutung gewonnen. Man spricht deshalb heute auch von Parteienstaat. In den meisten westlichen Demokratien haben sich aus den früheren *Honoratiorenparteien* (einem losen Zusammenschluß einflußreicher Bürger, meist Abgeordneter) und *Weltanschauungsparteien,* die ihre Politik aus einer Ideologie ableiten, große Volksparteien entwickelt.

Personenkult. Kritiklose Verherrlichung politischer Führer, die religiöse Züge annehmen kann. In diktatorischen Staaten wird der Personenkult (z. B. um Hitler, Stalin) von der Führung als Instrument zur Lenkung der Massen eingesetzt.

Planwirtschaft. Wirtschaftsordnung v. a. der sozialistischen Staaten, in der im Gegensatz zur → Marktwirtschaft das gesamte Wirtschaftsgeschehen zentral vom Staat gelenkt und kontrolliert wird. Angebot, Preisfestsetzung und Verteilung der Güter werden nach zentralen, gesamtwirtschaftlichen Plänen vorgenommen (siehe S. 81). Man spricht deshalb auch von Zentralverwaltungswirtschaft.

Rechtsstaat. Ein Staat, in dem die Staatsgewalt mit allen staatlichen Organen, die Grundrechte und die individuelle Rechtssicherheit durch die Verfassung und unabhängige Rechtsordnung festgelegt, kontrolliert und garantiert werden. Grundlage eines Rechtsstaates ist die Überprüfbarkeit jeglicher Staatsgewalt durch die Gerichte und die Bindung der Rechtsprechung an die Verfassung.

Selbstbestimmungsrecht. Das Recht von Völkern und Nationen, ihre Staatszugehörigkeit frei und ohne fremde Einmischung zu bestimmen. Selbstbestimmung schließt Selbstregierung ein. Obwohl nach dem Ersten Weltkrieg zum Grundsatz für eine Friedensregelung erhoben und gegenüber den Kolonien während des Zweiten Weltkrieges erneut bekräftigt, ist das Selbstbestimmungsrecht bis heute kein anerkannter Satz des Völkerrechts.

Souveränität. Die Verfügung über die Staatsgewalt heißt Souveränität. Die innere Souveränität umfaßt die Befugnis, Recht und Regierungsform zu bestimmen. Die äußere Souveränität bedeutet die Unabhängigkeit von fremder Gewalt und die Fähigkeit, völkerrechtliche Verträge zu schließen. Die Einbindung moderner Staaten in überstaatliche Organisationen (UNO, EG, NATO) schränkt die Bedeutung der Souveränität heute nachhaltig ein.

Sozialisierung. Art. 15 GG und Art. 160 Bayer. Verfassung kennen die Möglichkeit der Sozialisierung, d. h. der Enteignung von Boden oder Industriebetrieben zugunsten des Gemeinwohls gegen entsprechende Entschädigung. Entschädigungslose Enteignung aller Produktionsmittel ist ein wichtiges Mittel der sozialistischen Revolution nach Marx und Lenin. Bodenreform, Verstaatlichung der Banken und Bergwerke bildeten den Anfang zur sozialistischen Wirtschaft und Gesellschaft in der SBZ bzw. DDR. Die sogenannten Volkseigenen Betriebe im Staatsbesitz waren das Rückgrat der Planwirtschaft in der DDR.

Sozialstaat. Im Sinne des Grundgesetzes garantiert das Sozialstaatsprinzip die Freiheit des einzelnen vor physischer Not, schützt also die Menschenwürde in materieller Hinsicht. Soziale Sicherung (Sozialversicherung, Sozialhilfe) und soziale Teilhabe (Betriebsräte, Mitbestimmung) bilden die tragenden Säulen des Sozialstaats in der Bundesrepublik Deutschland.

Stalinismus. Die unter der Herrschaft Stalins in den zwanziger und dreißiger Jahren in der UdSSR entstandene Staats- und Gesellschaftsordnung, die – gestützt auf den zentralistischen Partei- und Staatsapparat – durch diktatorische Unterdrückung, Terror (sogenannte „Säuberugen") und Personenkult gekennzeichnet war. Nach dem Zweiten Weltkrieg auch auf die osteuropäischen Staaten übertragen, setzte nach Stalins Tod 1953 eine *Entstalinisierung* ein (siehe S. 79).

Volksdemokratie. Selbstbezeichnung für die nach dem Zweiten Weltkrieg unter sowjetischem Einfluß entstandene Staatsform in den Ländern Mittel- und Osteuropas. Anders als in der UdSSR gibt es in den Volksdemokratien zwar mehrere Parteien, die bei Wahlen aber nur auf einer Einheitsliste kandidieren dürfen und sich dem Führungsanspruch der kommunistischen Partei unterordnen müssen, so daß faktisch ein Einparteienstaat besteht. Gewaltenteilung und Opposition gibt es nicht. Auch sozialistische Länder in der → Dritten Welt bezeichnen sich heute teilweise als Volksdemokratien.

Volkskommunen sind die Zusammenschlüsse bäuerlicher Betriebe zu großen Produktionsgenossenschaften, die seit 1958 in der VR China als Schritt auf den Weg zum Kommunismus geschaffen wurden. In den Volkskommunen sollte die kollektive Lebensweise Vorrang vor den familiären Lebensbereichen haben. Seit Ende der siebziger Jahre wurden die Großkollektive der Volkskommunen wieder aufgelöst.

Weltmarkt wird der durch die zunehmende Verflechtung der nationalen Wirtschaften im zwanzigsten Jahrhundert entstandene weltweite Austausch von Gütern und Dienstleistungen genannt. Im Gegensatz zur nationalen Schutzzollpolitik nach dem Ersten Weltkrieg haben nach dem Zweiten Weltkrieg die westlichen Industrieländer – v. a. die USA – die Wiederherstellung eines freien Weltmarktes durch den Abbau von Zoll- und Handelsbeschränkungen forciert. Aufgrund ihrer wirtschaftlichen Macht und ihres Hauptanteils am Welthandel können die westlichen Industrieländer die Bedingungen bestimmen, zu denen Agrarprodukte und Rohstoffe auf dem Weltmarkt v. a. aus den Ländern der Dritten Welt verkauft werden müssen (*Terms of Trade*). Alle bisherigen internationalen Versuche, zu einer gerechteren Struktur des Welthandels zu kommen, haben es bisher nicht vermocht, den Preisverfall für Rohstoffe und die Verschuldung der Entwicklungsländer zu stoppen.

Register

Abrüstung → Lex. 57 f., 122
Abrüstungsverhandlungen 57, 63, 88, 110
Abrüstungsvertrag (USA/UdSSR) 63, 88
Abschreckung → Lex. 56, 62
Adenauer, Konrad 33, 92 ff., 98, 100, 119, 129 f., 133, 204 f., 212
Afghanistan 57, 62, 68, 112
Afrika 148 ff., 153 f., 159, 161 f., 165, 169 f., 213
Ägypten 154, 170, 174, 176, 180
Albertz, Heinrich 108
Algerien 153, 159, 165
Alleinvertretungsanspruch 129, 132 f., 144
Alliierte 17 f., 20 ff., 30, 32 f., 42, 52, 92, 182, 190, 202
Alliierter Kontrollrat 9, 17 f., 30
Andropow, Juri 82
Antikommunismus 93, 102
Arabisch-israelischer Konflikt 170 ff.
Arafat, Yassir 176, 181
Arbeiteraufstand 45
Asien 48, 150, 157, 165, 170, 182, 213
Assimilation 149
Asylrecht 112
Äthiopien 154, 161
Atlantik-Charta 17, 150, 159
Atombombe, -waffe, -krieg 41 f., 46, 51, 56, 110, 112 ff., 130, 188, 207
Attlee, Clement 17, 155
Aufrüstung 42, 62, 72, 112 ff., 130
Aufstand in der DDR (17. Juni 1953) 116 f., 144
Außerparlamentarische Opposition (APO) 100 ff., 108, 144
Aussiedler 96, 112

Balfour-Deklaration 170, 173

Bandung, Konferenz von 165, 188
Bangla Desh 159
Barzel, Rainer 108 f.
Bedingungslose Kapitulation 17, 38
Befreiungsbewegungen → Lex. 145 ff.
Belgien 214
Berlin 6, 14, 23, 31, 50, 64, 91, 98, 104, 106, 109, 114, 116, 118 f., 123 f., 127, 130 f., 138, 141, 142, 144, 169
Berlin-Abkommen 104, 131, 138
Berlin-Blockade 31, 92, 169
Berliner Mauer 50, 91, 118, 127
Besatzungsmächte 18, 22 f., 27 f., 30, 98, 114
Besatzungsstatut 92, 204, 210
Besatzungszonen 17 f., 22 f., 30, 33, 36, 38, 91
Bevölkerungsentwicklung → Lex. 161 f.
Bi-Zone 30 f.
Blockfreie Staaten → Lex. 165
Bodenreform 30, 50, 53
Brandt, Willy 104 f., 109, 130
Brasilien 163 f.
Breschnew, Leonid 57, 61, 65, 79, 81 f.
Breschnew-Doktrin 56
Briand, Aristide 200
Bürgerrechtsbewegung 76
Bulgarien 28, 202
Bundesstaat → Lex. 199
Bundesstaatlichkeit 24, 32
Bundestag 32, 93 ff., 98, 108, 110, 119, 140 f
Bush, George 41, 177

Camus, Albert 200
Care-Pakete 28
Carter, Jimmy 57
Castro, Fidel 50
Ceausescu, Nicolae 67
Charta 77 66, 69
Che Guevara, Ernesto 50

China 8, 43, 52, 53, 56, 73, 130, 159, 182 ff.
Commonwealth 204
Christlich Demokratische Union (CDU) 24, 26, 30, 94, 101, 104 f., 113, 136, 140
Christlich Soziale Union (CSU) 24, 26 f., 101, 105, 113
Christlich-liberale Koalition 108
Chruschtschow, Nikita 45 f., 51, 64, 78 f., 80 f., 88
Churchill, Winston 11, 17, 19, 28, 34, 151, 201, 211
COMECON (Rat für gegenseitige Wirtschaftshilfe) 117, 120, 209

Dachau 7
Dänemark 207
Demokratie → Lex. 32 f., 45, 59, 87, 100, 104 ff., 114, 123
Demokratischer Zentralismus 80, 116
Demonstration 123 f., 126, 135
Deng Xiaoping 187 f., 194
Deutsch-französischer Freundschaftsvertrag 92, 144
Deutsche Einheit 91 ff., 98, 113, 119, 128 f., 132, 134 ff., 139, 144
Deutsche Frage → Lex. 113, 128, 130, 133, 137, 141, 202
Deutschland 6 f., 12 f., 15, 17 f., 20, 47, 50, 78, 109, 150, 189, 200, 202 f., 211, 214
– Bundesrepublik Deutschland 31 ff., 38, 61 ff., 91 ff. 96, 98, 100 ff., 107, 109 f., 112, 117 f., 120 f., 124, 128 ff., 136 ff., 142, 144, 178, 203 f., 207
– Deutsche Demokratische Republik 33, 44, 61, 63, 66, 88, 91, 93, 96, 104 f., 113 ff., 119 ff., 127 ff., 134, 1327 f., 141 f., 144, 178

Deutschland-Vertrag 93, 101, 128 f., 138
Die Grünen 106 f., 110, 112 f., 140
Diem, Ngo Dinh 53
Diktatur → Lex. 28, 53, 61, 144, 159, 162, 184
Diktatur des Proletariats → Lex. 24
Dissidentenbewegung 66, 81
Dritte Welt 148, 153, 188
Dubček, Alexander 55, 67

Ehard, Hans 24
Ehrenburg, Ilja 79
Eindämmungspolitik 35
Einheit der deutschen Nation 98
Einigungsvertrag 137, 142, 144
Einmarsch in die ČSSR 55 f., 59, 88
Eisenhower, Dwight D. 46, 73
Eiserner Vorhang 34, 66, 73
El Salvador 163
Enteignung 30
Entkolonialisierung 52, 148, 150, 152, 154
Entmilitarisierung 17
Entnazifizierung → Lex. 17 f., 21 ff., 38
Entspannungspolitik → Lex. 56, 64, 88, 104, 112, 130
Entstalinisierung 78 f., 81, 88, 117, 135
Entwicklungshilfe 161
– länder → Lex. 159, 161, 164
– politik 161
Erhard, Ludwig 31, 95, 100 f.
Erste Welt 166
Erster Weltkrieg 41, 149 f., 170, 189, 200 f., 204
Europa 8, 10, 17, 22, 28, 34, 38, 41 f., 46, 48, 50, 58, 62, 68, 72, 91 f., 98, 109 f., 114, 130, 132, 148, 161, 170, 184, 198 ff.
Europäische Einigung 202, 204

221

Register

Europäische Freihandelsassoziation (EFTA) 206, 210
Europäische Gemeinschaft (EG) 100, 132, 207, 210, 214
Europäische Gemeinschaft für Kohle und Stahl (Montanunion) 205, 207, 210, 214
Europäische Integration 202, 204, 214
Europäische Verteidigungsgemeinschaft (EVG) 93, 128 f. 205 f.
Europäische Wirtschaftsgemeinschaft (EWG) 206 f., 210, 212, 214
Europäischer Gerichtshof 201, 204
Europäischer Rat 92, 201, 203, 210
Europäisches Parlament 110, 208, 210, 214
Evangelische Kirche 25, 93, 122, 126
Extremistenbeschluß 105

Feindbilder 41 f., 63, 68, 73
Flüchtlinge 9, 11, 38, 96, 118, 135
Fluchtwelle 95, 114, 116, 122, 126, 127, 135, 144
Föderalismus → Lex. 67, 201
Frankreich 19, 28, 35, 47, 52, 92 f., 131, 138, 142, 149, 165, 170 f.
Frankfurter Dokumente 32
Frauen 13, 16, 119, 190
Frauenbewegung 106 f.
Freie Demokratische Partei (FDP) 24, 94, 101, 104, 113, 140
Freie Deutsche Jugend (FDJ) 115
Freistaat Bayern 8, 14, 23, 26 f., 38, 96, 100
Frieden → Lex. 112 ff., 178
Friedensbewegung 112 ff.,
Friedensvertrag 128 f., 132, 138, 142

Friedliche Koexistenz → Lex. 41, 44
Frisch, Max 39

Gandhi, Mahatma 147, 151 ff., 157
Gaulle, Charles de 153, 207
Genscher, Hans Dietrich 113
Gewaltfreier Widerstand 151
Gewerkschaften 22, 65, 69, 93, 95, 101, 117, 190
Glasnost 82, 87 f., 122
Gleichgewicht → Lex. 41 ff.
Godesberger Programm 94
Golfkrieg 177, 179
Gomulka, Wladislaw 45
Gorbatschow, Michail 41, 62 ff., 82, 87 f., 110, 122, 135, 138
Grass, Günter 114
Grenzöffnung (innerdeutsche Grenze) 124, 135, 142
Griechenland 35, 207, 210
Großbritannien 17, 19, 28, 35, 46, 93, 131, 133, 138, 142, 148, 150, 152 f., 165, 170 ff., 175, 201, 204 f., 207, 210
Große Koalition 100 f., 104, 130
Grotewohl, Otto 33 f., 37
Grundgesetz 32 f., 36 ff., 105 f., 128, 130, 132 f.
Grundlagenvertrag 104, 121, 131, 134, 144 , 178
Grundrechte → Lex. 32 f., 101, 106
Gründung des Staates Israel 174 f., 196
Guinea 153
Guomindang 182 f., 184

Hallstein-Doktrin 129, 132
Hallstein, Walter 213
Havel, Václav 66 f., 70
Hein, Christoph 127
Heuß, Theodor 33
Heym, Stefan 126, 143
Hinduismus 156, 159
Hitler-Stalin-Pakt 28

Hoegner, Wilhelm 8, 23, 27
Hoover, Herbert 15
Ho Tschi Minh 52 ff.
Honecker, Erich 120, 132
Hussein, Saddam 68, 172, 177, 181

Imperialismus 148
Indien 147, 149, 151 f., 155 ff., 161
Indochina 52 f., 165
Industriestaaten 148, 161 f.
Irak 170 f., 176
Iran 176
Irland 207
Islamische Revolution im Iran 176 f., 196
Israel 174 ff., 180 f.
Italien 35, 210, 214

Jalta 17, 21, 28, 43, 150
Japan 8, 34, 43, 47, 52, 150, 166, 182, 184, 188 ff.
Jaruzelski, 65
Jiang Kaishek 52, 183 f., 188
Johnson, Lyndon B. 74, 83
Jordanien 171
Jugoslawien 10 f., 28, 202

Kadar, Janos 44, 49, 66
Kalter Krieg → Lex. 22, 28 f., 32, 38, 41 f., 45 ff., 68, 73, 88, 92 f., 103, 165, 190, 202,214
Kambodscha 52, 54
Katholische Kirche 25, 64 f., 122
Kenia 161
Kennan, George F. 28, 87
Kennedy, John F. 50, 73
Kiesinger, Kurt Georg 101
King, Martin Luther 74, 76
Koexistenz → Lex. 48,50ff.,88
Kohl, Helmut 106, 108, 110, 112 ff., 135, 140
Kolchosen 80
Kollektivierung → Lex. 118
Kolonialpolitik, Kolonialismus 148 ff., 152, 154, 156, 159, 165, 182 ff.

Komintern 182
Kommunismus, Kommunisten → Lex. 46, 53 f., 62, 73, 163, 202
Kommunistische Partei Deutschland (KPD) 24, 30, 34, 93, 105
Kommunistische Parteien 28, 34, 42, 47, 55, 59, 64, 66, 79 ff., 115, 182 ff., 209
Kommunistisches Informationsbüro (Kominform) 28 f., 35, 42, 47
Konferenz für Sicherheit und Zusammenarbeit in Europa (KSZE) 58, 88
Konferenz von Belgrad 165
Konferenz von Jalta 17
Kongo 159
Konstruktives Mißtrauensvotum 32, 106
Konsumgesellschaft → Lex. 72
Korea, -krieg 43 f., 73, 88, 93, 205
Konzentrationslager 7
Krenz, Egon 123
Krieg,
– arabisch-israelischer 171
– am Golf 172, 176 f.
– Sechs-Tage-Krieg 175
– Yom-Kipur 175
Kuba 163
Kuba-Krise 50 ff., 56, 81, 88
Kulturrevolution → Lex. 186
Kunst 12 f.
Kunze, Rainer 125
Kuwait 177

Lafontaine, Oskar 140
Landwirtschaftliche Produktionsgenossenschaft (LPG) 115, 118
Laos 52, 54
Lastenausgleich 98 f.
Libanon 172
Liberia 154
Luxemburg 214

Maizière, Lothar de 136 f.
Mandatsgebiet 170
Mao Zedong 183 ff.
Marktwirtschaft → Lex. 24, 42, 45, 66
Marshall-Plan 28, 30, 35, 117, 202 f.
Marxismus 103, 184
Mazowiecki, Tadeuszh 65
McArthur, General 43
McCarthy, Joseph 73
Menschen- und Bürgerrechte → Lex. 24, 44, 55, 58, 64, 66, 69, 83, 94, 122, 126, 178, 190, 200, 204
Menschenwürde → Lex. 32
Ministerium für Staatssicherheit (MfS) 115, 122, 126, 141
Mitbestimmung 30, 104, 116
Modrow, Hans 124, 135
Moskauer Vertrag 131 f., 134
Mozambik 161
München 8, 10, 14, 16, 105
Münchner Ministerpräsidentenkonferenz 32

Nachrüstungsdebatte 114
Nagy, Imre 44 f., 49
Naher Osten 170 ff.
Nasser, Gamal Abdul 165, 175, 180
Nationale Volksarmee (NVA) 117 f.
Nationalismus 199, 212, 214
Nationalsozialismus 6 f., 12 f., 17, 20 ff., 25, 27, 33, 38, 41, 100, 150, 154, 199
Nationalsozialistische Deutsche Arbeiterpartei (NSDAP) 16, 21, 25, 100
Nehru 165
New Deal → Lex. 72, 74
Nicaragua 163
Niederlande 35, 214
Nixon, Richard 57, 77, 83 f., 130, 188
Nordatlantische Verteidigungsorganisation (NATO) 28, 42, 91 ff., 100,
108, 112 ff., 117, 138, 141, 144, 206, 210
Nord-Süd-Konflikt 162, 196
Notstandsgesetze 101, 108
Novemberrevolution 1989 124, 126
Nürnberg 10, 20 ff., 24
Nürnberger Prozesse 20, 22, 38

Oder-Neiße-Linie 11, 18, 104, 130, 133, 138
Ollenhauer, Erich 98
Organisation für europäische wirtschaftliche Zusammenarbeit (OEEC) 203, 210
Österreich 9, 35, 66, 123
Osmanisches Reich 149, 170
Ost-West-Gegensatz 21, 30, 34, 41 ff., 52, 58, 68, 91, 128, 144, 162, 202
Ostblock 42, 44, 55, 57 f., 64, 67, 108
Ostpolitik 61, 104, 113, 120, 129 f., 132
Ostverträge → Lex. 104 f., 109, 130, 136

Pakistan 152, 157, 159
Palästina 170 f., 173, 181
Papst Johannes Paul II. 64 f., 69
Palästinensische Befreiungsorganisation (PLO) 175 f., 180 f.
Paneuropa-Union 200
Pariser Verträge 210
Parlamentarische Demokratie → Lex. 42, 66, 94, 144, 162, 166, 190
Parteien → Lex. 79 f., 105, 114
Partei des Demokratischen Sozialismus (PDS) 124, 136, 140
Pasternak, Boris 81
Perestrojka 82, 87 f., 122
Personenkult → Lex. 78
Planwirtschaft → Lex. 24, 30, 42, 65, 78, 81, 115, 120, 135, 141, 144, 166, 185
Pluralismus 66
Polen 6, 8 ff., 17, 19, 28, 34, 38, 45, 51, 64, 66, 69, 104 f., 109, 112, 117, 130 f., 138, 141 f., 202, 209
Pop-Kultur 103
Portugal 159, 207 f., 210
Potsdamer Konferenz/Abkommen 17 ff., 21, 28, 38, 109, 130, 138
Prager Frühling 55, 59 f., 64, 66 f.
Prager Vertrag 131
Präambel des Grundgesetzes 132
Protestbewegung 1968 101 f., 103

Rassentrennung 75
Reagan, Ronald 41, 63, 76, 114
Rechtsstaat → Lex. 7, 32, 68, 106
Reparationen 28, 116
Restauration 100
Römische Verträge 207 f., 210, 214
Roosevelt, Theodor 17, 29, 72, 74, 150
Rote Armee Fraktion (RAF) 102, 105
Rumänien 67, 202
Runder Tisch 65 f., 135

Sacharow, Andreij 81 f.
Sadat, Anwar El 176
SALT (Strategic Arms Limitation) 57 f., 62
Saudi-Arabien 171
Schickele, René 199
Schleyer, Hans Martin 105
Schlußakte von Helsinki 58
Schmid, Carlo 37
Schmidt, Helmut 104 ff., 110, 113
Schuhmacher, Kurt 204
Schuman-Plan 92, 205
Schwarzmarkt 12
Schwellenland 163
Selbstbestimmungsrecht 17, 37, 68, 128, 133 f., 148 f., 165, 173
Solidarność 5
Souveränität → Lex. 33, 58, 88, 92 f., 98, 101, 109, 138, 144, 190, 200
Sowjetische Besatzungszone (SBZ) 21, 24, 28, 30, 38, 129
Sowjetunion 6, 8, 10, 17, 19, 24, 28 ff., 34, 38, 41 ff., 55 f., 62 f., 65, 68, 72, 78 ff., 82, 87 f., 91 f., 98, 105, 109 f., 112, 115 ff., 121, 128 ff., 141 f., 150, 166, 174, 183, 185, 201, 204, 209
Sozialdemokratische Partei Deutschlands (SPD) 24, 26 f., 30, 34, 36, 93 ff., 101, 104 f., 204
Soziale Marktwirtschaft 24 → Lex. Sozialisierung 30, 144
Sozialismus 48, 59, 65, 115 f., 118, 120, 125, 184, 188
Sozialistische Einheitspartei Deutschlands (SED) 21, 24, 33, 37, 91, 115 ff., 129, 132, 135 f., 140, 144
Sozialliberale Koalition 104 ff., 108, 134
Sozialstaat → Lex. 96
Spanien 207 f., 210
Spiegel-Affäre 100
Staatsvertrag 137, 141 f., 144
Stalin 17, 19, 28, 45, 78 ff., 88, 114, 128
Stalin-Note 128 f.
Stalinismus → Lex. 78
Strauß, Franz Josef 100 f., 106, 109, 112
Südafrika 154
Südamerika 148, 162 f., 213
Sudan 161
Sun Yatsen 182 f.
Syrien 170 f.

Register

Tag der deutschen Einheit 137, 139, 144
Terrorismus 102, 105 f.
Truman, Harry, S. 15, 17, 19, 28, 34, 48, 72 f., 178, 202
Truman Doktrin 28, 35
Trümmerfrauen 13, 16
Tschechoslowakei 9, 11, 28, 51, 55 f., 59, 61, 63, 66 ff., 88, 105, 120, 130 f., 141, 202, 204
Tschernobyl 141
Türkei 170

Übersiedler (aus der DDR) 122, 126, 135
Ulbricht, Walter 61, 114, 117, 120, 129
Umbruch in den Ostblockländern 64 ff., 71, 82 ff.
Umwelt (zerstörung/schutz) 106, 108 f., 122, 141
Ungarn 9, 11, 28, 44 ff., 49, 50, 63 f., 66, 88, 117, 123, 141, 202

Vereinte Nationen (UNO) 150, 154, 159, 161, 174 f., 177 ff., 188, 201
Vereinigte Staaten von Amerika (USA) 10, 19, 21 ff., 28, 30, 36, 38, 41 ff., 46 f., 50, 53, 55, 57, 61, 63, 68, 72, 74 ff. 83, 88, 92, 110, 130 f., 133, 138, 142, 149, 150, 161, 163, 165 f., 174, 190, 201 ff., 205, 210
Verfassung
– bayerische 23, 38
– von Weimar 32
– der Bundesrepublik Deutschland 32 f., 36 ff.
– der Deutschen Demokratischen Republik 33, 36 ff., 130, 134
Vertreibung 8 f., 11, 38, 96
Vertriebene 8, 11, 38, 96
Viermächteabkommen 98, 131
Vietnam 51 ff., 74, 77, 101, 130

Völkerbund 149, 170, 178
Volksabstimmung 23, 30, 153
Volksaufstand in Ungarn 44 f., 49, 88
Volksdemokratie → Lex. 33, 92, 115, 117, 144
Volkseigene Betriebe (VEB) 115, 141
Volksfronttaktik 28
Volkskammer 33, 115, 135 ff., 140
Volkskommunen → Lex. 181

Währungsreform 30, 38, 94 f.
Währungsunion 142 f.
Wahlen 24, 100, 104, 115, 124, 128 f., 135 f., 138, 140, 144, 190
Walesa, Lech 65
Warschauer Pakt 56, 61 ff., 68, 88, 91, 113, 117, 120, 130, 209
Warschauer Vertrag 109, 131

Wehner, Herbert 101
Weimarer Republik 13, 24, 33, 94
Weizsäcker, Richard von 91
Westintegration 93
Wiederbewaffnung 92 f., 98
Wiedergutmachung 17
Wilson, Wodrow 149
Wirtschaftswunder 13, 94, 102
Würzburg 10

Zaire 159
Zhou Enlai 186
Zionismus 173
Zweig, Stefan 215
Zweistaatentheorie 129
Zweite Welt 166, 188
Zweiter Weltkrieg 8, 10 f., 35, 38, 41 f., 52, 72 f., 75, 78, 113, 129 f., 132, 138, 144, 150, 152 ff., 157, 178, 184, 200 f., 209

Bildquellen

Abbildungen

ADN-ZB: S. 121; Agence France Press, Paris: S. 52; Archiv für Kunst und Geschichte: S. 94, 95; Bayerisches Pressebild, München: S. 15, 16; Fritz Behrendt, Amstelveer, Niederlande: S. 82; Bertelsmann Lexikothek Verlag: S. 105, 107, 115; Bertelsmann Verlagsgruppe GmbH, Gütersloh: S. 190; Bundesarchiv, Koblenz: S. 26, 29; Bundesministerium für wirtschaftliche Zusammenarbeit, Bonn: S. 164; Bundestagsreport, 1. August 1990: S. 123, 124, 135, 136; Bundeszentrale für politische Bildung, Bonn: S. 177, 201, 208; Cartoon-Caricature-Contor, München: S. 57; China Photos, Peking: S. 182, 183; H. Dollinger, München: S. 48; Deutsche Presse Agentur: Titelbild, S. 50, 51, 64, 65, 66, 67, 74, 76, 101, 103, 105, 107, 110, 117, 123, 139, 159, 163, 168, 178, 189, 191; Elefantenpress, Berlin: S. 103; Hans Erni, Luzern: S. 111; Paul Flora, Innsbruck: S. 56; Focus GmbH, Hamburg: S. 148, 175; P.S. Foner/R. Schulz: Das andere Amerika, Berlin 1983: S. 72; Dieter Fricke Verlag, Frankfurt/M.: S. 97; Gablonzer Industriemuseum, Kaufbeuren-Neu-Gablonz: S. 96; KZ-Gedenkstätte Dachau: S. 7; Gesamtdeutsches Institut, Bonn: S. 90, 116, 124; Gesellschaft für Verständigung und Freundschaft mit China e. V., Berlin: S. 193, 194; Globus Kartendienst, Hamburg: S. 137, 138, 161, 164, 165; Greenpeace: S. 111 (Foto Hain); Gruner & Jahr (Stern), Hamburg: S. 162, 189 (Gilhaus); Interfoto, München: S. 146; Keystone Pressedienst, Hamburg: S. 9, 46; Prof. Dr. Christoph Kleßmann, Bielefeld: S. 29, 78; Sammlung A. Knaus, Frankfurt/M.: S. 14; Hans Erich Köhler: S. 128; Landesarchiv, Berlin: S. 14; Life, Das zweite Jahrzehnt, London: S. 173; Omnia Verlag GmbH, Stuttgart: S. 40; Ostdeutsche Galerie, Regensburg: S. 12; Roger Pic, Paris: S. 53; Presse und Informationsamt der Bundesregierung: S. 205, 206, 207; Preußischer Kulturbesitz, Berlin: 6, 17, 31, 33, 198; Rausching/Brandtmeister, Hannover: S. 131; Rheinisches Bildarchiv, Köln: S. 103; Ringier Verlag, Zürich: S. 23; Erich Schmidt, Zahlenbilder: S. 58; Hans Schürer, München: S. 8; Scothia-Film-Verleih, München: S. 54; Spiegel Nachrichtenmagazin, Hamburg: S. 137 (30.4.90); Stadtmuseum, München: S. 26; St. Louis Post-Dispatch: S. 42; Süddeutscher Verlag, München: S. 14, 17, 20, 55, 60, 96, 97, 100, 101, 105, 150, 151; Südwest Verlag, München: S. 115; Erika Sulzer-Kleinemeier, Gleisweiler/Pfalz: S. 106; Ullstein Bilderdienst, Berlin: S. 91, 105 (Foto Simon), 111 (Foto Ritter); Wide World Photos, Lexington (Massachusetts): S. 75; Die Zeit: S. 11 (1/85), 132 (11/72,Munschek).

Karten und Grafiken

Klaus Becker, Frankfurt a. M.;
Günter Wiesler, Fraunberg